逻辑学导论
——推理、论证与批判性思维
（第2版）

周建武　编著

清华大学出版社
北京

图书在版编目（CIP）数据

逻辑学导论：推理、论证与批判性思维/周建武编著.—2 版.—北京：清华大学出版社，2021.1（2024.9重印）

ISBN 978-7-302-54840-9

Ⅰ．①逻…　Ⅱ．①周…　Ⅲ．①逻辑学－高等学校－教材　Ⅳ．①B81

中国版本图书馆 CIP 数据核字（2020）第 017654 号

责任编辑：佟丽霞
封面设计：何凤霞
责任校对：王淑云
责任印制：杨　艳

出版发行：清华大学出版社
　　网　　址：https://www.tup.com.cn，https://www.wqxuetang.com
　　地　　址：北京清华大学学研大厦 A 座　　　邮　　编：100084
　　社　总　机：010-83470000　　　　　　　　邮　　购：010-62786544
　　投稿与读者服务：010-62776969，c-service@tup.tsinghua.edu.cn
　　质量反馈：010-62772015，zhiliang@tup.tsinghua.edu.cn
印　装　者：三河市人民印务有限公司
经　　销：全国新华书店
开　　本：170mm×240mm　　印　　张：23.75　　　字　　数：476 千字
版　　次：2013 年 2 月第 1 版　2021 年 3 月第 2 版　　印　　次：2024 年 9 月第 5 次印刷
定　　价：69.00 元

产品编号：072976-01

前言 *Foreword*

通识课程是为实现通识教育目标而开设的一系列共通的、非专业性的文化教育课程。开设通识课程，目的是进一步强化素质，开发心智，拓展视野，激发学生的探索欲望，培养学生的独立思考能力和批判精神，从而使学生更好地适应今后社会发展和个人发展的多方面需要。作为承担通识教育的核心目标之一的导论逻辑，是培养思维能力的一门重要课程。

作为一门基础性的学科，逻辑学的基本理论是其他学科普遍适用的原则和方法。逻辑学是各门科学产生和发展的必要条件，任何领域无论是其理论体系的建立还是具体问题的解决，都离不开逻辑思维与逻辑方法的运用。近代至现代西方社会生产力的高度发展很大程度上得益于其深厚的逻辑传统。爱因斯坦认为西方科学的发展是以两个伟大的成就为基础的：一是希腊哲学家发明的形式逻辑体系；二是文艺复兴时期发展的系统实验方法。

逻辑学在世界上备受尊崇：联合国1974年公布的基础学科分类目录，将基础学科分为数学、逻辑学、天文学和天体物理学、地球科学和空间科学、物理学、化学和生命科学七大类；1977年出版的《大英百科全书》把知识分为逻辑学、数学、科学（包括自然科学、社会科学和技术科学）、历史学和人文学（主要指语言文字）、哲学，其中逻辑学被列为五大分科之首。

联合国教科文组织的一份报告指出，在一次由50个国家500多位教育家列出的16项最关键的教育目标中，发展学生的逻辑思维能力位列第二。可见从世界范围来看，逻辑教育在整个教育体系中占据重要地位，相应地，导论逻辑作为大学逻辑入门或基础课程在西方各国的大学普遍开设。同时,西方对逻辑理性的重视同时反映到人才选拔的各类考试中,申请美国大学研究生院所要求的标准化考试(如 GRE、GMAT、LSAT、MCAT 等)都是能力型考试,其中重要的一个测试目标是检测考生的逻辑和批判性思维能力,以选拔出具有独立思考能力的、有潜质进行深造的研究生。

随着我国高等教育与国际逐步接轨,我国的各类考试已在逐步借鉴国外先进的能力型考试模式。从 1997 年的 MBA 联考开始到目前,以考查逻辑与批判性思维能力为核心的逻辑推理测试已成为国内管理类、经济类和工程类等诸多专业硕士研究生入学考试和国家公务员录用考试的一个重要环节。

自 20 世纪末以来,西方发达国家的大学逻辑教学出现了一种新的重要动向:论证逻辑课程兴起,并大大地影响了导论逻辑。国外导论逻辑教科书编写的指导思想普遍以论证作为总的出发点和中心,然后将形式逻辑理论与非形式逻辑理论结合起来,培养逻辑与批判性思维能力,以解决日常论证或论辩的逻辑问题。

为顺应当今教育的发展趋势,本书编写的指导思想是从推理与论证的角度,在讲述逻辑基本知识和原理的基础上,以逻辑与批判性思维能力的提升为目标,注重推理与论证的技能及方法,结合国内外研究生入学考试中的逻辑推理题,展开讲解和训练,以期达到有效地提升高校学生的逻辑与批判性思维能力的效果。

本书自 2013 年出版以来,受到了同行的关注和读者的好评,先后多次加印。近年来,本人又先后编著了《批判性思维——逻辑原理与方法》(周建武,武宏志编著;清华大学出版社,2015 年)、《论证有效性分析——逻辑与批判性写作指南》(周建武编著;清华大学出版社,2016 年)、《科学推理——逻辑与科学思维方法》(周建武编著;化学工业出版社,2017 年)等三部著作,也已被多所高校选为逻辑通识课程的教科书或参考用书。在此基础上,结合读者的反馈,此次对本书进行了全新修订,但愿本书修订版的面世能进一步成为高等院校逻辑通识课程教科书的有益尝试。

作　者

2020 年 1 月于北京

目录 *Contents*

上篇 论 证 逻 辑

中篇　演绎逻辑

下篇　归纳逻辑

上 篇

论 证 逻 辑　　Part 1

　　论证逻辑是以论证作为总的出发点和中心,着眼于逻辑与批判性思维的技能与方法,解决日常论证或论辩的逻辑问题。论证逻辑的主要内容有:表述论证的语言,论证的分析(包括论证的辨识、结构、型式、评估、建构以及论证的批判),论证的一般规范和谬误等。

第1章 逻辑概论

逻辑一词译自英文 logic,源于希腊文逻格斯 λόγος,原意是指思想、言辞、理性和规律性等。古代西方学者用"逻辑"指代一门研究推理、论证的学问。

1.1 逻辑的发展与分类

1. 逻辑的定义

"逻辑"是一个充满歧义的词,对逻辑的定义自古以来就是众说纷纭的。总体上看,逻辑研究的是理性思维,所谓理性思维是人们通过大脑的抽象作用对客观对象内在规定性的认识,是认识发展的高级阶段。逻辑有广义和狭义上的不同理解:

广义的逻辑泛指凡与人的思维和论辩有关的形式、规律和方法;通常指人们思考问题,从某些已知条件出发推出合理的结论的规律。

狭义的逻辑指的是一门学科,即逻辑学,主要研究推理,是关于推理有效性的科学。

从论证逻辑的角度来看,逻辑是一门研究推理、论证之原则、规范和方法的学问,焦点是正确推理或论证的条件,特别是结构上的条件以及由此引出的规则。

下面是一则关于逻辑的幽默。

[逻辑案例] 逻辑是什么

鲍伯和乔伊是阿肯色州的两个乡巴佬。因为他们打小就没出过州,这天他们决定要去上大学以开始新的人生。鲍伯先去探探究竟,然后回来告诉乔伊情形如何。

于是鲍伯来到了教授办公室。教授告诉他在大学里可以学到数学、历史,还有逻辑。

鲍伯:"什么是逻辑?"

教授:"我给你举个例子吧。你有没有一台割草机?"

鲍伯:"当然有啦!"

教授:"那么我用逻辑可以推断你一定有一座院子。"

鲍伯敬畏地嚷道:"真的呢!"

教授继续下去:"逻辑也能告诉我,既然你有座院子,那你就有一所房子。"

鲍伯对此印象十分深刻地样子:"太不可思议了!"

教授:"既然你有房子,逻辑推断你有一个老婆。"

"是的! 是的! 她叫贝蒂!"鲍伯现在完全被迷住了。

"最后,既然你有老婆,我可以从逻辑上推断你是异性恋者。"教授总结道。

鲍伯:"太对了! 这是我听过的最奇妙的事,我等不及地要参加您教的逻辑课程。"

鲍伯自豪于这一即将向他开启的全新的世界,得意扬扬地回去见他的朋友乔伊。

乔伊仍等在鲍伯的家里,一看见他,立刻焦急地问道:"怎么样?"

"课程有数学、历史,还有逻辑。"

"逻辑是什么东西?"

鲍伯微笑着说:"让我给你举个例子吧,你有没有一台割草机?"

"没有。"乔伊回答。

"哈,你原来是个同性恋,对不对?"

2. 逻辑的发展

中国先秦名辩学、古印度因明学与古希腊亚里士多德逻辑学并称世界逻辑三大发源。一般来说,被尊为逻辑之父的是古希腊的哲学家亚里士多德。亚里士多德的主要成就是设计了包括三段论逻辑在内的分析和评价论证的系统准则,同时,亚里士多德还开创了模态逻辑,并研究了非形式谬误。由于他把逻辑视为一切科学的工具,几乎涉及人类思维的所有方面。在 19 世纪以前,在逻辑学的研究特别是教学中,一直延续着这种"大逻辑"传统。

近代德国哲学家莱布尼茨提出将数学方法融入逻辑学。英国数学家布尔创立布尔代数,将传统形式逻辑学符号化、数学化。经弗雷格、罗素和希尔伯特等人的发展和完善,建立起现代数理逻辑学体系。在 19 世纪末 20 世纪上半叶,随着数理逻辑的创立,这种"大逻辑"传统逐渐被边缘化,逻辑课堂上占主导地位的是形式化的数理逻辑,即现代逻辑。现代逻辑(数理逻辑)使得逻辑学越来越像数学,成为专门的基础知识。在现代和当代社会,现代逻辑作为一门基础性学科,在计算机和电子技术、人工智能机、系统论、信息论、控制论、数学、语言学、符号学、心理学、哲学认识论和思维学等各个学科得到广泛应用。这里所谓的基础,意思是:如果没有现代逻辑的知识,要对这些领域进行有关研究是不可能的。

但是,另一方面,现代逻辑在取得辉煌成果的同时,却几乎丧失了逻辑最初的教导作用,即通过学习逻辑使人逻辑性增强、提高思维能力,表现在头脑清楚、说话有条理、能言善辩等,这是逻辑学产生的初衷之一。如果说传统逻辑还有一定的教导作用,那么现代逻辑则基本没有这个作用,符号化的数理逻辑与人们日常思维的关系不那么直接、明显,而且又比较难学。为了解决逻辑教学"与人们的日常生活相关,与人们的日常思维相关"这一难题,20世纪70年代初,西方一些逻辑学家几乎同时开始了对非形式逻辑的研究,出现了人们所说的"非形式逻辑与批判性思维"运动,以解决实际论证的评价问题,从中培养现代公民的逻辑与批判性思维能力。

逻辑的非形式转向,开始于美国这个公认的教育大国对自己教育模式所存在缺陷的警觉。美国教育界研究认为,一方面,现在的学生在课堂上所学的知识更多、更新;另一方面,他们解决问题的思考能力明显有弱化的趋势。如果把现代社会的运作比作一架傻瓜相机,美国人发现,他们的教育确实培养了足够的能熟练操作这架相机的人,但其中能发明新相机或改进旧相机的人却越来越少。对推动社会发展有决定性意义的,不是对相机的操作能力,而是相机的发明和改进能力。美国人称这些具备后面这种能力的佼佼者为"科学知识分子",美国人非常关心这批人在美国总人口中的比例,并认为这是综合国力的一项实质性指标,正是这批人决定着美国社会优化发展的进程。美国人这样总结自己的教训,"我们应当教学生如何思考,但我们只是教学生思考什么"。教学生思考什么,是传授知识;教学生如何思考,则是培养思维能力,即能有效地理解、评价和运用知识的能力。这种能力就称为批判性思维能力。在现代社会,批判性思维(critical thinking,CT)是现代社会公民必备的素质,且被普遍确立为教育特别是高等教育的核心目标之一。批判性思维,首先被设想为通过发展理性评估的能力和态度,提升教育效果;其次,被看成是培养具有适合参与典型民主社会所需要的能力和态度的"好公民";第三,批判性思维是在面临冲突的生活方式、超载的信息和职业老化时,现代社会生活所要求的思维和态度的适应。

这场逻辑运动的结果,首先在北美,进而在世界范围内出现了一种开设论证逻辑、批判性思维课程,编撰论证与批判性思维教材的"新浪潮",随之,美国的各类选拔考试,比如GRE、GMAT、LSAT、MCAT等研究生入学考试中都普遍设立了考查论证与批判性思维能力的逻辑推理试题。

3. 逻辑的分类

逻辑学是一门工具性学科,它为包括基础学科在内的一切科学提供逻辑分析、逻辑批判、逻辑推理和逻辑论证的工具。

逻辑的分类大致如表1-1所示。

其中,非形式逻辑并不是形式逻辑的截然对立面,而是在形式逻辑框架的基础之上通过引入某些形式逻辑学家们关心的论证评价要素——语用要素——建立起来的。与形式逻辑一样,非形式逻辑也是逻辑学的一个重要分支。

作为导论性的逻辑教材,本书所涉及的内容主要是传统逻辑、非形式逻辑中的论证逻辑。编写原则是以逻辑与批判性思维能力的提升为目标,注重训练推理与论证的技能及方法。

表 1-1　逻辑的分类

传统逻辑	现 代 逻 辑		应用逻辑(非标准逻辑)
传统逻辑 (又叫普通逻辑,含传统演绎逻辑、古典归纳逻辑)	形式逻辑	现代演绎逻辑:又称为标准逻辑、现代逻辑、符号逻辑等,其基础是数理逻辑,包括命题逻辑、谓词逻辑等	① 数学领域:集合论、模型论、递归论…… ② 人工智能领域:非单调逻辑、欠缺逻辑…… ③ 哲学领域:哲学逻辑 　本体论方面:模态逻辑、时态逻辑…… 　认识论方面:认知逻辑…… 　伦理学方面:道义逻辑……
		现代归纳逻辑(含概率逻辑)	④ 语言逻辑 ⑤ 法律逻辑 ⑥ 逻辑的应用理论 　⋮
	非形式逻辑:主要包括论证逻辑(含批判性思维)		

1.2　非形式逻辑与论证逻辑

不同于形式逻辑的研究对象"蕴涵",非形式逻辑的研究对象是论证。非形式逻辑并不排斥规则和程序、规范及其应用,但它排斥把逻辑形式视为理解所有论证结构的关键,排斥把有效性看成是逻辑上好论证的唯一适当标准的观点。这意味着,一个推理或论证是合乎逻辑的,在这样的意义上,使用它或接受它是合理的,即使前提并不蕴涵它的结论。

1. 非形式逻辑运动的社会背景

20 世纪 60 年代末至 70 年代初,在北美率先出现了一种"新逻辑",并很快在大学课程中流行开来。这种逻辑被命名为"非形式逻辑"(informal logic)。非形式逻辑一开始就显露出不同于形式逻辑的面貌:以日常生活中的论证为研究对象,颠覆了传统上作为范式的逻辑形式的分析标准和正确性(真前提＋形式有效推理)评价标准。

20 世纪 60～70 年代的美国社会政治运动以及与此密切相关的大学逻辑教学改革,直接催生了非形式逻辑。前者以美国大学的学生运动为标本,后者以美国和加拿大大学教师积极回应大学生呼吁的教学改革为典型。

20 世纪 60 年代的学生运动不仅摧毁了种族隔离制度,迫使美国政府放弃其越南政策并令全国进行冷战反思,直接催生了女权、环境等后续运动,而且其公认的成就是推动了大学管理体制的全面改革和教育观念的更新。

大学生们的抗议活动并不限于政治和社会主题,它还导致了学生在学校管理和课程设置方面的较大发言权。学生们呼吁课程应与他们作为公民的需要相关联,这影响了学生对课堂的期望。他们期望导论逻辑课程瞄准当下事务的推理和论辩,但 20 世纪五六十年代的教科书并不满足这个要求。与此同时,教员们对这种要求抱有同情,他们中的许多人也想使逻辑变得更有用。

非形式逻辑运动首先从教学法发轫。起先,它反映了年轻哲学家在给学生传授经典和现代逻辑的过程中,因代际的、精神上和生存上的冲突而导致教学上的挫败。相反,现代形式逻辑继续沿着弗雷格和罗素的路线前进。教授它的教师假定,随着先头部队的挺进,随军流动的平民也将跟进,因此没有意识到一场风暴即将来临。几乎同时但独立出现的新教科书,用新设计的课程提纲教授学生如何批判地评价公共讨论中的自然语言论证,这种新逻辑取代了标准导论性(符号的)逻辑课程。实践证明,这样的课程是受到学生欢迎的。那时,学院和大学内学生注册的竞争日益增长,哲学系通过设置一种新逻辑课程来吸引学生注册。这种课程具有某些应用的或实践的逻辑的特性——它的内容将既不同于符号逻辑,又具有有用性和实践性。在 20 世纪 80 年代初,有市场意识的出版商招徕的教科书数量大幅增长,奉献了更多的新课程和新教材。

从全球范围来看,论证逻辑和批判性思维教育是同步兴起的。在北美,论证逻辑以"非形式逻辑"的名义出现;在欧洲,论证逻辑构成论辩理论和新修辞学的核心部分。批判性思维曾作为对记忆和反刍老师或教科书所说的那种复制性的、低层次学习的矫正方法而出现。同时,西方历史文化背景也提供了论证逻辑的温床。论证逻辑首先以新逻辑教科书的形式宣告自己的诞生。非形式逻辑教科书的先锋是卡亨的《逻辑与当代修辞学:日常生活中理由的使用》(1971)、托马斯的《自然语言的实际推理》(1973)、斯克里文的《推理》(1976)。作为非形式逻辑的第一代教科书,它们都瞄准当代现实生活的论证。

新教科书用新设计的课程提纲教授学生如何批判地评价公共讨论中的自然语言论证,这种课程具有某些应用或实践逻辑的特性。实践证明,这样的课程是受学生欢迎的。大学老师利用大学逻辑课程给予学生一种实践技能的愿望,这种愿望是非形式逻辑运动背后的巨大力量。传授辨识、解释和评价不同来源的、用大白话表述的论证的实践技能的目标,把非形式逻辑课程和学生的需求联系起来了。非形式逻辑是哲学课程中相对新的科目,与其他"实用"哲学课程(如商业伦理学)一起出现。凭借制度上的调整,基于非形式逻辑的批判性思维(informal-logic-based critical thinking),在大学教学中确立了和相关学科的联系。例如,20 世纪 80 年代加利福尼亚州的 19 个院校要求本科生修一门批判性思维课程,但允许批判性思维和非形式逻辑在不同专业具体化。关于通识教育的意义、本质和重要性的广泛讨论以及随之而来的大学和学院的培养方案的修订,为那些对非形式逻辑感兴趣的人提供了理想机遇。同时,非形式逻辑方法也被运用到中学教学中。

2. 论证逻辑的对象与内容

20 世纪 70 年代,在北美兴起一股教育改革和逻辑学教学改革的新浪潮——"基于非形式逻辑的批判性思维运动"。经过这场声势浩大的运动,"非形式逻辑"、"新修辞学"(new rhetoric)和"论辩理论"(argumentation theory)等被整合为"论证逻辑"(logic of argument)。

论证逻辑的产生与当代教育改革密切相关,与有关更好地向学生教授推理方法的教育学讨论一直结合在一起。论证逻辑既在"批判性思维运动"的背景中脱颖而出,又为批判性思维教学提供了合适的手段。20 世纪 70 年代,随着论证逻辑的形成,批判性思维运动的动力得到增强。批判性思维要求学生批判地分析自己和他人的信念,作出合理的决策,这就需要用某些技能来武装学生。这些技能工具很大一部分来自论证逻辑。此外,论证逻辑和批判性思维的词汇几乎相同,如假设、前提、理由、推理、论点、标准、相干性、可接受性、充分性、一致性、可信性、解释、歧义、含混、异议、支持、偏见、证明、矛盾、证据和区别等,说明论证逻辑是培养批判性思维技能和倾向的直接而有效的工具。

论证逻辑家所感兴趣的论证具有社会性,它折射出复杂的、多维的社会实践;它是社会团体和成员消除分歧、磋商一致的手段,是针对人们共同关心的问题而发生的交际活动。论证也是辩证的。它预设了矛盾、对立面的存在和运动,并通过正方和反方、辩护和攻击、证明和反驳、赞同与反对等相互作用而展开。当这种言语和思想的交换活动以对话的方式出现时,正方根据反方或听众的信念或承诺(无论它们是被假定的还是被陈述出来的)展开论证,并对种种反对他的观点的反对意见作出回应(无论这些反对是预想的还是由反方提出的)。论证不是纯粹的语义或语形事件,而是语用的,因为我们不可能脱离对话者的意图、语境规则和解释的丰富结构而理解论证。论证逻辑关心作为产品(product)、程序(procedure)甚至过程(process)的论证。

2000 年,约翰逊依据他和布莱尔以往的非形式逻辑研究方案,借鉴温斯坦的计划,并综合他在研究论证理论过程中得到的结果,提出了非形式逻辑新的研究方案,包括以下问题。

(1) 非形式逻辑的本质。对非形式逻辑有不同的理解,要把非形式逻辑确立为一个逻辑的子学科,关于它的本质和任务就必须达成某种一致。

(2) 论证的概念化。从事非形式逻辑研究的人的论证概念各异,例如,威拉德和吉尔伯特提出对论证更宽泛的理解,如果这个状态继续的话,会阻碍非形式逻辑的进步。

(3) 论证评估的标准或规范。除了推理核心的相干性以及充分性标准之外,还有为辩证层发展恰当标准的问题。

(4) 评估与批评以及批评的理论。评估和批评是有所区别的,形成和发展对论证批评恰当原则的充分证明是未来的一个重大任务。

（5）非形式逻辑与其他学科的关系。非形式逻辑从逻辑的其他领域和哲学中获得教益，非形式逻辑与演绎、归纳逻辑之间的关系，以及它与各种应用的和偏离常规的逻辑的关系，肯定是重要的主题。非形式逻辑肯定要继续与认识论、合理性理论、语义学和语用学方面的学者讨论。其与修辞学的关系也需研究，要发展修辞学与逻辑之间的健康的关系。论辩的社会学或心理学也有大量工作。从心理—试验视角对论证的研究极少，可能因为混淆论证和推论，不过近来情况有所改变。

希契柯克概括列举了非形式逻辑关于论证研究的 5 大问题域。

1）论证的辨识

人们如何能决定一个口头语篇、书写的文本或其他人的交际中存在论证？特别是，论证和因果说明之间的区别为何？人们如何能知道在一个特殊情形中像"因为"或"因而"这类指示词是在推论的意思上，还是在因果的意思上使用的，或者同时具有这两个意思？

2）论证分析

论证的构成成分是什么？两个或更多的前提能以何种方式对单一的结论提供直接的支持？何种检验应该被用于决定多重前提的简单论证如何支持结论？在从人的交际中提取论证，将它们放入一个标准形式或图解时，应该遵循什么原则？分析家在哪些方面能改变一个论证成分的内容，为什么？分析家能删除文本中的什么成分，例如重复的成分，为什么？分析家能添加什么成分，为什么？特别是，在什么环境下，分析家能添加一个交流的论证中未陈述的"填补缝隙的"前提？在这种情形中未陈述的前提严格地说是什么？传统上把论证划分为演绎论证和归纳论证是能辩护的吗？若能，基于何种基础？存在不适合这两个范畴的论证吗？例如，类比论证、平衡相反意见的论证（正反推理或引导论证）、手段目的的推理、回溯推理（导致最佳说明的推理）以及其他在论辩文献中区别的论辩型式。在非形式逻辑内有一个有影响的传统，将论证解释为在对话中提出的论证，甚至当不存在实际的对话者的干涉时，对话类型有哪些？每一对话类型的功能是什么？什么规则支配它的参与者？

3）论证评估

好论证的标准是什么？能对真性（alethic）标准提出什么反对？一个论证的前提之真对于它成为一个好论证是必要条件吗？对认识论标准可以提出怎样的反对？对于好论证存在可辩护的认识论标准集吗？何种反对可以向辩证标准提出？仅仅被一个对话者接受论证的出发点和推论就使得论证成为好的吗？可以向修辞标准提出什么反对？人们能辩护论证评估的基本修辞方法吗？什么是人类提出的论证的不同用法？每一用法蕴含的好论证的标准是什么？按照论辩型式方法，每一论辩型式要成为好论证，都必须回答与该型式相联系的批判性问题集，这些批判性问题如何确定？每一论证型式的批判性问题是什么？对给定论辩式的批判性问题的满意回答意味着所讨论的论证最终地确立了其结论吗？或者仍旧存在被进一步的信息击败的余地？对于一个给定的论证型式,何种程度上,一个顺从那个型式的论证的作者有表明存在对该型式的批判性问题肯定的回答的证明责任？存在何种类型的击败？一个论证的状态被判定为一系列击败者或击败者的击败者,如此等等的序列如何被注意到？在什么程度上,论证的作者有义务考虑"辩证层"反对、批评和不同立场？什么是谬误？如何分析个体谬误？特别是,传统上被打上谬误烙印的论辩移动是合法的吗？假若如此,在什么环境下合法？

4) 论证批评

以论证批评形式出现的论证评估的表达应该由什么原则支配？约翰逊提出并论证了下列原则。

可攻击性原则(principle of vulnerability)：要成为合法的,一个论证必须是可批评的。

逻辑中立性原则(principle of logical neutrality)：批评者应该清楚批评的本质,不应该把实质批评混为逻辑批评。

平等原则(principle of parity)：一个团体合法使用的推理或论证路线,另一个团体使用它也是合法的。

区别原则(principle of discrimination)：一个论证的批评应该是平衡的、富有洞察的和综合的。

平衡要求力量和弱点的评价。洞察要求论证问题的讨论聚焦于最重要的问题。综合要求给予主要的批评以最大的强调。

5) 论证构建

什么原则支配论证构建？对建构好论证能给出什么实践的忠告？

1.3 批判性思维

"批判的(critical)"源于希腊文 kriticos(提问、理解某物的意义和有能力分析,即"辨明或判断的能力")和 kriterion(标准)。从语源上说,该词暗示发展"基于标准的有辨识能力的判断"。

1. 批判性思维的界定

批判性思维的渊源可追溯到古希腊苏格拉底所倡导的一种探究性质疑(probing questioning),即"苏格拉底方法"或"助产术"。苏格拉底方法的实质是通过质疑通常的信念和解释,辨析它们中哪些缺乏证据或理性基础,强调思维的清晰性和一致性。这典型体现了批判性思维的精神,因此苏格拉底被尊为批判性思维的化身。

批判性思维的现代概念直接源于杜威的"反省性思维"：能动、持续和细致地思考任何信念或被假定的知识形式,洞悉支持它的理由及其进一步指向的结论。20 世纪 40 年代,批判性思维被用于标示美国教育改革的一个主题;70 年代,在美国、英国、加拿大等国教育领域兴起一场轰轰烈烈的"批判性思维运动";80 年代,批判性思维成为教育改革的焦点;90 年代开始,美国教育的各层次都将批判性思维作为教育和教学的基本目标。

一个广为接受的、较易理解的批判性思维定义是:为决定相信什么或做什么而进行的合理的、反省的思维。

美国哲学学会实施的"德尔菲"计划,将批判性思维界定为有目的的、自我校准的判断。这种判断导致解释、分析、评估、推论以及对判断赖以存在的证据、概念、方法、标准或语境的说明。

完整意义上的批判性思维既包括技能的维度,也包括气质的维度。其核心技能包括:解释(归类、理解重要性和澄清意义)、分析(审查观念、识别论证和分析论证)、评估(评价主张和评价论证)、推论(质疑证据、推测不同可能和得出结论)、说明(陈述结果、证明程序的正当性和表达论证)和自校准(自我审查和自我校正)。其精神气质包括:求真、思想开放、分析性、系统性、自信和好奇心等。

批判性思维的定义超过百种,它们之间有重要差异。一些概念将批判性思维理解为仅仅关注已存在的理智产品(如假说、陈述、论证)的评价。另一些认为批判性思维也适用于理智产品的创造(如问题解决、困惑现象的说明、对困难问题的回答)。有些概念聚焦于技能,一些强调态度,还有些强调二者。一些概念把批判性思维处理为高度一般的,而另一些认为批判性思维必然是学科特殊的。不过,流行定义也包括相同的构成要素:①批判性思维是一种思维类型;②批判性思维适用于所有主题内容;③批判性思维包括反省、回顾和悬置判断;④好的批判性思维是合情理的(reasonable);⑤批判性思维包括细致考虑证据;⑥批判性思维取向作出确切的判断;⑦理想的"批判性思维者"只要条件适当就批判性地思考;⑧要成为一个批判性思维者,包括知识、技能、态度和性情(行为倾向)。

不同的批判性思维概念中包含共同的技能元素:澄清意义,分析论证,评估证据,判断是否能得出结论,推出有担保的结论。

不同的批判性思维概念关于批判性思维者的性情或态度特性也包含共同的元素:思想开放;公正;搜寻证据;努力成为信息灵通的信念;留意他人的观点和他人的理由;与证据成比例的信念;愿意考虑不同的信念而且愿意修正信念。

技能测验涉及的共同项目是:①评估从给定的陈述到给定的结论的推论;②辨识隐含于给定陈述或论证的假设;③澄清意义;④一个语段中论辩结构的分析;⑤评估从给定信息得出的东西;⑥判断如何评估一个给定的主张;⑦辨识谬误。

美国、英国、加拿大、澳大利亚、新西兰,甚至发展中国家菲律宾、委内瑞拉,都把"批判性思维"作为高等教育的目标之一。世界高等教育会议(巴黎,1998 年

10月5日至9日)发表的《面向二十一世纪高等教育宣言：观念与行动》,其第一条的标题是"教育与培训的使命：培养批判性和独立的态度"。第五条"教育方式的革新：批判性思维和创造性"中指出,高等教育机构必须教育学生,使其成为具有丰富知识和强烈上进心的公民；使他们能够批判地思考和分析问题,寻找社会问题的解决方案并承担社会责任。为实现这些目标,课程需要改革以超越对学科知识的简单的认知性掌握,课程必须包含获得在多元文化条件下批判性和创造性分析的技能,独立思考、集体工作的技能。批判性思维的课程和研究今天已经真正兴盛。至1993年,美国已有800所学院和大学以各种形式提供至少一种批判性思维的课程。

2. 批判性思维的能力

批判性思维的基本理论预设是：在理性和逻辑面前,任何人或思想都没有对于质疑、批判的豁免权。一是,任何思想都没有受质疑的豁免权,任何观点或思想都可以,并且应该受到质疑和批判；二是,任何观点或思想都应该通过理性的论证来为自身辩护,任何思想都有为自己辩护的权利。

反思和质疑就是凭什么这么说/做？首先对别人的思想言论甚至行为进行反思和质疑；同时对自己的思想言论甚至行为进行反思和质疑。反思可以针对社会生活中的某些现象和观念及其后面的假设前提进行质疑。

[逻辑案例] 父子与毛驴

也许很早就听说过这样一个故事。一天,父子俩赶着一头毛驴进城,儿子在前,当父亲的在后。半路上有人笑话他们："真笨,有驴竟不知道骑!"父亲觉得人家说得有道理,便叫儿子爬到驴背上,自己跟着走。没过多久,又有人说："真是不孝的儿子,竟然让父亲走路而自己骑驴!"父亲赶紧让儿子下来,自己骑到驴背上。可不一会儿工夫,又有人说："真是狠心的父亲,自己骑驴,让孩子走路,就不怕把儿子累坏吗?"父亲连忙叫儿子也骑上来,想这下该不会有人说什么了吧。可又有人说了："两个人骑在驴身上,不怕把那头瘦驴累死呀?"父子俩赶忙从驴背上下来,把毛驴的四条腿绑起来,一前一后用棍子扛着。经过一座桥时,驴子因为不舒服,挣扎了一下,结果掉到河里淹死了。

问题：如果你是儿子你会怎么做？如果你是父亲你会怎么做？你认为谁该骑在驴背上？这就是批判性思考,批判性思考是做决策的基础。批判性思考的关键问题是：为什么？凭什么这样做？我可以这样做吗？我可以那样做吗？有没有更好的方式？

影响问题的看法涉及逻辑、事实和价值三大要素。其中事实是指事物的客观状态；价值是人们主观的偏好,人们对事物应是如此或者不应如此的评价问题称为价值问题；而逻辑是指理由与结论之间的推论关系。但是为了解决事实问题和价值问题,必然要进行推论,就一定要运用逻辑工具。

[**逻辑案例**]　铁轨上的小孩

有一群小朋友在两条轨道附近玩耍,一条铁轨还在使用,一条已经停用,只有一个小朋友选择在停用的铁轨上玩,其他的小朋友都在仍使用的铁轨上玩。这时火车来了,而你正站在铁轨的切换器旁,让火车停下来已经不可能了,但你能让火车转往停用的铁轨,这样的话你就可以救了大多数小朋友。但是,也意味着那个在停用铁轨上自己玩的小朋友将牺牲掉。

你会怎么做?

据说大多数人会选择改变火车轨道,牺牲那名在停用铁轨上玩的小孩。无论从情感上还是道义上讲,以一个孩子的代价来挽救大多数孩子的生命会是大多数人的理性决定。但是,你是否深入思考一下,那位选择在停用铁轨上玩的小孩显然是在安全的地方玩,然而他却不得不为那些选择在危险的地方玩的无知的朋友们而牺牲。在铁轨上玩的孩子们当然知道铁轨正在使用,如果他们听到火车鸣笛,自然会跑开,那些跑不开的就应该为自己的错误承担后果。但如果将轨道切换,那个乖小孩必定惨死,因为他从来没想过火车还会开到废轨道上!让那个乖小孩因正确的选择却承担了别人错误选择所造成的后果显然是极其不公平的!

这种进退两难的局面每天都在我们的身边发生,所以,我们对很多问题都要进行批判性的思考!

批判性思维要求我们要利用理性标准来评价自己或别人的思维:①所有的推理都有目的;②所有的推理都企图有所发现,并确定问题、解决问题;③所有的推理都基于假设;④所有的推理都通过一些观点来实现;⑤所有的推理都基于数据、信息以及证据;⑥所有的推理都是通过并经由概念、观点表达及形塑而成的;⑦所有推理包含推论或解释,由此我们得出结论并赋予数据以意义;⑧所有的推理都通往某处,或者具有含义及结果。

[**逻辑案例**]　谁是凶手

3个探险家 A、B、C 在沙漠中偶遇。A 与 C 有世仇,决定借机谋杀 C,便偷偷在 C 的水壶里下了剧毒。B 也想杀害 C,但他不知道 A 已有行动,趁 C 没留神,B 在 C 的水壶底下凿了一个洞。不一会儿里面的水就漏光了,因缺水,当晚 C 就死在离营地只有 1 英里的沙漠里。谁是凶手?

A 是凶手。但 C 是渴死的,与 A 下毒无关。

B 是凶手。B 把毒水从 C 的水壶排掉,延长了他的寿命。要是没有 B,C 一喝下剧毒水就死了,而不可能坚持到晚上。若 C 早点赶回营地,他就不会死,B 则成为 C 的救命恩人。虽然 C 最后没有及时赶回营地,但那不是 B 造成的。

点评:谁是凶手,不同的视角可能有不同的裁决。所以,在理性思维中,逻辑、事实和价值判断都起着重要作用,尤其是价值判断要涉及社会、道德和政治等主观因素。

批判性思维能力主要包括以下 6 种基本能力。

（1）解释（interpretation）：理解和表达各种经验、情景、数据、事件、惯例、信念、规则、程序、标准的意义或重要性。具体包括范畴归类、解读意义和澄清含义。

（2）分析（analysis）：辨识陈述中意欲与实际的推论关系，辨识问题、概念、描述或其他表达信念、判断、经验、理由、信息或意见的表征形式。具体包括审查理念、发现论证和分析论证。

（3）评估（evaluation）：对陈述、说明人们的感知、经验、情景、判断、信念或意见的表征的可信性进行评价，评价陈述、描述、疑问或其他表征形式之间实际存在的或意欲的推论关系的逻辑力量。具体包括评估主张和评估论证。

（4）推论（inference）：辨识和把握得出合理结论所需要的因素，形成猜想和假说，考虑相关信息并从数据、陈述、原则、证据、判断、信念、意见、概念、描述、问题或其他表征形式导出逻辑推断。具体包括寻求证据、推测选择和得出结论。

（5）说明（explanation）：陈述推理的结果，用该结果所基于的证据的、概念的、方法论的、标准的和语境的相关术语来证明推理是正当合理的，以使人信服的论证形式呈现推理。具体包括陈述结果、证明程序的正当性以及呈示论证。

（6）自校准（self-regulation）：自觉监控自己的认知活动，包括在那些活动中所使用的元素以及得出的结果，特别将分析和评估技能应用于自己的推论性判断，以质疑、证实、确认或校正自己的推理或结果。具体包括自我审查和自我校正。

但是，对批判性思维有 3 个基本误解。

（1）有人认为批判性思维是否定性的，其本质是发现缺陷。然而，批判性思维不仅仅是悬疑判断，质疑和批判是为了寻求理由或确保正当性，为我们的信念和行为进行理性奠基。因此，批判性思维也是建设性的。批判性思维使人们意识到人们所在的世界中的价值、行为和社会结构的多样性。

（2）人们还以为，批判性思维作为一个控制的手段起作用，是有害的、应避免的。可是，批判性思维是个人自治的基础。一个自主的人是自我管理（控制）或自我指示的。自治使一个人较少依赖并因此较少受他人的规定、指示和影响。

（3）还有一个误解是认为批判性思维并不包括或鼓励创造性。这可能源于一个错误观念：创造性本质上是打破规则。但是恰恰相反，创造性常常包括着大量对规则的遵循。一个原创的洞察力恰恰需要知道如何在给定的情景中解释和应用规则。智力是分析的、创造的和实用的 3 种信息加工过程的平衡，人的生活要求创造性思维和批判性思维的平衡发展。

3. 逻辑与批判性思维能力测试

20 世纪 70 年代，在美国等西方发达国家教育领域兴起了被称为"新浪潮"的非形式逻辑与批判性思维运动。逻辑的这一转向之所以称为非形式的，是因为人们日常的批判性思维实质上是一种非形式的逻辑思维。这一转向的目标，是为有效地发挥逻辑在素质教育中的作用。

这场"批判性思维运动",在美国产生了两个重要结果。

(1)出现了逻辑与批判性思维的通识课程。在高等教育中,出现了一门以教学生"如何思考",即以培养训练学生的批判性思维能力为主要目标的基础课程:批判性思维。美国哲学学会制定的哲学教育大纲指出,主修哲学的学生可以学两种逻辑课程,一种是符号逻辑,另一种是批判性思维。如果一名学生主修哲学但以后并不打算以哲学为职业,则选修"批判性思维"足矣。据初步统计,目前在美国大学各科系特别是哲学系中,开设"批判性思维"课程的占到40%以上。

(2)出现了一种全新的能力型考试模式。西方对逻辑理性的重视反映到学历教育和非学历教育各个领域,申请美国大学研究生院所要求的标准化考试——研究生入学资格考试GRE(Graduate Record Examinations)、进入商学院攻读MBA的入学资格考试GMAT(Graduate Management Admission Test)、进入法学院攻读JD(Juris Doctor)的入学资格考试LSAT(Law School Admission Test)和进入医学院攻读研究生的MCAT(the Medical College Admission Test),都是能力型考试。西方的能力型考试作为研究生入学考试发展得已经非常成熟,北美的上述能力型考试已有近30年的历史。批判性思维能力是这几类考试主要的测试目标,具体来说,这几类考试主要包含以下几个部分:逻辑推理(critical reasoning),直接测试考生的逻辑与批判性思维能力;批判性阅读理解(reading comprehension)和数据充分性分析(data sufficiency),通过对文字和数学内容的理解测试考生的逻辑思维能力;批判性写作(writing),测试考生的文字表达能力和逻辑分析能力。

随着我国高等教育和社会发展逐步与国际接轨,自1997年的MBA联考起,我国的各类考试开始逐步借鉴国外的能力型考试模式。到目前为止,以考查批判性思维能力为核心的综合测试目前已成为国内各类硕士专业学位入学考试、国家公务员录用考试及企业新员工招募测试的一个重要环节。

硕士专业学位作为具有职业背景的一种学位,是为培养特定职业高层次专门人才而设置的。到目前为止,我国的专业硕士入学考试的主要模式是参加全国硕士研究生统一入学考试的管理类专业学位联考和经济类专业学位联考。其中:管理类专业学位联考是在MBA联考基础上发展起来的,从2011年起统称为管理类专业学位联考,考生范围包括工商管理硕士(MBA)、公共管理硕士(MPA)、会计硕士(MPAcc)、旅游管理硕士、图书情报硕士、工程管理硕士、审计硕士等。同时为进一步推进专业学位硕士研究生招生考试改革,教育部决定从2012年起在中国人民大学等9所高校的金融、应用统计、税务、国际商务、保险、资产评估六个专业学位增设"经济类综合能力"选考联考科目。

无论是哪类专业硕士考试模式,逻辑推理测试就是考查学生是否具有严谨的逻辑推理能力和在复杂情况下处理众多信息的应变能力的素质考试,其考查目的是为了科学、公平、准确地测试考生的逻辑和批判性思维能力。其思维重点关注的是如何识别、构造、特别是评价实际思维中各种推理和论证的能力。

第 2 章 论 证 语 言

逻辑学的主要研究对象是论证。论证与语言具有不可分割的联系。人是通过语言来思考的,语言是逻辑思维的工具。为了能够很好地建构、分析、评价推理和论证,必须密切关注语言。

2.1 概念

自然语言的歧义和含混往往阻碍交流,澄清概念对人们的实际行动有重大意义。分析概念,就是要首先解决概念的内涵(含义)和外延(指称)是否明确。

2.1.1 概念的逻辑特征

逻辑是研究思维的形式及其规律的科学。要研究逻辑,首先要从概念出发。概念是思维形式最基本的组成单位,是构成命题、推理的要素。

[逻辑案例] 青铜器

一农民锄地时发现一青铜器皿,上面铸着"公元前七十九年造",就拿到博物馆。馆长一瞧,大笑起来说是假的。请问馆长从哪里看出来是假的?

点评:"公元"这个概念当时不可能有,其实只要稍微有一些常识,就知道是假的。

1. 概念的基本逻辑特征:内涵和外延

概念的内涵是指反映在概念中的思维对象的特性或本质。

外延是指具有概念的内涵所反映的那些特性或本质的具体思维对象。就外延的含义来说,它是本质属性的对象,是概念的量的方面,说明概念反映了哪些事物,其范围程度及其所能达到的极限。一个思维对象只有具备内涵所反映的全部特性或本质属性的时候,才属于该概念的外延。

例如:"商品"这个概念的内涵是为交换而生产的产品;外延是指古今中外的、各种性质的、各种用途的、在人们之间进行交换的产品。

[逻辑案例] 法人不是人

有某单位领导请法学专家来给职工讲法律知识。当他听到"法人不是人"的时候,非常生气,认为自己是在花钱买骂。

点评:这位领导混淆了 3 个相互联系的概念,即法人、法人代表和法定代表人。

"法人"是"自然人"的对称，指具有权利能力和行为能力的、依法独立享有民事权利和承担民事义务的组织，包括企业、事业单位、机关、社会团体等。

"法人代表"含义宽泛，只要有授权，法人的机关、法人的业务员都可以成为法人的代表，即法人代表。

"法定代表人"是指依照法律或法人组织章程规定，代表法人行使职权的负责人，是法人的法定代表人，如厂长、经理是企业的法定代表人。

这3个不同的概念，都有其确定的内涵和外延，企事业单位的领导不能认为只有自己才是"法人代表"，也不必为"法人不是人"而愤怒。

任何概念都有内涵和外延，概念的内涵规定了概念的外延，概念的外延也影响着概念的内涵。一个概念的内涵越多（即一个概念所反映的事物的特性越多），那么，这个概念的外延就越少（即这个概念所指的事物的数量就越少）；反之，如果一个概念的内涵越少，那么，这个概念的外延就越多。

[逻辑案例] 理想的丈夫

一位剩女走进婚介所，对介绍人说："我想找一个有教养而又令人愉快的丈夫。他要能说会道，又很风趣，能使我的生活增色添彩，并且还是个消息灵通人士，使我不出家门也能知天下事。但我特别强调一点，他必须经常待在家里，而且……当然，当我不要他说话时，他就应该立刻住口。""噢！那很好办，小姐！"介绍人回答说，"你买台彩电就是了。"

点评：人们总是通过概念所反映的本质属性去指称具有该属性的事物范围。根据那位剩女对她所想找的丈夫的本质属性的描绘，介绍人只能表明，这样的"丈夫"在天下男人中找不到，它只能是一台彩电。

例 2-1 许多怀孕妇女经常遭受维生素缺乏，但是这通常不是由于她们饮食中的维生素缺乏，而是由于她们比其他人有更高的维生素需求量。

对上述论述中最好的评价是什么？

A. 没有能够指出维生素缺乏的孕妇百分比。

B. 没有给出足够的关于为什么孕妇会比其他人有更高的维生素需求量。

C. 文中出现的两次"维生素缺乏"所参照的对象不同。

D. 没有提供其他高维生素需求量的人群维生素缺乏的发生率。

E. 以模糊的方式使用"高需求量"。

[解题分析] 正确答案：C

题干中两次出现"维生素缺乏"，参照对象不同。

第一次说，许多怀孕妇女经常遭受维生素缺乏，指的是怀孕妇女与正常人相比，参考对象是正常人。常人也许需要 $100g/d$，怀孕妇女也许需要 $150g/d$。

第二次说，这通常不是由于他们饮食中的维生素缺乏，指的是她们吃的食品中维生素缺乏，饮食代表某些食物和饮料。因此参照对象是正常食品。正常食品中也许每100g包含10g维生素,但是她们吃的食品中,也许每100g只包含5g维生素。

例2-2 市长夸口说,从紧急呼叫到转送患者的重急诊救护车的平均轮转时间在今年内已经有了大幅度的缩短。然而,这一说法严重失真。所谓的"缩短"只是因为重新定义了什么是"重急诊"。通常"重急诊"包括枪伤和触电等需要耗时处理的事件,而现在仅限于心脏病和中风。

以下哪一项强化了作者关于轮转时间缩短是由于对"重急诊"重新定义这个结论?

A. 心脏病和中风的急诊数目今年有所下降。

B. 市长重新定义了今年的财政重点。

C. 专家们不同意市长对"重急诊"的重新定义。

D. 去年一半的重急诊病例都是枪伤和触电。

E. 医生不得以任何借口推诿"重急诊"病人。

〔解题分析〕 正确答案:D

若去年一半的重急诊病例都是枪伤和触电,这些是需要耗时处理的事件,而现在"重急诊"仅限于心脏病和中风,这样,即使每个具体事件的轮转时间都没变,按照新的定义,"重急诊"的轮转时间也缩短了。

2. 影响概念明晰性的因素——自然语言具有不明确性

1) 歧义

歧义就是一个语言表达具有一种以上可能的解释或意义。例如,"女子理发店",可以理解为"专给女性理发的理发店",也可理解为"理发师全部为女性的理发店"。

〔逻辑案例〕 难过

有个小学考试题是:"以'难过'造一句"。一学生的回答:"我家门前大水沟很难过"。

点评:题中"难过"应是指感情上难过,这学生将其理解为"难以迈过"。但学生可以强辩:老师并未明确指出这个多义词中的本意呀。看来该题在逻辑上也不是没有漏洞。

例2-3 古希腊有人论证说:探究是不可能进行的,因为一个人既不能探究他所知道的,也不能探究他所不知道的。他不能探究他所知道的,因为他知道它,无须再探究;他不能探究他所不知道的,因为他不知道他要探究的东西是什么。

以下哪一项最准确地指出了该论证的逻辑漏洞?

A. 虚假预设:或者你知道你所探究的,或者你不知道你所探究的。

B. 循环论证：把所要论证的结论预先安置在前提中。

C. 强词夺理：理性上黔驴技穷，只好胡搅蛮缠。

D. 歧义性谬误：其中"知道"有两种不同含义，知道被探究问题的答案是什么，知道所要探究的问题是什么。

E. 诉诸无知：认为不知道的就是不用知道的，不愿探究学习。

［解题分析］　正确答案：D

题目中结论的得出依赖于这样的论证：他不能探究他所不知道的，因为他不知道他要探究的东西是什么。这一论证的逻辑漏洞在于混淆了"知道"这一概念，第一个"知道"是指所要探究问题的答案，而第二个"知道"是指要探究的东西。只有 D 选项准确地指出了这一点，其余选项均不是该论证的逻辑漏洞。

2）含混

含混（vagueness）也是自然语言的基本特征。如果存在着不清楚一个词是否正确地适用的边界情形，一个词就是含混的。

例如：秃头论证。头上掉一根头发算不算秃头？不算！再掉一根呢？也不算！再掉一根呢？还不算。再掉一根呢？……最后掉的一根头发造成了秃头。

又如：谷堆论证。一粒谷算不算谷堆？不算！再加一粒呢？也不算！再加一粒呢？还不算。再加一粒呢？……最后加的一粒谷造成了谷堆。

［逻辑案例］　特修斯之船

特修斯之船（The Ship of Theseus）是最为古老的思想试验之一。最早出自普鲁塔克的记载。它描述的是一艘可以在海上航行几百年的船，归功于不间断的维修和替换部件。只要一块木板腐烂了，它就会被替换掉，以此类推，直到所有的功能部件都不是最开始的那些了。

问题是：最终产生的这艘船是原来的那艘特修斯之船，还是一艘完全不同的船？如果不是原来的船，那么在什么时候它不再是原来的船了？

哲学家托马斯·霍布斯（Thomas Hobbes）后来对此进行了延伸，如果用特修斯之船上取下来的老部件来重新建造一艘新的船，那么两艘船中哪艘才是真正的特修斯之船？

点评：特修斯之船悖论的本质，也就是量变引发质变，但却不知道什么时间发生了质变。

3. 混淆概念或偷换概念的谬误

概念的内涵和外延在论证中要保持同一性，不然就会犯混淆概念、概念不清等逻辑错误，表现在同一思维或论证过程中，就是会犯把不同的概念当作同一概念来使用的错误。混淆概念通常是一种不正当论证的诡辩手法，它或是利用同一语词的不同意义，或是利用两个语词在语义上的相同或部分相同，来达到混淆概念的目的。

从逻辑的角度来看,混淆概念和偷换概念主要有以下表现形式:

(1) 偷偷改变一个概念的内涵和外延,使之变成另外一个概念。

[逻辑案例] 某人早餐先要了份包子,没动筷子,让店主换了个油条和豆浆,吃完不付钱就走了,店主要他付钱,他问要付什么钱,店主说油条和豆浆的钱,他说我是拿包子换的,店主就说那你付包子的钱,他说包子我又没吃。说完扬长而去,店主愣在那里,一时回不过神来

点评:没吃的包子有两种概念:一是已付钱的包子;二是未付钱的包子。顾客把"未付钱的包子"偷换为"已付钱的包子",从而用包子换成了油条和豆浆。这时,未付钱的包子虽然没吃,但你借用了,应该还,不能还,就付包子的钱。

[逻辑案例] 著名电影导演希区柯克在拍摄一部巨片时,请了一位大明星、大美人担任女主角。这位大美人对自己的形象要求精益求精,不停地抱怨摄影机角度不合适。她一再对希区柯克说,务必从她"最好一面"来拍摄,"你一定得考虑我的恳求"。可是希区柯克大声回答说:"抱歉,我做不到! 因为我没法拍你最好的一面,你正好把它压在椅子上了。"

点评:在这个幽默里,希区柯克故意改变"最好一面"这一概念的外延,以幽默回敬唠叨,令人发笑。

(2) 混淆集合概念与非集合概念。

集合概念反映的是一类事物的整体属性,而非集合概念所反映的是某一类事物中的某个元素的属性。

比如,鲁迅的著作不是一天能读完的,《狂人日记》是鲁迅的著作,因此,《狂人日记》不是一天能读完的。这里前一个"鲁迅的著作"是集合概念,后一个是非集合概念,这样推理就犯了混淆或偷换概念的错误。

(3) 利用多义词混淆不同的概念。

经典例子是孔乙己所谓"读书人窃书不算偷"。

(4) 将似是而非的两个概念混为一谈。

即抓住概念之间的某种联系或表面的相似之点,抹杀不同概念之间的根本区别。

例 2-4 根据男婴出生率,甲和乙展开了辩论。

甲:人口统计发现一条规律:在新生婴儿中,男婴的出生率总是在 22/43 这个数值附近摆动,而不是 1/2。

乙:不对,许多资料都表明,多数国家和地区,例如俄罗斯、日本、美国、德国,以及我国的台湾地区都是女人比男人多。可见,认为男婴出生率总在 22/43 上下波动是不成立的。

试分析甲、乙的对话,指出下列选项哪一个能说明甲或乙的逻辑错误?

A. 甲所说的统计规律不存在。

B. 甲的统计调查不符合科学。

C. 乙混淆了概念。

D. 乙违反了矛盾律。

E. 乙的资料不可信。

[解题分析] 正确答案：C

乙混淆了婴儿出生时的"男女比例"和社会人口性别构成中的"男女比例"两个不同的概念。后者除了受男女婴儿出生率及死亡率的影响，还要受到儿童、青少年、成年男女死亡率等其他因素的影响。

例 2-5 有一种观点认为，到 21 世纪，和发达国家相比，发展中国家将有更多的人死于艾滋病。其根据是：据统计，艾滋病毒感染者人数在发达国家趋于稳定或略有下降，在发展中国家却持续快速发展；到 21 世纪，估计全球的艾滋病毒感染者将达到 4000 万至 1 亿 1 千万人，其中，60％将集中在发展中国家。这一观点缺乏充分的说服力。因为，同样权威的统计数据表明，发达国家的艾滋病感染者从感染到发病的平均时间要大大短于发展中国家，而从发病到死亡的平均时间只有发展中国家的二分之一。

以下哪项最为恰当地概括了上述反驳所使用的方法？

A. 对"论敌"的立论动机提出质疑。

B. 指出"论敌"把两个相近的概念当作同一概念来使用。

C. 对"论敌"的论据的真实性提出质疑。

D. 提出一个反例来否定"论敌"的一般性结论。

E. 指出"论敌"在论证中没有明确具体的时间范围。

[解题分析] 正确答案：B

题干所反驳的观点的结论是：到 21 世纪，和发达国家相比，发展中国家将有更多的人死于艾滋病。其根据是：艾滋病毒感染者人数在发达国家趋于稳定或略有下降，在发展中国家却持续快速上升。

题干对此所作的反驳实际上指出：上述观点把"死于艾滋病的人数"和"感染艾滋病毒的人数"这两个相近的概念错误地当作同一概念使用；艾滋病毒感染者人数在发达国家虽低于发展中国家，但由于发达国家的艾滋病感染者从感染到发病，以及从发病到死亡的平均时间要大大短于发展中国家，因此，其实际死于艾滋病的人数仍可能多于发展中国家。因此，B 项恰当地概括了题干中的反驳所使用的方法。其余各项均不恰当。

2.1.2 概念间的外延关系

概念间的关系按其性质来说，可以分为相容关系和不相容关系两大类。

1. 概念的相容关系

相容关系是指外延至少有一部分是重合的这样两个概念之间的关系。概念的相容关系有以下几种。

1）全同关系

全同关系指外延完全重合的两个概念之间的关系。

例如,"土豆""山药蛋""马铃薯"表达的正是同一个概念。

[**逻辑案例**] 请假

小黄:"老板,我丈母娘家死人了,我想请5天假。"

老板:"死了谁呀,居然要请5天假。"

小黄:"我的丈人,孩子的外公,孩子他妈的爹。"

老板:"哇,死了3个人呐,好,我同意。"

分析:老板逻辑概念极差,"我的丈人""孩子的外公""孩子他妈的爹"是三个全同关系的概念,老板却把它们当作不同的概念。

[**逻辑案例**] 敲门

在美国电影《维多利亚女王烈史》中有这样一组镜头:维多利亚办完公务,已经夜深。回到卧房,她敲了敲门。

丈夫阿尔伯特公爵在房内问:"谁?"

她习惯地回答:"我是女王!"

门仍然紧闭着,再敲,房内又问:"谁?"

她威严地答道:"维多利亚!"

门还是紧闭着,她徘徊了一阵,再敲,房内传来声音:"谁?"

这一次,女王温柔地答道:"你的妻子。"门开了,一双手把她拉了进去。

分析:女王、维多利亚、你的妻子,三个词项外延间是全同关系。

2）从属关系

从属关系指一个概念的外延包含着另一个概念全部外延的两个概念之间的关系。

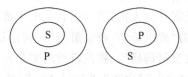

其中,外延大的概念称为属概念,外延小的概念称为种概念。

比如,"工程技术人员"和"工程师"这两个概念,前者的外延就包含着后者的全部外延。

[**逻辑案例**] 白马非马

战国末年的名辩家公孙龙提出了一个"白马非马"的论题:马者,命形也,白者,命色也,命形非命色也,故曰"白马非马"。

分析：汉语的歧义，非即不是，"是"可以认为"等于"，也可以认为"属于"。白马与马是从属关系，既有联系又有区别，既不能等同也不能割裂开来。公孙龙看到了白马与马这两个概念在内涵和外延上的区别，这是正确的；但他把这种区别绝对化，否认了白马是马的一种，从而导致了逻辑错误。

3）交叉关系

交叉关系指外延有且只有一部分重合的两个概念之间的关系。

例如，"企业家"和"MBA"这两个概念的外延就具有交叉关系；"球迷"和"影迷"这两个概念的外延也具有交叉关系。

[逻辑案例] 追求

《读者》上的一个幽默故事：

父亲问我人生有什么追求？我回答金钱和美女，父亲凶狠地打了我一巴掌；我回答事业与爱情，父亲赞赏地摸了我的头。

分析：按现在很多人的理解，事业＝金钱；爱情＝美女。但实际上是个交叉关系。

2. 概念间的不相容关系

不相容关系也称全异关系，是指外延是互相排斥、没有任何部分重合的这样两个概念之间的关系。概念的不相容关系有以下几种。

1）矛盾关系

矛盾关系指这样两个概念之间的关系，即两个概念的外延是互相排斥的，而且这两个概念的外延之和穷尽了它们属概念的全部外延。

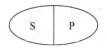

例如，"男人"和"女人"这两个概念是矛盾关系。

[逻辑案例] 对联

汉淮阴侯韩信墓前有副对联："生死一知己，存亡两妇人"。这副对联概括了韩信的生平大事。韩信能官拜为大将，建功扬名是由于萧何向刘邦保荐，最后设计诱他落网的也是萧何，所谓"成也萧何，败也萧何"。韩信从军前，曾受漂母一饭，而怀报以千金之心。当他被萧何诱捕后，将他斩首的则是吕后。

分析：在这副对联中的"生"与"死"、"存"与"亡"，是具有矛盾关系的概念，这副对联用两组矛盾关系深刻地揭示了韩信的一生。

2）反对关系

反对关系指这样两个概念之间的关系，即两个概念的外延是互相排斥的，而且这两个概念的外延之和没有穷尽它们属概念的全部外延。

例如，"好人"和"坏人"这两个概念是反对关系。"社会主义国家"和"资本主义

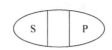

国家"这两个概念也是反对关系。

[逻辑案例] 对弈

明人冯梦龙的《笑府》中有这样一个笑话:有个人很喜欢下棋,棋艺不高,但却总不服输,自以为挺不错。有一天去朋友家对弈,连下三局,全输了。

回来时有人问他:"今天可下棋了?"

"下了三局。"他说。

"胜败如何?"那人接着问。

"第一局,我没有赢;第二局,他没有输;第三局,我说'和了吧',可他说什么也不肯。"

分析:这个下棋者利用"输"和"赢"之间的反对关系来为他的失败作掩饰。

[逻辑案例] 老师给学生出了一道有趣的数学题:"两个爸爸,两个儿子,分三个烧饼,每人要分到一个,怎么分法?"

有的同学说:"大人两个人共一个,小孩一人一个。"

张老师说:"那不行,不能分半个,每人要分到一个。"

有的同学说:"除非再买一个来,否则,没法分。"

请问你有什么好的方法?

分析:本题你可发现其中有两个概念的外延可以是重合的。"两个爸爸,两个儿子"实际上可以是三个人,即爷爷、爸爸、儿子。其中一个既是儿子又是爸爸。三个人分三个烧饼,当然是一个人一个。

[逻辑案例] 让 24 个人排成 6 列队伍,每列队伍的人数分别是 5 个人。

问题:能否完成这种排列?

答案:可以,排出一个正六边形即可。

分析:在思考问题时,特别是把握概念时,不仅要掌握概念的内涵,而且要正确把握概念的外延,讲到排列队伍,总是想到横平竖直地排。但是总缺少 6 个人。能不能反过来想,把其中的 6 个人当成两个人来用呢?

2.1.3　图解法解题指导

用图解法解题,就是用图形(习惯称欧拉图)帮助解题。其解题步骤如下:

(1) 判定各概念之间的外延关系。如果题目所提供的几个概念是现实生活中的具体概念,则应根据客观情形去判定;如果题目所提供的仅是 A、B、C 这种抽象形式的概念,则应根据题目的假设条件去判定。

(2) 画出概念之间的关系图形。在判定各概念之间的外延关系基础上画出能从整体上反映这几个概念彼此之间外延关系的综合图形。如果适合题目要求的情形不只一种,则应把所有的合适情形都找出来,然后画出与每一合适情形相对应的欧拉图。

(3) 在每个圆圈的适当位置上标注。

例 2-6　在某校新当选的校学生会的 7 名委员中,有 1 个大连人,2 个北方人,1 个福州人,2 个特长生(即有特殊专长的学生),3 个贫困生(即有特殊经济困难的学生)。假设上述介绍涉及了该学生会中的所有委员,则以下哪项关于该学生会委员的断定都与题干矛盾?

A. 2 个特长生都是贫困生。　　　　B. 贫困生不都是南方人。

C. 特长生都是南方人。　　　　　　D. 大连人是特长生。

E. 福州人不是贫困生

[解题分析]　正确答案:A

大连人一定是北方人,这样按地域的人有 3 个,特长生 2 个,贫困生 3 个,这样如果三者没交叉的话,就是 8 个人,而题干说有 7 个人,说明正好有 1 个交叉了。根据题干,可画出如下集合图:

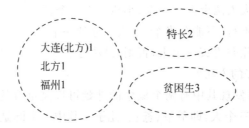

A 项的断定与题干矛盾。因为如果两个特长生都是贫困生,则题干中的介绍最多只能涉及 6 个,与题干的假设矛盾。其余各项与题干均不矛盾。

例 2-7　在某大型理发店内,所有的理发师都是北方人,所有女员工都是南方人,所有的已婚者都是女员工。所以,所有的已婚者都不是理发师。

下面哪一项为真,将证明上诉述推理的前提至少有一个是假的?

A. 该店内有一位出生北方的未婚男理发师。

B. 该店内有一位不是理发师的未婚女员工。

C. 该店内有一位出生南方的女理发师。

D. 该店内有一位出生南方的已婚女员工。

E. 该店内有一位已婚南方人。

[解题分析]　正确答案:C

根据题干,可以画出如下集合图:

如果"该店内有一位出生南方的女理发师",这与题干"所有的理发师都是北方人"矛盾,因此,如果 C 项为真,将证明题干推理的前提至少有一个是假的。其余选

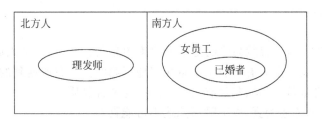

项如果为真,题干推理仍有可能成立。

2.1.4　概念的划分

划分是指把一个词项的外延,按照一定的标准,分为若干小类的明确词项外延的逻辑方法。

1. 划分的种类

划分可以分为一次划分、连续划分和复分。

（1）一次划分就是依据一个标准,把母项分为若干子项。这种划分只有母项和子项两层。例如,有理数可分为整数和分数；三角形（根据边的长度）可分为不等边三角形,等腰三角形和等边三角形。

（2）连续划分就是逐层的多次划分,把划分后的子项作为母项继续划分,直到满足需要为止。连续划分的母项和子项至少有三层。例如,实数可以分为有理数和无理数,有理数可以再分为整数和分数,整数可以分为正整数、零和负整数。

（3）复分是指按照不同的标准,把同一母项分为若干子项。例如,文学按照体裁分为小说、散文、诗歌和戏剧,按照国别分为外国文学和中国文学,按照时代分为古典文学、近代文学和现代文学,等等。

[逻辑案例]　市场的逻辑

张维迎《市场的逻辑》论述了这样一段文字。

我们总会面临这样的问题：一件事,对社会有价值,但不能赚钱,这样的事做不做？或者,一件事能赚钱,但对社会没价值,这样的事做不做？

第一类,做事对社会有价值又能赚钱,是什么人？是君子。古人说,"君子爱财,取之有道",这个"道",就是你对社会的价值。

第二类是什么人？做事对社会没价值,但自己能赚钱,这是小人。所谓做君子不做小人,应该干这样的事,不应该干那样的事。

第三类是什么人？是圣人。他做事对社会有价值,但自己吃亏,过得不好。这样的人很伟大,我们很尊敬,但不能把希望寄托在他们身上。

第四类人是什么？那是傻子。只有傻子,才干损人不利己的事。这样的人大家不用担心,不会很多。不信你去试,很快会被社会淘汰。

一个社会可以提倡圣人的精神,但不能把希望寄托在圣人身上。更可行的办法,是通过制度设计,奖励君子,惩治小人,把更多的小人变成君子,把更多的事变成君子可为之事。

例 2-8 散文家：智慧与聪明是令人渴望的品质。但是，一个人聪明并不意味着他很有智慧，而一个人有智慧也不意味着他很聪明。在我所遇到的人中，有的人聪明，有的人有智慧，但是，却没有人同时具备这两种品质。

若散文家的陈述为真，以下哪项陈述不可能真？

A. 没有人聪明但没有智慧，也没有人有智慧却不聪明。

B. 大部分人既聪明，又有智慧。

C. 没有人既聪明，又有智慧。

D. 大部分人既不聪明，也没有智慧。

E. 有些人聪明，有些人智慧。

[解题分析] 正确答案：A

散文家认为，他所遇到的人中，有的人聪明，有的人有智慧，但没有人既聪明又智慧，即他肯定遇到过聪明不智慧、智慧不聪明这两种人。

不聪明但智慧	既聪明又智慧
既不聪明又不智慧	聪明但不智慧

若散文家的陈述为真，则散文家遇到的人肯定是存在的，但要引起注意的是：散文家没遇到的人不等于不存在。

"聪明但没智慧"和"智慧却不聪明"这两类人散文家都遇到过，必定是存在的；因此，A 项不可能为真。

B 项所述"大部分人既聪明又有智慧"与散文家的观点不一致，但虽然散文家所遇到的人中没有人既聪明又智慧，但社会上绝大部分人他没遇到过，因此，"大部分人既聪明，又有智慧"这种可能性是存在的。

C 项与散文家的陈述一致，可能为真。

D、E 项也有可能为真。

2. 划分的规则

划分应满足以下规则。

(1) 各子项之间的关系应当是不相容的，否则会犯"子项相容"的逻辑错误。例如，有个小孩得到 8 个桃子，有人要他分成 4 份：给爸爸 2 个最大的，给妈妈 2 个最好的，给弟弟 2 个最红的，给自己 2 个最圆的，你觉得孩子能选出来吗？

(2) 各子项外延之和必须等于母项的外延，否则会出现"多出子项"（划分过宽）或"划分不全"的逻辑错误。例如，中国大陆沿线的海分为渤海、东海、黄海、南海、中南海和什刹海。

(3) 每次划分必须使用同一划分标准，否则会犯"多标准划分"的逻辑错误（同一划分中包含多个划分标准,子项之间相互包容)。例如,四足类包括两栖类、爬行类、哺乳类和鸟类。

(4)划分不能越级,否则会犯"概念不当并列"的逻辑错误。例如,出席座谈会的有著名的社会科学家、数学家和核物理学家。

2.2 定义

定义就是以简短的形式揭示语词、概念、命题的内涵和外延,使人们明确它们的意义及其使用范围的逻辑方法。日常生活中,说话有逻辑性,就要把概念定义清楚。

要想掌握"精确的语言",首先就要能够掌握语词"精确的定义"。否则,公说公有理,婆说婆有理,因为不是基于同一个定义。

[逻辑案例] 道德是什么

苏格拉底习惯到热闹的雅典市场上去发表演说和与人辩论问题。他与别人谈话、讨论问题时,往往采用一种与众不同的形式。

这一天,苏格拉底来到市场上。他一把拉住一个过路人说道:"对不起!我有个问题弄不明白,向您请教。人人都说要做一个有道德的人,但道德究竟是什么?"

"忠厚诚实,不欺骗别人。"那人答道。

"但为什么和敌人作战时,我军将领却千方百计地去欺骗敌人呢?"苏格拉底继续问道。

那人马上解释道:"欺骗敌人是符合道德的,但欺骗自己人就不道德了。"

苏格拉底反驳道:"当我军被敌军包围时,为了鼓舞士气,将领就欺骗士兵说,援军已经到了,大家奋力拼杀突围,最后突围成功了。这种欺骗也不道德吗?"

那人说:"那是战争中出于无奈才这样做的,日常生活中这样做是不道德的。"

苏格拉底又追问道:"假如你儿子生病了,又不肯吃药,作为父亲,你欺骗他说,这不是药,而是一种很好吃的东西,这也不道德吗?"

那人只好承认:"这种欺骗是符合道德的。"

苏格拉底并不满足,又问道:"不骗人是道德的,骗人也可以是道德的。那就是说,道德不能用骗不骗人来说明。那究竟用什么来说明呢?还是请你告诉我吧!"

那人想了想,道:"不知道道德就不能做到道德,知道了道德便能做到道德。"

苏格拉底这才满意地笑起来,拉着那个人的手说:"您真是一个伟大的哲学家,您告诉了我关于道德的知识,使我弄明白一个长期困惑不解的问题,我衷心地感谢您!"

逻辑分析:这一典故说明要给事物下个确切的定义并不容易,虽然这一故事中并没有明确"道德"的定义,但排除了一些认识上的谬误,逼近了"道德"的本质。

苏格拉底在论辩中形成了具有自己特色的方法,一般称为"苏格拉底法","苏格拉底法"在教学上有其可取之处,它可以启发人的思想,使人主动地去分析、思考问题,他用辩证的方法证明真理是具体的、具有相对性。

苏格拉底法可以分为四个部分:讥讽、助产术、归纳和下定义。所谓"讥讽",就是在谈话中让对方表达自己对某一问题的看法,然后揭露出对方谈话中的自相矛盾,使对方承认自己对这一问题实际上一无所知。所谓"助产术",就是用谈话法帮助对方把知识回忆起来,就像助产婆帮助产妇产出婴儿一样。所谓"归纳",是通过问答使对方的认识能逐步排除事物的个别的特殊的东西,揭示出事物的本质的普遍的东西,从而得出事物的"定义"。这是一个从现象、个别到普遍、一般的过程。

2.2.1 定义的方法

1. 定义的一般结构

(1)定义的一般结构是:被定义项 X 具有与定义项 Y 相同的意义。

例如,"在规定的年龄内,具有劳动能力,在调查期内无业并以某种方式寻找工作的人员"和"失业者"是相同的意义。这种相同的意义也意味着,定义项和被定义项指的是完全相同的对象。定义就是用更易于理解的概念来替换另一个概念。

(2)定义包括三个部分:被定义项、定义项和定义联项。

$$D_S \qquad\qquad 就是 \qquad\qquad D_P$$
$$被定义项 \qquad 定义联项 \qquad 定义项$$

被定义项就是在定义中被解释和说明的语词、概念或命题。定义项就是用来解释、说明被定义项的语词、概念或命题。定义联项是连接被定义项和定义项的语词,例如"是""就是""是指"和"当且仅当"等。例如,差别化信贷是指对不同行业、不同群体、不同用途的信贷额度和还贷方式采取差别对待的政策,这是国家对经济进行宏观调控的重要手段。

[逻辑案例] 诈骗罪

有个"活学活用"的笑话。美国一所法律学校进行《刑法》考试。第一个问题是:"什么叫诈骗罪?"一个学生回答说:"如果你不让我考试及格则犯诈骗罪。"老师奇怪地问:"怎么解释?"这个学生说:"根据《刑法》,凡是利用他人的无知而使其蒙受损失的人则犯诈骗罪。"有了定义的知识,我们就可以明了这是一个故意歪曲原意的说明定义。

2. 属加种差定义

属加种差定义是最常见的内涵定义形式。

$$被定义的概念 = 种差 + 邻近的属$$

属和种是生物学上的概念,是生物分类"界、门、纲、目、科、属、种"系列中的最后两位。通过定义,从而明确这个概念所反映的对象的特点和本质。例如:哺乳动物就是以分泌乳汁喂养初生后代的脊椎动物。在给"哺乳动物"这个概念下定义时,"脊椎动物"是属概念,"以分泌乳汁喂养初生后代"这一性质就是种差。

2.2.2　定义的规则

实质定义(属加种差定义)是最常见的定义形式,应满足以下定义规则。

(1) 定义必须揭示被定义对象的区别性特征。

例如:水是一种透明的液体。这一定义显然没有揭示水区别于其他液体的特征,不是一个好的或可以接受的定义。

(2) 被定义项的外延和定义项的外延必须是全同关系。

被定义项的外延和定义项的外延必须是全同关系,否则,会犯"定义过窄"或"定义过宽"的错误。

定义过窄,是指一个定义把本来属于被定义概念外延的对象排除在该概念的外延之外。例如:鸟是长有羽毛能飞的温血动物。上述定义就过窄了,因为那将排除不能飞的鸵鸟。

定义过宽,是指一个定义把本来不属于被定义概念外延的对象也包括在该概念的外延之中。例如:文学作品就是通过塑造形象来表达思想感情或反映社会生活的作品。根据上述定义,很多艺术也是文学作品,这显然是定义不当。

[逻辑案例]　古希腊时期,有人问当时的大哲学家苏格拉底:"什么是人?"

苏格拉底说:"人是有两条腿的动物。"

问话的人又指着一只鸡说:"这是人吗?"

苏格拉底发现自己给"人"下的定义有问题,又补充说:"人是有两条腿的而无羽毛的动物。"

问话的人又找来一只被拔去了羽毛的鸡说:"那这就是人?"

苏格拉底无言以对。

点评:"定义过宽",就是定义概念的外延大于被定义概念的外延。苏格拉底对人下了一个过宽的定义,因此受到了别人的讥讽。

(3) 定义项中不得直接或间接包含被定义项。

违反了这条规则将犯"同语反复"或"循环定义"的逻辑错误。

"同语反复"是直接地包含了被定义项。例如:教条主义者就是教条主义地观察和处理问题的人。

"循环定义"是指在用定义项去刻画、说明被定义项时,定义项本身又需要或依赖于被定义项来说明。有人在一篇文章中给出了两个相关的定义。甲:"什么是逻辑学?"乙:"逻辑学是研究思维形式结构的规律的科学。"甲:"什么是思维形式结构的规律?"乙:"思维形式结构的规律是逻辑规律。"以上这两个相关的定义就是循环定义。

（4）定义项中不得有含混的词语，不能用比喻。

因为比喻没有指出词项的内涵，否则，就会犯"定义含糊不清"或"用比喻下定义"的错误。例如，下面这句话是修辞不是定义：建筑是凝固的音乐，音乐是流动的建筑。

（5）定义不能用否定。

下面两个定义就不是好的定义：①商品不是为自己使用或消费而生产的劳动产品；②健康就是没有不良的自我感觉。

2.2.3 定义的批判性思维

对定义的评价，也需要批判性思维。有时候，论证的关键步骤就是定义的澄清或者再定义的过程。

[逻辑案例] 两个人在饭店里，其中一个是瞎子。

"您想喝杯牛奶吗？"没瞎的那一个问道。

"什么是牛奶？"瞎子问。

"是一种白色的液体。"

"懂了。那么白色是什么呢？"

"嗯——例如天鹅就是白色的。"

"什么是天鹅呢？"

"天鹅？就是那脖子又长又弯的鸟。"

"弯是什么意思？"

"我把我的胳膊弯起来，你来摸摸，就知道什么是弯了。"

瞎子小心地摸着他向上弯曲的胳膊，然后兴奋地喊道："我现在知道什么是牛奶了！"

点评：这则幽默反映了不能正确定义和理解所带来的意思上误解。

[逻辑案例] 甲：男女天生有不同的性格和生理状况，要做到男女平等是没有可能的。

乙：无论是男人或是女人的生命，均同等价值，应受到同等的尊重，因此男女是平等的。

点评：到底甲和乙的意见是否真的有冲突呢？我们可以应用定义，把"平等"的两个意思分开。

"平等"的其中一个意思，是指拥有相同的性情或身体特征。从这个意义来看，男女平等确实是没有可能的。

但"平等"的另一个意思，是指拥有相同的基本权利，如生存的权利，宗教自由等。

甲用了"平等"一词的第一个意思，而乙则是用了第二个意思，那他们的意见并无矛盾。男女虽然有别，但这并不代表他们不可以拥有同样的基本权利。

例 2-9 "平反是对处理错误的案件进行纠正。"

以下哪项最为确切地说明了上述定义的不严格？

A. 对案件是否处理错误，应该有明确的标准。

B. 应该说明平反的操作程序。

C. 应该说明平反的主体及其权威性。

D. 对平反的客体应该具体分析。平反了，不等于没错误。

E. 对原来重罪轻判的案件进行纠正不应该称为平反。

〔解题分析〕 正确答案：E

处理错误的案件包括重罪轻判、轻罪重判和无罪而判。对后两种案件进行纠正都可以叫做平反，而对于第一种进行纠正，不能叫做平反。

下定义必须要求"定义概念的外延和被定义概念的外延必须完全相等"，本题犯了"定义过宽"的逻辑错误。

例 2-10 如果一个儿童体重与身高的比值超过本地区 80％的儿童的水平，就称其为肥胖儿。根据历年的调查结果，15 年来，临江市的肥胖儿的数量一直在稳定增长。

如果以上断定为真，则以下哪项也必为真？

A. 临江市每一个肥胖儿的体重都超过全市儿童的平均体重。

B. 十五年来，临江市的儿童的体育锻炼越来越不足。

C. 临江市的非肥胖儿的数量十五年来不断增长。

D. 十五年来，临江市体重不足标准体重的儿童数量不断下降。

E. 临江市每一个肥胖儿的体重与身高的比值都超过全市儿童的平均值。

〔解题分析〕 正确答案：C

这个题目有个似是而非的小陷阱。肥胖儿的定义"如果一个儿童体重与身高的比值超过本地区 80％的儿童的水平，就称其为肥胖儿"说明了什么？说明一个地区肥胖儿的比例始终占所有儿童的 20％。

题干说"15 年来，临江市的肥胖儿的数量一直在稳定增长"，我们就很容易得出选项 C 为真，因为 20％的儿童的数量在增加，也就是儿童的总数量在增加，当然 80％的儿童的数量也肯定增加，这就是"临江市的非肥胖儿的数量十五年来不断增长"。

有人认为选项 A"临江市每一个肥胖儿的体重都超过全市儿童的平均体重"也为真，其实不一定。假设，除一个肥胖儿甲以外其他肥胖儿的体重都远远高于全市儿童的平均体重，那么肥胖儿甲的体重完全有可能低于全市儿童的平均体重。选项 B、D、E 都不可选。

2.2.4 定义判断题型解题指导

定义判断题考查的是应试者运用标准进行判断的能力。在每一道定义判断题中,题干先给出一个概念的定义,然后再给出一组事件或行为的例子,要求应试者根据题干中给出的定义,从备选项中选出一个最符合或最不符合该定义的典型事物或行为。

定义判断的解题要点如下:

(1) 题干给出的这个定义假设是正确的、不容置疑的。

(2) 紧扣题目中给出的定义,尤其是定义中那些含有重要内涵的关键词。

(3) 然后再阅读下面给出的事例选项,把选项依次与定义对照,判断选项是否符合定义的规定和要求。如果能够区分开哪些符合哪些不符合,则正确答案不难得到。

例 2-11 美国社会学家默顿将社会功能划分为显功能和潜功能两个层次。显功能是有助于系统的调整和适应的客观后果,这种适应和调整是系统中的参与者所期望达到或能预料、认识到的;潜功能是没有预料也没有被认识的客观后果。

下列选项不包含对潜功能描述的一项是:

A. 电视剧《渴望》播放期间,大家都守在电视机旁,社会治安明显好转。

B. 来自偏远山区的小刘为了摆脱贫困,让父母过上好日子,从小刻苦学习,认真做事,没几年工夫就成为一家大型企业的负责人,也使自己成为家乡父老教育孩子的榜样。

C. 张某根据自己的家庭收入状况,贷款 30 万买了一套房子,由于利率上升,自己的生活变得捉襟见肘。

D. 为抵御外族入侵,秦始皇修筑了长城,客观上促进了我国民间建筑工艺的发展。

E. 一盗窃团伙盗走了某地常务副县长家的 60 万元现金,案发后经公安机关破案,竟牵出了数名贪污腐败的县领导。

[解题分析]　正确答案:B

A 项,《渴望》播放期间,大家都守在电视机旁,社会治安明显好转。这是没有预料的客观后果,属于潜功能。

B 项,小刘为摆脱贫困,从小刻苦学习,认真做事,没几年工夫就成为一家大型企业的负责人。这是参与者所期望达到或能预料、认识到的,属于显功能。

C 项,张某根据自己的家庭收入状况,贷款买房,由于利率上升,自己的生活变得捉襟见肘。这是没有预料的客观后果,属于潜功能。

D 项,秦始皇修筑长城,客观上促进了我国民间建筑工艺的发展。这是没有预料的客观后果,属于潜功能。

E 项,盗窃案意外牵出了数名贪污腐败的县领导,这是没有预料的客观后果,属于潜功能。

例 2-12 在生活中有时候可以看到一些人会反复地洗手,反复对餐具高温消毒,反复地检查门锁等,重复这类无意义的动作并使自己感到十分烦恼和苦闷,这就是神经症中的一种,称为强迫症。王强每天洗手的次数超过普通人的 20 倍,看来王强是得了强迫症。

以下哪项如果为真,将对上述结论构成最有力的质疑?

A. 王强在洗手时并没有感到任何的烦恼和苦闷。

B. 王强的工作性质是需要洁净卫生的。

C. 王强的家里人的洗手次数都比普通人高。

D. 王强并没有检查门锁的习惯,甚至有一次还忘记了锁家门,结果被盗。

E. 王强的同事也都经常洗手。

[解题分析] 正确答案:A

题干中所陈述的强迫症有两个基本特征:第一,重复一类无意义的动作;第二,在此过程中感到烦恼和苦闷。

题干断定王强是得了强迫症,其根据是他具有上述第一个特征。A 项指出,王强不具有强迫症的第二个特征,因此,如果 A 项为真,将对题干的结论构成有力的质疑。

B、E 项,王强的工作性质是需要洁净卫生的,王强的同事也都经常洗手。这都表明王强洗手次数多似乎是正常的,但也不必要每天洗手的次数超过普通人的 20倍,而且没有表明王强在洗手时并没有感到烦恼和苦闷,因此,这两项的削弱力度均不足。

例 2-13 如果一个用电单位的日均耗电量超过所在地区 80% 用电单位的水平,则称其为该地区的用电超标单位。近三年来,湖州地区的用电超标单位的数量逐年明显增加。

如果以上断定为真,并且湖州地区的非单位用电忽略不计,则以下哪项断定也必定为真?

Ⅰ. 近三年来,湖州地区不超标的用电单位的数量逐年明显增加。

Ⅱ. 近三年来,湖州地区日均耗电量逐年明显增加。

Ⅲ. 今年湖州地区任一用电超标单位的日均耗电量都高于全地区的日均耗电量。

A. 只有Ⅰ   B. 只有Ⅱ

C. 只有Ⅲ   D. 只有Ⅱ和Ⅲ

E. Ⅰ、Ⅱ和Ⅲ

[解题分析] 正确答案:A

由题干,湖州地区用电单位中,超标单位占 20%,不超标单位占 80%。又近三年来,湖州地区的用电超标单位的数量逐年明显增加,因此,可以得出结论:近三年来,湖州地区不超标的用电单位的数量逐年明显增加。所以复选项Ⅰ一定为真。

复选项Ⅱ不一定为真。由题干,一个单位是否为用电超标单位,不取决于自己的绝对用电量,而取决于与其他单位比较的相对用电量。因此,用电超标单位的数量的增加,并不一定导致实际用电量的增加。

复选项Ⅲ不一定为真。例如,假设该地区共有10个用电单位,其中8个不超标单位分别日均耗电1个单位,2个超标单位中,一个日均耗电2个单位,另一个日均耗电30个单位。这个假设完全符合题干的条件,但日均耗电2个单位的超标单位,其日均耗电量并不高于全地区的日均耗电量(8+2+30)/10 = 4个单位。

2.3 预设

预设是指包含在日常语言的某个命题中并使之成立的"隐含判断",是某一个判断、某一个推理、某一个论证有意义的前提。如果没有某预设,那么某判断、某推理无意义。预设在日常语言交际中的应用非常普遍,掌握预设,对于我们语言的表达、解释和理解有重要意义。

人与人之间比较容易沟通主要在于具有共同的"预设",讨论问题、交流思想、沟通情况必须要有共同的论域、共同的语境、共同的预设。预设具体是指包含在日常语言的某个命题中并使之成立的"隐含判断",是某一个判断、某一个推理、某一个论证有意义的前提。

比如:足球训练课上,小戴来晚了,教练问他:"你怎么又迟到了?"

教练提问的预设就是,过去上足球训练课时小戴也迟到过。

又如:老张又戒烟了。

这句话的预设有:

(1)老张曾经抽烟。

(2)老张过去戒过次数可能不止一次。

(3)老张过去的戒烟都没有成功。

(4)老张这次戒烟很难成功。

平时说话要注意自己的预设,以免别人误解。水平高的人说话总是非常得体,关键是要注意各类受众,注意说话对不同受众的影响,以把握好分寸。善于说话的人注意场合,注意受众,不会说话的人总是考虑不周,说些不该说的话,什么叫不该说的话,就是话中会使受众产生使其不舒服的预设,所谓说者无心,听者有意。比如古代有个笑话:

主人请客,请张三、李四与王五,结果张三、李四来了,左等右等就是王五没来,主人就说:"该来的怎么还不来",张三听了,心想:"那我是属于不该来的",于是就走了;主人着急了,就说"不该走的怎么走啦";李四听了,心想"那我是该走的了",于是也走了。结果主人一个客人也没请到。

[逻辑案例] 在台湾有两个女工,各在路边开了一个早点铺,都卖包子和油

茶。一个生意逐渐兴旺,一个 30 天后收了摊,据说原因是一个鸡蛋。生意逐渐兴旺的那家,每当顾客到来时,总是问"在油茶里打一个鸡蛋还是两个鸡蛋";垮掉的那一家,总是问顾客"要不要鸡蛋"。

点评:两种不同的问法总能使第一家卖出较多的鸡蛋(第一家的预设是你要鸡蛋,而第二家没有这个预设)。鸡蛋卖得多,盈利就大,就付得起各项费用,生意也就做了下去。鸡蛋卖得少的,盈利少,去掉费用不赚钱,摊子只好收起。成功与失败之间仅一个鸡蛋的区别。

[**逻辑案例**] 面对老婆的责怪,老公战战兢兢回答道:"老婆,我不该用床单擦皮鞋,不过出差刚回来,一时半会儿还改不过来,我错了。"可以看出,老公的预设是他出差在外一直用床单擦皮鞋。

分析下列问题分别包含的预设。

问　　题	预　　设
谁是现任的清华大学校长?	存在清华大学,并且有一个现任的清华大学校长。
谁是当今美国的总统?	当今美国有总统。
有恐龙吗?	没有预设。
王兰说她本人何时到达?	有一个叫王兰的人,并且王兰说过她本人将要来这里。

[**逻辑案例**] 知县断案

这是发生在明朝的一个故事。揭阳县城住着这样两户生意人家,一户户主姓张名潮。张潮是一位船老板,专门用自家的一条客船接送客人。另一户户主姓孙,姑且称户主为孙老板。孙老板是位在外跑买卖的生意人。一次,孙老板约定第二天凌晨四更天搭乘张潮的船外出做生意。三更天过了一阵子,孙老板草草吃了一些早点就告别妻儿出了门。

大约五更天时,孙氏娘子被一阵伴随敲门的喊叫声惊醒。她侧耳细听,听见有人在喊:"孙氏娘子开门!孙氏娘子开门!"她连忙穿好衣服起床开门。开门后,孙氏娘子才看清来人是张潮。张潮见到她后就迫不及待地问道:"你家孙老板约好四更天搭乘我的船外出做生意,怎么快五更天了还不见他的人影呢?""我夫君三更天过了一阵子就往你那里去了,你没有看见他?"孙氏娘子焦急地问。"你家孙老板根本没有去我那儿!"张潮十分肯定地回答。这下可急坏了孙氏娘子,她赶紧请亲邻去寻找孙老板,但找了几天,方圆几十里的地方都找遍了,就是不见踪影。无奈之下,她只得将丈夫失踪一事报告到了揭阳县官府。

揭阳县知县听完孙氏娘子关于孙老板失踪一案的前因后果后,思虑再三,觉得张潮跟此案有关。于是,张潮作为嫌疑犯被带上了县衙。

"张潮,那天四更天前后,孙老板真的没到过你船上?"知县开始了讯问。

"确实没有!"张潮非常肯定地回答。

"那你前去孙家时,为何不叫孙老板开门而叫孙氏娘子开门?快说!"知县重重地敲了几下惊堂木,威严地质问。这……这一下击中了张潮的要害,他全身发抖,头上直冒冷汗,好长一段时间答不上话来。

"你叫孙氏娘子开门,就是说,你已经知道孙老板出门了!既如此,你还假惺惺到孙家找人,这说明你心中有鬼。张潮,你说,孙老板被你弄到哪里去了?"知县的推断和提问如利剑直刺张潮的胸膛。

张潮还想抵赖,但经不起皮肉之苦,只得如实招供了自己见财起意,谋害了孙老板的性命。原来孙老板上了张潮的船后,不经意间暴露了身上带着很多银子。张潮见到这些银子,眼就红了,一门心思要把银子据为己有。船到江心时,他趁孙老板不注意,用竹篙朝孙老板后脑勺致命一击,孙老板的脑袋被敲了个大洞,顿时血流如注,片刻丧命。张潮将孙老板的尸体装进麻袋、绑上一块石头,沉尸河底,然后清洗了船上的血迹,处理好谋到手的银子。确认万无一失以后,他才假装去询问孙老板为什么没有如约前去。

逻辑分析:知县能很快地侦破此案,在于他正确地理解了预设。

张潮五更天去造访时叫女主人开门,意味着他的预设是:男主人出了家门(古时男女授受不亲,当一个妇女的丈夫在家时,别的男子绝不敢叫女主人开门)。既然已知孙老板出了家门,张潮还假装不知道,还来孙家找人,显然心中有鬼,即使他不是案犯,也是知情人。因此,知县将他作为嫌疑犯审讯是很有道理的。

例 2-14 小王说:"老李现在不打老婆了。"

以下哪一项是小王说话必须预设的?

A. 小王知道老李现在不打老婆了。

B. 老李现在不打老婆了。

C. 老李曾经打过老婆。

D. 除老李外,机关里没有其他人打老婆。

E. 打老婆是社会陋习。

[解题分析] 正确答案:C

"老李现在不打老婆"的说法必然预设他过去打过老婆。因此,C项正确。

例 2-15 老王说:"经过整改,我们工地再也没有出现违规操作的现象"。

老王的话必须预设以下哪一项?

A. 没有整改的工地一定有违规操作的现象。

B. 老王所在的工地整改前有违规操作的现象。

C. 老王所在的工地整改后没有违规操作的现象。

D. 老王知道他所在的工地整改后没有违规操作的现象。

E. 其他工地整改后还有违规操作的现象。

[解题分析] 正确答案:B

选项 B 是老王论述所必须预设的,否则,如果老王所在的工地整改前没有违规操作的现象,老王就不可能说"经过整改,我们工地再也没有出现违规操作的现象"这样的话。

例 2-16 某省政法委综合治理办公室副主任的妻子陈某在省委大院门口被 6 名便衣警察殴打了 16 分钟,造成脑震荡,几十处软组织挫伤,左脚功能障碍,自主神经紊乱。相关公安局领导说"打错了",表示道歉。

下面各项都是该公安局领导说的话所隐含的意思,除了:

A. 公安干警负有打击犯罪之责,打人是难免的。

B. 如果那些公安干警打的是一般上访群众,就没什么错。

C. 公安干警不能打领导干部家属,特别是省委大院领导的家属。

D. 即使是罪犯,他也只应受到法律的制裁,而不应受到污辱和殴打。

E. 公安干警是可以打那些"没打错的人"的。

[**解题分析**] 正确答案:D

题干陈述:针对某干部家属在省委大院门口被便衣警察殴打致重伤,相关公安局领导说"打错了"。显然 A、B、C、E 项都是公安局领导说的话所隐含的意思,而 D 项不是其所隐含的意思,为正确答案。

2.4 言语理解

逻辑的研究对象就是思维,而在实际思维中,思维的过程同时也是使用语言的过程。所以在研究逻辑思维时一刻也不能离开语言。

论证是一种交际方式,语言是实现它的手段或工具。从论证的角度来说,好的语言是达到目的的语言,是适合对象的语言,是明晰的语言。

美国语言学家保罗·格赖斯把语言表达式在一定的交际语境中产生的一种不同于字面意义的特殊涵义,叫做"语用涵义""会话涵义"或"隐涵",并于 1975 年提出了一组"交际合作原则",包括一个总则和四组准则。

总则的内容是:在你参与会话时,你要依据你所参与的谈话交流的公认目的或方向,使你的会话贡献符合这种需要。四组准则包括:①数量准则,在交际过程中给出的信息量要适中;②质量准则,力求讲真话;③关联准则,说话要与已定的交际目的相关联;④方式准则,说话要意思明确、表达清晰。

[**逻辑案例**] 老汉今年 84

在日本东京的一条街上红灯亮起,许多车辆都停着,其中一辆汽车的后窗上贴了一张纸,上面写着"老汉今年 84"。

分析:汽车的后窗纸上话语的涵义,可能是老汉今年 84 岁了,如果行车时动作迟缓,请多包涵;也可能是老汉今年 84 岁了,仍然能够驾车上路,不见得比中青年差。

自然语言的语句是依赖语境的,语境指言语交际所发生的具体环境,一般包括言语交际的参与者(即说话者和听话者),言语交际的主题、时间、地点及其相关情景,说话者和听话者之间共有的背景知识,等等。虽然自然语言常常是多义的、歧义的、模糊的,但由于语境因素在起作用,我们日常所进行语言交际活动大致都能成功进行,很少发生误解或曲解现象,就是因为语境补充了字面信息的不足。也就是说,一个句子表达什么意义,不仅取决于其中所使用的词语的一般意义,还取决于说出这句话的语境。

在我们平时的语言表达中往往存在逻辑问题。对于日常语言由于所处环境的不同以及受话人个体的差异,往往有不同的理解。但在特定的语境下,一句话的含义应该是确定的。在需要确定一句话或一段话的真实含义时,有必要进行一定的语意分析,从而准确地把握其中判断所表述的实际意义和内容。

例 2-17 《孙子兵法》曰:"兵贵速,不贵久。"意思是说用兵的战术贵在速战速决。然而,毛泽东的《论持久战》主张的却是持久战,中国军队靠持久战取得了抗日战争的胜利。可见,《论持久战》与《孙子兵法》在"兵不贵久"的观点上是不一致的。

以下哪项陈述如果为真,能最有力地削弱上述论证?

A. 在"二战"期间,德国军队靠闪电战取得了一连串的胜利,打进苏联后被拖入持久战,结果希特勒重蹈拿破仑的覆辙。

B. 日本侵略者客场作战贵在速战速决,毛泽东的持久战是针对敌方速决战的反制之计,他讲的是战略持久,不是战术持久。

C. 目前在世界范围内进行的反恐战争,从局部或短期上看是速决战,从整体或长远上看是持久战。

D. 毛泽东的军事著作与《孙子兵法》在"知己知彼,百战不殆"和"攻其无备,出其不意"的观点上,具有高度的一致性。

E. 《孙子兵法》是古代人的军事思想,毛泽东的《论持久战》是现代人的军事思想,二者不具有可比性。

[解题分析] 正确答案:B

题干断定,《孙子兵法》在"兵不贵久"讲的是战术上贵在速战速决。而如果 B 项为真,说明《论持久战》讲的是战略持久,不是战术持久。这样就得不出结论:《论持久战》与《孙子兵法》在"兵不贵久"的观点上是不一致的。

A、C、D、E 明显是无关项。

例 2-18 艾森豪威尔烟瘾很大,烟斗几乎不离手。某天,他宣布戒烟,立刻引起轰动。记者们向他提出了戒烟能否成功的问题,艾森豪威尔回答说:"我决不第二次戒烟。"

下面各项都可能是艾森豪威尔讲话的含义,除了:

A. 在这次戒烟以前,我从没有戒过烟。

B. 我曾经戒过烟,但失败了。

C. 如果这次戒烟失败,我就不再戒烟。

D. 我相信这次戒烟一定成功。

E. 我具有戒烟所需要的足够的意志和决断力。

[解题分析] 正确答案:B

艾森豪威尔的"我决不第二次戒烟"包含了很多含义,包括:

第一,他以前从来没有戒过烟,A项符合其含义。

第二,如果他这次戒烟失败,那么他就不再戒烟了,否则,他就要第二次戒烟了;C项符合其含义。

第三,戒烟者的自信心;D项符合其含义。

第四,戒烟者的决心;E项符合其含义。

只有选项B"我曾经戒过烟,但失败了",与他的话的含义不相容,因为如果艾森豪威尔曾经戒过烟,那么他就不会把自己这次戒烟看作第一次戒烟,把下一次戒烟称之为第二次戒烟。

例2-19 任何方法都是有缺陷的。在母语非英语的外国学生中,如何公正合理地选拔合格的考生?对于美国这样一个每年要吸收大量外国留学生的国家来说,目前实行的托福考试恐怕是所有带缺陷的方法中最好的方法了。

以下各项关于托福考试及其考生的断定都符合上述议论的含义,除了:

A. 大多数考生的实际水平与他们的考分是基本相符的。

B. 存在低考分的考生,他们有较高的实际水平。

C. 高分低能或低分高能现象的产生,是实施考试中操作失误所致。

D. 存在高分的考生,他们并无相应的实际水平。

E. 对美国来说,目前恐怕没有比托福考试更能使人满意的方法来测试外国考生的英语能力。

[解题分析] 正确答案:C

题干一方面赞成托福考试,另一方面又承认了托福考试的缺陷。因此,把符合这两种说法的选项都排除掉,剩下的就是正确答案。

选项中赞成托福考试的都应当排除,这样选项A和E就去掉了;题干中也突出承认了托福考试的缺陷,选项B和D从两个角度说明了这一点,与题干含义相符,因此也被排除。

选项C强调托福考试的缺陷并非方法设计上的问题,而是实际操作中的失误;

这不能算是托福考试本身的缺陷,并不符合题干的含义。因此,选项 C 为正确答案。

例 2-20 评论家:官方以炮仗伤人、引起火灾为理由禁止春节在城里放花炮,而不是想方设法做趋利避害的引导,这里面暗含着自觉或不自觉的文化歧视。吸烟每年致病或引起火灾者,比放花炮而导致的损伤者多得多,为何不禁?禁放花炮不仅暗含着文化歧视,而且将春节的最后一点节日气氛清除殆尽。

以下哪项陈述是这位评论家的结论所依赖的假设?

A. 诸如吃饺子、送压岁钱等传统节日内容在城里的春节是依然兴盛不衰。

B. 诸如《理想国》《黑客帝国》中的纯理性人群不需要过有浪漫气氛的节日。

C. 诸如端午、中秋、重阳等中国传统节日现在不是官方法定的节日。

D. 诸如贴春联、祭祖、迎送财神等烘托节日气氛的习俗在城里的春节中已经消失。

E. 诸如香烟等危害人类健康的消费品难以禁止。

[解题分析] 正确答案:D

评论家的观点是:禁止春节在城里放花炮不仅是文化歧视,而且将春节的最后一点节日气氛清除殆尽。也就是说,春节中放花炮是城里最后一个烘托节日气氛的习俗了,也即诸如贴春联、祭祖、迎送财神等烘托节日气氛的其他习俗在城里的春节中已经消失。

例 2-21 排兵布阵讲究形与势,被喻为"兵力的配方"。"形"是配好了的成药,放在药店里,可以直接购买使用;"势"是由有经验的大夫为患者开的处方,根据病情的轻重,斟酌用量、增减其味、配伍成剂。冲锋陷阵也讲究形与势,用拳法打比方,"形"是拳手的身高、体重和套路;"势"就是散打,根据对手的招式随机应变。

以下哪项陈述是对上文所说的形与势的特征的最准确概括?

A. 用兵打仗好比下棋,形是行棋的定式和棋谱;势是接对方的招,破对方的招,反应越快越好。

B. 行医是救人,用兵是杀人,很不相同。然而,排兵布阵与调配药方却有相似之处。

C. 形好比积水于千仞之山,蓄之越深,发之越猛;势好比在万仞之巅滚圆石,山越险,石越速。

D. 形是可见的、静态的、事先设置的东西;势是看不见的、动态的、因敌而设的东西。

E. 形就像是兵家掌握的有利地形,而势则是兵家所采取的战略和战术。

[解题分析] 正确答案:D

本题考查的是通过阅读题干的两个打比方的例子,抽象概括出形与势的特征。

显然,D 项的概括最准确。

例 2-22 假如一个人的行为对他人和社会造成损害性影响,他人或社会当然可以对他进行指责和干涉。但如果情况不是这样呢?例如,一个人在他独居的房子里抽烟,一个人在旷野里大喊大叫,一个人在半夜里上网浏览,该不该管?我认为,对一种行为是否进行干涉,取决于这种干涉是否有利于公众利益的改善、是否侵犯了当事者的合法权利,等等。

下面哪一项是题干中的说话者最愿意接着说的?

A. 社会利益总是优先于个人利益。

B. 对个人行为的干涉并不提高社会整体的利益。

C. 未损害他人利益的行为不应当受到社会的指责和干涉。

D. 当一个人的行为对他人有利时,一个社会的总体利益就得到提高。

E. 当一个人损害其自身利益时,我们也应该指出和干涉。

[解题分析] 正确答案:C

题干观点:对一种行为是否干涉,取决于这种干涉是否有利于公众利益的改善、是否侵犯了当事者的合法权利。意思就是:当一个人的行为对公众利益造成损害时就应该对这个人的行为进行干涉,反之,当一个人的行为没有对公众利益造成损害性影响时,就不应该干涉这个人的行为。C 项正表达了这个意思。其余选项均与题干的意思不相符。

2.5 论辩

论辩是一种言语的、社会的、理性的活动,是消除意见分歧的手段。辩论就是围绕某个问题,对话双方相互质证,阐明自己主张的合理性,其目标是说服第三团体(比如听众或法官)。

对一种主张进行争辩,意味着这种主张的真实性或者可信性受到了怀疑。争辩的目的是企图打消他人的疑虑,或者使对方接受自己的主张。争议的焦点既可以是观点,也可以是理由。其中,发生在主要问题上的争议称为观点之争,发生在主要根据上的争议称为理由之争。

辩论主要是利用批判性方法来审查问题和与他人交流。辩论训练有助于提升分析性反应能力,辩论活动在解决问题的过程中促进逻辑推理和论证的应用,最大限度地利用可得到的证据,养成批判性思维习惯。

[逻辑案例] 濠梁之辩(《庄子·秋水》)

庄子与惠子游于濠梁之上。

庄子曰:"鲦(shū)鱼出游从容,是鱼之乐也。"

惠子曰:"子非鱼,安知鱼之乐?"

庄子曰："子非我，安知我不知鱼之乐？"

惠子曰："我非子，固不知子矣；子固非鱼也，子之不知鱼之乐，全矣！"

庄子曰："请循其本。子曰'汝安知鱼乐'云者，既已知吾知之而问我。我知之濠上也。"

[译文]

有一次，庄子和他的好朋友惠子，两人在濠水的石梁上闲游。

庄子看着水中的鱼儿说："小白鱼在水中悠游自在，这就是鱼的快乐啊！"

惠子说："你又不是鱼，怎么知道鱼是快乐的呢？"

庄子说："你又不是我，怎么知道我不知道鱼的快乐呢？"

惠子说："我不是你，当然不知道你了；但你既然不是鱼，所以你当然不知道鱼是不是快乐的啰！"

庄子说："不是这样的。我们回到刚开始，当你问我'你怎么知道鱼是快乐的呢？'就表示你早已知道我知道鱼的快乐，所以才来问我。至于我怎么会知道鱼的快乐呢？我在濠水上赏鱼时，就知道了啊！"

逻辑分析：这段话的第一句庄子作出判断，鱼这么自由自在急速地出游是快乐的。第二句惠子利用庄子话中的漏洞，否定庄子的判断，并以此作为这次辩论的前提，就是"甲不是乙就不知道乙"，庄子不是鱼，就不会知道鱼的快乐。第三句庄子根据惠子的逻辑推论反驳，批评惠子自相矛盾。第四句惠子机智地回答，我不是你，所以不知道你。避开了自相矛盾的错误，反攻为守重复自己提出的大前提，强调庄子不是鱼，根本不可能知道鱼的快乐。这时庄子再讨论这事就自相矛盾了，于是绕了个弯说：我们还是研究一下"甲不是乙就不知道乙"这个大前提吧（请循其本）。你说"汝安知鱼之乐"，这本身就说明你已经知道我是知道鱼之乐的，又反过来问我（云者既已知吾知之而问我），我是来到濠水才知道的嘛（我知之濠上也）。

庄子和惠子都想置对方于自相矛盾的境地。

从古至今，人们对"濠梁之辩"一直有着浓厚的兴趣。但对庄子和惠子的是非曲直却众说纷纭，莫衷一是，从未取得一致的看法。

从逻辑学角度看，庄周和惠施的论辩过程中，其最后的回答显然歪曲了惠施的原意，偷换了惠施的论点。惠施说："你不是鱼，怎么知道鱼快乐？"这句话的原意是否定庄周会知道鱼快乐。而在最后一段对话中，庄周却把惠施的话歪曲成两个意思：其一，惠施承认了庄周知道鱼快乐；其二，惠施问庄周在什么地方（以什么方式）知道鱼是快乐的。

例 2-23　甲：从举办奥运会的巨额耗费来看，观看各场奥运比赛的票价应该要比普通体育比赛的票价高得多。奥运会主办者的广告收入降低了每份票券的单价。因此，奥运会的现场观众从奥运会拉的广告中获得了经济利益。

乙：你的说法不能成立。谁来支付那些看来导致奥运会票价降价的广告费用？到头来还不是消费者,包括作为奥运会现场观众的消费者。因为厂家通过提高商品的价格把广告费用摊到了消费者的身上。

以下哪项,如果为真,则能够有力地削弱乙对甲的反驳？

A. 奥运会的票价一般要远高于普通体育比赛的票价。

B. 在各种广告形式中,电视广告的效果要优于其他形式的广告。

C. 近年来,利用世界性体育比赛做广告的厂家越来越多,广告费用也越来越高。

D. 奥运会的举办带有越来越浓的商业色彩,引起了普遍的不满。

E. 总体上说,各厂家的广告支出是大致不变的,有选择地采取广播、电视、报纸、杂志、广告牌和邮递印刷品等各种形式。

[解题分析] 正确答案：E

甲认为：广告收入降低了票价。因此,奥运会的观众从广告中获得了利益。

乙反驳：广告费还是由包括作为奥运会现场观众的消费者来承担的。

由 E 项可知,由于厂家的广告支出是大致不变的,因此商品价格中包含的广告成本也是大致不变的,这种因广告费用而增加的商品价格均等地分摊到每个顾客身上。可见,奥运会的现场观众从奥运会的广告收入中确实得到了经济利益(票价的降低)。而即使没有奥运会,他们仍然要支付商品的价格中所包含的广告费用。

例 2-24 下列两题基于以下题干。

张教授：有的歌星的一次出场费比诺贝尔奖奖金还高,这是不合理的。一般来说,诺贝尔奖得主对人类社会的贡献,要远高于这些歌星。

李研究员：你忽视了歌星的酬金是一种商业回报,他的一次演出,可能为他的老板带来上千万的利润。

张教授：按照你的逻辑,诺贝尔奖奖金就不应该设立。因为诺贝尔在生前不可能获益于杨振宁的理论贡献。

1. 以下哪项最为恰当地概括了张教授和李研究员争论的焦点？

A. 诺贝尔奖得主是否应当比歌星有更高的个人收入？

B. 商业回报是否可成为一种正当的个人收入？

C. 是否存在判别个人收入合理性的标准？

D. 什么是判别个人收入合理性的标准？

E. 诺贝尔奖奖金是否应当设立？

[解题分析] 正确答案：D

张教授认为歌星的高额出场费不合理,其判断个人收入合理性的标准是其对社会的贡献。李研究员认为歌星的高额出场费是合理的,其判断个人收入合理性的标准是其实际创造的利润。因此,张教授和李研究员争论的焦点就是判别个人收入合理性的标准。可见,D 项是正确答案。A 项是很好的干扰项,但并不恰当。

因为从题干来看,张教授主张诺贝尔奖得主应当比歌星的收入高,但李研究员的论述只是对歌星的高额出场费作出了一个解释,从中得不出他主张诺贝尔奖得主不应当比歌星有更高的收入这样的结论。

2. 以下哪项最为恰当地指出了张教授反驳中的漏洞?

A. 张教授的反驳夸大了不合理个人收入的不良后果。

B. 张教授的反驳忽视了降低歌星的酬金,意味着增加老板的利润,这是一种更大的不公正。

C. 张教授的反驳忽视了巨额的出场费只属于个别当红歌星。

D. 张教授的反驳忽视了虽然诺贝尔生前没有从设立诺贝尔奖奖金获益,但他被后人永远铭记。

E. 张教授的反驳忽视了商业回报不是个人收益的唯一形式。

[解题分析]　　正确答案:E

张教授反驳的观点是商业回报不是个人收益的唯一形式,但这并不能认为就是李研究员的逻辑。李研究员认为歌星的出场费是一种商业回报,但他并没有认为商业回报不是个人收益的唯一形式。这就是张教授反驳中的漏洞。

第3章 论证分析

形式逻辑和论证逻辑都讲推理和论证,但形式逻辑注重的是推理形式的有效性,而论证逻辑并不仅仅考虑其有效性,更多的是考虑前提对结论的支持或削弱程度、语义的关联,以及一个推理和论证得出真结论的条件,等等。

论证分析的基本问题是:辨识论证、论证结构分析、论证的重构(补充未表达因素,如假设、省略前提)、慈善原则(论证解释的伦理学)、论证的构建、论证图解(分析技术)和复杂论证结构解析等。

3.1 论证的结构

论证由一组(至少两个)陈述组成。其中一个陈述是我们欲使他人相信的意见、观点、建议、决定等,另一些作为支持它们的根据或理由而出现。前者统称为"主张""论点""论题"或"结论",后者是"理由""论据"或"前提"。

1. 论证三要素

从论证的定义我们知道,论证是一组有内在结构联系的命题系列。论点、论据和论证方法是论证的三要素。论证最简单的模式如下:

主张
↑
支
持

理由

一个论证的三个基本要素是主张(论点、结论)、理由(论据、前提)和支持(论证方式)。论证方式是论证中所使用的各种推理形式。支持是指接受前提有利于接受结论。当然,支持有程度之别——完全充分的支持、较大的支持、微弱的支持等。削弱是与支持相反方向的另一种情况。附加的信息表明结论并没有被其前提充分支持,但并没有提供结论之否定的证据。

例3-1 美国的枪支暴力惨案再度引发了枪支管控的讨论。反对枪支管控者称,20世纪80年代美国枪支暴力案飙升,1986年有些州通过法律手段实施严格的枪支管控,但实施严格枪支管控的这些州的平均暴力犯罪率却是其他州平均暴力犯罪率的1.5倍。可见,严格的枪支管控无助于减少暴力犯罪。

分析:上述段落是一个论证,其结论是严格的枪支管控无助于减少暴力犯罪,理由是实施枪支管控的州的犯罪率却比其他州高。当然,这一论证是不可靠的,因为枪支管控的效果不应该是与其他城市的比较,而应该是枪支管控前后同一城市的暴力犯罪率的比较。

2. 推理与论证

论证是由推理组成的,推理存在于论证之中,在某种程度上可看成同义的,但实际上是有区别的。推理是论证的工具,论证是推理的应用。推理是一个从前提到结论的过程,强调的是逻辑关系。论证除对逻辑关系的关注外,同时要关注内容和主张。

1) 推理与论证的联系

一个推理和一个论证可以用相同的语言形式表达出来。论证由论据、结论和论证方式三个要素组成。推理的前提相当于论据,推理的结论即为论证的结论,推理形式即是论证方式。

2) 推理与论证的区别

一个有效推理的前提和结论都可能是虚假的。推理并不承诺前提是真实的,也不承诺结论是真实的,而仅仅承诺如果前提是真实的,则结论是真实的。推理只关心推理中符不符合逻辑规律、符不符合推理方法、符不符合推理规则等,它不关心是否正确、真实。但论证的目的是承诺结论的真实性,所以,论证必须是"有道理的,正确的,真实的",论证的过程中,论据必须是真实的、正确的,从而能得出真实正确的结论。

例如,因为所有的猕猴桃都是香蕉,猴子是猕猴桃,所以猴子是香蕉。以上陈述是个有效的推理,但它不是一个论证,因为其前提是虚假的。

3. 可靠论证与可信论证

1) 可靠论证的本质特征

一个可靠论证(sound argument)有两个本质特征:一是推理有效,二是前提都是真实的。可用公式表示为

$$有效 + 全部真前提 = 可靠$$

进一步论述如下。

(1) 一个有效论证具有如下本质特征:必然如果前提真,则结论真。例如,大学教师中只有哲学系的教师写过许多哲学论文,老王是大学教师,又写过许多哲学论文,所以,老王一定是哲学系的教师。

(2) 一个无效论证具有如下本质特征:当前提为真时,结论不必然真。例如,姜昆是相声演员,还是曲艺演员,所以,相声演员都是曲艺演员。

(3) 一个可靠论证具有两个本质特征:有效和前提都真。例如,所有广州人都是广东人,所有广东人都是中国人,因此,所有广州人都是中国人。

（4）一个不可靠论证是：或者无效或者至少有一个假前提。例如，所有鱼是动物，所有鸟是动物，所以，所有鸟是鱼。该论证是不可靠的，因为尽管该论证的前提都是真的，但却是无效的推理。再如，如果没结婚，男人们都是一副不修边幅、胡乱穿着的样子，刘先生身上的衣服总是穿得精神得体、干干净净的；所以，刘先生一定是已经结了婚的。上述论证尽管推理有效，但前提不真，因此是一个不可靠的论证。

2）可信论证的本质特征

一个可信论证（cogent argument）有两个本质特征：强并且所有前提都真。可用公式表示为

$$强 ＋ 全部真前提 ＝ 可信$$

进一步论述如下。

（1）一个强论证有如下本质特征：如果前提真，那么结论真是很可能的（但不必然）。

（2）一个弱论证有如下本质特征：不大可能如果前提真那么结论就真。

（3）一个可信论证有两个本质特征：强并且所有前提都真。例如，所有被我们尝过的柠檬都是酸的，因此，几乎所有柠檬都是酸的。该论证不是有效的，因为结论还包括那些还未被尝过的柠檬。然而，如果前提真而结论真是很可能的，而且前提是真的，因此，论证是可信的。

（4）一个不可信论证或者弱，或者强但至少有一个假前提。例如，清华大学的教师中多数具有高级职称，小张是清华大学的教师，因此，小张具有高级职称。尽管上述论证有真前提，但前提对结论的支持是弱的。

4. 辨识论证的线索

论证的辨识，即从话语中分离或抽象出论证，是整个论证逻辑及其理论应用的基本出发点。论证的分析和评估以论证的辨识为前提。

论证只是语言的多种功能之一。首先应辨别一个语篇或语段被用于何种目的。警告与劝告、连贯性陈述、报道、说明性语段、举例解说、条件陈述、解释等类型的语段一般没有论证功能。

辨识论证的根本标准是话语之间的支持关系。将语言的论证性使用与其他使用方式区别开来的根据是：在一个语段中，一些陈述是用来支持另一个陈述的可接受性的。指示这种支持关系的外在标志就是论证指示词。一般情况下，一个语段总有一些明显的标志，使得我们据此认为它是一个论证。

论证指示词有两类，即结论指示词和前提指示词。用以指明结论的指示词是结论指示词，用以指明前提的指示词是前提指示词。例如，"因为"一词就表明其后的陈述作为论证的理由或前提起作用。两类指示词可以互换，互换之后，前提和结论出现的次序也随之变化。

常见的论证指示词有两种：前提指示词和结论指示词。

1）前提指示词

前提指示词有：因为……；由于……；依据……；理由是……；举例说来；支持我们观点的是……；这么说的缘由是……；等等。

例 3-2 尽管无糖饮料卡路里含量低，但并不意味它不会导致体重增加，因为无糖饮料可能导致人们对于甜食的高度偏爱，这意味着可能食用更多的含糖类食物。

分析：上述论证的前提是无糖饮料可能导致人们对于甜食的高度偏爱，从而食用更多的含糖类食物。

2）结论指示词

结论指示词有：因此……；所以……；由此可见……；我（们）认为……；可以推断……；这样说来……；结论是……；简而言之……；显然……；其结果……；我（们）相信……；很可能……；表明……；由此可得出……；这证明……；等等。

例 3-3 在工程设计中，用于解决数学问题的计算机程序越来越多，这样就不必要求工程技术类大学生对基础数学有深刻的理解。因此，在未来的教学体系中，基础数学课程可以用其他重要的工程类课程替代。

分析：上述论证的主结论是在未来的教学体系中，基础数学课程可以用其他重要的工程类课程替代。

论证指示词并不是识别论证的绝对可靠的标志，在实际论证中，有时并不显现任何论证指示词。因此，判别一个语段是否包括论证，要看一个陈述与其他陈述是否存在支持关系。

5. 论证的基本结构

论证结构是当前论证分析的理论和实践方法的重要主题。

当论证有一个以上前提时，它们与结论构成的支持关系就可能产生不同的结构，论证的子论证就有不同的性质。这种性质不仅直接规定论证结构的分析和图解，而且也影响论证的评估。无论是主论证还是子论证，可能存在四种支持关系：线性支持、组合式支持、收敛式支持和发散式支持。相应地，有以下四种基本的论证结构。

线性结构	组合式结构	收敛式结构	发散式结构
p_1 $\downarrow$ p_2 $\downarrow$ p_3 $\downarrow$ c	$\dfrac{p_1+p_2+p_3}{}$ $\downarrow$ c	$p_1 \quad p_2 \quad p_3$ $\searrow \downarrow \swarrow$ c	p $\swarrow \downarrow \searrow$ $c_1 \quad c_2 \quad c_3$

推理、论证与批判性思维（第2版）

例 3-4 吸烟的青少年人数在逐年减少,因为中学生吸烟人数在逐年下降。

分析:上述论证的结构如下图所示。

p	中学生吸烟人数在逐年下降
c	吸烟的青少年人数在逐年减少

例 3-5 自学考试毕业生求职大都受到过歧视,张山是一名自考生,张山曾多次求职未果,所以,张山求职时可能受到过歧视。

分析:上述论证的结构如下图所示。

设

p_1:自学考试毕业生求职大都受到过歧视;

p_2:张山是一名自考生;

p_3:张山曾多次求职未果;

c:张山求职时可能受到过歧视。

例 3-6 王武连年荣获销售冠军称号,王武有营销学硕士学位,王武的群众呼声很高,所以,王武是销售部经理的最佳人选。

分析:上述论证的结构如下图所示。

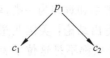

设

p_1:王武连年荣获销售冠军称号;

p_2:王武有营销学硕士学位;

p_3:王武的群众呼声很高;

c:王武是销售部经理的最佳人选。

例 3-7 吸烟被证明对健康有严重危害,所以,烟草的商业广告应该被禁止,吸烟有害的警示也应该印刷在所有香烟的外包装上。

分析:上述论证的结构如下图所示。

设

p：吸烟被证明对健康有严重危害；

c_1：烟草的商业广告应该被禁止；

c_2：吸烟有害的警示也应该印刷在所有香烟的外包装上。

实际语境中的论证远不像基本模式那样单纯。如果考虑到论证的辩证情境和宏观结构，那么需要考虑的论证要素就被大大扩充。

6. 论证的评估

决定好论证的基本标准（RSA）如下。

（1）相干性标准（standard of relevance）。首先，前提必须和结论相干，它们必须通过相干性检验。其次，前提必须给结论提供充分支持，它们必须通过充分性检验。最后，前提必须是可接受的，它们必须通过可接受性检验。

（2）充分性标准（standard of sufficiency）。充分性条件是：前提必须给结论提供充分支持。充分性至少有两个维度：已提出的证据类型是否足够，证据的范围是否适当。

（3）可接受性标准（standard of acceptability）。该标准实际包括两个标准：一个涉及前提对（结论的）听众的关系（可接受性），另一个涉及前提对世界的关系（真）。

例 3-8　有位美国学者做了一个试验，给被试验儿童看三幅图画：鸡、牛、青草，然后让儿童将其分为两类。结果，大部分中国儿童把牛和青草归为一类，把鸡归为另一类；大部分美国儿童则把牛和鸡归为一类，把青草归为另一类。这位美国学者由此得出：中国儿童习惯于按照事物之间的关系来分类，美国儿童则习惯于把事物按照各自所属的"实体"范畴进行分类。

以下哪项是这位学者得出结论所必须假设的？

A. 牛和青草是按照事物之间的关系被列为一类。

B. 牛和鸡是按照各自所属的"实体"范畴被归为一类。

C. 美国儿童只要把牛和鸡归为一类，就是习惯于按照各自所属的"实体"范畴进行分类。

D. 美国儿童只要把牛和鸡归为一类，就不是习惯于按照事物之间的关系来分类。

E. 中国儿童只要把牛和青草归为一类，就不是习惯于按照各自所属"实体"范畴进行分类。

［解题分析］　正确答案：C

题干根据试验发现，大部分美国儿童则把牛和鸡归为一类，把青草归为另一类。如果 C 项为真，即美国儿童只要把牛和鸡归为一类，就是习惯于按照各自所属"实体"范畴进行分类。那么，显然可以得出结论：美国儿童则习惯于把事物按照各自所属的"实体"范畴进行分类。其余选项都不是这位学者得出结论所必须假设的。

例 3-9 最近,一些儿科医生声称,狗最倾向于咬 13 岁以下的儿童。他们的论据是:被狗咬伤而前来就医的大多是 13 岁以下的儿童。他们还发现,咬伤患儿的狗大多是雄性德国牧羊犬。

如果以下陈述为真,哪一项最严重地削弱了儿科医生的结论?

A. 被狗咬伤并致死的大多数人,其年龄都在 65 岁以上。

B. 被狗咬伤的 13 岁以上的人大多数不去医院就医。

C. 许多被狗严重咬伤的 13 岁以下儿童是被雄性德国牧羊犬咬伤的。

D. 许多 13 岁以下被狗咬伤的儿童就医时病情已经恶化了。

E. 雄性德国牧羊犬有时也咬伤 13 岁以上的人。

[解题分析] 正确答案:B

儿科医生的结论是狗最倾向于咬 13 岁以下的儿童。其论据是被狗咬伤而前来就医的大多是 13 岁以下的儿童。若被狗咬伤的 13 岁以上的人大多数不去医院就医,那么从题干的论据就不能得出题干的结论。因此,B 项有力地削弱了题干的结论。其余选项均不能削弱题干结论。A 项咬伤并致死,与题干不相干。

例 3-10 为了调查当前人们的识字水平,试验者列举了 20 个词语,请 30 位文化人士识读,这些人的文化程度都在大专以上。识读结果显示,多数人只读对 3～5 个词语,极少数人读对 15 个以上,有人甚至全部读错。其中,"蹒跚"的辨识率最高,30 人中有 19 人读对;"呱呱坠地"所有人都读错;20 个词语的整体误读率接近80%。该试验者由此得出,当前人们的识字水平并没有提高,甚至有所下降。

以下哪项如果为真,最能对该试验者的结论构成质疑?

A. 试验者选取的 20 个词语不具有代表性。

B. 试验者选取的 30 位识读者均没有博士学位。

C. 试验者选取的 20 个词语在网络流行语言中不常用。

D. "呱呱坠地"这个词有些大学老师也经常读错。

E. 实验者选取的 30 位识读者中约有 50% 的人学习成绩不优秀。

[解题分析] 正确答案:A

题干根据 30 位文化人士对 20 个词语识读结果不佳的试验,得出结论:当前人们的识字水平并没有提高,甚至有所下降。这一试验的问题在于,这 20 个词语是否具有代表性,如果这 20 个词语是易读错的词语,题干结论就不可靠。A 选项指出了这一点,对试验结论构成了质疑。

3.2 论证的重构

要评估一个论证,必须对论证补充隐含前提,即进行论证的重构。一般来说,可依据论证本身的语言表达方式、我们对论证语境的了解以及我们在该论证之外对作者信念的了解，来判断论证者会视为理所当然的是哪些陈述。

如何发现论证的隐含前提？首先要弄清陈述集中的前提和结论，仔细考虑理由与结论之间的"缝隙"或差距，然后寻找填补这一缝隙的前提或信念。

在分析论证结构时，我们还须考虑论证的提议者所默认或认为理所当然的假设。假设是说者或作者显然接受或理所当然的信念，它们并没有被陈述或自显出来。由于省略推理中可能暗含着推理方面的错误，因此，在批判性思维中，常常需要把这些被省略的假设补充到推理过程中来，以便考察它们的真实性以及推理过程的有效性。

1. 补充省略前提要坚持三个规范

（1）充分性：未表达前提必定足以使推论有效或至少增强它。

（2）保存性：应该尽力保存已陈述前提的角色。

（3）似真性：在多个可接受的前提之间选择时，"慈善原则（principle of charity）"（也叫"宽容原则"）要求我们选择更似真的前提。

2. 在重构任何有省略前提或结论的论证时，必须分三步走

（1）提取陈述出来的前提和结论。

（2）假定已表述的前提为真，然后查看这些前提若能使其结论成立，至少还需要得到什么样前提的支持，这样的前提就是该论证的假设。在做这种补充时，常常存在多种不同的选择，这时应该坚持慈善原则。其核心是：尽可能地把推理者设想为一个正常的、理性的人，尽可能对被分析的论证作出有利于支持结论的解释，即对别人的论证进行解释时，我们要站在论证者的立场上，考虑怎样才能使论证中已表述的前提成为支持其结论的强有力的理由。我们只需要关注那些足以影响理由支持结论（主张）的力度的假设。

（3）在做了这些工作之后，再来看被省略的前提是否真实、论证过程是否正确，即对论证者的推理进行评价。

3. 假设的检验

假设的逻辑定义：假设是使推理成立的一个必要条件。因此，在解逻辑推理题时，我们可用否定代入法来确认假设。何谓"否定代入法"？就是首先否定你认为有可能正确的选项，然后再把这个经过否定的选项代入到题干之中去，如果代入以后严重削弱了题干或使得题干推理不成立，那么，这个选项就是我们所要寻找的假设性选项；如果代入以后没有严重削弱题干或题干推理仍然可以成立，那么，这个选项就不是我们所要寻找的假设性选项。

在假设题中，比较难排除的选项或貌似正确的选项往往是支持选项。由于假设本身就是支持（但支持并不等于假设），导致容易混淆"支持"和"假设"。"支持"

是指"有了它更好",而"假设"指"没有它不行"。因此,要迅速准确地找到假设性选项,就必须采取"否定代入法"来检验。

例 3-11 由于照片是光线将物体印记在胶片上,因此,在某种意义上,每张照片都是真的。但是,用照片来表现事物总是与事物本身有差别,照片不能表现事物完全的真实性,在这个意义上,它是假的。所以,仅仅靠一张照片不能最终证实任何东西。

以下哪项陈述是使上述结论得以推出的假设?

A. 完全的真实性是不可知的。

B. 任何不能表现完全的真实性的东西都不能构成最终的证据。

C. 如果有其他证据表明拍摄现场的真实性,则可以使用照片作为辅助的证据。

D. 周某拍摄的华南虎照片不能作为陕西有华南虎生存的证据。

E. 反映事物某一方面特征的证据也可以证明事实。

[解题分析] 正确答案:B

题干所述前提——照片不能表现完全的真实性,加上省略前提——任何不能表现完全的真实性的东西都不能构成最终的证据,从而得出结论——仅靠一张照片不能最终证实任何东西。

例 3-12 在获得诺贝尔文学奖后,马尔克斯居然还能写出《一场事先张扬的人命案》这样一个叙述紧凑、引人入胜的故事,一部真正的悲剧作品,实在令人吃惊。

上述评论所依赖的假设是:

A. 马尔克斯在获得诺贝尔文学奖之前,写出了许多优秀的作品。

B. 作家在获得诺贝尔文学奖之后,他的所有作品都会令人惊讶。

C. 马尔克斯在获得诺贝尔文学奖之后,所写的作品仍然相当引人入胜。

D. 作家在获得诺贝尔文学奖之后,几乎不能再写出引人入胜的作品。

E. 马尔克斯在获得诺贝尔文学奖之后,只会写喜剧而不是悲剧。

[解题分析] 正确答案:D

题干观点是"在获得诺贝尔文学奖后,马尔克斯居然还能写出引人入胜的故事,实在令人吃惊"。其言外之意是"作家在获得诺贝尔文学奖之后,几乎不能再写出引人入胜的作品"。可见,D项是题干推理成立所必须的假设,否则,如果作家在获得诺贝尔文学奖之后,仍能再写出引人入胜的作品,那么,即使"马尔克斯在获得诺贝尔文学奖后还能写出引人入胜的悲剧作品",也得不出"令人吃惊"的结论。因此,D为正确答案,其余选项均不是题干推理所必须的假设。

例 3-13 黑脉金斑蝶幼虫先折断含毒液的乳草属植物的叶脉,使毒液外流,再食入整片叶子。一般情况下,乳草属植物的叶脉被折断后,其内的毒液基本完全流掉,即便有极微量的残留,对幼虫也不会构成威胁。黑脉金斑蝶幼虫就是采用这种方式以有毒的乳草属植物为食物来源,直到它们发育成熟。

以下哪项最可能是上文所必须的假设?

A. 幼虫有多种方法对付有毒植物的毒液,因此,有毒植物是多种幼虫的食物来源。

B. 除黑脉金斑蝶幼虫外,乳草属植物不适合其他幼虫食用。

C. 除乳草属植物外,其他有毒植物已经进化到能防止黑脉金斑蝶幼虫破坏其叶脉的程度。

D. 黑脉金斑蝶幼虫成功对付乳草属植物毒液的方法不能用于对付其他有毒植物。

E. 乳草属植物的叶脉没有进化到黑脉金斑蝶幼虫不能折断的程度。

[解题分析] 正确答案:E

要使题干论证成立,E项是必须假设的。否则,如果乳草属植物的叶脉已经进化到黑脉金斑蝶幼虫不能折断的程度,那么题干的陈述就不能成立了。其余各项如果不成立,题干仍然可以成立。

3.3 论证的构建

对论证结构的分析,主要是从客方的角度来审视的。那么,作为论证的主方,我们如何来构建自己的论证?英国学者图尔敏提出了一种广为流行的论证构建模式。该模式的显著特点是,从主方立场构建的论证,一开始就预见并打算回应可能的挑战。在不断考虑回应挑战的过程中,论证的构建活动得以完善。

图尔敏在 20 世纪 50 年代最先提出的论证六要素便是辩证情境中的论证的基本构成成分。①事实(data)或者根据(ground),就是用来论证的事实证据、理由(相当于三段论中的小前提)。②主张(claim),即结论,是要被证明的陈述、论点、观点。③担保或保证(warrant),即用来连接证据和结论之间的普遍性原则、规律等,是连接证据和结论之间的桥梁。在论证结构中,保证被归在理由(前提)一类,常常是其中的大前提,或者是隐含假设(如果没有明确列出的话)。④支撑(backing),用来支持上面的保证(大前提)的陈述、理由,它不是直接来支持结论,而是支持保证,表明这些普遍原则或关系是真的。⑤反驳(rebuttal),是对已经知道的反例、例外的考虑、反驳和说明。⑥限定(qualifier),对保证、结论的范围和强度进行限定的修饰词,常常是因为有了对反例的考虑,从而对结论进行限定。图尔敏模型可以图解为:

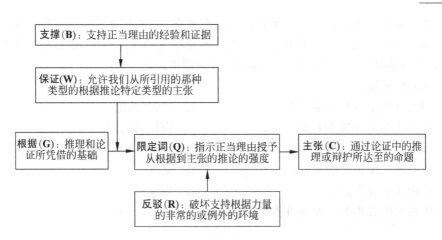

这些要素并不是通过分析论证中的陈述的形式结构得出的,即不是论证的微观结构的要素,而是论证的宏观结构的要素。论证结构上的区别是被一个对话者可能向某个准备提出和辩护某个论点的人问不同问题激发而成的。

例 3-14　假设我们现在面临这样一个问题:是否有地震要发生?

分析:如果我们认为有地震发生,别人可能对此有所怀疑,所以,我们得论证这个主张。

首先,得提出证据,即:一些动物有异常表现。

其次,根据一般知识,动物能预感地震,这就可以证明我们的主张。

然而,他人也许质疑,"动物能预感地震"是否可靠?我们引用"一些专家是这么认为的",表明我们使用的一般知识是靠得住的。不过别人依然可能提出一些例外情形,例如,动物受了气候的影响,或受了污染的影响等才有了异常表现。我们只有排除掉这些例外情况,才能有力地坚持我们的主张。正是由于这些可能的情况有可能存在,也因为我们所引用的一般知识是可废止概括,因而,我们只能有保留地坚持我们的结论。

假设 C＝有地震要发生;G＝一些动物有异常表现;W＝动物能预感地震;B＝一些专家是这么认为的;R＝其他因素影响了动物;Q＝假设地(很可能),这个论证可用图尔敏模式表示如下:

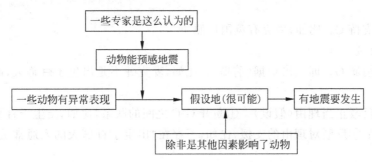

图尔敏模式可以看成是在批判性对话框架中,主张者为了应付可能的挑战者提出的各种批判性问题而采取的构建论证的程序或步骤。因此,论证模式中的六个因素,分别是对挑战者提出的六类批判性问题的回答。

批判性问题	回答
对眼下这个问题怎么处置?	C:主张(结论)
你的主张有何证据基础?	G:根据(论据)
你如何从这些根据得出该主张?	W:保证(担保)
这真是一个保险的移动?	B:支撑
你的主张有多强?	Q:限定词
哪些可能发生的情况或许推翻该论证?	R:反驳(反证)

例 3-15 假设 C＝麦克是英国人;G＝麦克出生于百慕大;W＝出生于百慕大的人通常是英国人;B＝根据法律规定;R＝麦克的双亲是外侨,或者麦克加入了美国籍,等等; Q＝假设地(很可能),这个论证可用图尔敏模式表示如下:

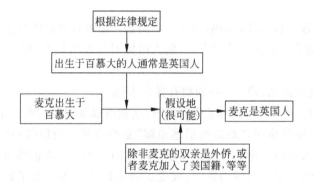

批判性思考:对上述论证的支持与削弱

1)支持

(1)支持 G。例如,麦克的出生登记或出生证表明麦克出生于百慕大。

(2)正当理由。①G-C 之间的假设,比如,出生于百慕大的人通常是英国人。②支援(增加新论据),比如,出生于百慕大的人通常是英国人,这是法律规定的。

(3)没有其他反驳因素,比如,麦克的双亲不是外侨,或者麦克没有加入美国籍。

(4)支持 C。比如,麦克有英国护照。

2)反驳

(1)削弱 G。即攻击根据(前提)。比如,麦克并不是出生于百慕大,而是出生于伦敦。

(2)反驳正当理由(假设)。①断开 G-C 之间的联系,比如,出生于百慕大的人是法国人;②反驳对理由的支援,比如,不存在"出生于百慕大的人通常是英国人"

那样的国籍法；又如：对该法的解释不正确，即"出生于百慕大的人不一定是英国人"。

（3）另有他因。比如，麦克后来加入了美国籍（或其他国籍）；又如，麦克的父母亲是外侨。

（4）反驳 C，即直接反驳结论。比如，麦克仅持有美国护照；又如，麦克没有英国护照。

3.4 论证的标准化

在将文本解释为一个或若干论证时，需要将那些与确立或反驳一个主张不相干的部分、重复的信息去掉；属于交际性的内容、其他话题的插入、无关的枝节、顺便说的话等都可忽略，它们不进入论证结构的描写。因此，论证标准化的作用是：辨识前提和结论，搞清推理路线，使论证变成清楚、完全的陈述。

标准化论证需要进行以下四种转换：

（1）删除。对于题干过长的，要大量删除不相关信息，一般对背景性介绍的文字可以略而不读。考生在阅读归纳时要做到长题读短，把晦涩读通俗，阅读时要把书面语言全部转换成口头语，只要抽象出主干句子构成的逻辑主线就可以了。句子中大量的修饰成分都不是读题的重点。

（2）补充。使隐含的论点，也可能是论证成立所需要的隐含的预设、未表达前提明确化。

（3）替换。用清楚、确切的表达方式来替代含糊的或者间接的表达方式，同义的所有表达式用唯一的表达式取代。正确理解的基础是"换句话说"，即将推理拆分成前提和结论，接着用自己的话来复述这个推理。一般来说，题干经常将很简单的问题描述得很复杂以增加难度，用自己的话来复述能帮你理解文章的意思。

（4）排列组合。将有支持关系的陈述放在一块，按有利于对论证开展评估的方式进行排列组合。

例 3-16　第二次世界大战期间，海洋上航行的商船常常遭到德国轰炸机的袭击，许多商船都先后在船上架设了高射炮。但是，商船在海上摇晃得比较厉害，用高射炮射击天上的飞机是很难命中的。战争结束后，研究人员发现，从整个战争期间架设过高射炮的商船的统计资料看，击落敌机的命中率只有 4%。因此，研究人员认为，在商船上架设高射炮是得不偿失的。

以下哪项如果为真，最能削弱上述研究人员的结论？

A. 在战争期间，未架设高射炮的商船，被击沉的比例高达 25%；而架设了高射炮的商船，被击沉的比例只有不到 10%。

B. 架设了高射炮的商船，即使不能将敌机击中，在某些情况下也可能将敌机吓跑。

C. 架设高射炮是一笔不小的投入，而且在战争结束后，为了运行的效率，还要再花费资金将高射炮拆除。

D. 一般来说，上述商船用于高射炮的费用，只占整个商船的总价值的极小部分。

E. 架设高射炮的商船速度会受到很大的影响，不利于逃避德国轰炸机的袭击。

[解题分析]　正确答案：A

开头都是背景介绍，对解题毫无用处，最后研究人员的观点才是阅读重点。题干根据商船架高炮后击落敌机的命中率，得出结论：商船架高炮没用（得不偿失）。要质疑题干结论，找到"有用"事例即可。

A项说明没架高炮的商船被击沉的比例高，从另一个方面说明商船架高炮是有用的。B项架高炮的商船，可能将敌机吓跑，也说明商船架高炮有用。但B项的削弱力度不如A项，因为B项所断定的"某些情况"，到底带有多大的普遍性，并没有得到断定。另外，考虑到题干所断定的击落敌机的命中率较低，因此，从A项可推出B项，但显然从B项不能推出A项。因此，答案是A。各选项中，C项和E项讲的是架高炮的坏处，实际上支持题干。D项讲的架高炮费用不多，说明经济上可行，但题干讲的是军事上要有用，因此，D项为无关项。

例 3-17　生活成本与一个地区的主导行业支付的工资的平均水平呈正相关，例如，某省雁南地区的主导行业是农业，而龙山地区的主导行业是汽车制造业，由此，我们可以得出结论，龙山地区的生活成本一定比雁南地区高。

以下哪项是上述论证的假设？

A. 龙山地区的生活质量比雁南地区高。

B. 雁南地区参与汽车制造业的人比龙山地区人少。

C. 汽车制造业支付的工资平均水平比农业高。

D. 龙山地区的生活成本比其他地区都高。

E. 龙山地区的居民希望离开龙山地区，到生活成本较低的地区生活。

[解题分析]　正确答案：C

题干断定：第一，生活成本与一个地区的主导行业支付的工资的平均水平呈正相关。第二，龙山地区的主导行业是汽车制造业，雁南地区的主导行业是农业。如果C项为真，即：汽车制造业支付的工资平均水平比农业高，结合题干，就可以合理地得出结论，龙山地区的生活成本一定比雁南地区高。

例 3-18　基因能控制生物的性状，转基因技术是将一种生物的基因转入另一种生物中，使被转入基因的生物产生人类所需要的性状。这种技术自产生之日起就备受争议。公众最关心转基因食品的安全性：这类食品是否对人有毒？是否会引起过敏？一位专家断言：转基因食品是安全的,可放心食用。

以下各项陈述都支持这位专家的断言,除了：

A. 转基因农作物抗杂草,所以无须使用含有致癌物质的除草剂。

B. 转基因作物在全球大面积商业化种植 13 年来,从未发生过安全性事故。

C. 普通水稻的害虫食用转基因水稻后会中毒,所以种植转基因水稻无须使用农药。

D. 杂交育种产生的作物是安全的,用传统方式对作物品种的杂交选育,实质上也是转基因。

E. 有研究表明,目前转基因食品是对人无害的,可以放心食用。

〔解题分析〕 正确答案：C

题干前面的叙述都是背景,可以删除。题干核心是：专家断言,转基因食品是安全的,可放心食用。C 项所述,害虫食用转基因水稻后会中毒,这意味着转基因食品是有毒的,对人并不安全。这就削弱了题干,当然不能支持专家的断言,为正确答案。其余各项都支持了专家的断言。其中,A 项,转基因农作物无须使用含有致癌物质的除草剂；B 项,转基因作物从未发生过安全性事故；D 项,传统的杂交选育是安全的,也是转基因；E 项,转基因食品是对人无害的；这些都有利于说明转基因食品是安全的。

例 3-19　鸡油菌这种野生蘑菇生长在宿主树下,如在道氏杉树的底部生长,道氏杉树为它提供生长所需的糖分。鸡油菌在地下用来汲取糖分的纤维部分为它的宿主提供养料和水。由于它们之间的这种互利关系,过量采摘道氏杉树根部的鸡油菌会对道氏杉树的生长不利。

以下哪项如果为真,将对题干的论述构成质疑？

A. 在最近的几年中,野生蘑菇的产量有所上升。

B. 鸡油菌不只在道氏杉树底部生长,也在其他树木的底部生长。

C. 很多在森林中生长的野生蘑菇在其他地方无法生长。

D. 对某些野生蘑菇的采摘会促进其他有利于道氏杉树的蘑菇的生长。

E. 如果没有鸡油菌的滋养,道氏杉树的种子不能成活。

〔解题分析〕 正确答案：D

阅读题干,首先概括成自己的一句话,即"菌有利于树,因此,过量采摘菌对树不利"。D 项"对某些野生蘑菇的采摘"就可能包括对鸡油菌的采摘,这样就会促进其他有利于道氏杉树的蘑菇的生长,而最终仍有可能对道氏杉树有利。这是个存在他因的削弱,构成了对题干的质疑。其余各项均不能构成质疑。

第4章 逻辑规律

逻辑基本规律是正确思维的根本假定,也是理性的交流的必要条件。主要的逻辑基本规律有四条:同一律、矛盾律、排中律及充足理由律。

4.1 同一律

1. 同一律的基本内容与逻辑要求

同一律的基本内容:任何一个思想与其自身是等同的。

同一律的公式:A=A(A是A)或A→A(如果A,那么A)。

同一律的要求:三同一条件下,思想保持自身确定性。

三同一条件是指在同一思维过程中,对同一对象的同一方面的思想。

同一律在思维或论证过程中主要在于保证思维的确定性。而只有具有确定性的思维才可能是正确的思维,才能正确地反映客观世界,人们也才能进行思想交流。否则,如果自觉或不自觉地违反同一律的逻辑要求,混淆概念或偷换概念、混淆论题或偷换论题,那就必然会使思维含混不清、不合逻辑,既不能正确地组织思想,也不能正确地表达思想。因此,遵守同一律的逻辑要求乃是正确思维的必要条件。

2. 违反同一律要求常见的逻辑错误

同一律要求任何一个概念都有其确定的内涵和外延,是这个概念就是这个概念,而不是别的概念。任一命题都有其确定的命题内容,是这个命题就是这个命题,而不是别的命题。

违反同一律要求的逻辑错误主要有两种:混淆或偷换概念、转移或偷换论题。

1) 混淆或偷换概念

正如前面所述,混淆或偷换概念就是在同一思维或论辩过程中,把不同的概念当作同一概念来使用。

[逻辑案例] 元宵节

元宵节晚上,司马光夫人说:"我要去看花灯。"

司马光说:"家中这么多灯,何必去看?"

司马光夫人说:"我要去看游人。"

司马光说:"家中这么多人,何必出去看?"

点评：以上对话中，司马光故意偷换了概念，故意把家中的"灯"和外面的"灯"，家中的"人"和外面的"人"混为一谈。

[**逻辑案例**] 打赌

甲和乙二人打赌，甲对乙说："我能够用牙齿咬自己的左眼，你信不信？我们赌100元。"乙认为这是不可能的，于是欣然同意，把100元放于桌上。甲将自己左眼窝中的玻璃假眼挖出来，放进嘴里咬了一下，接着说："你输了100元。现在我给你赢回100元的机会，我们再赌一次，我还能用牙齿咬自己的右眼。"乙想，甲总不会两只眼都是假的，因为甲平时完全能自己看东西，不像瞎子。于是一狠心，又拿出100元放在桌子上。这时，甲取下假牙咬了自己的右眼。这下，乙又输了100元。

分析：在这个黑色幽默里，乙为什么两次都输了呢？因为甲故意违反了同一律，偷换了概念。

[**逻辑案例**] 麦加拉派的疑难

麦加拉派因创建于古希腊西西里岛的麦加拉城而著名，它在逻辑学上的主要贡献有：条件句的性质、模态理论以及下述怪论和疑难等。

(1) 有角者。例如，你没有失去的东西你仍然具有。你没有失去角，所以你有角。

(2) 知道者怪论。例如，厄拉克特拉不知道站在她面前的这个人是她的哥哥，厄拉克特拉知道奥列斯特是她的哥哥，站在她面前的这个人与奥列斯特是同一个人，所以，厄拉克特拉既知道又不知道这同一个人是她的哥哥。

逻辑分析：(1) 在"有角者论证"中，犯了"混淆或偷换概念"的逻辑错误。诡辩是偷换概念的典型，诡辩论者通过偷换概念达到自己的目的。"你所没有失掉的东西"在大小前提里的意思是不一样的。在大前提中的"你所没有失掉的东西"实际是指"你本来就有，而以后也没有失掉的东西"；而小前提中的"你所没有失掉的东西"是指"本来就没有，因而也无所谓失掉的东西"。这互不相同的两个概念不能进行替换。因此，由于角是你原来没有的东西，因此，尽管你"没有失去"它，你仍然没有角。

(2) 涉及同一替换原则在"认识""知道"这类词汇所构成的语境中的有效性问题，已经成为20世纪新兴的内涵逻辑的讨论和处理对象。尽管"奥列斯特"和"站在她面前的这个人"这两个词具有同样的外延，却具有不同的内涵。厄拉克特拉只知道"奥列斯特"的内涵，并不知道它的外延，在这种情况下，不能使用同一性替换原则。

例4-1 我国正常婴儿在3个月时的平均体重在5～6kg之间，因此，如果一个3个月的婴儿的体重只有4kg，则说明其间他(她)的体重增长低于平均水平。

以下哪项如果为真，最有助于说明上述论证存在漏洞？

A. 婴儿体重增长低于平均水平不意味着发育不正常。

B. 上述婴儿在 6 个月时的体重高于平均水平。

C. 上述婴儿出生时的体重低于平均水平。

D. 母乳喂养的婴儿体重增长较快。

E. 我国婴儿的平均体重较 20 年前有了显著的增加。

[解题分析]　正确答案：C

题干论证混淆了"平均体重增长"和"平均体重"这两个概念。如果 C 项为真，则说明：虽然上述婴儿在 3 个月时体重低于平均水平,但由于出生时的体重低于平均水平,因此,其间他(她)的体重增长不一定低于平均水平。这就指出了上述论证存在的漏洞。其余各项均不能说明题干的论证存在漏洞。

例 4-2　克鲁特是德国家喻户晓的"明星"北极熊,北极熊是名副其实的北极霸主,因此,克鲁特是名副其实的北极霸主。

以下除哪项外,均与上述论证中出现的谬误相似？

A. 儿童是祖国的花朵,小雅是儿童,因此,小雅是祖国的花朵。

B. 鲁迅的作品不是一天能读完的,《祝福》是鲁迅的作品,因此《祝福》不是一天能读完的。

C. 中国人是不怕困难的,我是中国人,因此,我是不怕困难的。

D. 康怡花园坐落在清水街,清水街的建筑属于违章建筑,因此,康怡花园的建筑属于违章建筑。

E. 西班牙是外语,外语是普通高等学校招生的必考科目。因此,西班牙语是普通高校招生的必考科目。

[解题分析]　正确答案：D

题干的论证形式是貌似三段论,但存在偷换概念谬误,第一个"北极熊"是非集合概念,第二个是"集合"概念。各选项中,除 D 项外,都存在这一谬误。

2）转移或偷换论题

转移或偷换论题是在论证中常见的一种逻辑错误。这种错误是在论证过程中把两个不同的论题(判断或命题)这样或那样地混淆或等同起来,从而用一个论题去代换原来所论证的论题。

转移论题是指在同一思维中改变已提出的论题；偷换论题是指用一个相似但实际上不同的论题代替原先的论题。

以下案例都犯了转移论题的错误。

[逻辑案例]　罚款

有人向执法人员质疑乱罚款的问题,执法人员说："罚款本身不是目的,严格执法是为了维护人民的合法权益。"

［逻辑案例］ 排骨面

顾客:"请问,我的排骨面怎么还没来,我等了已有半小时了。"

营业员:"你为什么非要吃排骨面,你不能吃炸酱面吗?"

［逻辑案例］ 理发

一个秃头男人来到理发店。理发师问:"有什么可以帮助您的吗?"那个人解释说:"如果能够让我的头发看起来和你的一样,我就付给你 1000 块钱。""没问题。"理发师一边说着,一边飞快地把自己剃成了光头。

例 4-3 警察:"你为什么骑车带人,懂不懂交通规则?"

骑车人:"我以前从来没有骑车带人,这是第一次。"

下述哪段对话中出现的逻辑错误与题干最类似?

A. 审判员:"你作案后去了什么地方?"

   被告:"我没有作案。"

B. 母亲:"我已经告诉过你准时回来,你怎么又晚回来一个小时?"

   女儿:"你总喜欢挑我的毛病。"

C. 老师:"王林,你怎么没有完成作业?"

   王林:"我爸爸昨天从法国回来了。"

D. 居委会的张大妈:"你还打老婆吗?"

   李四:"我从来没有打过老婆。"

E. 谷菲:"昨晚的舞会真过瘾,特别是那位歌星的歌特煽情。"

   白雪:"他长得也特酷,帅呆了。"

［解题分析］ 正确答案:B

在题干中,骑车人并没有回答警察的问题,而是寻找借口希望得到警察的谅解,犯了"转移论题"的逻辑错误,选项 B 女儿答非所问,转移论题,与题干的错误类似。

例 4-4 商业伦理调查员:"XYZ 钱币交易所一直误导它的客户说它的一些钱币是很稀有的,实际上那些钱币是比较常见而且很容易得到的。"

XYZ 钱币交易所:"这太可笑了。XYZ 钱币交易所是世界上最大的几个钱币交易所之一。我们销售的钱币是经过一家国际认证的公司鉴定的,而且有钱币经销的执照。"

XYZ 钱币交易所的回答显得很没有说服力,因为它_____。

以下哪项为上文的后继最为恰当?

A. 故意夸大了商业伦理调查员的论述,使其显得不可信。

B. 指责商业伦理调查员有偏见,但不能提供足够的证据来证实他的指责。

C. 没能证实其他钱币交易所也不能鉴定它们所卖的钱币。

D. 列出了 XYZ 钱币交易所的优势,但没有对商业伦理调查员的问题作出回答。

E. 没有对"很稀有"这一意思含混的词做出解释。

[解题分析] 正确答案:D

题干中商业伦理调查员指责 XYZ 钱币交易所误导客户的根据是:它所称的很稀有的货币,实际上是比较常见的。XYZ 钱币交易所的回答回避了商业伦理调查员的问题,只是陈述了该交易所的一些优势,这显然使得它的回答没有说服力。D 项指出了这一点,作为题干的后继是恰当的。其余各项均不恰当。

人们必须遵守同一律才能发挥同一律的作用,而在特殊情况下,有时却可以故意违反同一律、转移论题,以达到某种目的。

[逻辑案例] 盲肠的作用

有个人得了盲肠炎,但他无论如何也不愿意开刀,家人强行把他送到医生那里,他在痛苦挣扎中不断嚷嚷:"上帝既然把盲肠赐给人,那就一定是有用的。""当然有用,"医生说,"要是人们没有那讨厌的盲肠炎,我靠什么买汽车,靠什么送女儿到国外留学。"

[逻辑案例] 黄泉

《左传》记载:郑庄公与其母亲姜氏发生了矛盾,庄公发誓说:"不及黄泉,无相见也。"意思是说,不到死后,决不和姜氏见面。过了些时候,庄公有些后悔,有个叫颍考叔的替他出了个主意,说:"若掘地及泉,遂而相见,其谁曰不然?"意思是说,若掘条地道,挖出了泉水,就可以与姜氏在地道里见面,谁能说是违背誓言呢?这里庄公讲的"黄泉"是指给庄公找了个台阶。庄公按照颍考叔的话做了,从此母亲和儿子恢复了中断的关系,和好如初。

[逻辑案例] 唐伯虎祝寿

唐伯虎位居明朝江南四大才子之首,诗、书、画三大领域都有高深造诣。他有不少逸闻趣事在民间广为流传。一天,与他为邻的一个富翁为其 80 岁的老母祝寿,请唐伯虎绘画题诗。他才思敏捷,挥毫泼墨,一幅蟠桃献寿图片刻即成。接着又题了一首诗:这个婆娘不是人,九天仙女下凡尘。儿孙个个都成贼,偷得蟠桃奉寿辰。

分析:这首诗语出惊人,不同凡响。从逻辑上说,这四行诗是对同一律的绝妙应用。唐伯虎四行诗中的"九天仙女",自然"不是人(不是凡人)","不是人(不是凡人)"并不是骂人,而是恭维她是"九天仙女";"偷蟠桃"的无疑是"贼",然而并非骂他们是偷鸡摸狗之流,而是把他们赞为"齐天大圣"。此诗一反一正,使人的心情一怒一喜,最终讨得主人家的欢心,之所以能达到这样好的效果,因为它遵守了同一律:祝寿说好话。

4.2 矛盾律

1. 矛盾律的基本内容与逻辑要求

矛盾律又称不矛盾律。

矛盾律的内容：在同一思维过程中，两个互相矛盾或反对的思想不能同时是真的。

矛盾律的公式：¬(A∧¬A)（A 并且非 A 是假的；即，A 不是非 A）。

矛盾律的要求：对于同一对象不能同时作出两个互相矛盾的断定，即不能既肯定它是什么，同时又否定它是什么。换句话说，矛盾律要求在同一思维过程中，思想必须前后一贯，否则，会犯"自相矛盾"的错误。

运用矛盾律必须注意以下几点：

第一，矛盾律是针对同一思维过程说的。矛盾律所要排除的两个相互排斥的思想，是指在同一思维或表述过程中，也即是在同一时间、全同关系下，对于同一对象而言的两个相互矛盾或相互反对的思想。离开了这些条件，就谈不上两个思想之间的相互排斥。例如，诗人臧克家写过这样的诗句："有的人活着，他已经死了；有的人死了，他还活着。"这句话从不同方面表述了同一对象。前半句是说：有的人肉体上活着，可他的精神却死了；后半句是说：有的人肉体上死了，可他的精神还活着。因此，这样的表述并不矛盾，因为其中所表达的两个命题并不是相互排斥的。

第二，矛盾律不适用于具有反对关系的思想。

第三，必须注意区分逻辑矛盾与辩证矛盾。矛盾律只是要求排除思维中的逻辑矛盾，辩证矛盾是事物内部相互对立的两个方面，两者相互排斥、斗争，在一定条件下相互依存、转化。辩证矛盾普遍存在于自然、社会和思维领域中，受对立统一规律的制约。所以，逻辑矛盾和辩证矛盾是截然不同的。

2. 违反矛盾律要求常见的逻辑错误

违反矛盾律要求常见的逻辑错误是"自相矛盾"。

关于思想的逻辑矛盾，《韩非子·惟一》中有这样一个故事：有一个卖矛（长矛）和盾（盾牌）的人，先吹嘘他的盾如何的坚固，说："吾盾之坚，物莫能陷也。"过了一会儿，他又吹嘘他的矛是如何的锐利，说："吾矛之利，于物无不陷也。"这时旁人讥讽道："以子之矛陷子之盾，何如？"卖矛和盾的人无言以答了。因为，当他说"我的盾任何东西都不能刺穿"时，实际上是断定了"所有的东西都不能够刺穿我的盾"这个全称否定命题；而当他说"我的矛可以刺穿任何东西"时，实际上又断定了"有的东西能够刺穿我的盾"这一特称肯定命题。这样，由于他同时肯定了两个具有矛盾关系的命题,因而就陷入了"自相矛盾"的境地。

从命题方面看,如果对两个互相矛盾的命题同时给予肯定,或者说,如果对同一对象同时作出两个互相矛盾的断定,那么就必然会产生逻辑矛盾。下面两句话都犯了"自相矛盾"的错误:

(1) 这件事我没有过问,只是侧面了解一下情况,提点意见,仅供参考。

(2) 我在就寝前是从来不吃任何东西的,可是,当我在外面跑得很晚才回家时,由于实在太饿的缘故,倒在床上之前,我总是找到什么就吃什么。

下面几则案例都包含了自相矛盾。

[**逻辑案例**]　说丈夫坏话

一天,一个女人对她的闺蜜说:"你真应该听听我邻居说她丈夫的话,她的嘴巴刻薄极了,总爱在背后说她那可怜的丈夫的坏话。我认为这样太粗鲁了。你瞧我! 我丈夫又胖又懒、工资又低、脾气还不好,可你有没有听我说过他一句不是呢?"

[**逻辑案例**]　成功的秘诀

儿子:"成功者的秘诀是什么?"

父亲:"诚实和智慧。"

儿子:"什么是诚实呢?"

父亲:"诚实就是在信守诺言。"

儿子:"那什么是智慧呢?"

父亲:"不要那样做。"

点评:按照父亲的意思,成功意味着既要信守诺言又不要信守诺言,自相矛盾。

[**逻辑案例**]　戴高帽

一个京官要到外省去做官,临行前去老师处辞别。老先生说:"外官不好当,你凡事要谨慎小心些才是。"此人答道:"老师放心,我发现人都喜欢戴高帽,我已经准备好一百顶高帽子,碰上人就奉送一顶。谁不喜欢戴高帽呢? 这样就不会和我闹别扭了。"老师生气地说道:"为官要正直,哪能随便送高帽奉承人呢! 我就最不喜欢别人奉承。"此人惶恐地道:"学生错了,还是老师品格端正,不爱戴高帽。但像老师这样的贤人天下能有几个呢?"老师听了非常高兴,说:"嗯,你这话说得还算不错。"这个人一出老师家大门,就对人说:"我的一百顶高帽,现在只剩下九十九顶了。"

逻辑分析:这则笑话讽刺了那位老师的言行不一。他声称自己最不喜欢别人奉承,但一旦学生奉承他时,他听了"非常高兴"。这就是同时既承认"不喜欢奉承"是真的,又承认"喜欢奉承"是真的,也就是说,那位老师承认两个具有矛盾关系的思想同时为真,违反了矛盾律,也就犯了自相矛盾的错误。

例4-5 按照当前我国城市的水消费量来计算,如果每吨水增收5分钱的水费,则每年可增加25亿元收入。这显然是解决自来水公司年年亏损问题的好办法。这样做还可以减少消费者对水的需求,养成节约用水的良好习惯,从而保护我国非常短缺的水资源。

以下哪一项最清楚地指出了上述论证中的错误?

A. 作者引用了无关的数据和材料。

B. 作者所依据的当前我国城市的水消费量的数据不准确。

C. 作者作出了相互矛盾的假定。

D. 作者错把结果当作了原因。

E. 作者没有考虑到习惯是很难改变的。

[解题分析] 正确答案:C

本题论证属于自相矛盾。要想解决自来水公司的亏损,就应该鼓励消费者多用水;而要保护我国水资源,就应该鼓励消费者少用水。

例4-6 给编辑的信:在这个节日期间,我们应努力恢复真正的奉献精神,每个人应赠送礼物而不期望得到礼物,如果有人送给我们礼物,我们应该拒绝并建议把它送给别人,这样,我们会充分体验到完全奉献的感受。

以下哪项指出了上述议论中的逻辑错误?

A. 违反了同一律,犯了"偷换概念"的逻辑错误。

B. 违反了矛盾律,犯了"自相矛盾"的逻辑错误。

C. 违反了排中律,犯了"两不可"的逻辑错误。

D. 不违反逻辑规律,是正确的。

E. 虽然不违反逻辑规律,但是错误的。

[解题分析] 正确答案:B

题干的观点是,每个人都应该赠送礼物。同时,每人都不应该接受礼物。可是,如果没有人接受礼物,那么任何人的给予将如何实施呢?可见作者的观点是自相矛盾的。

3. 归谬推理

归谬推理是这样一种推理,它根据一个命题蕴涵荒谬的或不可接受的命题来推出该命题是假的。如果从一个命题出发,能够推出自相矛盾的结论,则这个命题肯定不成立。

例4-7 法学家:刑法修正案(八)草案规定,对75周岁以上的老人不适用死刑,这一修改引起不小的争论。有人说,如果这样规定,一些犯罪集团可能会专门雇佣75岁以上的老人去犯罪。我认为这种说法不能成立,按照这种逻辑,不满18

岁的人不判处死刑,一些犯罪集团也会专门雇佣不满 18 岁的人去犯罪,我们是否应当判处不满 18 岁人的死刑呢?

上面的论证使用了以下哪一种论证技巧?

A. 通过表明一个观点不符合已知的事实,来论证这个观点为假。

B. 通过表明一个观点缺乏事实的支持,来论证这个观点不能成立。

C. 通过假设一个观点为正确会导致明显荒谬的结论,来论证这个观点是错误的。

D. 通过表明一个观点违反公认的一般性准则,来论证这个观点是错误的。

E. 通过表明一个观点不成立来推翻与其结构类似的观点。

[解题分析]　正确答案:C

显然,题干的论证用的是归谬法,C 项概括了这一论证方法。

例 4-8　湖人队是不可能进入决赛的。如果湖人队进入决赛,那么太阳就从西边出来了。

以下哪项与上述论证方式最相似?

A. 今天天气不冷。如果冷,湖面怎么结冰了?

B. 语言是不能创造财富的。若语言能够创造财富,则夸夸其谈的人就是世界上最富有的了。

C. 草本之生也柔脆,其死也枯槁。故坚强者死之徒,柔弱者生之徒。

D. 天上是不会掉馅饼的。如果你不相信这一点,那上当受骗是迟早的事。

E. 古典音乐不流行。如果流行,那就说明大众的音乐欣赏水平大大提高了。

[解题分析]　正确答案:B

B 项与题干论证方式均是根据一个命题蕴涵显然假的命题,推出该命题假,都属于归谬法。A 项说不通,如果改为"今天天气冷。如果不冷,湖面怎么结冰了?"才是归谬法。

排除法解题就是对矛盾律的应用,具体是在选择正确选项的过程中,验证选项与题干所述信息有无矛盾。有矛盾现象的就排除,没有矛盾现象的就是正确选项。

例 4-9　小张、小王、小李、小马、小陈、小刘、小白、小赵、小孙、小杨、小周和小郑住在一个六层楼房里。每层有两个公寓。每个公寓最多住两个人,一些公寓也许是空的。

(1) 小王和他的舍友住的比小赵和他的舍友小白高两层。

(2) 小张一个人住,比小刘低三层并且比小周低两层。

(3) 小马比小赵和小白低一层。

(4) 小孙和小杨住在同一层并且独自居住,小李比他们高三层。

(5) 小郑和小陈住在单身公寓,比小马低两层。

从最底层到最高层,哪个排列是对的?

A. 小郑、小孙、小马、小赵、小王、小李。

B. 小郑、小杨、小李、小周、小王、小张。

C. 小陈、小孙、小张、小白、小李、小王。

D. 小王、小周、小赵、小马、小杨、小郑。

E. 小王、小张、小马、小赵、小孙、小郑。

[解题分析] 正确答案:C

与题干信息协调的就是正确选项,矛盾的就排除。选项 A,赵、王排序与条件(1)矛盾,排除;选项 B,周、王、张排序与条件(2)矛盾,排除;选项 C,陈、孙、张、白、李、王排序与题干条件协调,为正确选项;选项 D,王、周、赵排序与条件(1)矛盾,排除;选项 E,王、张、马、赵排序与条件(1)矛盾,排除。

例 4-10 全国运动会举行女子 5000m 比赛,辽宁、山东、河北各派了三名运动员参加。比赛前,四名体育爱好者在一起预测比赛结果。甲说:"辽宁队训练就是有一套,这次的前三名非他们莫属。"乙说:"今年与去年可不同了,金银铜牌辽宁队顶多拿一个。"丙说:"据我估计,山东队或河北队会拿牌的。"丁说:"第一名如果不是辽宁队的,就该是山东队的了。"比赛结束后,发现以上四人只有一人言中。

以下哪项最可能是该项比赛的结果?

A. 第一名辽宁队,第二名辽宁队,第三名辽宁队。

B. 第一名辽宁队,第二名河北队,第三名山东队。

C. 第一名山东队,第二名辽宁队,第三名河北队。

D. 第一名河北队,第二名辽宁队,第三名辽宁队。

E. 第一名河北队,第二名辽宁队,第三名山东队。

[解题分析] 正确答案:D

用归谬法。若 A 成立,则甲真,乙假,丙假,丁真;若 B 成立,则甲假,乙真,丙真,丁真;若 C 成立,则甲假,乙真,丙真,丁真;若 D 成立,则甲假,乙假,丙真,丁假。若 E 项成立,则甲假,乙真,丙真,丁假。A、B、C、E 项均与题干"只有一人言中"的说法矛盾,都不成立,故只能选 D 项。

4. 悖论

悖论(paradox 或 antinomy)是指荒谬的理论或自相矛盾的语句和命题。其要点:推理的前提明显合理,推理过程合乎逻辑,推理的结果则是自相矛盾。

古今中外有不少著名的悖论,它们震撼了逻辑和数学的基础,激发了人们求知和精密的思考,吸引了古往今来许多思想家和爱好者的注意力。解决悖论难题需要创造性的思考,悖论的解决又往往可以给人带来全新的观念。在古希腊文明早期,悖论的产生推动了逻辑学的发展。

[逻辑案例] 说谎

某人说了一句"我在说谎"。请问他是否在说谎?

分析：如果他在说谎,那么"我在说谎"就是一个谎,因此他说的是实话;但是如果这是实话,他又在说谎。矛盾不可避免。

[逻辑案例] 被杀的方式

古希腊有位残暴的国王,以杀人寻开心。每次杀人之前,国王先让囚犯自由选择被杀的方式,即囚犯可以任意说句话,如果这句话是真话,就以绞刑处死;如果是假话,就以斩首处死。犯人们自知必死无疑,大都随便说句话。即使有人挖空心思说一句很难马上判断是真是假的话来,也一律被看作是假话,送上断头台;倘若犯人什么也不说,则被视为说真话,处以绞刑。

一位聪明的犯人对国王说:"你们要砍我的头。"假如真的砍下该犯人的头,那么,该犯人说的是真话,而说真话应处绞刑;如果处以绞刑,那么,你们要砍我的头就成了假话,而说假话又应该是砍头的。所以,国王既不能对聪明的犯人处以绞刑,也不能砍聪明的犯人的头。最后,国王只好下令把这个犯人释放了。

点评：犯人的话在这种情形下引出了一个悖论,使得国王无法作出抉择,而最终释放了这个犯人。

[逻辑案例] 意外考试悖论

意外考试悖论最早由英国学者奥康纳于 1948 年提出,下面是它的一个变体。

老师对学生说:"下周我将对你们进行一次出其不意的考试,它将安排在下周周一至周六的某一天,但你们不可能预先推知究竟在哪一天。"显然,这样的考试可以实施。但学生通过逻辑论证证明周六不可能是考试日,因为如果该考试安排在周六,则周一至周五都未考试,就可推算出在周六,该考试因此不再出其不意。同样,周五也不可能是考试日。因为如果该考试安排在周五,则周一至周四都未考试,就可推算出考试在周五或周六;已知考试不可能在周六,因此只能在周五,该考试也不再出其不意。类似地,可证明其余四天都不可能是考试日。于是,这样的考试不可能存在。最后得到了一个悖论:这样的考试既可以实施,又不可能进行。但老师确实在该周实施了这一考试,也确实大出学生意料之外。

从中世纪一直到当代,悖论都是一个热门话题,并且对于下面这样一些问题,悖论究竟是如何产生的?又如何去克服和避免?是否应该容忍悖论,学会与它们和平共处?迄今为止,仍莫衷一是,没有特别令人满意的解决方案。

哲学认为：悖论产生于在人类思维中进行相对与绝对的"割离性"联结之时。为了消除以说谎者悖论为代表的逻辑悖论,现代逻辑学家提出了类型论、语言层次理论等,促进了逻辑学的发展。

4.3 排中律

1. 排中律的基本内容

排中律的基本内容：在同一思维过程中，两个互相矛盾的思想不能同时是假的。

排中律的内容或要求：三同一条件下，相互否定的思想，不同假，必有一真。

排中律的公式：A∨¬A（A或者非A）。

排中律的逻辑要求：对于两个互相矛盾的判断，必须明确地肯定其中之一是真的，不能对两者同时都加以否定。

对于两个互相矛盾的命题，如果有人既认为前者是假的，又认为后者也是假的，那么此人的思想就陷入了我们习惯所说的"模棱两不可"之中。

2. 违反排中律要求常见的逻辑错误

违反排中律要求常见的逻辑错误是"两不可"。所谓"两不可"，就是在两个互相矛盾的命题之间，回避作出明确的选择，不作明确肯定的回答，既不肯定，也不否定。

"两不可"错误在概念方面表现为：在一个论域中，对两个相互矛盾的概念都不加以认可；或提出一个所谓"中性概念"来回避对它们作出明确的选择。在判断方面表现为：对两个相互矛盾的判断都加以否定，或杜撰出一个所谓"居中判断"来回避对两个相互矛盾的判断作出明确的表态。例如，有人说，"世界上究竟有没有鬼呢？有人说有，有人说没有，我认为两种看法都不对。鬼这个东西应该介于有和没有之间。"这个人对互相矛盾的命题同时加以否定，违反了排中率的要求，犯了"两不可"的逻辑错误。

[逻辑案例] 贺寿

凤凰过生日的时候，百鸟朝贺，唯独蝙蝠没来。凤凰派鸟责问，蝙蝠说："我是哺乳动物，是兽类，凭什么要向它贺寿？"麒麟过生日的时候，百兽朝贺，还是唯独蝙蝠没来。麒麟派兽责问，蝙蝠说："我有翅膀，是禽类，凭什么要向它贺寿？"后来凤凰与麒麟相会，谈到蝙蝠的这些言行，不免感叹一番说："如今世风不正，生出这种不禽不兽的东西，拿它们有什么办法！"

例4-11 有一块空着的地可以种庄稼，甲、乙、丙、丁四个人讨论这块地种什么庄稼好。甲一会儿说应该种小麦，一会儿说不应该种小麦。乙对甲说："你的两种意见，我都不同意。"丙说："我看还是种小麦好。"丁说："我看还是种油菜好。"针对丙、丁的发言，乙又说："你们两人的意见，我都不同意。"

下列判断正确的一项是：

A. 甲的说法不存在逻辑错误。

B. 乙对甲的说法不存在逻辑错误。

C. 乙对丙、丁两人的说法存在逻辑错误。

D. 乙对丙、丁两人的说法不存在逻辑错误。

E. 乙的两次回答都不存在逻辑错误。

［解题分析］　正确答案：D

甲一会儿说应该种小麦，一会儿说不应该种小麦，因此，甲犯了"自相矛盾"的逻辑错误，A 排除；乙对甲说："你的两种意见，我都不同意。"种不种小麦乙都反对，违反了排中律，因此，乙犯了"两不可"的逻辑错误，B 排除；乙对丙、丁两人的说法没有违反排中律，不存在逻辑错误，因此，D 为正确答案。

3. 反证法

排中律是反证法的逻辑根据。反证法是间接论证的主要方法，它是通过证明与原论题相矛盾的命题为假，来确定原论题真的论证方法。通俗地说，反证法是通过证明"非此不行"来论证"应该如此"的论证方法。

反证法的运用大致有三个步骤：首先，假设与原论题相矛盾的反论题为真；其次，从中推出相互矛盾的两个结论；最后，根据排中律，即两个相互矛盾的命题不能都假，其中必有一真，由反论题假推出原论题真。其论证的过程是：

①如果非 P 则 Q；②如果非 P 则非 Q；③所以，P。

［逻辑案例］　风水

有位不信风水的书生写了首诗，说明了风水并不存在。他的诗是这样写的：风水先生惯说空，指南指北指西东。倘若真有龙虎地，何不当年葬乃翁！

分析：反证法是间接论证的一种从反面论证论题真实性的论证方法。这首诗就用了反证法。

［逻辑案例］　孩子的性别

据说，克罗特地区有一个奇怪的风俗：男人和男孩都说真话；而女人和女孩从不连续地说真话或假话，即，如果前句是真话，那么她下句便要说假话，反之亦然。

有一天，旅行者遇到一对带着孩子的夫妇。旅行者问那个孩子："你是男孩吗？"孩子用克罗特语回答，可旅行者听不懂孩子的话。好在孩子的父母都会说旅行者的语言。

"孩子说'我是男孩'。"他们当中的一个说道。"孩子是女孩，孩子说谎了。"另一个说道。读者能不能根据孩子父母的话，判断出这个孩子是男孩还是女孩？是父亲先说话还是母亲先说话？

分析：先从假设孩子是男孩开始。在这个前提下，第一个说话的要么是父亲，要么是母亲。如果这两种情况都会导致矛盾，那就要推翻前提，即孩子不是男孩。

接着,假设第一个说话的是母亲,那么母亲说的"孩子说'我是男孩'",这句话是真的。第二个说话的是父亲,共有两句话,"孩子是女孩,孩子说谎了"这两句都是假的,而题意告诉我们,男人是不说假话的,所以与题意矛盾。因此,在假设孩子是男孩这个前提下,第一个说话的是母亲,第二个说话的是父亲不成立。再来看第一个说话的是父亲而第二个说话的是母亲行不行? 第一个说话的是父亲,他无疑说了真话。第二个说话的是母亲,她的第一句话显然是假的,而她第二句话"孩子说谎了",根据女人不连续说假话的题意应为真话,但是根据题意,男孩又是不说谎的,因此,又导致了矛盾。

在假定孩子是男孩的前提下,无论第一个说话的是父亲还是母亲,都会导致矛盾,因此由之出发的假定前提是假的,即反证了孩子是女孩。

例 4-12 某国 H 省为农业大省,94％的面积为农村地区;H 省也是城市人口最集中的大省,70％的人口为城市居民。就城市人口占全省人口的比例而言,H 省是全国最高的。

上述断定最能支持以下哪项结论?

A. H 省人口密度在全国所有省份中最高。

B. 全国没有其他省份比 H 省有如此少的地区用于城市居民居住。

C. 近年来,H 省的城市人口增长率明显高于农村人口增长率。

D. H 省农村人口占全省总人口的比例在全国是最低的。

E. H 省大部分土地都不适合城市居民居住。

[解题分析] 正确答案:D

由 H 省城市人口占全省人口的比例是全国最高,对比推理可知,H 省农村人口占全省总人口的比例在全国是最低的,因此,D 项为正确答案。如果 D 项不成立,则至少存在一个省,其农村人口的比例低于30％,因而其城市人口的比例高于70％,这样,题干关于 H 省城市人口比例全国最高的断定就不成立。A 项中的人口密度为新概念,B 项中的信息题干没有提到,C 项中的人口增长率为新概念,E 项所述事实也与题干无关,因此,都应排除。

例 4-13 运输部门认为把车船票价提高 40％的方案必须执行,并对此作出解释:不可否认,这些费用的增加会加重公共汽车和地铁乘客的负担;但是,如果不加价,服务质量就会大幅度下降,导致丧失大量的乘客,而这是不能令人接受的。

上文使用了以下哪种论证策略?

A. 它为方案的执行不会导致不利的后果提供了证据。

B. 它表明无论选择哪种主张都会陷入矛盾的困境。

C. 它通过为拒绝接受另一种选择提供理由而间接地得出了结论。

D. 它通过说明为什么坚持执行的方案不会遭到另一种方案的反对来为所坚

持的方案辩护。

    E. 它通过以往被证明了的同样做法所取得的效果来为现在所坚持的方案
辩护。

[解题分析]　正确答案：C

该论证使用的是反证法。上文的论证策略是试图通过论证不涨价不行来达到
坚持必须涨价的目的。选项 C 的概括是正确的，选项 B 是对二难推理的概括。

例 4-14　所有好的评论家都喜欢格林在这次演讲中提到的每一个诗人。虽然
格斯特是非常优秀的诗人，可是没有一个好的评论家喜欢他。

根据以上陈述，可以得出以下哪项？

A. 格斯特不是好的评论家。

B. 格林喜欢格斯特。

C. 格林不喜欢格斯特。

D. 有的评论家不是好的评论家。

E. 格林在这次演讲中没有提到格斯特。

[解题分析]　正确答案：E

假定 E 不成立，那么，格林在这次演讲中提到了诗人格斯特。

结合题干断定，所有好的评论家都喜欢格林在这次演讲中提到的每一个诗人。

可推出：所有好的评论家都喜欢格斯特。

这完全不符合题干所陈述的"没有一个好的评论家喜欢格斯特"。

所以，假定不成立，这说明，从题干必然可以推出 E 项。

4.4　充足理由律

1. 充足理由律的基本内容与逻辑要求

充足理由律的内容：在同一思维和论证过程中，一个思想被确定为真要有充
足的理由。它可以表达成：A 真，因为 B 真并且 B 可以推出 A。

充足理由律的具体要求主要有 3 点：①对所要论证的观点必须给出理由；
②给出的理由必须真实；③从给出的理由必须能够推出所要论证的观点。

充足理由律的作用在于：①充足理由律保证了思维过程的论证性，只有坚持
了论证性的推理才能有说服力。②充足理由律是科学理论存在的必要条件。任何
一个理论的正确性，一是要经得住实践的检验，二是要经得起逻辑的推敲；任何
一个理论的科学性，一是要符合客观实际，二是要有严密的论证性。③充足理由律是
逻辑推理的基础，是保证逻辑推理正确性的总体原则。无论是演绎推理还是归纳
推理，要想得出正确的结论，就必须要求前提真实、推理过程合逻辑。④充足理由

律是证明和反驳的逻辑基础。理由不充足或理由与推断之间没有必然的逻辑联系,证明和反驳就无法成立。

2. 违反充足理由律要求常见的逻辑错误

充足理由律的作用在于确保思维的论证性。违反充足理由律会犯各种非形式谬误,尤其会犯"虚假理由"和"推不出"的错误。

1)虚假理由

"虚假理由"是指用虚假的理由充当论据去证明自己的观点,但实际上根本起不到这种证明作用。

例如,"宇宙在时间上是有开端的。因为,宇宙是上帝创造的,而上帝创造的东西在时间上是有一定开端的。"这个推理所依据的理由——"宇宙是上帝创造的"不真实,因此,这一推理犯了"虚假理由"的逻辑错误。

需要指出,在推理中究竟理由是真是假,并不是充足理由本身决定的,最终决定理由真假的是各门具体学科的知识。充足理由律要求理由真,但自身并不能确定理由的真假。

2)推不出

"推不出"是指在一个推理过程中,理由虽然真实,但是理由和推断之间没有必然的逻辑联系。

例如,火星上肯定有生物,因为火星上有许多条件与地球是相同的。这个推理的理由——"火星上有许多条件与地球是相同的"是真实的,但是由这一理由并不能必然推出"火星上肯定有生物"。

[**逻辑案例**] 狼与小羊

狼看见一只小羊在河里喝水,想用一个巧妙的借口把它吃了。因此,狼站在上游,责备小羊,说它把河水弄浑了,不让它喝水。小羊回答说,它是紧靠在河边喝水,而且站在下游,不可能把上面的水弄浑了。狼得不到这个借口,便又说道:"但是你去年骂过我的父亲哩!"小羊说,那时它还没有生下来呢!最后狼对它说道:"即使你辩解得很好,我也不会放过你。"

点评:在这个故事中,狼说小羊把河水弄浑了,小羊反驳说,它在下游喝水,怎么能把上游的水弄浑呢?狼又说小羊去年骂了它的父亲,小羊反驳说,去年它还没有生下来呢!结果小羊驳得狼哑口无言,狼只好耍赖要吃小羊了。

例4-15 有时为了医治一些危重患者,医院允许使用海洛因作为止痛药。其实,这样做是应当禁止的。因为,毒品贩子会通过这种渠道获取海洛因,对社会造成严重危害。

以下哪项为真,最能削弱以上的论证?

A. 有些止痛药可以起到和海洛因一样的止痛效果。

B. 贩毒是严重犯罪的行为,已经受到法律的严惩。

C. 用于止痛的海洛因在数量上与用作非法交易的海洛因比起来是微不足道的。

D. 海洛因如果用量过大就会致死。

E. 在治疗过程中,海洛因的使用不会使病人上瘾。

[解题分析] 正确答案:C

题干结论:应当禁止医院使用海洛因作为止痛药。理由是毒品贩子会通过这种渠道获取海洛因。这一论证的理由是不充分的。选项 C 表明,由于用于止痛的海洛因在数量上微不足道,即使毒品贩子通过这种渠道获得海洛因,数量上也非常有限,不至于"对社会造成严重危害",即该渠道的存在对毒品贩子意义不大。因此,从这个意义上来看,没必要禁止医院使用海洛因。选项 A、D、E 与题干中的论据无关。选项 B 虽然提到贩毒,但只讲贩毒已受到法律的严惩,并不能得出贩毒分子就此收敛,不去寻找医院渠道获取海洛因的结论。

例 4-16 周清打算请一个钟点工,于是上周末她来到惠明家政公司,公司工作人员粗鲁的接待方式使她得出结论:这家公司的员工缺乏教养,不适合家政服务。

以下哪项如果为真,最能削弱上述论证?

A. 惠明家政公司员工通过有个性的服务展现其与众不同之处。

B. 惠明家政公司员工有近千人,绝大多数为外勤人员。

C. 周清是一个爱挑剔的人,习惯于否定他人。

D. 教养对家政公司而言并不是最主要的。

E. 周清对家政公司员工的态度既傲慢又无礼。

[解题分析] 正确答案:B

周清根据公司的接待人员粗鲁,得出结论:这家公司的员工缺乏教养,不适合家政服务。显然她论证的理由是不充足的,是个特例归纳,犯了以偏概全的错误。B 项表明,公司员工有近千人,绝大多数为外勤人员。这意味着,不能根据个别的内勤人员缺乏教养就推出所有外勤员工都缺乏教养。有力地削弱了题干论证,为正确答案。

例 4-17 通常认为左撇子比右撇子更容易出事故。这是一种误解,事实上,大多数家务事故,大到火灾、烫伤,小到切破手指,都出自右撇子。

以下哪项最为恰当地概括了上述论证中的漏洞?

A. 对两类没有实质性区别的对象作实质性的区分。

B. 在两类不具有可比性的对象之间进行类比。

C. 未考虑家务事故在整个操作事故中所占的比例。

D. 未考虑左撇子在所有人中所占的比例。

E. 忽视了这种可能性：一些家务事故是由多个人造成的。

[解题分析]　正确答案：D

题干只通过右撇子出事故的人数比左撇子出事故的人数多，就确认左撇子不比右撇子更容易出事故，这一论证的理由显然是不充足的。怎样来比较左撇子与右撇子哪个更容易出事故呢？关键是要比较，左撇子的事故率和右撇子的事故率：

左撇子的事故率＝左撇子出事故的人数/左撇子的总人数

右撇子的事故率＝右撇子出事故的人数/右撇子的总人数

只有考虑左撇子在所有人中所占的比例，才能确定左撇子和右撇子的总人数比，进而才能确定左撇子和右撇子哪个更容易出事故。如果左撇子在所有人中所占的比例明显低于右撇子，那么就不能根据大多数家务事故都出自右撇子，否定左撇子比右撇子更容易出事故。可见，D项概括了上述论证中的漏洞。

第5章 论证谬误

谬误常常出现在前提与结论的逻辑关系上,它是指那些貌似正确、具有某种程度的说服力,但经仔细分析之后却发现其为无效的推理或论证。

从词源上说,英语词 fallacy(谬误)就是指"有缺陷的推理或论证"。"谬误"一词有广义、狭义之分。广义的谬误泛指人们在思维和语言表达中所产生的一切逻辑或语用错误,即与真理相反的、虚假的、错误的或荒谬的认识、命题或理论;狭义的谬误是指人们在推理或论证过程中所犯的逻辑错误,即从前提得不出结论。

谬误本质上是一个命题从其他命题推出的失败,即当且仅当结论从前提得不出时,一个论证是谬误的。要探究一个结论可能从前提得不出的主要理由,每一个理由将产生一个独特的谬误类型。

谬误通常分为形式谬误和非形式谬误。形式谬误是一种只通过检查论证的形式或结构就可以识别出来的谬误。这种谬误只在具有可识别其形式的演绎论证中才能发现。各种形式谬误将在后面的演绎逻辑部分进行详细讲解,此处不再赘述。

本章主要论述非形式谬误,所谓非形式谬误泛指一切并非由于逻辑形式上的不正确而产生的谬误,是一种必须通过考查论证的内容才能查明的谬误,其产生于推理中语言的歧义性或者前提(论据)对结论(论题)的不相关性或不充分性。非形式谬误大致包括含混谬误、预设谬误、不相干谬误和弱归纳谬误四大类。

5.1 含混谬误

"含混谬误"是由于在前提或结论中出现语义的含糊而产生的,主要有:语词歧义、构型歧义、强调歧义、含混笼统、合成谬误和分解谬误等。

1. 语词歧义

语词歧义是指在确定的语言环境下对同一语词在不同意义下使用(即表达了不同概念)而引起的逻辑谬误。

[逻辑案例] 戒烟

甲:"戒烟容易吗?"

乙:"很容易。"

甲:"那我怎么戒不掉呢? 我看不容易。"

乙:"怎么能说不容易呢? 我都戒了100多次了,你不也戒了十几次?"

点评：乙的回答是在进行诡辩，他所使用的"戒烟"与甲所使用的"戒烟"的意义是不一样的。乙指"戒烟行为"，甲指"戒掉抽烟的恶习"，这是一种"语词歧义"。

例 5-1 通信部队的士兵学习了不少步兵战术，赵洪是通信部队的士兵，所以他也学习了不少步兵战术。

以下哪项与上述论述最为相似？

A. 哲学系的学生都学习了"微积分"这门课程，张中是哲学系的一名学生，所以她也学习了"微积分"这门课程。

B. 一个工厂的工人参加了不少科普讲座，老马是这个工厂的一名工人，所以他也参加了不少科普讲座。

C. 所有的旧电脑软件需要经常升级，这个电脑软件是新的，所以不需要经常升级。

D. 参加这次演出的成员多数是女学生，张中参加了这次演出，所以她也是女学生。

E. 哲学系的教师写了许多哲学方面的论文，老张不是哲学系的一名教师，所以他没有写过哲学方面的论文。

[**解题分析**] 正确答案：B

"通信部队的士兵学习了不少步兵战术"中是有歧义的，可以理解为"通信部队的所有士兵学习了不少步兵战术"，也可理解为"通信部队的有些士兵学习了不少步兵战术"。因此，B项与题干论述最为类似，其中"一个工厂的工人参加了不少科普讲座"可理解为"一个工厂的所有工人参加了不少科普讲座"，也可理解为"一个工厂的有些工人参加了不少科普讲座"。A项"哲学系的学生都学习了'微积分'这门课程"意思是明确的、无歧义。其余选项与题干不类似。

2. 构型歧义

构型歧义，也叫做语法歧义。所谓构型歧义是指在确定的语言环境下，同一语句包含两种或两种以上的意义。

例如："张三与李四相互拥抱，因为他明天就要出国到美国留学去了。"究竟谁要去美国留学？是张三还是李四？不太清楚，该句子有歧义，因而可表达不同的命题。

3. 强调歧义

强调歧义指在确定的语言环境下对同一语句语调的不同，而导致语句具有不同意义的谬误。

[**逻辑案例**] 酗酒

有一艘航船，船长值班时发现大副酗酒，就在舰海日志上写着："今天大副酗酒。"轮到大副值班时,见到船长的记录很不满意,于是在航海日志上写道:"今天船长没有酗酒。"

分析:大副的日志通过对"今天船长没有酗酒"的强调,试图制造"在没有记录的日子,船长好像天天都在酗酒"这一暗示意义。

4. 含混笼统

含混笼统,也可以叫做模棱两可。有时候,由于概念界定不清,也会出现模棱两可甚至模棱多可的歧义表达。

比如,有关父母存亡问题的"父在母先亡"这个命题,就有四种解释:第一种,父亲在,母亲先死了;第二种,父亲死在母亲的前面了,即母亲在,父亲先死了;第三种,如果父母全死了,就是说,父先死,母后死这个先后顺序;第四种,如果父母都健在,那就是对未来情况的判断。

5. 合成谬误

合成谬误,是指从部分出发、从某些元素的性质出发不恰当地推论整体性质的谬误。一般包括由部分到整体和由元素到集合两种无效论证。

(1)由部分到整体的无效论证。整体不是部分的简单叠加,从局部的属性是不能推论整体属性的。这种错误的实质是把"凡是部分具有的属性,整体一定具有"这个命题误认为真,然后以此为前提进行推论。例如,从"每个战士都做好了战斗准备"是不能推论"整个部队已经做好了战斗准备"的。再如,"钠和氯都是有毒的,因此由钠和氯构成的食盐是有毒的"就是一个错误的推论。

(2)由元素到集合的无效论证。集合包含一系列元素,但是元素的性质是元素的性质,集合不一定具有这个性质。例如,由"一头大象比一只老鼠吃得多"推不出"大象吃的东西比老鼠多"。

例5-2 很多科学家的职业行为只是为了提高他们的职业能力,作出更好的成绩,改善他们的个人状况,对于真理的追求则被置于次要地位。因此,科学家共同体的行为也是为了改善该共同体的状况,纯粹出于偶然,该共同体才会去追求真理。

下面哪一个选项最准确地指出了上述论证中的谬误?

A. 该论证涉嫌贬低科学家的道德品质。

B. 从很多科学家具有某一品质,不合理地推出科学家共同体也有该品质。

C. 毫无理由地假定,个人职业能力的提高不会提高其发现真理的效率。

D. 从多数科学家具有某一品质,不合理地推出每一科学家都有该品质。

E. 混淆了"很多科学家"和"科学家共同体"这两个概念。

[解题分析] 正确答案:B

题干是由很多科学家的职业行为的特点,来推出科学家共同体的行为的特点。这是一个不合理的推理,因为即使多数科学家追逐名利,但仍有少数科学家反对这样做,并利用各种机会和场合去批判和揭发这种行为。这个论证是由部分所具有的属性推断整体也具有这种属性,属于合成谬误。B项准确地指出了这一谬误。

6. 分解谬误

分解谬误是指由整体或集合的性质不恰当地推论部分或元素的性质。一般包括由整体到部分和由集合到元素两种无效论证。

(1) 由整体到部分的无效论证。例如,由"高中生身高高于初中生"推不出"某个高中生一定比初中生高"。

(2) 由集合到元素的无效论证。例如,从"这片森林是茂密的"推不出"林中的某棵树是茂密的"。

例 5-3 英国的表演比美国的表演好,汤姆是一个英国的演员,所以,他一定是比他的美国同行好的演员。

以下哪项表明了上述论证中主要的弱点?

A. 在议论中不顾另一方面证据的存在而推出结论。

B. 从唯一的例子中概括出普遍适用的结论。

C. 预设一组事物整体的一个特性会映现在这个整体所包含的每个独立的个体。

D. 对关键词语的定义是不恰当的。

E. 通过与其他国家的对比来诋毁一个国家完美的形象。

[解题分析] 正确答案:C

题干属于典型的分解谬误。选项C是对分解谬误的准确定义。

5.2 预设谬误

在推理中,有些错误是因为引入了不正当的前提导致的。这类谬误就是所谓预设的谬误。理清论证结构,精确描述整个论证链条对识别这类谬误有重要意义。我们常常可以用明确这个不当前提或补充未陈述的前提的方法,把不当预设的谬误显现出来。

常见的预设谬误有:复杂问语、非黑即白、乞求论题、预期理由和虚假原因。

1. 复杂问语

复杂问语也叫误导性问题,是指该问题的预设是假的,或者是有争议的。当预设为真时,问题有意义;当预设为假时,问题无意义。对这种问题的贸然回答,会使回答者陷入困境。这类问题中预设着回答者不能接受的前提,而无论对它作肯定的回答还是作否定的回答,都意味着回答者承认了问语中所预设的前提。例如,"作案后,你是回家还是去了其他地方?"预设了"你作案了"这个前提。也即,这类最常见的预设谬误,是由于问题自身包含了不当前提而产生的。

处理误导性问题的常规方法是对它作出修正性回答。例如,有人问你,"你是否停止打你的妻子了?"

这个人的预设是你有妻子,而且你经常打妻子。如果你不能接受这个预设,那么你不能简单地用肯定或否定来回答,而应回答"我还没结婚"或者"我从来没打过妻子"。

处理误导性问题的非常规方法是对问题的回避和回问。

[**逻辑案例**] 钟会巧对妙答

三国时,大将军钟会去看望当时的名士嵇康。嵇康正在打铁,不理会钟会。钟会看了一会儿,正要离开时,嵇康问道:"何所闻而来?何所见而去?"钟会答道:"闻所闻而来,见所见而去。"

分析:在社交场合,对于不便回答或不好回答的问题,可以采取回避的手法。钟会的回答只是重复了嵇康问话中的预设,没有新的内容。但它是一个很有意思的回答,所以流传下来了。

[**逻辑案例**] 在上海举办的一次中学生智力竞赛中,有一道题难倒了全部竞赛者,他们个个吃零蛋。这道题目是:怎样识别雌雄蚯蚓?

类似的题目有:

1. 一群狗赛跑,请问跑第一名的与跑最后一名的狗哪一条出的汗多?

2. 雄蚊咬人狠还是雌蚊咬人狠?

点评:以上这三个问题都包含了有疑问的预设,属于误导性问题。

要知道蚯蚓是雌雄同体的,根本就没有雌雄之分,哪有什么识别方法呢?

狗没有汗腺,压根就不出汗,任你怎么猜也没门。

雌蚊咬人吸血,而雄蚊仅仅吸食植物液汁及花蜜。

例5-4 某商场失窃,职员涉嫌被询问。公安局的办案人员的第一个问题是:"你以后还敢不敢再偷?"

上述提问方式,和下列哪项最为类似?

A. 张三考试粗心,数学只得了90分。爸爸问他:"你以后还粗心吗?"

B. 李四花了大笔钱游玩某地,结果大失所望,阿五幸灾乐祸,问李四:"你以后还去吗?"

C. 赵六酒后驾车,结果翻车住院,还被罚了款,赵六的爱人又气又急,问:"你以后还敢再酒后驾车吗?"

D. 某歌舞厅因提供色情服务被查封,半年后复业,执法人员问老板:"你以后还敢不敢再犯了?"

E. "文化大革命"中,在一次批斗会上,造反派质问被批斗的老干部:"你以后还敢不敢再走资本主义道路了?"

[解题分析] 正确答案:E

题干中公安局办案人员的问题实际上预设一个被提问者无法接受的前提即你偷东西了。五个选项中只有 E 中造反派的问题具有这个特征,他预先假设一个被提问者无法接受的前提:你是走资本主义道路的。至于选项 C、D 的询问是针对已经发生的事实,均不包含被提问者无法接受的前提。

2. 非黑即白

非黑即白就是在两个极端之间不恰当地二者择一而犯的论证谬误。顾名思义,就是忽视了第三种情况的存在,机械地进行非此即彼的选择。例如,或者你只买中国造的产品,或者你根本不配做一个忠诚的中国人;就在昨天,你买了一辆新的日产本田车,所以你不配做一个忠诚的中国人。再如,您或者让我去观看摇滚音乐会,或者让我痛不欲生;我知道您不想让我痛不欲生,那您就让我去观看摇滚音乐会吧。

论证中否定一个观点,从而就认可另一个相反的观点,就是非黑即白。其实,这两个极端的观点都有可能是错误的。我们在论证分析中要注意把各种中间情况补充出来,这样,非黑即白的错误就显而易见了。

例 5-5 以前人们经常交谈,现在电视机夺取了人们的注意力。在看电视的时候,家庭成员之间的交流几乎停止。在没有交流的情况下,家庭成员之间的关系变得越来越脆弱,甚至破裂,所以,唯一的解决办法就是把电视机扔掉。

以下哪项所犯的推理错误与上文中的最相似?

A. 以前人们之间的友谊总是在一起分享闲暇时建立起来的,但是,现在的经济压力使人们没有时间在一起了,所以,危及到了许多朋友之间的友谊。

B. 以前人们在收听广播的时候还可以干一些其他的事,现在人们总是被动地观看电视,所以,电视比广播更使人分心。

C. 以前体育爱好者总是有规律地进行体育运动,而现在他们总是在原来锻炼身体的时间里观看体育比赛。如果不锻炼身体,健康状况就会下降。所以,唯一的解决办法就是不举行体育比赛。

D. 以前人们总是适应公共汽车和地铁的时间来安排自己一天的行程,现在他们给私人汽车惯坏了。唯一的解决办法就是靠政府提供财政资助来鼓励人们重新使用公共交通工具。

E. 以前人们总是在市区的零售区内购物,他们将购物和其他任务结合在一起。现在许多人都在郊区的商场里买东西,在那里他们仅专注于采购,所以,购物变成了一种休闲活动。

[解题分析] 正确答案:C

本题题干论证属于非黑即白,C项也犯了同样的错误。

3. 乞求论题

乞求论题是指把需要通过论证推出的结论作为论据来应用的谬误。这类谬误的实质就是,论题的真实性是要靠论据来证明的,而论据的真实性又要靠论题去证明。这种谬误较常见的形式是通过遗漏一个可能假的、关键性的前提来制造错觉,这种错觉使人觉得,对于确立该论证的结论来说,不需要再提供任何论据。这种谬误包括"同语反复"和"循环论证"。

例如:"吸鸦片能令人昏睡,因为鸦片有催眠效力",这是"同语反复"。

循环论证是乞求论题谬误另一种常见的形式,比如这个例子:

一个瘦子问胖子:"你为什么长得胖?"

胖子回答:"因为我吃的多而且爱睡觉。"

瘦子又问胖子:"你为什么吃的多又爱睡觉?"

胖子回答:"因为我长得胖。"

就是一个令人啼笑皆非的循环论证。

[逻辑案例] 言论自由

下面是英国19世纪的逻辑学家怀特莱举的一个循环论证的例子。

允许每一个人无限制的言论自由,一定在总体上是对国家有利的。因为这充分地表达了共同体的利益,在这个共同体中,每一个个体都应该享有表达他自己情感的自由,完美的无限制的自由。

例 5-6　雄孔雀漂亮羽毛的主要作用是吸引雌孔雀,但没人知道一身漂亮的羽毛能在求偶中具有竞争的优势。一种解释是雌孔雀更愿意与拥有漂亮羽毛的雄孔雀为偶。

以下哪项陈述准确描述了上文推论中的错误?

A. 把属于人类的典型特征归属于动物。

B. 把对一类事物中的个别种类断定不能证明为真的结论推广到这类事物的所有种类。

C. 这种解释使用了一种原则上既不能证明为真也不能证明为假的前提。

D. 把所提供的需要作出解释的现象本身作为对那种现象的解释。

E. 毫无根据地假设有漂亮羽毛的雄孔雀有其他吸引雌孔雀的特征。

[解题分析]　正确答案：D

题干论述：因为雌孔雀更愿意找羽毛漂亮的雄孔雀，所以羽毛漂亮的雄孔雀在择偶中有竞争优势。用"雌孔雀更愿意与拥有漂亮羽毛的雄孔雀为偶"来解释为什么"漂亮的羽毛能在求偶中具有竞争的优势"，这两句话是一个意思，此论证实际上等于什么理由也没有给出。提供的原因仅仅重述了需要解释的现象，这犯了循环论证的逻辑错误，所以选 D。题干根本没有提到人类，A 为明显无关选项，排除；题干一直在讨论一个普遍性的问题，没有涉及任何个别种类，B 排除；仔细分析题干我们能够知道，题干已经假设了论据的真实性，并且没有提供任何能够质疑论据的信息，C 排除；题干并没有假设有漂亮羽毛的雄孔雀有其他吸引雌孔雀的特征，E 排除。

4. 预期理由

预期理由谬误是指用本身的真实性尚待证明的命题充当论据，而起不到证明的作用。

[逻辑案例]　知县断案

昆曲《十五贯》中，无锡知县过于执听信诬告，仅凭尤葫芦（被害人）继女苏戌娟年轻貌美，便判定她是与熊友兰勾搭成奸、谋财杀死养父的凶手。其论断是："看你艳如桃李，岂能无人勾引？年正青春，岂能冷若冰霜？你与奸夫情投意合，自然要生比翼双飞之意。父亲拦阻，因之杀其父而盗其财，此乃人之常情。"

点评：糊涂知县用想当然的方式判案，是典型的预期理由谬误。

5. 虚假原因

虚假原因谬误就是把并不存在的理由当作一个论证的依据。

[逻辑案例]　打苍蝇

甲说："信不信由你！我在 5 分钟内打死了 10 只苍蝇，其中有 6 只是母的，4 只是公的。"乙说："我不信！你怎么认得出来哪些是母的，哪些是公的？"甲说："那最简单不过了。我在镜子上打死的肯定都是母的，而在酒杯上打死的肯定都是公的。"

虚假原因谬误典型的一种表现方式是以时间先后为因果，结论在某件事情之后，所以是因为这件事而发生的。例如，因为天气不好，所以心情不好。

5.3　不相干谬误

论证的本意在于以理服人，因此，所谓逻辑相干性实际是说在推理上是相干的。有效的论证，前提与结论之间具有逻辑相干性，由于情感、心理等因素而使用不相干的论据，就会犯这种错误。

在论证中，将不相干的理由或前提用来支持结论，就是犯了不相干谬误。所谓不相干,就是逻辑上无关。不相干谬误是一大类别,包括好几种情况,比如用个人攻击、情感或者威胁来论证,利用无关的权威来论证等。无关的论据本身可以是真的,与结论无关。

常见的不相干谬误如下。

1. 人身攻击

在辩论中,论辩者不是依靠客观证据来攻击别人的论证,而是转而攻击论者本身。这样就是犯了人身攻击的错误,其论证当然是无效的。

因人废言是这类论证错误的一个表现。这是指在论辩过程中,仅根据立论者的道德品质或自己个人对立论者的厌恶态度,对立论者的论点加以否定的论证谬误。例如,"从某个人的品行不好,推出其人的理论研究成果不可信"就是因人废言。

例 5-7 所谓的环境保护论者争辩说,提议中的格登湖发展计划将会干扰鸟的迁徙模式,然而,近年来,这些人几乎对议会提出的每一个发展建议都提出环境上的反对,这一事实表明,他们对鸟类迁徙模式所表达的关注只不过是他们反对发展阻碍进步的一个借口。因此,不用进一步考虑他们的宣称。

上面段落使用了下面哪一个可疑的论证技术?

A. 把不能够得出它的结论的某一论述作为那个结论所表达的观点是错误的宣称的基础。

B. 基于提出论述的那些人的动机的宣称而反驳一个论点的结论。

C. 使用一些例外案例作为一宣称总体上是正确的基础。

D. 误用了支持那些该论述要去驳斥的立场的证据。

E. 假设作为一个整体正确是整体里面每一个成员都正确的必要条件。

[解题分析] 正确答案:B

题干根据"环境保护论者总是提出反对意见",就得出结论"他们的宣称应该被忽略"。显然,其推理错误在于基于论述者的动机而反驳一个结论,即 B 项正确。

2. 诉诸情感

诉诸情感有多种方式,可以说人有多少种情感类型,就会产生多少种利用它来作为依据的谬误。例如:"她这么可怜的人怎么会欺负别人呢?"

人是有情感的动物,在论证中完全杜绝情感因素几乎是不可能的。但是,光靠宣泄情感并以此作为理由来表明某种观点和立场,同样是站不住脚的。

[逻辑案例] 贪官的诡辩

报载辽宁大贪官马向东被收审期间,曾狂妄地声称:"不让我为人民服务,是人民的最大损失。"湖北大贪官张二江也曾狂妄地声称:"离了我,天门非乱不可。"

这些贪官以其过分自信的情绪宣泄，使这种"诉诸情感"变成滑稽的诡辩。

例5-8 社论：在否决议会提出的改革选举程序的提案时，总统显然是代表全国利益的。任何有其他想法的人都应记得，总统是在知道会遇到国内的强烈反对和国外的普遍异议的情况下作出此项决定的。所有把国家的兴盛置于狭隘的党派利益之上的人都会欢迎这一勇敢的举动。

社论的推理是错误的，因为：

A. 它把作为政治领袖可取的品质与作出有效的政治决策所必需的品质混为一谈。

B. 它没有把作决定所需要的勇气和作决定所需要的智慧区分开来。

C. 它忽略了所提议的选举改革计划对许多公民来说并无狭隘的党派利益问题这一可能性。

D. 它忽视了有可能在总统自己党派的党员中也存在强烈反对议会计划的人。

E. 它依靠未经证实的假设：由议会提议的任何计划都一定是只为狭隘的党派利益服务的。

［解题分析］ 正确答案：B

题干论证属于"诉诸情感"的谬误。

3. 诉诸强力

诉诸强力的谬误就是指论证者借助武力或威胁，迫使对方接受其观点的论证谬误。例如："你承不承认你偷了我的钱包？不承认我就打断你的腿！"

诉诸恐惧是诉诸强力的典型方式，是在宣传和广告上广泛使用的技巧。从心理角度而言，趋利避害，去危就安是人之常情，人们会本能地采取某些抵抗恐惧的措施，或为了避免恐惧接受某些信念。

诉诸恐惧的一般推理格式是：你有 A、B 两个选择，A 令你恐惧，所以选择 B。这个推理是无效的。例如，"把票投给他们就等于把票投给恐怖分子！""考不上大学，就只好穷苦一辈子！"这样的话语都是诉诸恐惧的典型例证。

［逻辑案例］ 猜心术

传说，泰国有个聪明的大臣希特努塞，大臣们都想杀一杀他的威风，要与他打赌，他居然毫不含糊地说："我会猜心术，我能知道大家心里想什么，就赌这个吧！"大家认为，这下子希特努塞说了大话，看他如何收场，所以决定每人出二两银子，在国王面前与他打赌。希特努塞说："我已经猜出各位心中的想法了。你们心里想的是'一生一世忠诚于国王，永不背叛'，是不是？如果谁不是这样想的，请站出来！"大家张口结舌，只好认输。

点评：这是历史上著名的"猜心术"。尽管希特努塞赢得了辩论，但是这里面，他是利用国王对敢于当面表白不能一生一世忠诚于国王者的死亡威胁为前提的。

4. 诉诸众人

不论述自己的观点何以成立,而是以哗众取宠来取胜,叫作"诉诸众人"。例如,"这一定是真的,不然为什么这么多人都这么说呢?"

例 5-9 学生:"IQ 和 EQ 哪个更重要? 您能否给我指点一下?"

学长:"你去书店问问工作人员,关于 IQ 和 EQ 的书哪类销得快,哪类就更重要。"

以下哪项与上述题干中的问答方式最为相似?

A. 员工:"我们正制定一个度假方案,你说是在本市好,还是去外地好?"

经理:"现在年终了,各公司都在安排出去旅游,你去问问其他公司的同行,他们计划去哪里,我们就不去哪里,不凑热闹。"

B. 平平:"母亲节那天我准备给妈妈送一样礼物,你说是送花好还是巧克力好?"

佳佳:"你在母亲节前一天去花店看一下,看看买花的人多不多就行了嘛。"

C. 顾客:"我准备买一件毛衣,你看颜色是鲜艳一点儿好,还是素一点儿好?"

店员:"这个需要结合自己的性格和穿衣习惯,各人可以有自己的选择和喜好。"

D. 游客:"我们前面有两条山路,走哪一条更好?"

导游:"你仔细看看,哪一条山路上车马的痕迹深,我们就走哪一条。"

E. 学生:"我正准备期末复习,是做教材上的练习重要还是理解教材内容更重要?"

老师:"你去问问高年级得分高的同学,他们是否经常背书做练习。"

[解题分析] 正确答案:D

针对学生提出的 IQ 和 EQ 哪个更重要的问题,学长的回答是,"关于 IQ 和 EQ 的书哪类销得快,哪类就更重要。"可见,学长犯了诉诸众人的谬误。同样,D 项中,导游认为"哪一条山路上车马的痕迹深就走哪一条",也犯了诉诸众人的谬误。

5. 诉诸武断

诉诸武断是指既未提出充分的论据,也未进行必要的论证,就主观作出判断的一种谬误。比如,"旺发公司如此兴旺发达,完全是这个公司的名字取得好。"之类的说法,就是犯了诉诸武断的谬误。

6. 稻草人谬误

稻草人谬误,是指在辩论中,先歪曲对方论点,然后再加以攻击的论证谬误。

这个名字很形象,这种谬误论证,就像用稻草人替代真人一样,用某个观点替代对方的真实观点,攻击这个替代观点来冒充对论敌的反驳。

把一个更容易遭抨击的立场强加给对方。通过歪曲对方的立场,树立一个很容易被击倒的"稻草人"。在论证中,通过歪曲对方的主张来削弱对方观点的错误,犹如扎一个容易被击倒的稻草人,用攻击稻草人的做法替代对论敌的反驳,使论证失去了真正的目标。歪曲对方观点的手法有限制、概括、简化、夸张和虚构等。

[**逻辑案例**] 母女对话

妈妈:"我多次提醒你把东西放回原处,免得用时不好找,可你总是做不到。"

女儿:"妈妈,在您眼里,我就没有做对的时候,难道我就真得像您说那样一无是处吗?"

7. 熏鲱谬误

熏鲱谬误,是指转换论题逃避论证责任的论证谬误。通常,熏鲱谬误会引入一个不相干的问题,从而转移人们对论题的注意力。这种谬误也叫"红鲱鱼"、迁题、转移论题。熏鲱谬误这个概念,据说起源于动物保护者用熏鲱鱼干扰猎狗的嗅觉。当时,动物保护者为了避免野生动物被猎狗发现,就在保护区内放置用烟熏过的鲱鱼,以转移猎狗的注意力。也有人认为,这个名词起源于越狱罪犯为了逃过警犬的嗅觉,而在逃跑的路上放置红鲱鱼。

例如,有些刑事法庭上,诉讼人在缺乏证据的情况下,为了博得陪审团的同情,就绕开被告的实质性犯罪证据,慷慨激昂地陈述被害者的无辜,陈述谋杀是多么令人发指,就是典型的熏鲱谬误。

[**逻辑案例**] 二手烟

老张:"老王,你若不在办公室里而是到外面去吸烟,那不是更好吗?"

老王:"吸二手烟没那么糟糕,每天骑车上班吸汽车的油烟,那才糟糕呢。现在不比从前了,从前骑车上班能锻炼身体,现在骑车上班会减少寿命。听说一位每天在马路上跑步的小伙子,烟酒不沾,却得了肺癌,年纪轻轻的就死了。"

点评:老王明显地在拖熏鲱,相关的问题是老王出去抽烟是否对其他人来说更好,而不是吸二手烟和吸汽车尾气哪个更坏。

5.4 弱归纳谬误

弱归纳谬误的产生是因为前提与结论的逻辑关系不足以为结论提供有力的支持,例如,轻率概括、假因果、滑坡的谬误、弱类比等。这些与归纳论证或因果论证相关的谬误将在后面归纳逻辑中阐述。本节重点阐述诉诸不当权威和诉诸无知这两类非形式谬误。

1. 诉诸不当权威

诉诸权威是这样一种谬误：仅仅引用有权威性的人或有权威性的书上的话作为论据，以此论证某论题。有信用的专家权威在本行业的意见往往是很可信的，但是专家的意见也可能出问题，这就会出现诉诸不适当权威的谬误。任何权威都可能在某一领域中有所建树，但权威是人而不是神，如果仅以权威的话做论据来论证他们的观点时，我们不必盲从，而应要求对方摆出事实和理由。

例 5-10 哲学家：在 18 世纪，某篇关于运动是绝对的论文断言，一个物体在一段时间内的位置变化可以不参照任何其他物体的位置而测得。不过，一位颇受尊敬的物理学家声称这篇论文是不连贯的。既然一篇不连贯的论文不能认为是对实际的描述，故运动不可能是绝对的。

这个哲学家的论证使用了下面哪一种论证方法或技巧？

A. 观察到某物在试验条件下是某种情况，推出该物在任何情况下也是这种情况。

B. 使用试验结果来说明所提到的位置变化是合理的。

C. 依赖某个专家的权威来支持一个前提。

D. 使用专业术语来说服别人。

E. 使用了过于绝对的语气来使别人信服。

［解题分析］ 正确答案：C

哲学家得出"运动不可能是绝对的"这一结论所依赖的前提有两个：第一，一篇不连贯的论文不能认为是对实际的描述；第二，该篇关于运动是绝对的论文是不连贯的。而支持第二个前提的是，这是一位颇受尊敬的物理学家声称的。显然，哲学家的论证方法是依赖某个专家的权威来支持一个前提，因此 C 项正确。哲学家的论证没有涉及试验问题，故 A、B 项不妥，D、E 项也明显不妥。

2. 诉诸无知

诉诸无知的论证犯的是这样的错误，它辩称一个命题是真的，其依据仅仅是该命题并没有被证明为假，或者辩称一个命题是假的，仅仅因为并没有证明其为真。具体有下面两种形式：

（1）因为尚未证明（或不能证明）A 真，所以 A 假。例如，无神论者的论证：你能证明上帝存在吗？不能，所以上帝不存在。

（2）因为尚未证明（或不能证明）A 假，所以 A 真。例如，有神论者的论证：你能证明上帝不存在吗？不能，所以上帝存在。

例 5-11 计算机科学家已经发现称为"阿里巴巴"和"四十大盗"的两种计算机

病毒。这些病毒常常会侵入计算机系统文件中,阻碍计算机文件的正确储存。幸运的是,目前还没有证据证明这两种病毒能够完全删除计算机文件,所以,发现有这两种病毒的计算机用户不必担心自己的文件被清除掉。

以上论证是错误的,因为它:

A. 没有考虑这一事实:没有被证明的因果关系,人们也可以假定这种关系的存在。

B. 没有考虑这种可能性:即使尚未证明因果关系的存在,这种关系也是存在的。

C. 并没有说明计算机病毒删除文件的技术机制。

D. 用仅仅是对结论加以重述的证据来支持它的结论。

E. 没有把这些病毒的传播途径搞清楚。

[解题分析] 正确答案:B

题干论证:目前还没有证据证明这两种病毒能够完全删除计算机文件,所以,发现有这两种病毒的计算机用户不必担心自己的文件被清除掉。这实际上犯了诉诸无知的谬误。目前还没有证据证明这两种病毒能够完全删除计算机文件,并不能排除它们能够完全删除计算机文件的可能性。可见,B 项正确地指出了题干论证的错误。

例 5-12 英国石油公司在墨西哥湾的油井发生爆裂,大量原油泄漏。该公司立即并持续使用化学分散剂来分解浮油。美国众议院能源和环境委员会主席埃德·马基对化学分散剂的安全性提出了严重质疑。美国食品药品监督局的回应是:"化学分散剂是安全的,因为没有任何报告显示这种化学品进入了海产品食物链并威胁到公众的健康"。

以下哪项是对上述回应的最恰当描述?

A. 美国食品药品监督局的回应是正确的。

B. 美国食品药品监督局的回应有漏洞,因为他们没有分析化学分散剂的特性,并以此为依据推出结论。

C. 美国食品药品监督局的回应有漏洞,因为他们的回应无法从根本上重塑民众对墨西哥湾食品安全的信心。

D. 美国食品药品监督局的回应有漏洞,因为他们没有找到化学分散剂不能进入海产品食物链的充分的证据。

E. 美国食品药品监督局的回应有漏洞,因为他们把没有证据证明某种情况的存在,当作有证据证明某种情况不存在。

[解题分析] 正确答案:E

题干的回应犯了诉诸无知的谬误。目前没有任何报告显示这种化学品进入海产品食物链并威胁到公众的健康,并不能排除这种化学品进入了海产品食物链并威胁到公众的健康的可能性。可见,E项正确地指出了题干论证的错误。

5.5 论证有效性分析

论证有效性分析被公认为是一种有效提高逻辑与批判性思维能力的训练科目。当前,以考查逻辑与批判性思维能力为核心的综合测试已成为国内各类硕士专业学位入学考试的一个重要环节。其中,管理类硕士专业学位联考和经济类硕士专业学位联考的综合能力测试卷中的"论证有效性分析"和 美国 GMAT 考试中的"论证分析(analysis of an argument)"非常类似,都较为综合地测试了考生的论证分析能力和批判性写作能力。本节在前面讲述逻辑论证和逻辑谬误的基础上,专门针对此类考题给出论证有效性分析的写作指导。

论证有效性分析的考题一般在题干中给出一段有缺陷的论证,要求被测试者找出该论证的主要缺陷,从论证层面分析和评论所给材料中的论证是否恰当有效,最终写出一篇对该论证的分析性评论。论证有效性分析是一种评论性的写作,该写作要求考生熟练掌握典型逻辑缺陷,具备论证分析的能力和批判性写作的技巧。

1. 论证有效性分析的写作要求

第一,题干为一段有缺陷的论证。考生的第一个任务就是从这段论证中找出逻辑缺陷。

第二,题干所给的材料可能出现的主要论证问题涉及:论证在概念界定和使用上是否清楚、准确并前后一致;论证方法是否正确;论据是否成立;论据是否足以支持结论;有无支持结论的更为有力的论据;推理有无错误或漏洞;论证成立的论据是否充分,是否需要另外的条件;有无另外的解释反对或削弱该论证等。

第三,这是一个写作题目,写作的文体是评论性的议论文,确切地讲,是对题干所给文字材料的论证作出的评论。

2. 论证有效性分析测试的能力要求

论证有效性分析测试主要考查考生的批判性思维能力,具体包括以下三种能力。

(1)批判性阅读能力

论证有效性分析测试要求考生具备准确全面梳理题干论证的推理过程的能力,即要求考生能够找出待评估论证的论证结构,理清该论证的前提与结论之间的关系。

(2)论证缺陷分析能力

论证有效性分析测试要求考生能够识别有缺陷的论证,能够识别常见的论证谬误形式。具体要求考生能够判断出论证链条中哪些环节有问题,找出题干论证中主要的缺陷和漏洞,并能够进行逻辑分析。

（3）评论性写作能力

论证有效性分析测试要求考生具备写出一篇条理清晰且流畅的评论性文章的能力，能够把自己的分析、判断用平实客观的文字条理清晰地表达出来。

3. 论证有效性分析测试的写作指导

论证有效性分析测试的写作是评论性写作，其关键是：分析评估、评而不驳。即评论论证方法的优劣，而不是反驳题干的观点。所以，要首先把论证评论和反驳某种观点区分开。论证评论是针对论证方法的，是从思维技术和写作技术层面展开的评述，目的是揭示题干论证的谬误，以期改进作者的批判性思维。

所以，原则上，论证评论不涉及个人对题干所论证主题的观点和立场。也就是说，不要试图说明你个人对此主题的观点。论证分析者在多数情况下是不同意原论证作者观点的，但也有可能会同意原论证作者的观点，这都不是关键，重要的是不管你同意还是不同意原论证作者的观点，即使同意原论证作者的观点，但只要原作者的论证存在缺陷，你就要把这些缺陷和漏洞找出来，并进行分析评论。

简而言之，论证有效性分析的写作要围绕的主题是：这样的论证恰当吗？有效吗？也就是说，无论你同意还是不同意原文的观点，你的写作目的只有一个，就是对论证方法的评论，指出论证缺陷。要紧紧围绕这一点来写作，这样才不会跑题。

（1）评论性写作的行文要点

从论证分析的角度看，是指出题干的论证性如何，即是否有效、是否严谨、是否恰当等。从评论写作的角度看，即行文的论证性如何，同样也有一个是否有效、是否严谨、是否恰当的问题。评论性写作的行文要尽量做到以下几点：

① 论题清晰、明确；

② 说理透彻；

③ 文章的层次分明，结构严谨；

④ 写作有条理。

（2）评论性写作的语言表达

评论性写作的语言表达要尽量做到以下几点：

① 使用平实的语言——不要刻意雕琢语词，不要纠缠细节；

② 使用清晰、准确的语言——不用形容词和比喻，杜绝夸张性语言；

③ 详略得当——掌握分析的尺度，避免多余或过多的解释；

④ 行文流畅——用词尽量规范，分析论述不拖沓。

（3）逻辑缺陷的识别与阐述

具体的逻辑谬误是很多的（详见本书中篇的介绍），试卷中所给出的"论证有效性分析"文章一般包含的逻辑漏洞较多，但只要求考生精选出四个左右的逻辑缺陷进行分析，也就是对其中严重的逻辑漏洞做总体的分析与概括，评估论证的可靠性,书写成文即可。考生要尽量熟悉常见逻辑错误的特征及其表述,现把常见的逻辑缺陷归纳并列举如下。

- 混淆概念类错误:分析文章是否存在前后概念理解混淆的现象,可能有"混淆概念"的错误。
- 概念不一致错误:文中在概念的使用上可能存在问题,在说到事件1时,上文中用的是概念1,而在说到事件2的时候,用的却是概念2。这两个概念显然是前后不一致的。
- 数字谬误:在文中出现数字百分比的列举时,要分析考虑分子和分母的变化,以及样本基数的变化中错误的推理。
- 数据和结论不相干:论证者提供的数据与其结论的关联性十分有限,论证者提供的数据不能有效支持其结论。
- 轻率概括的谬误:文中出现举例的,首先考虑可能会有"轻率概括"或"以偏概全"的可能,即在文中并没有提供调查/个案是否具有典型性。
- 不当假设:作者在论证中所作的假设是不恰当的。
- 不当类比错误:若出现寓言故事,则可能存在"不当类比"的错误;故事/寓言和企业经营之道/启发不具有客观的类比性。
- 不当类推:由过去不当类推到现在和未来。
- 存在他因:论据1或论据2是否是导致某现象的唯一原因呢?是否存在其他原因导致该现象发生呢?
- 非黑即白:这两种情况虽然同时并存,但否定一方,并不意味着一定导致另一方成立。
- 强加因果:文章的论证看似很有道理,其实前提和结论二者并不相干。
- 条件关系错误:文章论证是否错误地使用了条件关系。
- 自相矛盾错误:文章结论是否存在"自相矛盾"的推理。
- 绝对化错误:考虑论述者是否存在"想当然的绝对推理"的错误。
- 考虑问题不全面错误:即使文中作者的推理是正确的,但最终的解决方法是否是唯一的解决方案,是否会产生负面和消极影响。

例 5-13 论证有效性分析:分析下述论证中存在的缺陷和漏洞,选择若干要点,写一篇 600 字左右的文章,对该论证的有效性进行分析和评论。(论证有效性分析的一般要点是:概念特别是核心概念的界定和使用是否准确并前后一致,有无各种明显的逻辑错误,论证的论据是否成立并支持结论,结论成立的条件是否充分,等等。)

氟是地球上毒性最大的化学物质。它的腐蚀作用如此之大以至被用来蚀刻玻璃。有些人打算把这种物质放到饮用水中,这种想法真是疯狂绝伦。把氟加到水中,必将给我们的健康造成威胁。

进而言之,许多医学组织也在反对此种做法。比如,得克萨斯医学协会便拒绝推荐氟化水。当然,不难解释为何有些医生对此褒奖有加。举例说来,氟化水的主要倡导者之一、州立大学医学院主任、营养学研究教授丹格医生,在过去六年间,从食品加工业、精制糖的利润、软饮料商,以及化学和药品的利润中获利高达35万美元。然而,每一个真正的营养学家都懂得,正是这些精制糖、软饮料、精制面粉使牙齿遭到毁坏。现在,这些食品的加工商们热衷于求助化学界帮他们掩盖这一事实。对此,难道还不会令人觉得不可思议吗?

【论证缺陷分析】 上文的逻辑结构与主要逻辑缺陷分析如下:

		原　文	逻辑缺陷分析
观点		拒绝氟化水	
论证过程	1	氟是地球上毒性最大的化学物质。——把氟加到水中,必将给我们的健康造成威胁	混淆了"氟"和"氟化水"这两个不同的概念
	2	许多医学组织也在反对此种做法。比如,得克萨斯医学协会便拒绝推荐氟化水	没有具体提供是哪些医学组织,为何反对的证据。拒绝推荐不一定就是反对,不能非黑即白,也可能虽然不推荐但并不反对
	3	不难解释为何有些医生对此褒奖有加。举例说来,氟化水的主要倡导者之一、州立大学医学院主任、营养学研究教授丹格医生,在过去六年间,从食品加工业、精制糖的利润、软饮料商,以及化学和药品的利润中获利高达35万美元	即使倡导氟化水的丹格医生获得了丰厚商业利润,这一事实与是否应该拒绝氟化水并没有内在的因果关系
	4	正是这些精制糖、软饮料、精制面粉使牙齿遭到毁坏。现在,这些食品的加工商们热衷于求助化学界帮他们掩盖这一事实	该说法显然不能说明氟化水有毒,更不能作为拒绝氟化水的理由,反而有助于说明,氟化水可能有利于保护牙齿

【参考范文】

拒绝氟化水的理由不足

上文作者的观点是拒绝氟化水,但其提供的理由不足,其论证不能使人信服。

首先,文章开头就混淆了"氟"和"氟化水"这两个不同的概念。显然,从氟有毒不能推论氟化水一定有毒。事实上,氟化水指的是含氟化物的水。若水中氟化物的含量在一定程度内,也许不仅对人体无毒,反而可能对人体有益。

其次,作者提出,许多医学组织反对氟化水,并没有具体提供是哪些医学组织,为何反对的证据。作者仅举了一例,得克萨斯医学协会便拒绝推荐氟化水。但是得克萨斯医学协会不能代表所有的医学组织,而且,拒绝推荐不一定就是反对,不能非黑即白,也可能虽然不推荐但并不反对。

再次,作者认为,推荐或提倡使用氟化水的人是打算从中渔利,并以丹格医生从中获利来说明。这一论证具有诉诸人身的谬误之嫌,论证的焦点应该是氟化水对人类是有益还是有害,而不在于丹格医生的人品、动机和利益。即使倡导氟化水的丹格医生获得了丰厚商业利润,这一事实与是否应该拒绝氟化水并没有内在的因果关系。

最后,作者论述,在精制食品使牙齿遭到毁坏的情况下,这些食品的加工商们热衷于求助化学界帮他们掩盖这一事实。该说法显然不能说明氟化水有毒,更不能作为拒绝氟化水的理由,反而有助于说明,氟化水可能有利于保护牙齿。

总之,上述论证没有充分提供氟化水有害健康的合理理由,因此,作者认为应该拒绝氟化水的观点不具有说服力。

例 5-14 论证有效性分析:分析下述论证中存在的缺陷和漏洞,选择若干要点,写一篇 600 字左右的文章,对该论证的有效性进行分析和评论。(论证有效性分析的一般要点是:概念特别是核心概念的界定和使用是否准确并前后一致,有无各种明显的逻辑错误,论证的论据是否成立并支持结论,结论成立的条件是否充分,等等。)

我主张不应废除死刑。应该对残忍的杀人犯施以极刑,这是明智的行为。因为这可以阻止可恶的犯罪,并在长时期内使整个社会承受的痛苦减至最小。死刑是一个健全社会的自我防范。

民意调查显示大部分公众反对废除死刑。死刑最终有可能会被废除,但是现在废除是不切实际的,并且有可能遭到公众的强烈反对。

提倡废除死刑的一个原因是死刑是残忍的,违反人权的。这种说法有一定的正确性,但是可以使用相对人道的方法执行死刑,比如使用死刑注射等不太痛苦的方式执行。虽然保护人权是一个问题,但是公众人身安全的权利也应当被考虑。死刑对于严重犯罪的威慑作用几乎毋庸置疑。根据美国的调查数据显示,在没有死刑的州,死罪的数量更多。

那些支持废除死刑的人只考虑到凶手的权利,而忽略了为受害者感到难过的人的感情。只要冷血的凶手活在监狱中,受害人的亲友将有可能继续生活在极大的痛苦甚至是恐惧中。

保持死刑的一个重要原因是不断上升的犯罪率。高犯罪率确实是由众多因素造成的。但是,对法律负责的贯彻执行是阻止犯罪的有效手段。

有的犯罪分子在实施犯罪行为时,手段残暴,不顾后果。这种人没有人道主义精神,再次回到社会难保不再犯罪,死刑虽不能遏制犯罪,但是可以阻止这些人再次犯罪杀人。

现在且不论废除死刑是不是历史的必然趋势,因为目前很难做出绝对肯定的答案,人类社会的发展,包括社会制度和法律制度发展变化,总有自身的规律性。

死刑作为应对犯罪的一种极端手段,有其合理存在的理由。

【论证缺陷分析】 上文的逻辑结构与主要逻辑缺陷分析如下:

	原　　文	逻辑缺陷分析
观点	不应废除死刑	有待商榷。该论证忽视了一条重要的人道主义原则,即国家、社会或他人是否有权力剥夺一个人的生命
论证过程 1	应该对残忍的杀人犯施以极刑,这是明智的行为。因为这可以阻止可恶的犯罪。死刑虽不能遏制犯罪,但是可以阻止这些人再次犯罪杀人	自相矛盾。作者在死刑对犯罪行为的震慑作用这一问题上认识模糊
论证过程 2	民意调查显示大部分公众反对废除死刑	诉诸众人。大部分公众反对废除死刑,不能成为"不应废除死刑"的充足理由
论证过程 3	提倡废除死刑的一个原因是死刑是残忍的,违反人权的。这种说法有一定的正确性,但是可以使用相对人道的方法执行死刑,比如使用死刑注射等不太痛苦的方式执行	用使用死刑注射等相对人道的方法执行死刑,并不意味着死刑是不残忍的,是不违反人权的
论证过程 4	有的犯罪分子在实施犯罪行为时,手段残暴,不顾后果。这种人没有人道主义精神,再次回到社会难保不再犯罪,死刑虽不能遏制犯罪,但是可以阻止这些人再次犯罪杀人	死刑并不是阻止这些人再次犯罪杀人的唯一手段,终身监禁同样可以阻止犯罪,而且对某些人罪犯来说,终身监禁是比死刑更痛苦的惩罚
忽略要点	作者没有论述死刑存在不合理之处的一个重要理由:无辜者有可能会由于误判甚至故意错判而被执行死刑	

【参考范文】

偏颇的论证

　　上文的观点是明确反对废除死刑,即是赞成死刑的。然而,作者的论证是偏颇的,没有全面地考量死刑的合理之处与不合理之处。现分析如下。

　　第一,该论证忽视了一条重要的人道主义原则,即国家、社会或他人是否有权力剥夺一个人的生命。这一问题有待进一步分析,即使是杀人犯,也有其人权,若国家、社会或他人没有剥夺一个人生命的权力,那么,死刑从根本上就是违背人权的。

　　第二,作者的前后论述自相矛盾。作者在前面论述"应该对残忍的杀人犯施以极刑,这是明智的行为。因为这可以阻止可恶的犯罪",而在文章的后面作者却认为"死刑虽不能遏制犯罪,但是可以阻止这些人再次犯罪杀人。"这表明,作者在死刑对犯罪行为的震慑作用这一问题上认识模糊。

　　第三,作者反对废除死刑的一个理由是,民意调查显示大部分公众反对废除死刑。这一理由犯有"诉诸众人"的谬误之嫌。因为,大部分公众反对废除死刑,不能成为"不应废除死刑"的充足理由,类似地,大部分公众可能反对征税,也不能成为不应征税的理由。

第四,作者认为,用使用死刑注射等相对人道的方法执行死刑,可以解决死刑的残忍性,这一看法是存疑的,即使用相对人道的方法执行死刑也并不意味着死刑是不残忍的,是不违反人权的。因为不管以什么方式结束生命,死亡本身就往往意味着是残忍的,而且,这同样涉及前面所述,罪犯的生命权是否可以被剥夺的原则问题。

第五,作者认为,死刑可以阻止罪犯再次犯罪杀人。但这一看法忽视了死刑并不是阻止这些人再次犯罪杀人的唯一手段,比如,终身监禁同样可以阻止犯罪,而且对某些罪犯来说,终身监禁可能是比死刑更痛苦的惩罚。

第六,作者没有论述死刑存在不合理之处的一个重要理由:无辜者有可能会由于误判甚至故意错判而被执行死刑。由于种种原因的存在,比如,法制不健全、法官徇私枉法、伪证等,即使尽量避免这些因素的误导,法庭很难始终做到公正、正确地判决。由于对个体的生命来说,一旦执行死刑是无法纠正的。若万一出现误判或错判而导致的死刑,这对当事人及其相关亲属都是无法挽回的悲剧。

总之,一方面,作者提供的反对废除死刑的理由不充分,另一方面,没有能够有力地反驳废除死刑的理由,因此,该文的说服力不足。

例 5-15 论证有效性分析:分析下述论证中存在的缺陷和漏洞,选择若干要点,写一篇 600 字左右的文章,对该论证的有效性进行分析和评论。(论证有效性分析的一般要点是:概念特别是核心概念的界定和使用是否准确并前后一致,有无各种明显的逻辑错误,论证的论据是否成立并支持结论,结论成立的条件是否充分,等等。)

在某房地产论坛上,某著名房地产集团董事长又一次语出惊人,他认为现在"没买房的人都亏了"。

他指出,最初,有些人分不清什么是真话什么是假话,被蒙蔽了。比如说房价要降了,大家都等着买房,结果房价涨到买不起了。在目前情况下,房价似乎没有理由不上涨,不仅如此,宏观调控还在助推着这种上涨。

"我们希望政府不断地进行宏观调控,因为调控一次房价就涨一次,开发商就乐得合不上嘴了。"董事长认为,宏观调控首先改变了土地价值,而地价又是房价的重要组成部分。"西京去年地价上涨了 26%,房价只上涨了 9.1%,相当于地价增长的一半左右。"言外之意,西京房价还要涨。

那么,房价的高位运行会不会产生泡沫呢?董事长的回答也很干脆,"我们几年前就不讨论泡沫了。政府在今年年初已经提出增加供给,政府如果知道有泡沫能说增加供给吗?用增加供给来解决泡沫问题,有这个说法吗?"董事长指出,人民收入还在涨,土地资源不能增长,这两头已经限制住了,那房价能不涨吗?

【论证缺陷分析】 上文的逻辑结构与主要逻辑缺陷分析如下：

		原　　文	逻辑缺陷分析
观点		房价会一直涨下去	
论证过程	1	在目前情况下,房价似乎没有理由不上涨,不仅如此,宏观调控还在助推着这种上涨	这一理解是有偏差的,宏观调控本意在稳定房价,防止房价过快增长
	2	"西京去年地价上涨了 26%,房价只上涨了 9.1%,相当于地价增长的一半左右。"言外之意,西京房价还要涨	这一论述所隐含的假设是,房价就会跟随地价同比例上涨。这一假设是值得怀疑的
	3	政府在今年年初已经提出增加供给,政府如果知道有泡沫能说增加供给吗?	其意思是,政府增加房屋供给就意味着目前的高房价并没有泡沫。这一看法显然有问题,很可能就因为目前的高房价存在泡沫,政府才增加房屋供给,以平抑房价
	4	人民收入还在涨,土地资源不能增长,这两头已经限制住了,那房价能不涨吗?	这一推理并不可靠,因为人民收入也不一定一直上涨,土地供应即使有限但不一定已经饱和,完全有可能还有较大的增长空间。而且,影响房价的因素除了收入、土地供应外,还包括消费者的预期与投资偏好、信贷状况等

【参考范文】

房价难道会一直涨下去吗?

上文中董事长隐含的论点是,房价会一直涨下去。但其论证不充分,存在多处逻辑缺陷,使其观点不具备说服力,现分析如下:

首先,董事长认为,宏观调控助推着房价上涨。这一理解是有偏差的,宏观调控本意在稳定房价,防止房价过快增长。当然,房价上涨的因素很多,宏观调控对房价的长期影响效果如何,也值得研究。即使以前的宏观调控并没有抑制住房价的长期上涨,也不能将宏观调控曲解为房价上涨的助推因素。

其次,"西京去年地价上涨了 26%,房价只上涨了 9.1%,相当于地价增长的一半左右。"言外之意,西京房价还要涨。这一论述所隐含的假设是,房价就会跟随地价同比例上涨。这一假设是值得怀疑的,也许之所以西京房价的涨幅只有地价涨幅的一半,正是因为房价虚高已经抑制了人们的购买欲望。

再次,针对房价的高位运行会不会产生泡沫这一问题,董事长说:"政府在今年年初已经提出增加供给,政府如果知道有泡沫能说增加供给吗?",其意思是,政府增加房屋供给就意味着目前的高房价并没有泡沫。这一看法显然有问题,很可能就因为目前的高房价存在泡沫,政府才增加房屋供给,以平抑房价。

最后,董事长认为,人民收入还在涨,土地供应有限,所以,房价一定还会涨。这一推理并不可靠,因为人民收入也不一定一直上涨,土地供应即使有限但不一定已经饱和,完全有可能还有较大的增长空间。而且,影响房价的因素除了收入、土地供应外,还包括消费者的预期与投资偏好、信贷状况等。事实上,以现有的土地资源,人民的居住性需求是可以基本满足的。虚高的房价更大可能来自投机性需求。若收紧银行信贷、提高首付比,房价就很有可能稳住甚至回调。

总之,董事长认为房价会一直涨下去的看法,是违背经济规律的。由于其论证不严密,其观点显然不具有说服力。

第6章　论证推理

国内外研究生层次入学考试中的逻辑推理测试,其考查的主流题型是论证推理,论证推理试题重点关注的是如何识别、构造、特别是评价实际思维中各种推理和论证的能力,具体考查的是确定论点、评价论点、规范或者评价一个行动计划等三个方面的推理能力,主要题型有:假设、支持、削弱、评价、推论和解释等。

6.1　识别假设

论证的理由有两种表现形式:一种是明确表达出来的理由,称之为论据(或前提);另一种是未明确表达出来的理由,即省略前提,称之为假设。

如何识别假设,在前面所述"论证的重构"中已有描述,下面从解题的角度进一步论述。

1. 假设的理解

假设是支持作者结论的未明确说明的前提,是(明确说明的)前提与结论之间的连接,是作者推出结论所依靠的东西。由于假设是作者显然接受或理所当然的信念,它们并没有被陈述或自显出来,因此,它可能具有可争辩性,摧毁论证往往要揭露省略前提并予以批判。

当我们发现了从已表达出的前提向结论的有效过渡还缺乏某些环节时,就应分析论证的隐含前提。以下给出几个例子。

(1)丹顶鹤濒临绝种的危机,所以,我们应该保护丹顶鹤。这个论证省略的隐含假设是:我们应该保护有绝种危机的动物(物种)。

(2)最近,在100万年前的河姆渡氏族公社遗址发现了烧焦的羚羊骨残片,这证明人类在很早的时候就掌握了取火煮食肉类的技术。该论证隐含的假设是:羚羊骨是被人类取火烧焦的。

(3)面试在求职过程中非常重要,经过面试,如果应聘者的个性不适合待聘工作的要求,则不可能被录用。该论断隐含的假设是:面试主持人能够分辨参加面试者哪些个性是工作所需要的。

2. 假设的定义

假设的逻辑定义:假设是使推理成立的一个必要条件。具体而言,若 A 是 B 的一个必要条件,那么非 A→非 B;若一个推理在没有某一条件时不成立,那么这个条件就是段落推理的一个假设。

要使隐含于论证中的假设原形毕露,需要有敏锐的观察力和熟练的批判技巧。识别假设的一般方法:假定已表述的前提为真,然后查看这些前提若能使其结论成立,至少还需要得到什么样前提的支持。再来看被省略的前提是否真实,推理过程是否正确,即对推理者的推理进行评价。这样省略的前提就是假设。

寻找假设后可以用否定代入法验证。所谓"否定代入法"就是对假设进行否定后,代入到论证之中,能够严重削弱题干或使题干论证不成立。例如,绿叶幼儿园家长委员会建议幼儿园把管理费降低5%~10%,这一建议如果实行是有风险的,尽管家长可以因此减少每月的托儿费,但是为应付幼儿园服务质量下降引发的问题而付出的费用可能会更多。该论断中若使已表述的前提成为支持其结论的强有力的理由,就必须假设:管理费降低很可能使幼儿园降低服务质量。如果这一假设不能成立,上述论证就宣告破产。

3. 解题步骤

(1) 描述已被表达的论证(前提、结论)。

(2) 语感定位疑似选项——隐含条件。

(3) 验证:将选项取非,如果原文的结论必不成立,则为答案,如果还有成立的可能性,则不是正确答案。

例 6-1　虽然精工细作的家具被一些人称为艺术品,但精工细作的家具还是家具,而家具一定要有实用性,因此精工细作的家具不是艺术品。

以下哪项是上述论证成立的假设?

A. 一些精工细作的家具被当作艺术品放在博物馆中。

B. 一些精工细作的家具被当作艺术品进行拍卖。

C. 与普通家具相比,精工细作的家具的实用性要差一些。

D. 实用性的物品一定不是艺术品。

E. 精工细作的家具也表现出其艺术性。

[解题分析]　正确答案:D

题干陈述:精工细作的家具是家具,家具一定要有实用性;由此推出:精工细作的家具有实用性。补充 D 项:实用性的物品一定不是艺术品。得出结论:精工细作的家具不是艺术品。

可见,D 项是题干论证的假设。其余选项均为无关项。

例 6-2　在经济全球化的今天,西方的文化经典与传统仍在生存和延续,在美国,总统手按《圣经》宣誓就职,小学生每周都要手按胸口背诵"一个在上帝庇护下的国家"的誓言。而在中国,小学生早已不再读经,也没有人手按《论语》宣誓就职,中国已成为一个文化经典与传统几乎丧失殆尽的国家。

以下哪项陈述是上面论证所依赖的假设?

A. 小学生读经是一个国家和民族保持文化经典与传统的象征。

B. 一个国家和民族的文化经典与传统具有科学难以替代的作用。

C. 随着科学技术的突飞猛进,西方的文化经典与传统正走向衰落。

D. 中国历史上的官员从来没有手按某一部经宣誓就职的传统。

E. 文化经典与传统的继承事关国家的未来。

[解题分析] 正确答案:A

为使题干论证成立,A项是必须假设的,否则,如果小学生读经并不是一个国家和民族保持文化经典与传统的象征,那么,即使小学生早已不再读经,也不能得出结论——中国已成为一个文化经典与传统几乎丧失殆尽的国家。

例 6-3 香蕉叶斑病是一种严重影响香蕉树生长的传染病,它的危害范围遍及全球。这种疾病可由一种专门的杀菌剂有效控制,但喷洒这种杀菌剂会对周边人群的健康造成危害。因此,在人口集中的地区对小块香蕉林喷洒这种杀菌剂是不妥当的。幸亏规模香蕉种植园大都远离人口集中的地区,可以安全地使用这种杀菌剂。因此,全世界的香蕉产量,大部分不会受到香蕉叶斑病的影响。

以下哪项可能是上述论证所假设的?

A. 人类最终可以培育出抗叶病的香蕉品种。

B. 全世界生产的香蕉,大部分产自规模香蕉园。

C. 和在小块香蕉林中相比,香蕉叶斑病在规模香蕉种植园中传播得较慢。

D. 香蕉叶斑病是全球范围内唯一危害香蕉生长的传染病。

E. 香蕉叶斑病不危害植物。

[解题分析] 正确答案:B

B项是必须假设的,否则,如果全世界生产的香蕉并非大部分产自规模香蕉园,那么,虽然规模香蕉种植园可以安全地使用这种杀菌剂,也推不出“全世界的香蕉产量大部分不会受到香蕉叶斑病的影响”这个结论。

6.2 强化论证

强化论证也叫支持型考题,特点是在题干中给出一个推理或论证,但或者由于前提的条件不够充分,不足以推出其结论;或者由于论证的论据不够全面,不足以得出其结论,因此需用某一选项去补充其前提或论据,使推理或论证成立的可能性增大。只要某一选项放在题干推理的论据(前提)或结论之间,对题干推理成立或结论正确有支持作用,使题干推理成立、结论正确的可能性增大,那么这个选项就是支持的正确答案。

强化论证有两种基本方法：肯定假设和增加论据。

（1）肯定假设：将题干的信息所隐含的假设说明出来，其实质就是假设类型的改变，这一类试题的解题关键就是寻找论证需要的前提与假设。该假设条件的性质决定了加强的强弱。

（2）增加论据：就是给出新的证据，来补充或强化题干中的证据。若题干是个因果论证，则"有因有果"和"无因无果"是两种典型的支持性论据。

1. 肯定假设

由于假设是一个论证的潜在前提，是前提到结论推理的桥梁，因此，相当多的论证题都是围绕假设来作为出题点的。如果支持题型的某个备选项是题干推理成立的必要条件，也就是说该选项的存在使题干论证可行或有意义，那么该选项就是题干论证的假设，也即为支持的正确答案。

由于假设是段落推理的必要条件，找到了段落推理的一个假设，那么其推理成立的可能性就必然增大，这个假设对段落推理起到了支持作用，所以假设必然是支持，因此这类支持题型相当于寻找段落推理成立的一个假设。

例6-4 美国联邦所得税是累进税，收入越高，纳税率越高。美国有的州还在自己管辖的范围内、在绝大部分出售商品的价格上附加7％左右的销售税。如果销售税也被视为所得税的一种形式的话，那么，这种税收是违背累进原则的：收入越低，纳税率越高。

以下哪项如果为真，最能加强题干的议论？

A. 人们花在购物上的钱基本上是一样的。

B. 近年来，美国的收入差距显著扩大。

C. 低收入者有能力支付销售税，因为他们缴纳的联邦所得税相对较低。

D. 销售税的实施并没有减少商品的销售总量，但售出商品的比例有所变动。

E. 美国的大多数州并没有征收销售税。

[解题分析] 正确答案：A

题干认为"累进税是收入越高，纳税率越高。销售税是在出售商品的价格上附加7％左右的税。因此，销售税是违背累进原则的：收入越低，纳税率越高。"这一论述若能成立，必须基于一个假设，即人们花在购物上的钱基本上是一样的。否则，如果收入越低，花在购物上的钱越少，那么，收入越低，所交的销售税就越少。这样，收入越低，纳税率就不一定越高，这就说明了销售税就不一定违背累进税的原则。因此，A项作为题干的假设有力地加强了题干的议论。其余各项均不能加强题干。

例6-5 有则广告想让读者相信，杜尔公司生产的汽车耐用性能极佳。该广告引用如下事实作为其根据:该公司自 20 世纪 80 年代以来生产的汽车,目前有超过一半仍在正常使用,而其他任何品牌的汽车只有不到三分之一。

以下哪项如果为真,最能支持该广告的论证?

A. 考虑到通货膨胀因素,现在一辆杜尔产的新汽车其价格仅略高于 20 世纪 80 年代其生产的新汽车。

B. 杜尔公司汽车年产量自 20 世纪 80 年代以来没有显著增加。

C. 杜尔汽车车主特别注意车辆的保养。

D. 自 20 世纪 80 年代以来,与其他公司相比,杜尔对汽车所做改变更少。

E. 杜尔汽车近来的销售价格一直相对稳定。

[解题分析]　正确答案:B

题干根据 20 世纪 80 年代以来杜尔公司生产的汽车在继续使用的比例高于其他公司,得出结论:该公司生产的汽车的耐用性能好。B 项是上述广告有说服力的一个前提条件,否则,如果杜尔公司汽车年产量自 20 世纪 80 年代以来显著增加,意味着,后面生产的汽车数量大且还未到出故障的年限,这就说明该公司生产的汽车的平均寿命不一定长,严重削弱了题干的结论。所以,B 项有力地支持了该广告的论证。

2. 增加论据

强化论证最终要对题干的结论起正面作用,增加一个正面的论据是一种非常有效的办法:可以补充一个原则或原理,也可以用"有因有果"或"无因无果"事例,与题干前提相结合,使题干论证成立的可能性增大。

例 6-6　在一个养狗场,所有的成年动物都服用了一种新药,服用这种药物的目的是降低狗类被感染上某种一般性传染病的风险。在用药的几天后,这群狗中的大多数幼狗都体温上升。由于体温上升是这种药的一个副作用,因此该养狗场的场主得出假设,认为幼狗们的体温上升是由于这种药通过幼狗母亲的乳汁进入了幼狗体内。

下列哪一项如果正确,对养狗场场主的假设提供了最有力的支持?

A. 有些幼狗直接服用了这种新药,但却没有出现体温上升。

B. 狗的饲养员们完全接受了这种新药,认为它可以安全有效地阻止某种一般性狗类传染病的流行。

C. 养狗场中有 4 条幼狗是由奶瓶喂养的,它们都没有发生体温上升的现象。

D. 体温上升是养狗场对狗使用的该新药之外的另一些药物的副作用。

E. 像该养狗场大多数幼狗所产生的这种体温上升现象基本不会对幼狗的健康产生长期影响。

[解题分析]　正确答案:C

本题问题目的明确,让我们支持养狗场场主的假设,所以读题重点放在最后一句话上,即这种药通过幼狗母亲的乳汁进入了幼狗体内,那么体温上升。选项C指出当狗用奶瓶喂养时没有体温上升,属于典型的"无因无果"类的支持,即没有通过幼狗母亲的乳汁喂养就没有出现体温上升这个结果。A项说的是药存在的情况下,幼狗体温没有上升,削弱了题干推理;B项中饲养员的看法与上述假设无关,属于题外话;D项牵扯到了体温与另一种药的关系,说明是另一种药造成了体温上升,为明显反对;E为无关项。

例6-7 有专家指出,我国城市规划缺少必要的气象论证,城市的高楼建得高耸而密集,阻碍了城市的通风循环。有关资料显示,近几年国内许多城市的平均风速已下降10%。风速下降,意味着大气扩散能力减弱,导致大气污染物滞留时间延长,易形成雾霾天气和热岛效应。为此,有专家提出建立"城市风道"的设想,即在城市里制造几条通畅的通风走廊,让风在城市中更加自由地进出,促进城市空气的更新循环。

以下哪项如果为真,最能支持上述建立"城市风道"的设想?

A. 城市风道形成的"穿街风",对建筑物的安全影响不大。

B. 风从八方来,"城市风道"的设想过于主观和随意。

C. 有风道但没有风,就会让城市风道成为无用的摆设。

D. 有些城市已拥有建立"城市风道"的天然基础。

E. 城市风道不仅有利于"驱霾",还有利于散热。

[解题分析] 正确答案:E

题干论述,建立"城市风道"的目的是促进城市空气的更新循环,以改变当前由于城市高耸密集的高楼而阻碍城市通风循环从而易形成雾霾天气和热岛效应的现状。

6.3 削弱论证

削弱就是找出一个论证的漏洞,即找出割裂题干论证的证据与结论之间关系的选项。通常有这样几条削弱途径:削弱论题(推理的结论)、削弱论据(推理的前提)和削弱论证方式(推理形式)。只要将某选项放入前提与结论之间,使段落推理成立或结论正确的可能性降低,这个选项就是正确答案。

1. 否定假设

对于论证所需要的必要条件的肯定是加强,对论证所需要的必要条件的否定是削弱,这种思路也是加强削弱试题中常见的思路。因为假设连接着前提与结论,如果否定或质疑了潜在的假设就能动摇论证的依据,则说明题干推理是不可行的,也就很好地削弱了题干的论证。

例 6-8 某科研机构对市民所反映的一种奇异现象进行研究,该现象无法用已有的科学理论进行解释。助理研究员小王由此断言,该现象是错觉。

以下哪项如果为真,最可能使小王的断言不成立?

A. 错觉都可以用已有的科学理论进行解释。

B. 所有错觉都不能用已有的科学理论进行解释。

C. 已有的科学理论尚不能完全解释错觉是如何形成的。

D. 有些错觉不能用已有的科学理论进行解释。

E. 有些错觉可以用已有的科学理论进行解释。

[解题分析] 正确答案:A

小王根据此奇异现象无法用已有的科学理论进行解释,进而断言,该现象是错觉。其隐含的假设是,无法用已有的科学理论进行解释的现象都是错觉。A 项所述,错觉都可以用已有的科学理论进行解释,否定了小王的假设,最可能使小王的断言不成立。

例 6-9 黑脉金斑蝶的幼虫以乳草属植物为食,这类植物所含的毒素使得黑脉金斑蝶对它的一些捕食动物有毒害作用。副王蛱蝶的外形与黑脉金斑蝶非常相似,但它的幼虫并不以乳草属植物为食。因此可以得出结论,副王蛱蝶之所以很少被捕食,是因为它与黑脉金斑蝶在外形上相似。

以下哪项如果为真,最能削弱上述论证?

A. 有些动物在捕食了以乳草属植物为食的昆虫后并未中毒。

B. 仅仅单个蝴蝶对捕食者有毒害作用并不能对它产生保护作用。

C. 有些黑脉金斑蝶的捕食动物也捕食副王蛱蝶。

D. 副王蛱蝶对大多数捕食动物都有毒害作用。

E. 只有蝴蝶才具有通过自身的毒性来抵御捕食者的保护机制。

[解题分析] 正确答案:D

题干结论:副王蛱蝶之所以很少被捕食,是因为它与黑脉金斑蝶在外形上相似。理由是:黑脉金斑蝶的幼虫以含有对其捕食动物有毒的乳草属植物为食,而副王蛱蝶的幼虫并不以乳草属植物为食。可见题干论证的假设是:蝶类在幼虫时以乳草属植物为食则带毒,否则就不带毒。若 D 项为真,说明这一假设不成立,这就严重削弱了题干论证。

2. 反驳论据

反驳论据是确定对方的论证中所依据的论据虚假,或论证的理由不充分,从而反驳了对方的论证。

例 6-10 一个已经公认的结论：北美洲人的祖先来自亚洲。至于亚洲人是如何到达北美的,科学家们一直假设,亚洲人是跨越在 14 000 年以前还连接着北美和亚洲,后来沉入海底的陆地进入北美的,在艰难的迁徙途中,他们靠捕猎沿途陆地上的动物为食。最近的新发现导致了一个新的假设,亚洲人是驾船沿着上述陆地的南部海岸,沿途以鱼和海洋生物为食而进入北美的。

以下哪项如果为真,最能使人有理由在两个假设中更相信后者?

A. 当北美和亚洲还连在一起的时候,亚洲人主要以捕猎陆地上的动物为生。

B. 上述连接北美和亚洲的陆地气候极为寒冷,植物品种和数量都极为稀少,无法维持动物的生存。

C. 8000 年以前的亚洲和北美文化,显示出极大的类似性。

D. 在欧洲,靠海洋生物为人的食物来源的海洋文化,最早起源于 10 000 年以前。

E. 在亚洲南部,靠海洋生物为人的食物来源的海洋文化,最早发端于 14 000 年以前。

[解题分析] 正确答案:B

题干第一个假设断定迁徙者是以沿途的动物为食,如果 B 项的断定为真,可知这样的动物当时难以存在,则题干中的第一个假设就难以成立。A 项是支持第一个假设的理由,其余各项与问题无关。

例 6-11 一个世界范围的对生产某些破坏臭氧层的化学物质的禁令只能提供一种受到保护的幻觉。已经生产出的大量的这种化学物质已经作为制冷剂存在于数百万台冰箱中。一旦它们到达大气中的臭氧层时,它们引起的反应无法被停止。因此没有办法来阻止这些化学物质进一步破坏臭氧层。

下面哪个选项如果正确,最能削弱以上的论述?

A. 无法准确测出作为冰箱制冷剂存在的破坏臭氧层的化学物质的数量。

B. 在现代社会,为避免不健康甚至对生命构成潜在威胁的状况,冷藏食物是必要的。

C. 这些化学物质的替代品还没有被研制成功,并且这种替代品比现在使用的冰箱制冷剂要昂贵得多。

D. 即使人们放弃使用冰箱,早已存在于冰箱中的制冷剂还是会威胁大气中的臭氧。

E. 冰箱中的制冷剂可以在冰箱完成它的使命后被完全开发并重新使用。

[解题分析] 正确答案:E

题干论述:冰箱中的制冷剂一旦到达大气中的臭氧层,就没有办法来阻止其破坏臭氧层。E 项表明,冰箱中的制冷剂可以在冰箱完成使命后被完全开发并重新使用,说明制冷剂没有泄漏,那么这些制冷剂就不可能到达臭氧层,这就严重削弱了题干论述。其余选项均不妥，A项中的"数量"、B项中的"冷藏食物"均与推理无关，C、D项仅起到部分支持作用。

3. 提出反例

针对题干推理："因为A与B相关，所以A导致B"，如果在选项中存在"无A而有B"（无因有果），或者"有A而无B"（有因无果），这两种反例都能有效地削弱题干论证。

例6-12　在我国北方严寒冬季的夜晚，车辆前挡风玻璃会因低温而结冰霜。第二天对车辆发动预热后，玻璃上的冰霜会很快融化。何宁对此不解，李军解释道："因为车辆仅有的除霜孔位于前挡风玻璃，而车辆预热后除霜孔完全开启，因此，是除霜孔开启使车辆玻璃冰霜融化。"

以下哪项如果为真，最能质疑李军对车辆玻璃冰霜迅速融化的解释？

A. 车辆一侧玻璃窗没有出现冰霜现象。

B. 尽管车尾玻璃窗没有除霜孔，其玻璃上的冰霜融化速度与前挡风玻璃没有差别。

C. 当吹在车辆玻璃上的空气气温增加，其冰霜的融化速度也会增加。

D. 车辆前挡风玻璃除霜孔排出的暖气流在排出后可能很快冷却。

E. 即使启用车内空调暖风功能，除霜孔的功用也不能被取代。

[解题分析]　正确答案：B

李军的解释是：开启除霜孔导致车辆玻璃冰霜迅速融化。而B项是：车尾玻璃窗没有除霜孔，后窗的冰同前挡风玻璃上的冰融化得一样快。因此，B项无因有果地削弱了该解释，是正确答案。

例6-13　自1945年以来，局部战争几乎不断，但是却未发生像第二次世界大战那样严重的世界战争。这是因为人们恐惧于世界大战的破坏力导致的。

下列哪项，如果正确，最能削弱上述结论？

A. 1945年以后发生的局部战争的破坏力没有第二次世界大战的破坏力强。

B. 人们对第二次世界大战的破坏力的恐惧感一直没有减弱。

C. 人们对局部战争的破坏力没有恐惧感。

D. 第一次世界大战后，人们对世界大战有同样的恐惧感，但是仍然发生了第二次世界大战。

E. 参与第二次世界大战的国家之间仍然有国际争端。

[解题分析]　正确答案：D

题干对"没有新的严重的世界战争发生"这一现象提出一个解释：人们恐惧于世界大战的破坏力。①因：对第二次世界大战巨大破坏的恐惧；②果：没有新的严重的世界战争发生。选项 D 提出了一个反例，说明恐惧并没有威慑作用，要不然第二次世界大战也不会发生。①有因：对第一次世界大战的恐惧；②却无果：有严重的世界战争发生（第二次世界大战）。所以，D 是个有因无果的削弱，为正确答案。

4. 另有他因

另有他因的削弱方式是相反论据的一种特例，就是指出还存在有别的因素影响推理。具体说如果题干是以一个事实、研究、发现或一系列数据为前提推出一个解释上述事实或数据的结论，要削弱这个结论，就可以通过指出有其他可能来解释原文事实，即存在别的因素影响推论。

例 6-14　在目前财政拮据的情况下，在本市增加警力的动议不可取。在计算增加警力所需的经费开支时，光考虑到支付新增警员的工资是不够的，同时还要考虑到支付法庭和监狱新雇员的工资，由于警力的增加带来的逮捕、宣判和监管任务的增加，势必需要相关机构同时增员。

以下哪项如果为真，将最有力地削弱上述论证？

A. 增加警力所需的费用，将由中央和地方财政共同负担。

B. 目前的财政状况，决不至于拮据到连维护社会治安的费用都难以支付的地步。

C. 湖州市与本市毗邻，去年警力增加 19%，逮捕个案增加 40%，判决个案增加 13%。

D. 并非所有侦察都导致逮捕，并非所有逮捕都导致宣判，并非所有宣判都导致监禁。

E. 当警力增加到与市民的数量达到一个恰当的比例时，将会减少犯罪。

[解题分析]　正确答案：E

题干推理是，因为警力增加会导致相关部门增员，所以，增加警力的动议不可取。E 项断定，当警力增加到与市民的数量达到一个恰当的比例时，将减少犯罪，这就意味着，在这样的条件下，相应的逮捕、宣判和监管任务不但没有增加，反而减少，因此，并不需要相关部门同时增员。这就有力地削弱了题干的论证。其中，A 项并没有断定增加财政是否能够负担警力所需的费用，不能削弱题干；B、C 项实际上对题干论证有所加强；D 项所述"并非所有"即使成立，也说明警力增加会导致相关部门增员，也将加强题干论证。

例 6-15　菠菜中含有丰富的钙，但同时含有大量的草酸，草酸会有力地阻止人体对于钙的吸收。因此，一个人要想摄入足够的钙，就必须用其他含钙丰富的食物来取代菠菜，至少和菠菜一起食用。

以下哪项如果为真,最能削弱题干的论证?

A. 大米中不含有钙,但含有中和草酸并改变其性能的碱性物质。

B. 奶制品中的钙含量要远高于菠菜,许多经常食用菠菜的人也同时食用奶制品。

C. 在烹饪的过程中,菠菜中受到破坏的草酸要略多于钙。

D. 在人的日常饮食中,除了菠菜以外,大量的蔬菜都含有钙。

E. 菠菜中除了钙以外,还含有其他丰富的营养素,另外,其中的草酸只阻止人体对钙的吸收,并不阻止其他营养素的吸收。

〔解题分析〕 正确答案:A

题干结论:必须吃其他含钙丰富的食物(取代菠菜或与菠菜一起食用)。理由:虽然菠菜中含有丰富的钙,但含有大量能阻止人体吸收钙的草酸。如果 A 项的断定为真,则说明在大米和菠菜一起食用时,既摄入了足够的钙,又没有用其他含钙丰富的食物来取代菠菜,或和菠菜一起食用,这就有力地削弱了题干的论证。C 项对题干有所削弱,但力度很小,因为即使菠菜在烹饪中受到破坏的草酸要略多于钙,如果原来草酸要远远多于钙,那么菠菜里面剩下的钙还是不能被吸收。其余各项均不能削弱题干。

5. 间接因果

逻辑考试很大程度上是考查评价事物间的因果关系,有些题目如果问的是某现象不是某结论的证据,在结论里面带有一个否定语气。这样的题目往往考查间接原因。

下面列出几种常见的间接因果的削弱思路。

方式一:题干论证——A 是 B 的原因,所以 A 就不是 C 的原因。如何削弱?就要说明 A 是 C 的间接原因,即只要说明 B 与 C 是相关的,是 B 导致了 C。

方式二:题干论证——A 是 C 的原因,所以 B 就不是 C 的原因。如何削弱?就要说明 B 是 A 的间接原因,即只要说明 B 与 A 是相关的,正是 B 导致了 A(A 还是受 B 的影响)。

方式三:题干论证——A 没有导致 B。如何削弱?你可以说明 A 导致了 C,而 C 导致了 B。

方式四:题干论证——A 现象总是伴着 B 现象,所以 A 是 B 的原因。如何削弱?就要说明 A 和 B 都是 C 的共同结果,C 才是 A 和 B 发生的共同原因,这就有力地反驳了题干中 A 和 B 存在因果关系的观点。

例 6-16 学生家长:"这学期学生的视力普遍下降,这是由于学生的书面作业的负担太重。"

校长:"学生视力下降和书面作业的负担没有关系。经我们调查,学生视力下降的原因,是由于他们做作业时的姿势不正确。"

以下哪项如果为真,最能削弱校长的解释?

A. 学生书面作业的负担过重容易使学生感到疲劳,同时,感到疲劳,学生又不容易保持正确的书写姿势。

B. 该校学生的书面作业的负担与其他学校相比确实较重。

C. 校方在纠正学生姿势以保护视力方面做了一些工作,但力度不够。

D. 学生视力下降是个普遍的社会问题,不唯该校然。

E. 该校学生的书面作业负担比上学年有所减轻。

[解题分析]　正确答案:A

家长认为:学生视力下降是由于作业负担太重。校长认为:学生视力下降与作业负担没有关系,视力下降的原因是做作业的姿势不正确。选项A,作业负担重易使学生疲劳,而疲劳会使书写姿势不正确。这使得学生家长所指出的原因成为校长所指出的原因的深层次的原因,说明了学生视力下降还是由于作业负担太重所导致的,这对校长的解释而言是很大的一个质疑。选项B是支持学生家长的,但还不能有力地削弱校长;C项是无关项;选项D、E是支持校长的。

例 6-17　1988年北美的干旱可能是由太平洋地区温度模式的变化导致的,因此,干旱不是由二氧化碳等大气污染引起的正在发生的长期全球变暖趋势所导致的。

下面哪项如果正确,对上文论述提出最好的批评?

A. 我们所记录的1988年的干旱发生在太平洋地区温度模式变化之前。

B. 在过去的100年内,美国没有出现变暖的趋势。

C. 全球变暖趋势的后果发生在污染释放入大气很久以后。

D. 1988年,排入到大气中的二氧化碳增加。

E. 全球变暖趋势能够改变太平洋地区温度模式变化的频率和轻重程度。

[解题分析]　正确答案:E

题干论述:P(温度模式)导致了Q(干旱),因此,R(全球变暖)不能导致Q(干旱)。选项E表明,R(全球变暖)导致了P(温度模式),这就有力地削弱了题干。

6.4　推　出　结　论

推论题也叫结论题,其特点是,题干给出一定的信息,选项要求根据题干的信息进行推理,得出某一结论。阅读和思考必须紧扣题干陈述的内容,正确的答案应从陈述中直接推出。

1. 确定论点

确定论点型的具体表现形式是题干给出一段论述,然后问你作者到底想证明什么,实际上是要求总结论述所表达的中心内容或者作者的主要观点。这类题要着重把握对语言的理解,对概括观点或寻求段落中心思想考题,应在着重把握段落层次结构的基础上,凭语感去体会作者的写作用意。

例 6-18 有人提出通过开采月球上的氦-3 来解决地球上的能源危机,在熔合反应堆中氦-3 可以用作燃料。这一提议是荒谬的,即使人类能够在月球上开采出氦-3,要建造上述熔合反应堆在技术上至少也是 50 年以后的事。地球今天面临的能源危机到那个时候再着手解决就太晚了。

以下哪项最为恰当地概括了题干所要表达的意思?

A. 如果地球今天面临的能源危机不能在 50 年内得到解决,那就太晚了。

B. 开采月球上的氦-3 不可能解决地球上近期的能源危机。

C. 开采和利用月球上的氦-3 只是一种理论假设,实际上做不到。

D. 人类解决能源危机的技术突破至少需要 50 年。

E. 人类的太空探索近年内不可能有效解决地球面临的问题。

[解题分析] 正确答案:B

题干作者认为:通过开采月球上的氦-3 来解决地球上的能源危机这一提议是荒谬的。理由是:即使能够在月球上开采出氦-3,技术上至少也是 50 年以后的事,能源危机到那个时候再着手解决就太晚了。可见,题干作者所要表达的意思是:开采月球上的氦-3 不可能解决地球上近期的能源危机。因此,B 项为正确答案。其余选项不能概括题干。A 项只是重复了题干的理由;D 项超出了题干范围,因为题干只是断定通过开采月球上的氦-3 来解决能源危机的技术突破至少需要 50 年,也许人类在 50 年内还有别的解决能源危机的技术。

2. 概括结论

概括结论型根据题干所列举的一堆事实或给出的一段文字,然后从中概括出最合适的结论。对概括结论型的考题,要在把握段落层次结构的基础上去寻找其隐含的结论或内在的含义。

例 6-19 有一种识别个人签名的电脑软件,不但能准确辨别签名者的笔迹,而且能准确辨别一些其他特征,如下笔的力度、签名的速度等。一个最在行的伪造签名的人,即使能完全模仿签名者的笔迹,也不能同时完全模仿上述这些特征。

如果上述断定为真,则以下哪项最可能为真?

A. 一个伪造签名者,如果能完全模仿签名者下笔的力度,也一定不能完全模仿签名的速度。

B. 一个最在行的伪造签名者,如果不能完全模仿签名者下笔的力度,也一定能完全模仿签名的速度。

C. 对于配备上述软件的电脑来说,如果把使用者的个人签名作为密码,那么除使用者本人外,无人能进入。

D. 上述电脑软件将首先在银行系统得到应用。

E. 上述电脑软件不能辨别指纹。

[解题分析]　正确答案:C

一个最在行的伪造签名的人,即使能完全模仿签名者的笔迹,也不能同时完全模仿下笔的力度、签名的速度等特征。由此,根据题干所断定的电脑软件的功能,显然能推出 C 项这一结论。

3. 推论支持

推论支持指的是自上而下的支持,答案就是要找题干信息使下面哪个选项成立的可能性增大。注意:推论支持是题干使得作为答案的选项成立的可能性增大,而不是使得作为答案的选项一定成立。

例 6-20　麦角碱是一种可以在谷物种子的表层大量滋生的菌类,多见于黑麦。麦角碱中含有一种危害人体健康的有毒化学物质。黑麦是在中世纪引进欧洲的。由于黑麦可以在小麦难以生长的贫瘠和潮湿的土地上有较好的收成,因此,成为那个时代贫穷农民的主要食物来源。

上述信息最能支持以下哪项断定?

A. 在中世纪以前,麦角碱从未在欧洲出现。

B. 在中世纪以前,欧洲贫瘠而潮湿的土地基本上没有得到耕作。

C. 在中世纪的欧洲,如果不食用黑麦,就可以避免受到麦角碱所含有毒物质的危害。

D. 在中世纪的欧洲,富裕农民比贫穷农民较多地意识到麦角碱所含有毒物质的危害。

E. 在中世纪的欧洲,富裕农民比贫穷农民较少受到麦角碱所含有毒物质的危害。

[解题分析]　正确答案:E

题干断定:第一,在中世纪的欧洲,黑麦是贫穷农民而非富裕农民的主要食物来源;第二,那个年代的黑麦中,多见有毒物质麦角碱。由此显然可以推出:在那个年代,富裕农民比贫穷农民较少受到麦角碱的危害。这正是 E 所断定的。C 项超出题干断定范围,不一定成立。其余各项均不能从题干信息中得出。

6.5　说明解释

说明解释题型就是:给出一段关于某些事实或现象的客观描述,要求对这些事实、现象、结果或矛盾作出合理的解释。所谓解释就是用某些一般道理说明某一事件之所以如此发生的原因,或更进一步地说明推理的正确性,或说明矛盾的不矛盾性,或说明一种现象,或说明差异事件的合理性,实际上类似于支持题。

1. 解释现象

解释现象就是指给出一段关于某些事实或现象的客观描述,让我们从选项中寻求一个选项来解释现象发生的原因或现象为什么反常发生,找到一个能直接说明事实能够成立或现象为什么发生的选项即可。正确的选项必须与题干论述的情景有关并且符合逻辑。

例 6-21 第一个事实:电视广告的效果越来越差。一项跟踪调查显示,在电视广告所推出的各种商品中,观众能够记住其品牌名称的商品的百分比逐年降低。

第二个事实:在一段连续插播的电视广告中,观众印象较深的是第一个和最后一个,而中间播出的广告留给观众的印象,一般地说要浅得多。

以下哪项,如果为真,最能使得第二个事实成为对第一个事实的一个合理解释?

A. 在从电视广告里见过的商品中,一般电视观众能记住其品牌名称的大约还不到一半。

B. 近年来,被允许在电视节目中连续插播广告的平均时间逐渐缩短。

C. 近年来,人们花在看电视上的平均时间逐渐缩短。

D. 近年来,一段连续播出的电视广告所占用的平均时间逐渐增加。

E. 近年来,一段连续播出的电视广告中所出现的广告的平均数量逐渐增加。

[解题分析] 正确答案:E

题干的第二个事实断定,在一段连续插播的电视广告中,观众印象较深的是第一个和最后一个,其余的则印象较浅;而 E 项断定,一个广告段中所包含的电视广告的平均数目增加了。由这两个条件可推知,近年来,在观众所看到的电视广告中,印象较深的所占的比例逐渐减少,这就从一个角度合理地解释了,为什么在电视广告所推出的各种商品中,观众能够记住其品牌名称的商品的比重在下降。

其余各项都不能起到上述作用。其中,B 项和 C 项有利于说明,近年来人们看到的电视广告的数量逐渐减少,但不能说明,在人们所看过的电视广告中,为什么能记住的百分比逐年降低。D 项断定,近年来,一段连续播出的电视广告所占用的平均时间逐渐增加,由此不能推出,一段连续播出的电视广告中所出现的广告的平均数量逐渐增加,因为完全可能少数几个广告所占的时间增加了,而人们在所看过的广告中能记住的百分比并不会降低。

2. 解释矛盾

解释差异或缓解矛盾的考题主要针对矛盾现象,让我们寻找一个答案说明为什么不同,即要消除这些矛盾或者弄清为什么会存在这种矛盾。

解释矛盾一方面可以从内部去寻找原本矛盾的二者之间的共同的东西，正确选项必须是能够化解题干相互矛盾的事实的桥梁。另一方面，可以从外部去找差异原因，通过找他因的办法解决题干的分歧。

例 6-22 经济学家与考古学家就货币的问题展开了争论。

经济学家：在所有使用货币的文明中，无论货币以何种形式存在，它都是因为其稀缺性而产生价值的。

考古学家：在索罗斯岛上，人们用贝壳作货币，可是该岛上贝壳遍布海滩，随手就能拾到啊。

下面哪项能对二位专家论述之间的矛盾作出解释？

A. 索罗斯岛上居民节日期间在亲密的朋友之间互换货币，以示庆祝。

B. 索罗斯岛上的居民认为鲸牙很珍贵，他们把鲸牙串起来当作首饰。

C. 索罗斯岛上的男女居民使用不同种类的贝壳作货币，交换各自喜爱的商品。

D. 索罗斯岛上的居民只使用由专门工匠加工的有美丽花纹的贝壳作货币。

E. 即使在西方人将贵金属货币带上索罗斯岛之后，贝壳仍然是商品交换的媒介物。

[解题分析] 正确答案：D

题干的争论是：经济学家认为货币因稀缺而产生价值；而考古学家提出了索罗斯岛上用并不稀缺的贝壳作货币这一反例。D项断定，索罗斯岛上的居民只使用由专门工匠加工的有美丽花纹的贝壳作货币，这说明，虽然作为货币原料的贝壳遍布海滩，但由专门工匠加工的有美丽花纹的贝壳就有可能因其稀缺性而产生价值。这样，经济学家和考古学家的观点并不存在矛盾。其余各项均不能对题干作出解释。

例 6-23 由于近期的干旱和高温，海湾盐度增加，引起了许多鱼的死亡。虾虽然可以适应高盐度，但盐度高也给养虾场带来了不幸。

以下哪个选项如果为真，能够提供解释以上现象的原因？

A. 一些鱼会到低盐度的海域去，来逃脱死亡的厄运。

B. 持续的干旱会使海湾的水位下降，这已经引起了有关机构的注意。

C. 幼虾吃的有机物在盐度高的环境下几乎难以存活。

D. 水温升高会使虾更快速地繁殖。

E. 鱼多的海湾往往虾也多，虾少的海湾鱼也不多。

[解题分析] 正确答案：C

如果C项为真，说明虽然虾能适应高盐度，但是由于幼虾吃的有机物在高盐度下难以存活，因此，海湾盐度增高同样威胁到虾的生存，特别是繁衍，给养虾场带来不幸。其余各项均不能解释题干。

6.6 评价描述

评价描述题型的特点是：题干给出一段论证或者对话，选项要求对论证的结构、观点、有效性、错误和技巧等作出评价。此类题型要求评价推理过程，主要考查考生在体会题干推理之后是否具备把握推理方法或特点的能力。

1. 论证评价

论证评价类题型，要求我们找出能影响题干结论的变量。就是针对选项给出正反两方面的信息，分别对题干推理能起到正反两方面的作用，这样的选项就是评价。

一般解题思路有：

（1）由于评价在很多情况下是针对段落推理成立的隐含假设起作用，所以读题时要注意体会段落推理的隐含假设，解题重点一般在隐含假设上，对隐含假设提出评价，达到评判目的。

（2）一般地，由一个调查事实得到一个结论，结论对这个调查事实作出了一个解释，假设应为"没有其他原因解释该现象了"，反对应为"有其他的原因解释此现象"。由于评价多针对段落推理的隐含假设，那么是否存在他因，即是否存在别的因素影响论证，是不是有别的原因解释上述事实，也是一种有效的评价。

（3）对某个事物的评价，往往通过对比来实现。因此，重点考虑隐含比较的另一方往往是一个有效的评价，或者考虑有无反例存在。

例 6-24 在北欧一个称为古堡的城镇的郊外，有一个不乏凶禽猛兽的天然猎场。每年秋季，吸引了来自世界各地富于冒险精神的狩猎者。一个秋季下来，古堡镇的居民发现，他们之中此期间在马路边散步时被汽车撞伤的人的数量，比在狩猎时受到野兽意外伤害的人数多出了两倍！因此，对于古堡镇的居民来说，在狩猎季节，待在猎场中比在马路边散步更安全。

为了要评价上述结论的可信程度，最可能提出以下哪个问题？

A. 在这个秋季，古堡镇有多少数量的居民去猎场狩猎？

B. 在这个秋季，古堡镇有多少比例的居民去猎场狩猎？

C. 古堡镇的交通安全纪录在周边几个城镇中是否是最差的？

D. 来自世界各地的狩猎者在这个季节中有多少比例的人在狩猎时意外受伤？

E. 古堡镇的居民中有多少好猎手？

［解题分析］ 正确答案：B

题干根据在马路边散步时被汽车撞伤的人数比在狩猎时受到野兽意外伤害的人数多出了两倍，得出结论：在猎场比马路边散步更安全。为了评价上述论证的正确性,必须要知道马路边散步的人数和去猎场的人数。因为在对猎场与马路边散步的安全性进行比较时,在受伤的绝对数量之间进行比较是没有意义的,正确的方法应是在受伤率之间进行比较。因此,只有在知道了古堡镇居民的人数(也就是在马路边散步的人数)和去猎场狩猎的人数,对这两个场合中的受到意外伤害的人数进行比较才有意义。B项提出的正是这个问题,它对评价题干的结论最为重要。如果题干中给出了在两个场合下受到意外伤害的具体人数、古堡镇的居民人数以及去猎场狩猎的人数,那么就可以准确地对两个场合下的事故率进行比较。但即使回答了A项提出的问题,由于题干中并没有给出古堡镇的居民人数,因此,A项提出的问题无助于对题干的结论进行评价。C、D、E项提供的均是外部信息,无助于评价题干的结论。

2. 逻辑描述

逻辑描述题主要考查我们在体会段落推理之后是否具备以下能力:识别推理缺陷的能力,识别推理的结构方法的能力,论点构建中某句话对结论或前提是否起作用或起到什么作用的能力。

解题的一般方法和步骤是:

(1)阅读题干,找出结论。

(2)用自己的话复述推理,描述作者怎么利用前提推出结论。

(3)用排除法。最好的选项应该能描述推理的逻辑结构,排除那些不符合逻辑结构的选项。

描述题不仅要求更全面和更快速的阅读理解和概括能力以达到对题干的论证结构的快速掌握,还要求对选项进行理解,熟悉选项中对论证的特殊的表达方法。

例 6-25 在一场魔术表演中,魔术师看起来是随意请一位观众志愿者上台配合他的表演。根据魔术师的要求,志愿者从魔术师手中的一副扑克中随意抽出一张。志愿者看清楚了这张牌,但没有让魔术师看到这张牌。随后,志愿者把这张牌插回那副扑克中,魔术师把扑克"洗"了几遍,又"切"了一遍。最后魔术师从中取出一张,志愿者确认,这就是他抽出的那一张。有好奇者重复三次看了这个节目,想揭穿其中的奥秘。第一次,他用快速摄像机记录下了魔术师的手法,没有发现漏洞;第二次,他用自己的扑克代替魔术师的扑克;第三次,他自己充当志愿者。这三次表演,魔术师无一失手。此好奇者因此推断:该魔术的奥秘,不在手法技巧,也不在扑克或志愿者有诈。

以下哪项最为确切地指出了好奇者推理中的漏洞?

A. 好奇者忽视了这种可能性:他的摄像机的功能会不稳定。

B. 好奇者忽视了这种可能性:除了摄像机以外,还有其他仪器可以准确记录魔术师的手法。

C. 好奇者忽视了这种可能性：手法技巧只有在使用做了手脚的扑克时才能奏效。

D. 好奇者忽视了这种可能性：魔术师表演同一个节目可以使用不同的方法。

E. 好奇者忽视了这种可能性：除了他所怀疑的上述三种方法外，魔术师还可能使用其他方法。

［解题分析］　正确答案：D

题干论述：由于好奇者三次不同方式的观察都没有发现破绽，因此好奇者得出结论，魔术的奥秘不在手法技巧，也不在扑克或志愿者有诈。D 项指出：魔术师可能在他几次观察中采用了不同的方法（包括手法、扑克和志愿者）从而使他不能看出破绽，而不能排除魔术师采用了三种方法。例如，他用快速摄像机记录下了魔术师的手法时，魔术师完全可以使用有诈的扑克或志愿者。这样就确切地指出了好奇者的推理中的漏洞。A、B、C 三项为明显无关选项，排除。好奇者的推断只是说"奥秘不在于手法、扑克和志愿者"，而并没有排除魔术师采用其他方法的可能性，因此，E 项与题干不矛盾，排除。

例 6-26　雌性斑马和它们的幼小子女离开后，可以在相貌体形相近的成群斑马中很快又聚集到一起。研究表明，斑马身上的黑白条纹是它们互相辨认的标志，而幼小斑马不能将自己母亲的条纹与其他成年斑马区分开来。显而易见，每个母斑马都可以辨别出自己后代的条纹。

上述论证采用了以下哪种论证方法？

A. 通过对发生机制的适当描述，支持关于某个可能发生的现象的假说。

B. 在对某种现象的两种可供选择的解释中，通过排除其中的一种来确定另一种。

C. 论证一个普遍规律，并用来说明一特殊情况。

D. 根据两组对象有某些类似的特性，得出它们具有一个相同特性。

E. 通过反例推翻一个一般性结论。

［解题分析］　正确答案：B

题干推理如下：①前提一，雌性斑马和幼小子女能通过黑白条纹辨认又聚集到一起（母斑马辨认幼斑马或幼斑马辨认母斑马）；②前提二，幼小斑马不能辨认自己母亲的条纹；③结论，母斑马都可以辨别出自己后代的条纹。可见题干的推理是相容选言推理的否定肯定式，这实际上是我们所用的排除法。因此，B 项的描述是正确的。

6.7　相似比较

相似比较题型主要有：推理形式的相似比较、推理错误的相似比较和推理方法的相似比较。该类题型主要从形式结构上比较题干与选项之间的相同或不同，即比较几个不同推理在结构上的相同或者不同。

例 6-27 所有重点大学的学生都是聪明的学生,有些聪明的学生喜欢逃学,小杨不喜欢逃学,所以,小杨不是重点大学的学生。

以下除哪项外,均与上述推理的形式类似?

A. 所有经济学家都懂经济学,有些懂经济学的爱投资企业,你不爱投资企业,所以,你不是经济学家。

B. 所有的鹅都吃青菜,有些吃青菜的也吃鱼,兔子不吃鱼,所以,兔子不是鹅。

C. 所有的人都是爱美的,有些爱美的还研究科学,亚里士多德不爱美,所以,亚里士多德不讲究科学。

D. 所有被高校录取的学生都是超过分数线的,有些超过录取分数线的是大龄考生,小张不是大龄考生,所以,小张没有被高校录取。

E. 所有想当外交官的都需要学外语,有些学外语的重视人际交往,小王不重视人际交往,所以,小王不想当外交官。

［解题分析］ 正确答案:C

题干是个错误的性质命题的推理,推理形式可表示为"所有 P 都是 M,有些 M 是 N,S 不是 N,所以 S 不是 P"。各选项中,除 C 项外,均与题干推理形式类似。C 项的推理形式为"所有 P 都是 M,有些 M 是 N,S 不是 M,所以 S 不是 N"。

例 6-28 科学离不开测量,测量离不开长度单位。千米、米、分米、厘米等基本长度单位的确立完全是一种人为约定,因此,科学的结论完全是一种人为的主观约定,谈不上客观的标准。

以下哪项与题干的论证最为类似?

A. 建立良好的社会保障体系离不开强大的综合国力,强大的综合国力离不开一流的国民教育。因此,要建立良好的社会保障体系,必须有一流的国民教育。

B. 做规模生意离不开做广告,做广告就要有大额资金投入。不是所有人都能有大额资金投入。因此,不是所有人都能做规模生意。

C. 游人允许坐公园的长椅,要坐公园长椅就要靠近它们。靠近长椅的一条路径要踩踏草地。因此,允许游人踩踏草地。

D. 具备扎实的舞蹈基本功必须经过常年不懈的艰苦训练,在春节晚会上演出的舞蹈演员必须具备扎实的基本功,常年不懈的艰苦训练是乏味的。因此,在春节晚会上演出是乏味的。

E. 家庭离不开爱情,爱情离不开信任。信任是建立在真诚基础上的。因此,对真诚的背离是家庭危机的开始。

［解题分析］ 正确答案:D

题干论证：科学测量要用长度单位,长度单位的确立是人为约定的,因此,科学的结论完全是一种人为的主观约定,谈不上客观的标准。可见题干论证的论据与论题不相干,犯了推不出的谬误。D 项"在春节晚会上演出的舞蹈演员必须经过常年不懈的艰苦训练,常年不懈的艰苦训练是乏味的。因此,在春节晚会上演出是乏味的"同样也犯了推不出的谬误。

中 篇

演绎逻辑 *Part 2*

　　演绎推理是必然性推理,演绎推理的结论不超出前提所断定的范围,其前提与结论之间的联系是必然的,即其前提真而结论假是不可能的。也就是说,一个演绎推理只要前提真实并且推理形式正确,那么,其结论就必然真实。

　　演绎论证是这样一种论证,其前提被要求为结论的真提供决定性基础。如果前提为真确实能够决定其结论为真,那么,这个论证就是有效的。任何一个演绎论证都或者有效或者无效:如果不可能出现前提真而结论假的情况,那么论证就是有效的,否则就是无效的。演绎理论旨在阐明有效论证的前提与结论之间的关系,为评估演绎论证提供方法。

第7章　直言命题及其直接推理

命题也叫判断,是对事物情况有所断定的一种思维形式。直言命题是断定对象具有或不具有某种性质的简单判断。

7.1　直言命题的类型与对当关系

直言命题也叫性质命题或直言判断,是断定对象具有或不具有某种性质的简单判断。直言命题由主项、谓项、量项和联项四种词项组成。例如:所有蝙蝠都是哺乳动物。其中的"蝙蝠"是主项,"哺乳动物"是谓项,"所有"是量项,"是"是联项。在这种采取主项—谓项形式的命题中,谓项要对主项有所断定,因此,称这种命题为直言命题。从命题形式的角度说,直言命题可以看作是表达主项与谓项的包含关系的。如上例可以看作是断定了蝙蝠的集合包含于哺乳动物的集合之中。

1. 直言命题的种类

直言命题从质分,有肯定和否定两种;从量分,有全称、特称和单称三种。可分为六种基本类型,如表 7-1 所示。

表　7-1

	逻辑形式	写为	简称	例　　如
全称肯定判断	所有 S 都是 P	SAP	"A"判断	所有的金属都是导体
全称否定判断	所有 S 都不是 P	SEP	"E"判断	所有宗教都不是科学
特称肯定判断	有 S 是 P	SIP	"I"判断	有的哺乳动物是卵生的
特称否定判断	有 S 不是 P	SOP	"O"判断	有的战争不是正义战争
单称肯定判断	某个 S 是 P	SaP	"a"判断	鲁迅是文学家
单称否定判断	某个 S 不是 P	SeP	"e"判断	悉尼不是澳大利亚首都

2. 直言命题的真假对当关系

从概念的外延间的关系来说,判断主项"S"的外延与谓项"P"的外延之间的关系,共存在五种:全同关系、被包含关系、包含关系、交叉关系和全异关系。把各种性质判断的真假情况归纳起来,如表 7-2 所示。

表 7-2

	全同关系	被包含关系	包含关系	交叉关系	全异关系
图解	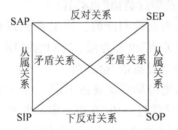				
SAP	真	真	假	假	假
SEP	假	假	假	假	真
SIP	真	真	真	真	假
SOP	假	假	真	真	真

从表 7-2 可以清楚地看出具有同一素材的 A、E、I、O 四种判断之间的真假关系。所谓同一素材的判断,就是指具有相同主项和谓项的判断。这里所说的真假,并不是各种判断内容的真假,而是同一素材的 A、E、I、O 四种判断之间的一种相互制约关系。

对当关系就是具有同一素材的 A、E、I、O 四种判断之间的真假关系。根据对当关系,我们可以从一个判断的真假,推断出同一素材的其他判断的真假。所谓同一素材的判断,就是指具有相同主项和谓项的判断,S、P 不变,仅逻辑常项变化。所谓的真假,并不是各种判断内容的真假,而是同一素材的 A、E、I、O 四种判断之间的一种相互制约关系。直言命题的对当关系如下图所示。

```
        SAP    反对关系    SEP
          ╲                ╱
从         ╲   矛盾关系  矛盾关系  ╱        从
属              ╲        ╱           属
关                ╲    ╱             关
系                  ╳               系
          ╱                ╲
        SIP    下反对关系    SOP
```

1)矛盾关系

矛盾关系是指 A 与 O、E 和 I 之间存在的不能同真、不能同假的关系。例如:"我们班所有同学考试都学过英语"与"我们班有些同学考试没学过英语"之间是矛盾关系;"我们班有些同学考试学过法语"与"我们班所有同学考试都没学过法语"之间是矛盾关系。

矛盾关系是真正意义上的逻辑否定,这一点可能与日常语言中的否定不大相同。日常生活中经常有否定特称判断以强调全称判断的情况,例如:

甲说,有些来上学的人是为了明年的升学考试;

乙说,不对,应该是所有来的人都是为了这个目的。

在形式逻辑意义上,上述反对是错误的,因为,乙的反对最终含义是"所有来的人都不是为了这个目的"。

负命题就是通过对原命题断定情况的否定而作出的命题,如表 7-3 所示。

表 7-3

P	¬P
1	0
0	1

直言命题的负命题也不等于直言命题的否定命题。而负命题所否定的则是一个完整的命题,否定命题所否定的只是一个概念。例如:并非"发亮的东西都是金子",等于"有的发亮的东西不是金子",而不等于"发亮的东西都不是金子"。

任何一个命题都可对其进行否定而得到一个相应的负命题。简单的直言命题的负命题实质上即为对当关系中的相应矛盾命题:

①SAP 的负命题是 SOP,可表示为 ¬SAP↔SOP;②SOP 的负命题是 SAP,可表示为 ¬SOP↔SAP;③SEP 的负命题是 SIP,可表示为 ¬SEP↔SIP;④SIP 的负命题是 SEP,可表示为 ¬SIP↔SEP。

2)从属关系

从属关系又称差等关系,这是 A 和 I、E 和 O 之间的关系。

(1)如果全称判断真,则特称判断真。当 A"我们班所有同学都学过英语"真,则 I"我们班有些同学学过英语"也必为真;当 E"我们班所有同学都没学过英语"真,则 O"我们班有些同学没学过英语"也必真。

(2)如果特称判断假,则全称判断假。当 I"我们班有些同学学过英语"假,则 A"我们班所有同学都学过英语"也必为假;当 O"我们班有些同学没学过英语"假,则 E"我们班所有同学都没学过英语"也必假。

(3)如果全称判断假,则特称判断真假不定。当 A"我们班所有同学都学过英语"假,则 I"我们班有些同学学过英语"真假不定;当 E"我们班所有同学都没学过英语"假,则 O"我们班有些同学没学过英语"真假不定。

(4)如果特称判断真,则全称判断真假不定。当 I"我们班有些同学学过英语"真,则 A"我们班所有同学都学过英语"真假不定;当 O"我们班有些同学没学过英语"真,则 E"我们班所有同学都没学过英语"真假不定。

3)反对关系

反对关系是 A 和 E 之间不能同真,可以同假的关系。

(1)在 A、E 两个判断中,如果其中一个是真的,就可推知另一个是假的。当 A"我们班所有同学都学过英语"真,则 E"我们班所有同学都没学过英语"假;当 E"我们班所有同学都没学过英语"真,则 A"我们班所有同学都学过英语"假。

(2)在 A、E 两个判断中,如果我们知道其中一个是假的,那么另一个真假不定。当 A"我们班所有同学都学过英语"假,则 E"我们班所有同学都没学过英语"真假不定;当 E"我们班所有同学都没学过英语"假,则 A"我们班所有同学都学过英语"真假不定。

4）下反对关系

下反对关系是 I 和 O 之间可以同真但不能同假的关系。

（1）在 I、O 两个判断中，如果其中一个是假的，那就可以断定另一个是真的。当 I"我们班有些同学学过英语"假，则 O"我们班有些同学没学过英语"为真；当 O"我们班有些同学没学过英语"假，则 I"我们班有些同学学过英语"为真。

（2）在 I、O 两个判断中，如果其中一个是真的，那么另一个真假不定。当 I"我们班有些同学学过英语"真，则 O"我们班有些同学没学过英语"真假不定；当 O"我们班有些同学没学过英语"假，则 I"我们班有些同学学过英语"真假不定。

[逻辑案例]　道歉启事

1870 年，美国的著名作家马克·吐温在《镀金时代》这部长篇小说发表后，在一次酒会上答记者问时说："美国国会中有些议员是狗娘养的。"记者把这句话在报上发表之后，华盛顿的议员们大为愤怒，纷纷要求马克·吐温道歉或予以澄清，否则将以法律手段对付。

过了几天，《纽约时报》上果然刊登了马克·吐温致联邦议员的"道歉启事"。全文如下："日前鄙人在酒席上发言，说'美国国会中有些议员是狗娘养的。'事后有人向我兴师动众。我考虑再三，觉得此话不妥，而且也不符合事实。故特登报声明，把我的话修改如下：'美国国会中有些议员不是狗娘养的。'"

分析："国会中有些议员是狗娘养的"是 I 判断，"美国国会中有些议员不是狗娘养的"是 O 判断，I 判断的负命题并不是 O 判断，马克·吐温故意违反逻辑规则来讽刺国会议员。

需要说明的是，如果涉及同一素材的单称判断，那么对当关系要稍加扩展：单称肯定判断与单称否定判断是矛盾关系，全称判断与单称判断是从属关系，单称判断与特称判断是从属关系。

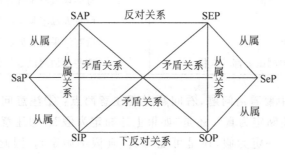

一般地，单称命题作为全称命题的特例来处理。但在考虑对当关系时，单称命题不能等同于全称命题。

3. 形式逻辑与日常语言

日常语言有隐含，日常用语中的"有些"，大多指"仅仅有些"，因而当讲"有些是什么"的时候,往往意味着"有些不是什么"。比如日常语言"我班有些同学学过法语",可能隐含了"我班有些同学没学过法语"这个意思。

形式逻辑里的"有些",则是指"至少有些""至少有一个",只表示一类事物中有对象被断定具有或不具有某种性质,而对这类对象的具体数量究竟有多少,则没有作出断定。也许有"一个",也许有"几个",也许有"所有"。如"有些大学生是人",这只是说"至少有些大学生是人",它并不意味着"有些大学生不是人"。从形式逻辑上讲,"我班有些同学学过法语"只知道确实"有些同学学过",至于"其他同学学过还是没学过"题目没告诉你,你就不知道。

形式逻辑要求我们必须按照其字面意思来理解,而不能考虑其"言外之意"。也就是说,字面上说到的一定有,没说到的则不一定。日常语言和非形式逻辑则要考虑日常语言的隐含关系。

4. 解题指导

直言判断及对当关系题型,关键是要从题干给出的内容出发,从中抽象出同属于对当关系的逻辑形式,根据对当关系来分析判断。具体解题步骤如下。

(1)要把非标准的日常语言转为标准的逻辑语言。在日常语言中,直言命题的表达形式并不是那么规范,存在着大量不规范的、非标准的表达方式。我们在考查直言命题的特征和直言命题间的关系时,需要把不规范的、省略的、非标准的直言命题变换为规范的、标准的直言命题表达形式,如表7-4所示。

表 7-4

日 常 用 语	标准逻辑语言
人是自私的	所有人都是自私的
有人不自私	有的人不是自私的
玫瑰不都是红色的	有的玫瑰不是红色的
没有人自私	所有人都不是自私的
没有无因之果	所有结果是有原因的
不是所有参加测试者都不合格	有些参加测试者是合格的

(2)在读题中要看清问题,看问题时要注意两点:①注意问题的条件,问题条件是"如果上述断定为真",还是"如果上述断定为假";②注意问题的方向,下列哪项一定为真,一定为假,还是可能为真(真假不确定)。因此,问题一共有6种问法。

(3)根据题干的真假,由对当关系来确定其他5个判断的真假,然后与选项对照。比如,已知"有些动物有翅膀"为真,则:有些动物没有翅膀(不确定);所有动物都有翅膀(不确定);所有动物都没有翅膀(假)。

例 7-1　某车间有些工人是南方人。

如果上述断定为真,则下列哪项一定为假?

A. 某车间所有工人是南方人。

B. 某车间有些工人不是南方人。

C. 某车间所有工人不是南方人。

D. 某车间有些工人是北方人。

E. 某车间有些工人不是北方人。

[解题分析]　正确答案:C

题干是 I 判断。选项 A 是 A 判断,由 I 判断为真不能确定 A 判断的真假;选项 B 是 O 判断,由 I 判断为真不能确定 O 判断的真假;选项 C 是 E 判断,由 I 判断为真必然能推出 E 判断为假;选项 D 与选项 B 是一个意思,不能确定真假;选项 E 与选项 A 是一个意思,不能确定真假。因此,选项 C 为正确答案。

例 7-2　通过调查得知,并非所有的个体商贩都有偷税、逃税行为。

如果上述调查的结论是真实的,则以下哪项一定为真?

A. 所有的个体商贩都没有偷税、逃税行为。

B. 多数个体商贩都有偷税、逃税行为。

C. 并非有的个体商贩没有偷税、逃税行为。

D. 并非有的个体商贩有偷税、漏税行为。

E. 有的个体商贩确实没有偷税、逃税行为。

[解题分析]　正确答案:E

SAP 的负命题是 SOP,"并非所有的个体商贩都有偷税、逃税行为"等价于"有的个体商贩确实没有偷税、逃税行为"。因此,E 为正确答案。

例 7-3　古罗马的政治家西塞罗曾说:"优雅和美不可能与健康分开。"意大利文艺复兴时代的人道主义者洛伦佐·巴拉强调说:"健康是一种宝贵的品质,是'肉体的天赋',是大自然的恩赐。"他写道,"很多健康的人并不美,但没有一个美的人是不健康的。"

以下各项都可以从洛伦佐·巴拉的论述中推出,除了

A. 有些不美的人是健康的。

B. 有些美的人不是健康的。

C. 有些健康的人是美的。

D. 没有一个不健康的人是美的。

E. 有些美的人是健康的。

[解题分析]　正确答案:B

洛伦佐·巴拉的论述是:很多健康的人并不美,但没有一个美的人是不健康

的。这表明:所有美的人都是健康的,但健康的人不一定都美,如下图所示。

可见,A、C、D、E项都能从题干推出;B项与题干论述矛盾,为正确答案。

例7-4 每周一调频电台的节目部都会评议听众对电台节目发表意见的主动来信。一周,该电台收到了50封赞扬电台新闻和音乐节目的信和10封批评晚间电影评论节目的信,根据这些信息,节目部主管认为既然有听众不喜欢电影评论节目,那就肯定有人喜欢它,所以,他决定将该节目继续办下去。

以下哪一项指出了节目主持人在作出决定过程中存在的问题?

A. 他没有认识到人们更喜欢写批评的信,而不是表扬的信。

B. 他不能从有些人不喜欢电影评论节目的事实中引申出有人喜欢它。

C. 他没有考虑到所收到的表扬信和批评信在数目上的差异。

D. 他没有考虑到新闻节目与电影评论节目之间的关系。

E. 他没有等到至少收到50封批评电影评论节目的信时再作决定。

[解题分析] 正确答案:B

论证中的"有听众不喜欢电影评论节目"推不出"有人喜欢它"。B项为正确答案。

例7-5 世界杯期间,法国足球队有替补队员参与了罢训事件。

如果上述判断为真,则以下哪项不能确定真假?

Ⅰ. 法国足球队的替补队员尼尔参与了罢训事件。

Ⅱ. 法国足球队员有的替补队员没有参与罢训事件。

Ⅲ. 法国足球队全体队员都没有参与罢训事件。

Ⅳ. 法国足球队没有任何替补队员不参与罢训事件。

A. 仅Ⅰ   B. 仅Ⅰ、Ⅱ和Ⅲ

C. 仅Ⅰ、Ⅱ和Ⅳ   D. 仅Ⅲ

E. Ⅰ、Ⅱ、Ⅲ和Ⅳ

[解题分析] 正确答案:C

题干是性质命题的Ⅰ判断。选项Ⅰ是a判断,选项Ⅱ是O判断,选项Ⅲ是E判断,选项Ⅳ是A判断。由Ⅰ判断真,不能确定a、O、A这3个判断的真假,但可确定E判断为假。

例7-6 已知"基本粒子不都可分"真,则下列哪项不能据此确定真假的命题?

Ⅰ. 所有的基本粒子都可分

Ⅱ. 所有的基本粒子都不可分

Ⅲ. 有的基本粒子可分

Ⅳ. 有的基本粒子不可分

A. 仅Ⅰ和Ⅳ   B. 仅Ⅱ和Ⅲ

C. 仅Ⅱ   D. 仅Ⅲ

E. 仅Ⅳ

〔解题分析〕 正确答案：B

基本粒子不都可分＝非 A＝O。Ⅰ所有的基本粒子都可分＝A,假；Ⅱ所有的基本粒子都不可分＝E,不确定；Ⅲ有的基本粒子可分＝I,不确定；Ⅳ有的基本粒子不可分＝O,真。

例 7-7 税务局发现这个公司有些职工偷税漏税。

如果上述断定为真,则下列哪项不能确定真假？

Ⅰ. 这个公司没有职工不偷税漏税。

Ⅱ. 这个公司有些职工没有偷税漏税。

Ⅲ. 这个公司所有职工都没有偷税漏税。

A. 仅Ⅰ   B. 仅Ⅱ

C. 仅Ⅰ和Ⅱ   D. 仅Ⅰ和Ⅲ

E. Ⅰ、Ⅱ和Ⅲ

〔解题分析〕 正确答案：C

题干"有些职工偷税漏税"是一个特称肯定命题(SIP)。Ⅰ("没有职工不偷税漏税")等价于"所有职工都偷税漏税",即全称肯定命题(SAP)；Ⅱ("有些职工没有偷税漏税")是一个特称否定命题(SOP)；Ⅲ"所有职工都没有偷税漏税"是一个全称否定命题(SEP)。当 SIP 为真时,SAP、SOP 真假不定,SEP 则为假。因此,不能确定Ⅰ和Ⅱ的真假,能确定Ⅲ为假。

7.2 直言命题的周延性与变形推理

1. 直言命题的周延性

为了更好地把握直言命题(直言命题)的逻辑特点,有必要讲述一下周延性问题。如果一个概念的外延在命题中被全部作出了断定,那么这个概念就是一个周延的项；反之,则是一个不周延的项。直言命题中的词项是指直言命题的主项和谓项。所谓主谓项的周延性问题就是指主项和谓项概念的外延在命题中被断定的情况。

在直言命题中,如果断定了一个词项的全部外延,则称它是周延的,否则就是不周延的。

关于直言命题的周延性问题，应注意以下两点：

（1）只有直言命题的主项和谓项才有周延与否的问题，离开直言命题的一个单独词项，无项所谓周延和不周延。例如，我们可以谈论在直言命题"有些是懦夫"中，词项"懦夫"是否周延；但我们无法谈论独立存在的概念"笔记本电脑""机器人""天气"究竟是周延还是不周延。只有把这个概念置身于与它相关的那个判断的关系，使其在思维中构成一个完整的有内在联系的判断形式，才能从本质上确立是周延或不周延这个问题。

（2）主、谓项的周延性是直言命题的形式决定的，而不是相对于直言命题所断定的对象本身的实际情况而言的。

例如，不论主项 S 具体代表什么，对于全称命题"所有 S 都是（或不是）P"来说，既然其中有"所有的 S……"出现，那么断定了 S 全部的外延，因此 S 在其中是周延的；对于特称命题"有些 S（或不是）P"来说，其中很明显地只涉及 S 的一部分外延，因此 S 在其中是不周延的。不论谓项 P 具体代表什么，对于肯定命题"所有（或有些）S 是 P"来说，它只断定了某个数量的 S"是 P"，并没有具体说明究竟是全部 P 还是一部分 P，根据逻辑上通常采取的"从弱原则"，P 在其中总是不周延的；对于否定命题"所有（或有些）S 不是 P"来说，该命题断定了某个数量的 S"不是 P"，那么 P 也一定不是这个数量的 S，即把所有 P 都排除在所有这些 S 之外，所以 P 是周延的。也就是说，当我们说"S 是 P"的时候，不需要断定"S 是所有的 P"，但当我们说"S 不是 P"的时候，已经断定了"S 不是所有的 P"。

A、E、I、O 四种直言命题主项和谓项的周延情况如表 7-5 所示。

表　7-5

命题类型	主　项	谓　项
SAP	周延	不周延
SEP	周延	周延
SIP	不周延	不周延
SOP	不周延	周延

周延情况的记忆方法：主项看量项，全称单称周延，特称不周延；谓项看联项，肯定不周延，否定周延。

周延问题在处理整个直言命题推理时是非常重要的。演绎推理是一种必然性推理，它的结论是从前提中抽引出来的，因而结论所断定的不能超出前提所断定的。这一点在直言命题推理中的表现，就是要求"在前提中不周延的项在结论中不得周延"，否则，推理的有效性就得不到保证，会犯各种逻辑错误。

周延的用处：推理中，结论周延的项，前提中该词项也必须周延。（注意：对于结论不周延的项，就不必要再检查前提了。）

例7-8 《伊索寓言》中有这样一段文字：有一只狗习惯于吃鸡蛋。久而久之，它认为"一切鸡蛋都是圆的"。有一次，它看见一个圆圆的海螺，以为是鸡蛋，于是张开大嘴，一口就把海螺吞下肚去，结果肚子疼得直打滚。

狗误吃海螺是依据下述哪项判断？

A. 所有圆的都是鸡蛋。

B. 有些圆的是鸡蛋。

C. 有些鸡蛋是圆的。

D. 所有的鸡蛋都是圆的。

E. 有些圆的不是鸡蛋。

[解题分析] 正确答案：A

狗误吃海螺能够成立的根据，并非是题干中提及的它认为"一切鸡蛋都是圆的"，因为从"一切鸡蛋都是圆的"以及"海螺是圆的"，推不出"海螺就是鸡蛋"。只有当狗确信"所有圆的都是鸡蛋"时，才有充分根据把圆的海螺误认为是鸡蛋而吞下。这只狗为什么上当？逻辑上讲，就是它把不周延的项变成了周延的。在"一切鸡蛋都是圆的"这个全称肯定判断中，其谓项"圆的"不周延。而当它由这个判断进而得出"圆的就是鸡蛋"时，就把"圆的"变成周延了。在性质命题推理中的表现，就是要求"在前提中不周延的项在结论中不得周延"，所以狗犯了逻辑错误。

例7-9 下面的几个推理哪一个是正确的？

A. 所有中国人是亚洲人，中国人都是黄皮肤的，所以亚洲人都是黄皮肤的。

B. 人是有理性的，猴子不是人，所以猴子没有理性。

C. 有些青年不是作家，所以有些作家不是青年。

D. 所有动物都会跑，这只鹿不会跑，所以这只鹿不是动物。

E. 所有的黄种人都是黑头发，中国人都是黄种人，所以黑头发的人都是中国人。

[解题分析] 正确答案：D

A项，结论"亚洲人"周延，但在前提中不周延，错误。B项，结论"理性"周延，但在前提中不周延，错误。C项，结论"作家"周延，但在前提中不周延，错误。E项，结论"黑头发"周延，但在前提中不周延，错误。只有D项中的各项没有违反周延的规定。

2. 直言命题的变形推理

在日常语言表达中，有时在一句话顺着说了一遍后，还需要倒过来再说一遍，这样才能把话说透彻。然而，不是所有人都能准确地把话倒过来说。

1）换质法

换质法通常又称"换一个说法"，即改变命题的质（肯定变否定、否定变肯定）的方法,具体是指从肯定判断推出否定判断,或从否定判断推出肯定判断。步骤如表 7-6 所示。

表 7-6

原命题	换质命题	举 例
SAP	SE$\overline{P}$	所有的金属是导体,所以,所有的金属不是非导体。
SEP	SA$\overline{P}$	所有行星不是自身发光的,所以,所有行星是非自身发光的。
SIP	SO$\overline{P}$	有的金属是液体,所以,有的金属不是非液体。
SOP	SI$\overline{P}$	有些国家不是社会主义国家,所以,有些国家是非社会主义国家。

2)换位法

换位法是指把命题主项与谓项的位置加以更换的方法。其遵循如下规则:①换位只是更换主项和谓项的位置,命题的质不变;②换位的主项与谓项在原命题中不周延,换位后仍不得周延。如果换位时扩大了原来项的周延性,那就犯了项的外延不当扩大的逻辑错误,而使换位后的命题与原命题不能等价。表 7-7 给出了几个应用换位法的例子。

表 7-7

原命题	换位命题	举 例
SAP	PIS	所有商品都是劳动产品,所以,有的劳动产品是商品。
SEP	PES	科学不是迷信,所以,迷信不是科学。
SIP	PIS	有的亚洲国家是社会主义国家,所以,有的社会主义国家是亚洲国家。
SOP	不能换位	"有些人不是大学生"不能换位为"有些大学生不是人"。

表 7-7 中的 O(特称否定命题)是不能换位的,因为特称否定命题的主项不周延,谓项周延。例如"有些教师不是教授"这样的否定命题,换位后还应是否定命题,即"所有的教授都不是教师"或"有的教授不是教师",而否定命题的谓项都周延,这样一来,原命题中不周延的项("教师")在换位后的命题中变得周延了,这就犯了不当扩大外延的错误。因此,特称否定命题都不能换位。

3)换质位法

换质位法是把换质法和换位法结合起来连续交互运用的命题变形法。通过换质推理得到的结论还可以进行换位,通过换位推理得到的结论还可以进行换质。这关键是要看具体推理过程的需要。例如,既然证人都必须是精神上没有缺陷的人,所以,精神上有缺陷的人都不能作证人。上述推理就是先通过换质,得到"证人都不是精神上有缺陷的人",再进行换位得到的。

直言命题 A、E、I、O 四种命题的换质位情况,可以概括如下("→"表示推出关系):

（1）SAP→SE$\bar{P}$→$\bar{P}$ES→$\bar{P}$A$\bar{S}$→SI$\bar{P}$→$\bar{S}$OP。

（2）SAP→PIS→PO$\bar{S}$。

（3）SEP→SA$\bar{P}$→$\bar{P}$IS→$\bar{P}$O$\bar{S}$。

（4）SEP→PES→PA$\bar{S}$→$\bar{S}$IP→$\bar{S}$O$\bar{P}$。

（5）SIP→SO$\bar{P}$（先换质，就不能得到换质位命题）。

（6）SIP→PIS→PO$\bar{S}$。

（7）SOP→SI$\bar{P}$→$\bar{P}$IS→$\bar{P}$O$\bar{S}$。

（8）SOP→（不能先换位）。

例如，先把"所有的大学生都是青年"换质为"所有的大学生都不是非青年"，然后再换位为"所有的非青年都不是大学生"，或者接着再换质为"所有的非青年都是非大学生"，然后再换位为"有些非大学生是非青年"。

例 7-10 凡有关国家机密的案件都不是公开审理的案件。

据此，我们可以推出：

A. 不公开审理的案件都是有关国家机密的案件。

B. 公开审理的案件都不是有关国家机密的案件。

C. 有关国家机密的某些案件可以公开审理。

D. 凡不涉及国家机密的案件都可以公开审理。

E. 某些公开审理的案件涉及国家机密。

［解题分析］ 正确答案：B

凡有关国家机密的案件都不是公开审理的案件。据此，显然可以推出：公开审理的案件都不是有关国家机密的案件。其余选项无法从题干推出。

例 7-11 彭平是一个计算机编程专家，姚欣是一位数学家。其实，所有的计算机编程专家都是数学家。我们知道，今天国内大多数综合性大学都在培养着计算机编程专家。据此，我们可以认为：

A. 彭平是由综合性大学所培养的。

B. 大多数计算机编程专家是由综合性大学所培养的。

C. 姚欣并不是毕业于综合性大学。

D. 有些数学家是计算机编程专家。

E. 有些数学家不是计算机编程专家。

［解题分析］ 正确答案：D

根据"所有的计算机编程专家都是数学家"可以推出：有些数学家是计算机编程专家。其余选项都不能必然被推出。

例 7-12 有些人不是坏人，因此，有些坏人不是人。

下列哪个推理与上述推理相似?

A. 有些便宜货不是好货,因此,有些便宜货是好货。

B. 有些便宜货不是假货,因此,有些假货不是便宜货。

C. 所有商品都是有价值的,因此,所有有价值的都是商品。

D. 有些发明家是自学成才的,因此,有些自学成才者是发明家。

E. 没有宗教是科学,因此,没有科学是宗教。

[解题分析] 正确答案:B

题干做了一个特称否定命题的换位推理,前提中不周延的项"人"在结论中周延了,这是错误的,也就是说,特称否定命题是不能进行换位推理的。选项 B 和题干所犯错误是一样的,也是进行了特称否定命题的换位推理,它们的推理结构是相同的。因此,B 项为正确答案。选项 D、E 是正确的推理。选项 C 是错误的全称肯定命题的换位推理。选项 A 也是错误的推理,不能根据特称否定命题为真,来判定同一素材的特称肯定命题为真。

第8章　直言三段论

广义意义上的三段论,就是由大前提和小前提得出结论的演绎推理。所谓演绎推理,就是真前提必然得真结论(前提真、形式有效,结论必真)。

前提:P,Q;结论:R。

演绎推理包括直接推理、选言推理、假言推理等多种推理形式,因为它们都是由三个在结构上完全相似的判断组成的,所以在具体应用中又被分别称为:直言三段论、假言三段论和选言三段论。

狭义的三段论一般指的是直言三段论,比如:人都是有欲望的,欲望皆产生痛苦,所以,人是充满痛苦的。

[逻辑案例]

"关于上帝存在的本体论证明"缘于中世纪,17世纪法国哲学家笛卡儿进一步发挥,作出了如下证明:"①上帝是无限的,即上帝具有一切性质。②存在是性质的一种。所以,上帝具有存在性,即上帝存在。"

分析:大前提①错误。因为上帝不可能具有一切性质,即上帝不可能是万能的。"上帝能不能创造一块他自己举不起来的石头"即可证明。如果你回答"能",则说明有一块石头上帝搬不动,即上帝不是万能的。如果你回答"不能",则说明上帝创造不出一块它自己搬不动的石头,即上帝不是万能的。所以,上帝不是万能的。批判的矛头同时指向前提②,认为存在并不是性质(谓词)。否则,不存在也是性质。

8.1　直言三段论及其结构

1. 何谓直言三段论

直言三段论是由包含一个共同的项的两个直言命题推出一个新的直言命题的推理。由于直言命题又叫性质命题,所以直言三段论又叫性质三段论。例如:

办了暂住证的人员都获得了就业许可证

来京打工人员都办了暂住证

所以,来京打工人员都获得了就业许可证

其中,结论中的主项叫做小项,用"S"表示,如上例中的"来京打工人员";结论中的谓项叫做大项,用"P"表示,如上例中的"获得了就业许可证";两个前提中共有的项叫做中项,用"M"表示,如上例中的"办了暂住证"。图解如下:

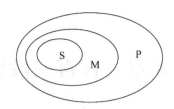

在三段论中,含有大项的前提叫大前提,如上例中的"所有办了暂住证的人员都获得了就业许可证";含有小项的前提叫小前提,如上例中的"所有来京打工人员都办了暂住证"。

[逻辑案例] 居维叶午睡

居维叶(1769—1832)是法国古生物学家,也是比较解剖学的奠基者。有一次,他在睡午觉,被一阵怪里怪气的声音吵醒了。他发现窗口上有一个狰狞怪物,便仔细打量了一番,只见那怪物头上长角,脚上一双蹄子,于是笑道:"有角和蹄子的动物呀,都不是吃肉的,我才不怕呢。"说完又高枕而卧。这是一个调皮学生在跟老师捣蛋,但他没料到西洋镜这样轻易被戳穿。原来,根据比较解剖学,食草动物外表的特点是有蹄子,凡是有蹄子的动物都有草食特性而且性情温和。因此,在居维叶脑子里很快就形成了一个正确的三段论推理:凡是有角和蹄子的动物都是不吃肉的,这个动物是有角和蹄子的动物,所以,这个动物是不吃肉的。

[逻辑案例] 一英镑

一次,英国大作家萧伯纳正在漫步沉思,被一位出版商撞见了。

"先生,如果您能让我知道您正在想什么,我愿意出一英镑给您。"出版商说。

"我想的东西是不值一英镑的。"萧伯纳回答道。

"是吗,那您在想什么呢?"出版商兴致很高地问。

"我想的是你。"萧伯纳笑着回答说。

分析:愿意出一英镑来了解萧伯纳在想什么,这明摆着是对这位大作家人格的污辱。面对这样一个浅薄的出版商,萧伯纳用一个巧妙的推理回敬了他。"我想的东西是不值一英镑的,你是我想的东西,所以,你是不值一英镑的。"这个推理就是三段论。那么,什么是三段论呢?三段论就是由两个包含着一个共同项的直言判断作前提推出一个新的直言判断作结论的推理。上面这个三段论中作为前提的两个直言判断包含了"我想的东西"这个共同项。

2. 三段论的格与式

由于中项在前提中位置的不同而形成的三段论的各种形式称作三段论的格。如果中项在前提中的位置确定了,那么大项、小项的位置随之也可以确定了。因此,三段论的格也可以定义为由于各个项在前提中位置的不同而形成的各不相同的三段论形式。根据中项在前提中的不同位置,三段论可以分为以下四种格:

第一格	第二格	第三格	第四格
M-P	P-M	M-P	P-M
S-M	S-M	M-S	M-S
S-P	S-P	S-P	S-P

注意：第一格的主谓项前提和结论没有发生变化，第二格的中项都是谓项，第三格的中项都是主项，第四格的主谓项位置都发生了颠倒。

三段论的式就是构成三段论前提和结论的直言命题的组合形式。即，由于 A、E、I、O 四种命题在前提和结论中组合的不同而形成的三段论的各种形式称为三段论的式。如果有一个三段论，其大前提为 E 命题，小前提为 A 命题，结论为 O 命题，那么这个三段论的式为 EAO 式。

逻辑学把单称命题作为一种特殊的全称命题处理。因为从对主项概念的断定看，全称和单称命题有共同性，即都具有周延性。在三段论中，单称判断常常作全称处理。

由于三段论的大、小前提及结论均可为 A、E、I、O 命题，并且三段论有四个格，因此三段论的可能式有 $4 \times 4 \times 4 \times 4 = 256$ 个。经三段论规则的检验，符合三段论规则的有效式只有 24 个，其余为无效式。

3. 三段论的结构分析

对于给出的一个三段论，要能准确地分析出它的标准形式结构。

1）方法步骤

（1）确定 S、P。先确定结论，确定了结论，也就确定了 S、P；结论的主项为 S，谓项为 P。根据逻辑联结词或论述重心来确定三句话中哪一句为结论，注意结论不一定是最后一句话，也可以是第一或第二句话。

（2）确定 M。剩下的两句话为大、小前提，其共有的项即为中项 M。

（3）最后分别确定大前提、小前提和结论的 AEIO 判断类型，并写出它们的标准形式。

2）注意事项

（1）大、小前提的顺序不影响三段论的结构。

（2）如果三段论不是三个概念，其中出现相反的概念，则把它们转化为三个概念，化为标准形式。

（3）在三段论中，单称判断近似作全称处理。

比如：所有的克里特岛人都说谎，约翰是克里特岛人，所以，约翰说谎。上述三段论的推理结构是：MAP，SAM，所以 SAP。

其中，S 为"约翰"，单称近似作全称；M 为"克里特岛人"；P 为"说谎"。

再如：会走路的动物都有腿，桌子有腿，所以，桌子是会走路的动物。上述三段论的推理结构是：PAM，SAM，所以 SAP。其中，S 为"桌子"；M 为"有腿"；P

为"会走路的动物"。

4. 三段论的结构比较

在逻辑推理测试中,有一类题型叫推理结构比较题,考查的是从形式结构上比较题干和选项之间的相同或不同,即比较几个不同推理在结构上的相同或者不同。解这类题的最终判断标准是写出三段论格式的标准形式结构,但这需要有个熟练过程,把题干和选项都写出这样的形式结构花费时间较多,所以不主张应试的时候用这种方法,建议不写形式结构,优先用对应法和排除法,即可解决绝大部分的题。

1) 快速解题方法一:对应法

(1) 根据语感,定位疑似答案。

(2) 写三段论结构或一一对应进行验证。

注意:大小前提和结论的先后顺序不影响结构。

2) 快速解题方法二:排除法

排除法,就是排除明显不一致的选项。具体步骤如下:

(1) 先排除不是三段论的选项;

(2) 根据结论的肯定/否定排除;

(3) 根据中项 M 的位置排除;

(4) 根据前提的肯定/否定排除;

(5) 单称近似看作全称,但不等于全称。

例 8-1 有些"台独"分子论证说:凡属中华人民共和国政府管辖的都是中国人,"台湾人"现在不受中华人民共和国政府管辖,所以,"台湾人"不是中国人。

以下哪一个推理明显说明上述论证不成立?

A. 所有成功人士都要穿衣吃饭,我现在不是成功人士,所以,我不必穿衣吃饭。

B. 商品都有使用价值,空气当然有使用价值,所以,空气当然是商品。

C. 所有技术骨干都刻苦学习,小张是技术骨干,所以,小张是刻苦学习的人。

D. 犯罪行为都是违法行为,违法行为都应受到社会的谴责,所以,所有犯罪行为都应受到社会谴责。

E. 所有的羊都爱吃草,所有牛也爱吃草,所以,所有牛羊都爱吃草。

[解题分析] 正确答案:A

三段论推理结构比较题。题干的推理结构为:MAP,SEM,所以 SEP。其中,S 为台湾人,M 为中华人民共和国政府管辖的,P 为中国人。A 项的推理结构为:MAP,SEM,所以 SEP。其中,"成功人士"为 M;"穿衣吃饭"为 P;"我"为 S。这里把单称近似看成全称,A 项与题干完全一致,犯了同样的逻辑错误,因此,A 项为正确答案。其余选项的推理结构均与题干不一致。B 项的推理结构是:PAM,

SAM,所以 SAP。C 项的推理结构是：MAP,SAM,所以 SAP。D 项的推理结构是：SAM,MAP,所以 SAP。E 项不是直言三段论,但是个正确的推理。

当然简单的做法是排除法,发现只有 A 项和题干的结论有否定词,其他选项都没有否定词,因此可以直接选 A。

例 8-2 所有的聪明人都是近视眼,我近视得很厉害,所以我很聪明。

以下哪项与上述推理的逻辑结构一致？

A. 我是个笨人,因为所有的聪明人都是近视眼,而我的视力那么好。

B. 所有的猪都有四条腿,但这种动物有八条腿,所以它不是猪。

C. 小陈十分高兴,所以小陈一定长得很胖;因为高兴的人都能长胖。

D. 所有的天才都高度近视,我一定是高度近视,因为我是天才。

E. 所有的鸡都是尖嘴,这种总在树上待着的鸟是尖嘴,因此它是鸡。

[解题分析]　正确答案：E

题干的结构是：PAM,SAM;所以,SAP。A 项：PAM,SEM;所以,SEP。因为所有的聪明人都是近视眼,而我不近视,因此我不聪明。B 项：PAM,SEM;所以,SEP。所有的猪都有四条腿,而这种动物不是四条腿,所以它不是猪。C 项：MAP,SAM;所以,SAP。高兴的人都能长胖,小陈十分高兴,所以小陈一定长得很胖。D 项：MPA,SAM;所以,SAP。E 项：PAM,SAM;所以,SAP。所有的鸡都是尖嘴,这种总在树上待着的鸟是尖嘴,因此它是鸡。可见,选项中只有 E 项与题干推理的逻辑结构一致。

例 8-3 赵亮是计算机学院大二的学生,他通过了计算机等级测试,所以计算机学院大二的学生都通过了计算机等级测试。

以下哪项与上述论证方法最相近？

A. 小李是大学助教,小李不会开车,所以,有的大学助教不会开车。

B. 中石化没有亏损,中石化是国有大型企业,因此,有些国有大型企业没有亏损。

C. 王明是职业经理人,王明和很多人都学过人力资源课程,所以,职业经理人都学过人力资源课程。

D. 大学生是知识分子,小赵是大学生,所以,小赵是知识分子。

E. 金属都是导电的,铜导电,因此铜是金属。

[解题分析]　正确答案：C

题干三段论推理结构：MAS,MAP,所以,SAP。C 项可简化为：王明是职业经理人,王明学过人力资源课程,所以职业经理人都学过人力资源课程。与题干论证方法相似。也可用排除法,题干结论为全称,而 A、B 项结论为特称,D、E 项结论为单称,均排除。

8.2　直言三段论的推理规则

直言三段论推理的一般规则概括起来共有7条，分述如下。

1. 在一个三段论中，必须有而且只能有三个不同的概念

三段论中的三个概念，在其分别重复出现的两次中，所指的必须是同一个对象，具有同一的外延。违反这条规则就会犯四概念的错误。所谓四概念的错误就是指在一个三段论中出现了四个不同的概念。四概念的错误往往是由于作为中项的概念未保持同一而引起的。

例如：我国的大学分布于全国各地，清华大学是我国的大学，所以，清华大学分布于全国各地。这个三段论的结论显然是错误的，但其两个前提都是真的。为什么会由两个真的前提推出一个假的结论来了呢？原因就在中项（"我国的大学"）未保持同一，出现了四概念的错误。即"我国的大学"这个语词在两个前提中所表示的概念是不同的。在大前提中它表示我国的大学总体，表示的是一个集合概念；在小前提中，它可以指我国大学中的某一所大学，表示的不是集合概念，而是一个个体概念。因此，它在两次重复出现时，实际上表示着两个不同的概念，以其作为中项，也就无法将大项与小项必然地联系起来，从而无法推出正确的结论。

[逻辑案例]　变质的鲮鱼罐头

某食品公司的负责人因发售出去大批变了质的鲮鱼罐头而被告发。这位被告在法庭上对于出售变质鲮鱼罐头的事实完全承认，但他为自己辩护说：保证公司的利益是作为一个公司负责人的责任，我出售变了质的鲮鱼罐头就是为了保证公司的利益，所以，我这样做是尽自己作为一个公司负责人的责任。

分析：大前提中的"公司利益"是指合法的利益，而在小前提中的"公司利益"则是非法的利益。两个前提中的"公司利益"虽是同一个词，但实际上却是两个不同的概念。

例8-4　大学生是国家的栋梁之材，小王是大学生，所以小王是国家的栋梁之材。

以下哪项是对上述推理最确切的评价和说明？

A. 这个推理是错误的，因为它违背了同一律。

B. 这个推理是错误的，因为它的结论是错误的。

C. 这个推理是正确的，因为它满足三段论的推理规则。

D. 这个推理是正确的，因为它的前提是正确的。

E. 不能确定这个推理正确与否。

[解题分析]　正确答案：A

题干推理看似一个三段论推理,但犯了"四概念"的逻辑错误,大前提中的"大学生"是指大学生的集合概念,小前提中的"大学生"是指一个大学生,不是同一个概念。因此,这个推理是错误的,因为它违反了同一规律。

2. 中项在前提中至少必须周延一次

如果中项在前提中一次也没有被它的全部外延断定过(即周延),那就意味着在前提中大项和小项都分别只和中项的一部分外延发生联系,这样,就不能通过中项的媒介作用,使大项与小项发生必然的、确定的联系,因而也就无法在推理时得出确定的结论。如果违反这条规则,就会犯"中项不周延"的错误,这样的推理就是不合逻辑的。

例如:大学生都是青年,小张是青年,所以,小张是大学生。这一个三段论是不合逻辑的。原因在于,作为中项的"青年"在前提中一次也没有周延(在两个前提中,都只断定了"大学生"和"小张"是"青年"的一部分对象),因而"小张"和"大学生"究竟处于何种关系就无法确定,也就无法得出必然的确定结论。

再如:一切金属都是可塑的,塑料是可塑的;所以,塑料是金属。在这个三段论中,中项的"可塑的"在两个前提中一次也没有周延(在两个前提中,都只断定了"金属"、"塑料"是"可塑的"的一部分对象),因而"塑料"和"金属"究竟处于何种关系就无法确定,也就无法得出必然的确定结论,所以这个推理是错误的。

[逻辑案例]　绅士与猪

富兰克林(18 世纪美国著名科学家)有一次曾十分鄙夷地对客人说:"绅士都是些能吃、能喝、又能睡,可什么也不干的东西。"这话让他的仆人听到了。

过了几天,仆人对富兰克林说:"主人,我现在终于明白了原来猪都是绅士,因为它们都是些能吃、能喝、又有睡,可什么也不干的东西。"

富兰克林听后大笑起来。

分析:在这则幽默中,仆人的推理为:"绅士都是能吃能喝又能睡,可什么也不干的东西;猪都是能吃能喝又能睡,可什么也不干的东西;所以,猪都是绅士。"仆人的逻辑错误在于违反了"中项在前提中必须周延一次"的逻辑规则。

3. 大项或小项如果在前提中不周延,那么在结论中也不得周延

如果大项或小项在前提中不周延,即只断定了它的部分外延(即大项或小项在前提中只使用了它们的一部分外延与中项发生联系),那么,在结论中也只能断定它们的部分外延,而不得断定其全部外延(即周延)。否则,结论所断定的对象范围就超出了前提所断定的对象范围,结论所断定的就不是从前提中所必然推出的,前提的真实就不能保证结论的必然真实,得出的结论就没有必然性,因而也是没有逻辑的。

违反这条规则,要犯以下两种错误:大项不当周延和小项不当周延。

1）大项不当周延

例如：黄马是马，白马不是黄马；所以，白马不是马。在这个三段论中，大项"马"在大前提中不周延而在结论中周延，犯了"大项不当周延"或"大项不当扩大"的错误。

[逻辑案例] 锻炼身体

妈妈早上叫冬冬起来锻炼身体，冬冬想睡懒觉，就对妈妈说："运动员需要努力锻炼身体，我不是运动员，所以，我不需要努力锻炼身体。"妈妈听了也拿他没办法。

分析：冬冬推理的结论显然是错误的。这个推理从逻辑上说错在哪里呢？主要错在"需要努力锻炼身体"这个大项在大前提中是不周延的（即"运动员"只是"需要努力锻炼身体"中的一部分人，而不是其全部），而在结论中却周延了（成了否定命题的谓项）。这就是说，它的结论所断定的对象范围超出了前提所断定的对象范围，因而在这一推理中，结论就不是由其前提所能推出的，其前提的真也就不能保证结论的真。这种错误逻辑上称为"大项不当扩大"的错误。

[逻辑案例] 人非草木

"人非草木，孰能无情？"人们常常这样说。一般来说，这句古训是有道理的，但是，有人把下面这个三段论当作正确推理就大谬不然了：草木是无情的，人不是草木，所以，人不是无情的。

分析："无情的"是大项，在大前提中不周延，而在结论中周延了，犯了大项不当周延的错误。故而上述三段论推理尽管结论没错，但推理形式不正确，它们充其量只是一个古老经验的归纳，不是一个有效的三段论推理。

2）小项不当周延

例如：薯类都是高产作物，薯类都是杂粮；所以，杂粮都是高产作物。在这个三段论推理中，小前提是一个肯定判断，因而小项"杂粮"在小前提中是不周延的。但是，结论是一个全称判断，小项"杂粮"在结论中却是周延的。因此，这个三段论推理的结论不是必然地推导出来的，它犯了"小项不当周延"的逻辑错误。

[逻辑案例] 吃鱼的好处

甲："吃鱼的好处是什么？"

乙："可以预防近视。"

甲："为什么？"

乙："你见过猫有近视的吗？"

分析：在这个幽默对话中，乙的话隐含着这样一个直言推理："猫都不是近视的，猫都是吃鱼的，所以，吃鱼的都不近视"。"猫都是吃鱼的"中"吃鱼的"这个小项在小前提中是肯定判断的谓项，不周延；"吃鱼的都不近视"中"吃鱼的"变成全称判断的主项，周延了。乙的推理把只断定部分外延的项扩大为断定全部外延，犯了"小项不当周延（小项扩大）"的逻辑错误。

4. 两个否定前提不能推出结论

前面已经提到,在三段论中,大项和小项之所以能在结论中形成确定联系,并由前提中必然推出,这是由于在前提中中项发挥了媒介作用,即由于中项在前提中分别与大、小项有着一定的联系,从而通过中项把大、小项在结论中联系起来。但是,如果在前提中两个前提都是否定命题,那就表明,大、小项在前提中都分别与中项互相排斥,在这种情况下,大项与小项通过中项就不能形成确定的关系,因而也就不能通过中项的媒介作用而确定地联系起来,当然也就无法得出必然确定的结论,即不能推出结论了。例如:

> 中学生不是大学生
> 这些学生不是中学生
> 这些学生?

上例不能推出必然性的结论,因为,如果推出"这些学生是大学生",但也有可能这些学生刚好是小学生,小学生显然也不是中学生;如果推出"这些学生不是大学生",但也有可能这些学生刚好是大学生,大学生显然也不是中学生。

再如,下例推理犯了同样的错误:没有种族主义者是公正的,有些种族主义者不是警察,所以,有些警察不是公正的。

5. 前提之一是否定的,结论也应当是否定的;结论是否定的,前提之一必定是否定的

为什么前提之一是否定的,结论必然是否定的?因为如果前提中有一个是否定命题,另一个则必然是肯定命题(否则,两个否定命题不能得出必然结论),这样,中项在前提中就必然与一个项(大项或小项)是否定关系,与另一个项是肯定关系。这样,大项与小项通过中项联系起来的关系自然也就只能是一种否定关系,因而结论必然是否定的了。例如:一切有神论者都不是唯物主义者,某人是有神论者,所以,某人不是唯物主义者。在这个推理中,大前提是否定的,所以,结论也就是否定的了。

为什么结论是否定的,前提之一必定是否定的呢?因为如果结论是否定的,那一定是由于前提中的大、小项有一个与中项结合,而另一个与中项排斥。这样,大项或小项中与中项相排斥的那个前提就是否定的,所以结论是否定的前提之一必定是否定的。例如:凡有效的经济合同必须采取书面形式,这份经济合同没有采取书面形式,所以,这份经济合同不是有效的。

从另一个方面来说,如果结论是否定的,那就意味着它否定了包含关系。但是,肯定的前提则是反映了包含关系,因此,由两个肯定的前提推不出否定的结论。也就是说,两个肯定前提不能得到否定的结论。例如:有些动物是哺乳动物,哺乳动物是胎生动物,所以,有些胎生动物不是哺乳动物。这个例子就违反了这条规则,由两个肯定的前提得出了否定的结论,因此是不正确的推理。

6. 两个特称前提不能得出结论

如果两个前提都是特称的,那么前提中周延的项最多只能有一个(即两个前提中可以有一个是否定命题,而这一否定命题的谓项是周延的,其余的项都是不周延的),而这就不可能满足正确推理的条件。

例如:有的同学是运动员,有的运动员是影星,所以……由这两个特称前提,我们无法必然推出确定的结论,因为在这个推理中的中项("运动员")一次也未能周延。

又如:有的同学不是南方人,有的南方人是商人,所以……这里,虽然中项有一次周延了,但仍无法得出必然结论。因为,在这两个前提中有一个是否定命题,按前面的规则,如果推出结论,则只能是否定命题;而如果是否定命题,则大项"商人"在结论中必然周延,但它在前提中是不周延的,所以必然又犯大项扩大的错误。

7. 前提之一是特称的,结论必然是特称的

为什么前提之一是特称的,结论必然是特称的呢?例如:所有大学生都是青年,有的职工是大学生,所以,有的职工是青年。这个例子说明,当前提中有一个判断是特称命题时,其结论必然是特称命题;否则,就必然会违反三段论的另几条规则(如出现大、小项不当扩大的错误等)。

8.3 复合三段论与省略三段论

1. 复合三段论

在日常实际思维中,有时会将几个三段论连续运用,即进行一连串的推理,这就是复合三段论。复合三段论有以下两种类型。

(1) 前进式的复合三段论。它是以前一个三段论的结论作为后一个三段论的大前提的复合三段论。例如:一切造福于人类的知识都是有价值的,科学是造福于人类的知识,所以,科学是有价值的;社会科学是科学,所以,社会科学是有价值的;逻辑学是社会科学,所以,逻辑学是有价值的。在这个推理中,思维的进程是由范围较广的概念逐渐推移到范围较狭的概念,由较一般的知识推进到较特殊的知识。

(2) 后退式的复合三段论。它是以前一个三段论的结论作为后一个三段论的小前提的复合三段论。例如:逻辑学是社会科学,社会科学是科学,所以,逻辑学是科学;科学是造福于人类的知识,所以,逻辑学是造福于人类的知识;一切造福于人类的知识都是有价值的,所以,逻辑学是有价值的。在这个推理中,思维的进程是由范围较狭的概念逐渐推移到范围较广的概念,由较特殊的知识推进到较一般的思维,即其思维推移的顺序正好和前进式相反。

[**逻辑案例**] 坟地上的猫

第一次世界大战时,德法两军在一次交战中,德军一名参谋天天用望远镜观察法军阵地上的情况。接连三四天他都看到:在法军阵地后方的一个坟包上,有一只金丝猫每到上午八九点钟,总要到那里晒太阳。德军指挥官分析这一情况,得出如下判断:这是一只家猫,猫的周围没有村庄,但它是和人生活在一起的;由此推断,坟地下面可能是个隐蔽部;这是一只名贵的猫,在激烈的战争环境中,连营指挥员是无心养猫的;进而推断,坟地下面的隐蔽部可能是个高级指挥所。根据这种判断,德军集中了6个炮兵营进行轰击,把整个坟场都夷为了平地。事后查明,这里果真是法军一个旅的指挥所。炮火轰击使地下室的指挥人员全部丧命,法军由于失去指挥,乱了阵脚而惨败。

分析:正是由于德军指挥官具有较强的逻辑修养,从坟地上的一只猫推出坟地下面有法军的指挥部,从而赢得了这次战争的胜利。这个结论的得出可以列出两个直言三段论。

凡有家猫的地方必有人居住,这里有只家猫,这里必定有人居住;高贵的金丝猫是上等人的玩物,这是一只高贵的金丝猫,养它的主人必定是上等人。

例8-5 翠竹的大学同学都在某德资企业工作,溪兰是翠竹的大学同学,洞松是该德资企业的部门经理。该德资企业的员工有些来自淮安。该德资企业的员工都曾到德国研修,他们都会说德语。

以下哪项可以从以上陈述中得出?

A. 洞松与溪兰是大学同学。

B. 翠竹的大学同学有些是部门经理。

C. 翠竹与洞松是大学同学。

D. 溪兰会说德语。

E. 洞松来自淮安。

[**解题分析**] 正确答案:D

题干陈述:溪兰是翠竹的大学同学,翠竹的大学同学都在某德资企业工作,所以,溪兰在此德资企业工作;该德资企业的员工都会说德语,所以,溪兰会说德语。

2. 省略三段论

省略三段论是省去一个前提或结论的三段论。省略三段论具有明了简洁的特征,所以,它在人们的实际思想中被广泛地应用着。例如:你是领导干部,所以你就应当起模范带头作用。这就是一个省略了大前提"领导干部应当起模范带头作用"的省略三段论。当然,省略三段论也可以是省去小前提或省去结论的。一般来说,被省略的部分往往带有不言而喻的性质。因此,在这种推理中,虽然推理的某个部分被省略了,但整个推理还是容易为人们所理解的。

由于省略三段论中省略了三段论的某一构成部分,因此,如果运用不当,容易隐藏各种逻辑错误。比如,有个大学生说:"我又不是哲学系的学生,我不需要学哲学。"把这个大学生的三段论推理补全了,就是:"哲学系的学生需要学哲学,我不是哲学系的学生,所以,我不需要学哲学。"这个结论显然是错误的。这个推理从逻辑上说错在哪里呢?主要错在"需要学哲学"这个大项在大前提中是不周延的(即"哲学系的学生"只是"需要学哲学"的一部分人,而不是其全部),而在结论中却周延了(成了否定命题的谓项)。这就是说,它的结论所断定的对象范围超出了前提所断定的对象范围,因而在这一推理中,结论就不是由其前提所能推出的,其前提的真也就不能保证结论的真。这在逻辑上犯了"大项不当扩大"的错误。

1)省略三段论的类型

(1)省略大前提的形式。当大前提是众所周知的一般原则时,常常被省略。例如:我们是不相信鬼神的,因为我们是唯物主义者。这个推理就是省略了众所周知的大前提:凡唯物主义猪都是不相信鬼神的。其完整形式为

> 凡唯物主义者都是不相信鬼神的
> 我们是唯物主义者
> 所以,我们是不相信鬼神的

(2)省略小前提的形式。当小前提所表示的是一个非常明显的事实时,往往被省略。例如:一切工作都是要尊重客观规律,所以,一切经济工作都是要尊重客观规律。这个推理省略了表示非常明显事实的小前提:"一切经济工作都是工作"。其完整形式为

> 一切工作都是要尊重客观规律
> 一切经济工作都是工作
> 所以,一切经济工作都是要尊重客观规律

(3)省略结论的形式。当结论不说出来反而更有力量或更为婉转时,它就常被省略。例如:你是知法犯法,而知法犯法者将被严惩。这个推理省略了非常明显的事实的结论:你将被严惩。其完整形式为

> 凡知法犯法都将被严惩
> 你是知法犯法的
> 所以,你将被严惩

2)恢复省略三段论的步骤

三段论的省略形式会出现下述问题,如被省略的前提实际上是不成立的,或者所使用的推理形式是无效的,在这两种情形下,结论都没有得到强有力的支持。因此,有时需要把省略的三段论补充为完整的三段论,然后再看其前提是否真、推理过程是否有效。

恢复省略三段论理论上的步骤:①查看究竟省略的是什么,是前提还是结论?

②如果结论没有省略,那就确定了大项和小项。进一步确定省略的是大前提还是小前提。当大项没有在省略式中的前提中出现时,表明省略的是大前提;当小项在省略式中的前提中没有出现时,说明省略的是小前提。如果省略的是大前提,把结论的谓项(大项)与中项相连接,得到大前提;如果省略的是小前提,则把结论的主项(小项)与中项相连接,得到小前提。③最后,把省略的部分补充进去,并作适当的整理,就得到了省略三段论的完整形式。

在做了所有这些工作之后,再来看被省略的前提是否真实、推理过程是否正确。

例 8-6 有些导演留大胡子,因此,有些留大胡子的人是大嗓门。

为使上述推理成立,必须补充以下哪项作为前提?

A. 有些导演是大嗓门。

B. 所有大嗓门的人都是导演。

C. 所有导演都是大嗓门。

D. 有些大嗓门的不是导演。

E. 有些导演不是大嗓门。

[解题分析] 正确答案:C

由于一个前提是特称判断,所以,补充的前提必须是全称判断,考虑到中项是导演,必须周延一次,所以,答案选C项。补充A项或D项到题干所构成的三段论的两个前提都是特称的,根据规则,都推不出结论;补充B项到题干构成的三段论犯了"中项两次不周延"的错误。

例 8-7 并非所有的教授都没有博士学位,因此,有些具有博士学位的人享有很高的学术声望。

为使上述推理成立,必须补充以下哪项作为前提?

A. 所有享有很高学术声望的人都是教授。

B. 有些教授享有很高的学术声望。

C. 有些学术声望很高的人是教授。

D. 所有教授都享有很高的学术声望。

E. 有些教授并不具有很高的学术声望。

[解题分析] 正确答案:D

题干陈述:并非所有的教授都没有博士学位=有的教授有博士学位。补充D项:所有教授都享有很高的学术声望。推出结论:有些具有博士学位的人享有很高的学术声望。

3. 直言三段论解题指导

判定一个直言三段论推理是否有效,除可用前面所述三段论的一般规则之外,还可用图解法进行判定。

常用的图形是欧拉图或文恩图。因为组成三段论的都是直言命题，于是可用这两种图去表示这三个直言命题的大项、中项和小项之间的外延关系。如果使三段论的两个前提为真的图也一定使该三段论的结论为真，则这个三段论就是有效的；反之，如果使三段论的两个前提为真的图有可能使该三段论的结论为假，则它的结论就不是必然得出的，因此该三段论也是无效的。在这种意义上，可以说图解法为判定三段论是否有效提供了工具或方法。

由于欧拉图相对简单，易于掌握，因此本书介绍的图解法用的即是欧拉图；文恩图虽然是判断三段论更有效的工具，但相对复杂，本书不作介绍。

在逻辑推理测试中，有关三段论的试题可分为推出直言三段论的结论、导出三段论的省略前提两类，这两类题型都可用图解法辅助答题。

1）推出直言三段论的结论

根据题意可用欧拉图示法（圆圈图形的示意法）表示概念之间的外延关系。画图步骤：①用实线画固定的部分；②用虚线画不固定的部分。

由于欧拉图示法有时不具有唯一性，因此，图解法只能是帮助解题思考的辅助方法。画图后要注意以下两点：

①实线是否有重合的可能，即概念是否有全同关系的可能。②虚线可能出现的位置。有时适合题目要求的情形不止一种，此时可用虚线表示，但要考虑到虚线可出现的多个位置的可能性。

例 8-8 哈尔滨人都是北方人，有些哈尔滨人不是工人。

若以上命题为真，则以下哪一项肯定为真？

A. 有些北方人是工人。　　　　　　　　B. 有些北方人不是工人。

C. 有些工人是北方人。　　　　　　　　D. 有些工人不是北方人。

E. 所有哈尔滨人都不是工人。

〔解题分析〕　正确答案：B

根据题干，由三段论推理显然可以得到"有些北方人不是工人"，因此，B项为正确答案。

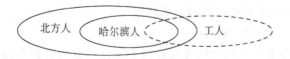

例 8-9 以下是某市体委对该市业余体育运动爱好者一项调查中的若干结论：所有的桥牌爱好者都爱好围棋，有的围棋爱好者爱好武术，所有的武术爱好者都不爱好健身操，有的桥牌爱好者同时爱好健身操。

如果上述结论都是真实的，则以下哪项不可能为真？

A. 所有的围棋爱好者也都爱好桥牌。

B. 有的桥牌爱好者爱好武术。

C. 健身操爱好者都爱好围棋。

D. 有桥牌爱好者不爱好健身操。

E. 围棋爱好者都爱好健身操。

[解题分析] 正确答案：E

由题干,有的围棋爱好者爱好武术,又所有的武术爱好者都不爱好健身操,因此,有围棋爱好者不爱好健身操。所以,E 项的断定不可能为真。其余各项都可能真。比如,当围棋和桥牌为全同关系时,A 项为真。

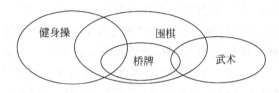

例 8-10　在某住宅小区的居民中,大多数中老年教员都办了人寿保险,所有买了四居室以上住房的居民都办了财产保险,而所有办了人寿保险的都没办理财产保险。

如果上述断定是真的,以下哪项关于该小区居民的断定必定是真的？

Ⅰ. 有的中老年教员买了四居室以上的新房。

Ⅱ. 有的中老年教员没办理财产保险。

Ⅲ. 买了四居室以上住房的居民都没办理人寿保险。

A. Ⅰ、Ⅱ和Ⅲ　　　　　　　　　　B. 仅Ⅰ和Ⅱ

C. 仅Ⅱ和Ⅲ　　　　　　　　　　D. 仅Ⅰ和Ⅲ

E. 仅Ⅱ

[解题分析] 正确答案：C

中老年教员和四居室以上住房之间没有建立因果关系,推不出Ⅰ来。大多数中老年教员办了人寿保险,而所有办了人寿保险的居民都没办理财产保险,所以,大多数中老年教员没办财产保险,这是Ⅱ。买了四居室以上住房的居民都办了财产保险,而所有办了人寿保险的居民都没办理财产保险,所以,买了四居室以上住房的居民都没办理人寿保险(否则矛盾了),这是Ⅲ。

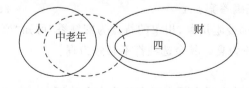

例 8-11　所有校学生会委员都参加了大学生电影评论协会,张珊、李斯和王武都是校学生会委员,大学生电影评论协会不吸收大学一年级学生参加。

如果上述断定为真,则以下哪项一定为真?

Ⅰ. 张珊、李斯和王武都不是大学一年级学生。

Ⅱ. 所有校学生会委员都不是大学一年级学生。

Ⅲ. 有些大学生电影评论协会的成员不是校学生会委员。

A. 只有Ⅰ

B. 只有Ⅱ

C. 只有Ⅲ

D. 只有Ⅰ和Ⅱ

E. Ⅰ、Ⅱ和Ⅲ

[解题分析]　正确答案:D

由"所有校学生会委员都参加了大学生电影评论协会"和"大学生电影评论协会不吸收大学一年级学生参加"可以推出"所有校学生会委员都不是大学一年级学生",因此,Ⅱ项为真。再加上由"张珊、李斯和王武都是校学生会委员"可推出"张珊、李斯和王武都不是大学一年级学生",因此,Ⅰ项为真。至于Ⅲ项,"有些大学生电影评论协会的成员不是校学生会委员"有可能假,因为"所有大学生电影评论协会的成员都是校学生会委员"也满足题干条件,即存在"电影评论协会的成员"和"校学生会委员"是全同关系的可能。

例 8-12　除了川菜外,张涛不吃其他菜肴;所有林村人都爱吃川菜;川菜的特点为麻辣香,其中有大量的干、鲜辣椒、花椒、大蒜、姜、葱和香菜等调料;大部分吃川菜的人都喜好一边吃川菜,一边喝四川特有的盖碗茶。

如果上述断定为真,则以下哪项一定为真?

A. 所有林村人都爱吃麻辣香的食物。

B. 所有林村人都爱喝四川出产的茶。

C. 大部分林村人喝盖碗茶。

D. 张涛喝盖碗茶。

E. 张涛是四川人。

[解题分析]　正确答案:A

由"所有林村人都爱吃川菜,川菜的特点为麻辣香"可知"所有林村人都爱吃麻辣香的食物",即A项为真。其余选项都不必然为真。

例 8-13　大多数独生子女都有以自我为中心的倾向;有些非独生子女同样有以自我为中心的倾向;以自我为中心倾向的产生有各种原因,但一个共同原因是缺乏父母的正确引导。

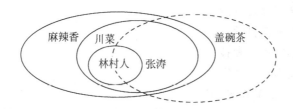

如果上述断定为真,则以下哪项一定为真?

A. 每个缺乏父母正确引导的家庭都有独生子女。

B. 有些缺乏父母正确引导的家庭有不止一个子女。

C. 有些家庭虽然缺乏父母正确引导,但子女并不以自我为中心。

D. 大多数缺乏父母正确引导的家庭都有独生子女。

E. 缺乏父母正确引导的多子女家庭,少于缺乏父母正确引导的独生子女家庭。

[解题分析]　正确答案:B

根据题干,可以画出如下集合图:

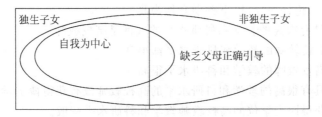

题干断定:有些非独生子女同样有以自我为中心的倾向,以自我为中心倾向的产生有一个共同原因是缺乏父母的正确引导。从中可推出"有些非独生子女也缺乏父母正确引导",即 B 项一定为真。C 项并不必然为真,题干只意味着"以自我为中心一定是缺乏父母的正确引导",并不排除"缺乏父母的正确引导一定是以自我为中心"这种情况的可能性,也就是"以自我为中心"与"缺乏父母的正确引导"有可能是同一的,在这种情况下 C 项就不成立了。其余选项都不一定为真。

2)导出直言三段论的省略前提

解题步骤:

(1)查看已知前提与结论中没有重合的两个项,将其联结起来;

(2)凭语感补全这个省略的前提;

(3)验证选项,可以借助画图法帮助判断。

例 8-14　有些教授留长发,因此,有些留长发的人是科学家。

为使上述推理成立,需要补充以下哪项作为前提?

A. 有些教授是科学家。

B. 所有科学家都是教授。

C. 所有教授都是科学家。

D. 有些科学家不是教授。

E. 有些教授不是科学家。

[解题分析]　正确答案：C

如果 C 项为真，即事实上"所有教授都是科学家"，那么，依据"有些教授留长发"自然可以得出"有些留长发的人是科学家"。其余各项均不能保证题干论证的成立。

例 8-15　有些高校教师有博士学位，所以，获得博士学位的有些人具有很高的教学和科研水平。

为保证以上论证成立，以下哪项必须为真？

A. 所有具有很高的教学和科研水平的人都是高校教师。

B. 所有高校教师的教学和科研水平都很高。

C. 有些高校教师的教学和科研水平很高。

D. 有些具有很高的教学和科研水平的高校教师没有获得博士学位。

E. 有些获得博士学位的高校教师教学和科研水平一般。

[解题分析]　正确答案：B

题干是个省略三段论。补充 B 项，与题干前提一起，题干结论才能成立。因此，B 为正确答案。

注意：如果选 A，则会出现"高校教师"这个中项两次不周延的情况。

例 8-16　没有脊索动物是导管动物，所有的翼龙都是导管动物，所以，没有翼龙属于类人猿家族。

以下哪项陈述是上述推理所必须假设的？

A. 所有类人猿都是导管动物。

B. 所有类人猿都是脊索动物。

C. 没有类人猿是脊索动物。

D. 没有脊索动物是翼龙。

E. 有些类人猿属于导管动物,有些是脊索动物。

[解题分析] 正确答案:B

先由"没有脊索动物是导管动物,所有的翼龙都是导管动物"推出"没有翼龙属于脊索动物"。要从中进一步推出"没有翼龙属于类人猿家族"的结论,B 项是必须假设的。否则,如果有的类人猿不是脊索动物,那么,从"没有翼龙属于脊索动物"就推不出"没有翼龙属于类人猿家族"的结论。

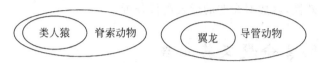

第9章 基本复合命题及其推理

命题是反映事物情况的思想。复合命题是包含了其他命题的一种命题。

演绎逻辑是研究推理的有效性的。推理是命题之间的一种关系,以复合命题为前提或结论的推理是复合推理。由于推理形式是命题形式之间的关系,因此,为研究推理的有效性,就要对命题的形式进行分析。

9.1 联言命题及其推理

1. 联言命题

联言命题是由"并且"这类联结词连接两个支命题而形成的复合命题,是断定事物的若干种情况同时存在的命题。如"文艺创作既要讲思想性,又要讲艺术性"就断定了"文艺创作要讲思想性"和"文艺创作要讲艺术性"这两种情况同时存在。

[逻辑案例] 犹太人和驴子

德国诗人海涅是犹太人,因此常遭人耻笑和攻击。一次,一位学者对他说:"我最近刚从塔希提岛旅行回来,你猜最使我惊讶的是什么?——这个岛上既没有犹太人,也没有驴子!"海涅立即回敬道:"我俩一起到那岛上去,那就既有犹太人,又有驴子了!"

在自然语言中,联言命题的语言表达形式是多种多样的。

(1) 并列关系的复合命题。例如:

① 产品加工既要省工,又要省料。

② 鲸是水生动物,并且是哺乳动物。

③ 劳动不但创造物质财富,而且创造精神财富。

④ 阳光暖暖地照着大地,春风轻轻地吹着柔柳。

(2) 承接关系的复合命题,承接关系涉及时间和空间的顺序。例如:

① 吃完晚饭,小张便上操场了。

② 看了他的示范动作后,我就照着样子做。

③ 旧的矛盾解决了,新的矛盾又出现了。

(3) 转折关系的复合命题,转折关系有强调的作用。例如:

① 事情干成了,不过身体也垮掉了。

② 林是著名翻译家,但他不懂外语。

③ 虽然天色已晚,但是老师仍在灯下伏案工作。

（4）递进关系的复合命题，递进关系旨在补充和强调。例如：

① 他会唱歌，而且会跳舞。

② 自然是伟大的，然而人类更加伟大。

③ 海底不但景色奇异，而且物产丰富。

在自然语言中，表示对偶、对比和排比关系的句子常常省略联结词。例如：

①价廉物美；②红了樱桃，绿了芭蕉；③富贵不能淫，贫贱不能移，威武不能屈。

2. 联言命题的形式

从以上各例可以看出，在自然语言中，联言命题的表达形式是多种多样的，我们把"P"并且"Q"看作它的标准表达形式，其中，P、Q 为联言支。在自然语言中，联言命题表达了支命题之间的内容、意义甚至语气上的相互关联。逻辑显然不能处理这些相互关联，它只研究支命题与复合命题在真假方面的相互关系。

联言命题的形式可表示为：P 而且 Q。逻辑上则表示为：P∧Q（读作 P 合取 Q）。

P	Q	P∧Q
1	1	1
1	0	0
0	1	0
0	0	0

逻辑含义把握：①在多个联言支存在的情况下，只要有一个联言支是假的，整个联言命题都将是假的。②相互矛盾判断组成的联言支必然为假，如"P 且非 P"，不论 P 是什么内容，该联言判断必然为假。

[逻辑案例] 三兄弟锁橱门（一）

张一、张二、张三是三胞胎，爸爸为他们三人做了一个共用的橱柜，然后发给他们三个每人一把锁和开这把锁的钥匙。有一天，爸爸对他们三人说："有一个条件，如果你们能做到，我明天就去买一个足球给你们踢。这个条件是，如果你们要踢球的话，只有当三个人都在的时候才能把足球拿出去踢。你们该怎样做才能达到这个条件？"这时，老大张一说了："爸爸，我们只要采取一种锁法，就能符合你提出的条件。"

请问：三兄弟应该怎样锁橱门呢？这种锁法，实际上是运用了什么判断形式？

答案：只有在张一打开自己的锁，而且张二打开自己的锁，而且张三打开自己的锁的时候，橱门才会被打开。这实际上是联言判断逻辑原理的应用。

3. 合取词与日常语言

联言命题的联结词有：并且；和；然后；不但，而且；虽然，但是；不仅，还；

等等。

在现代汉语中用这些联结词所联结而成的联言命题并不完全等同于用"∧"所联结而成的合取式。要注意合取词与各种日常语言中的联言联结词的异同。

(1) 合取词"∧"只保留了各种联言联结词所表示的联言命题与其支命题之间的真假关系,与联言支之间在内容上的联系无关。"∧"是对联言命题联结词在真值方面的一种逻辑抽象,仅仅保留了"断定事物若干情况存在"这一意义,而舍去了它们可能表示的并列、承接、递进、转折和对比等意义。因而用"∧"所表示的联言命题的真假与联言支之间在内容上的联系无关。比如,"1+1=2,并且雪是白的"在逻辑上可以为真。因为,对于联言命题来说,在真值方面的唯一要求就是看其所有联言支是否为真,即使二者无意义上的联系。

(2) 合取交换律成立,P∧Q 和 Q∧P 总是取同样的真值。一个合取命题成立与否,与其中合取支的顺序无关。例如,虽然认罪态度较好,但是犯罪情节严重;虽然犯罪情节严重,但是认罪态度较好。以上两个陈述虽然语意并不一样,但其逻辑真值是一样的。

(3) 日常语言都是有意义的关联。在日常语言中联言命题中联言支的次序十分重要,千万不可马虎大意。

[逻辑案例] 战绩

清代曾国藩在镇压太平天国起义军时,几遭挫折,连连失败。他打算请求皇上增援军队,于是就草拟了奏章,讲到战绩时,不得不承认"屡战屡败"。他的师爷看了这个提法后沉思良久,将"战"和"败"两字调换了一下位置,这样"屡战屡败"变成"屡败屡战",从而使这句话的意思起了质的变化。"屡战屡败"表现为无能,"屡败屡战"却表现为英勇。次日,皇上听了曾国藩面奏"臣屡败屡战"一语后,果然龙颜大悦,认为他在失败面前斗志不灭、百折不挠,从此他福星高照,连连受皇上恩泽。

分析:从纯粹逻辑的角度看,联言命题的意义与联言支的顺序是无关的。但在日常语言中,联言支的顺序不同,会使联言命题的意义也不同,上例就是一个很好的说明。

4. 联言推理

1) 分解式

根据一个联言命题为真而推出其各联言支为真。公式:P∧Q;所以,P(所以,Q)。

例如:某同志议论道:"既然大家都认为每个人既有优点又有缺点的看法是正确的,那么我说处长同志是有缺点的,这又有什么不对呢?"

2) 组合式

根据一个联言命题的各个联言支为真而推出该联言命题为真。公式:P,Q;所以,P∧Q。

例如：我们要建设物质文明，我们要建设精神文明，所以，我们既要建设物质文明又要建设精神文明。

[**逻辑案例**] 青年择偶

某报记者曾专题采访了一个女博士。记者采访她的理由是，堂堂女博士嫁给了一个来自农村的、比她小 6 岁的小区保安，这是一种向传统婚恋观挑战的行为。当记者问她嫁给保安的理由时，女博士笑着说，"他善良、温和，我只图他人好、对我好，其他什么也不图。"分析当今年轻白领（无论男女）的择偶过程，我们会发现，随着年龄增长、阅历的丰富，其择偶的过程实际上是一个做减法的过程。

下面是一则网上征婚启事中提出的基本择偶条件：异性（A）；23～28 岁（B）；高个，身高×××米以上（C）；高学历，研究生以上学历（D）；高收入，年收入 50 万以上（E）；相貌美丽或英俊（F）；性格温和（G）；善良（H）。

分析：这个命题是一个联言命题：$(A) \wedge (B) \wedge (C) \wedge (D) \wedge (E) \wedge (F) \wedge (G) \wedge (H)$，它通过对理想配偶特征的描述，来征寻符合这些条件的对象。在现实生活中，要真正找到符合这些条件的理想爱人是很难的。逻辑学告诉我们，一个联言命题为真，当且仅当其所有的联言支为真。一个联言命题的联言支越多，使之为真的概率越小，可供选择的范围就越小。况且，即使你遇到了符合这些条件的对象，对方也不一定相中你。也就是说，在这些联言支之外，还要加上一个联言支，即"对方同样相中你（I）"，因此，年轻的未婚白领们总要发出"知己难求"的感叹。随着年龄增长、阅历的丰富，人们逐渐去掉了一些非本质的条件，如身高、长相、学历等，当择偶条件只剩下"异性（A），性格温和（G），善良（H）"这三个主要条件时，选择的范围就扩大了。因为，一个联言命题的联言支越少，使之为真的概率越大。

例 9-1 哪一个运动员不想出现在奥运会的舞台上，并在上面尽情表演？

如果以上陈述为真，以下哪项陈述必定为假？

A. 所有美国运动员，如游泳选手菲尔普斯，都想在奥运会的舞台上尽情表演。

B. 有的牙买加运动员，如短跑选手博尔特，想出现在奥运会的舞台上。

C. 中国 110 米跨栏选手刘翔不想出现在奥运会舞台上，并在上面尽情表演。

D. 任何一个人，只要他是运动员，都想出现在奥运会的舞台上。

E. 中国跳水皇后郭晶晶想出现在奥运会的舞台上，并在上面尽情表演。

[**解题分析**] 正确答案：C

题干表述可理解为：所有运动员都想出现在奥运会的舞台上并在上面尽情表演。性质命题一般也可按假言命题理解，题干意思也可以理解为"任何一个人如果属于运动员，那么他就想出现在奥运会的舞台上，并在上面尽情表演"。既然刘翔是运动员，那他一定想出现在奥运会的舞台上。C 项与题干陈述明显不一致，必定为假，因此，C 项为正确答案。其余选项都符合题干意思。

例 9-2　北方人不都爱吃面食,但南方人都不爱吃面食。

如果已知上述第一个断定真,第二个断定假,则以下哪项据此不能确定真假?

Ⅰ. 北方人都爱吃面食,有的南方人也爱吃面食。

Ⅱ. 有的北方人爱吃面食,有的南方人不爱吃面食。

Ⅲ. 北方人都不爱吃面食,南方人都爱吃面食。

A. 只有Ⅰ　　　　　　　　　　B. 只有Ⅱ

C. 只有Ⅲ　　　　　　　　　　D. 只有Ⅱ和Ⅲ

E. Ⅰ、Ⅱ和Ⅲ

［解题分析］　正确答案:D

直言命题的对当关系。本题存在两个直言命题的推理。题干第一个断定"北方人不都爱吃面食"为真,等同于"有的北方人不爱吃面食"。对于直言命题的推理,O 真,则 A 假,I 和 E 真假不确定。即"有的北方人不爱吃面食"真,则"北方人都爱吃面食"为假,不能确定"有的北方人爱吃面食"与"北方人都不爱吃面食"的真假。题干第二个断定"南方人都不爱吃面食"(E)为假,可推出"有的南方人爱吃面食"(I)真,不能确定"有的南方人不爱吃面食"(O)与"南方人都爱吃面食"(A)的真假。Ⅰ项是一个联言命题,其中,"北方人都爱吃面食"假,整个复合命题为假。Ⅱ项和Ⅲ项不能确定真假。

9.2　选言命题及其推理

选言命题是断定事物若干种可能情况的命题,由两个以上的支判断所组成。包含在选言命题里的支命题称为选言支。

1. 相容的选言命题及其推理

1) 相容选言命题

断定事物若干种可能情况中至少有一种情况存在的命题就是相容的选言命题。比如:教学方式或者是上课,或者是讨论,或者是练习,或者是试验,或者是实习。

相容选言命题的联结词有:或者,或者;要么,要么;也许,也许;可能,也可能;等等。

2) 相容选言命题的形式

相容选言命题在逻辑上表示为:P∨Q(读作"P 析取 Q")。∨等同于电路里的"或门",也即并联。

由于相容选言命题的各个支所断定的情况是可以并存的,因此,在相容选言判断中,可以不只有一个选言支是真的。但是,只有至少有一个选言支是真的,该选言命题才是真的,否则,就是假的。

相容选言命题的逻辑值与其选言支的逻辑值之间的关系如表 9-1 所示:

表 9-1

P	Q	P∨Q
1	1	1
1	0	1
0	1	1
0	0	0

例如:相容选言判断"小张学习成绩不理想要么是学习方法不对,要么是不努力",只有在"小张学习方法不对"和"小张不努力"都是假的情况下是假的,在其余情况下都是真的。

3)相容选言推理的规则

相容选言推理规则是:只要有一个选言支是真的,相容联言判断就是真的。

若肯定一个选言支,则必须肯定包含这个选言支的任一选言命题。例如,从"奥巴马是美国总统"出发,既可以推出"奥巴马是美国总统或者卷心菜是蔬菜",也可以推出"奥巴马是美国总统或者卷心菜不是蔬菜"。

又如:如果事实上"鲸不是鱼""蝙蝠不是鸟",那么"鲸不是鱼或蝙蝠是鸟""鲸是鱼或蝙蝠不是鸟""鲸不是鱼或蝙蝠不是鸟"都是真的;只有"鲸是鱼或蝙蝠是鸟"是假的。

[**逻辑案例**] 三兄弟锁橱门(二)

过了一段时间,张一、张二、张三又有了新的爱好——养蚕。他们兄弟三人各自养了一盒,并把蚕养在三兄弟共用的橱柜里。爸爸在他们养蚕时就与他们约定,爸爸妈妈由于工作忙,所以他们的蚕要自己想办法喂养。于是,他们三个约好,谁先回家谁就先给蚕喂桑叶。请问:在这种情况下,三兄弟又应该怎样锁橱柜门? 这种锁法,实际上是运用了什么判断形式?

分析: 只要在张一打开自己的锁,或张二打开自己的锁,或张三打开自己的锁的时候下,橱柜门就会被打开。这实际上是相容选言判断原理的具体运用。用逻辑语言来表达,即只要张一、张二、张三三人中,有一人打开自己的锁为真时,"橱柜门打开"就为真。只有当三人中一个人也来打开自己的锁(即张一、张二、张三打开自己的锁全为假)的时候,橱柜门才不会被打开(即"橱柜门打开"才为假)。

4)相容选言三段论

相容选言三段论是指有一个相容选言命题作为大前提,一个简单命题作为小前提,并且根据相容选言命题的逻辑特征推出另一个简单命题作为结论的推论方法。相容的选言推理的规则有以下两条。

（1）否定一部分选言支，就要肯定另一部分选言支。即

$$P 或者 Q \qquad 或 \qquad P 或者 Q$$

$$\frac{非 P}{所以，Q} \qquad\qquad \frac{非 Q}{所以，P}$$

相容选言三段论只有一种正确的推论方法，即"否定肯定式"。否定肯定法是通过否定相容选言命题的其他支命题，进而肯定剩余的支命题的推论方法。这实际上是我们所用的排除法。其方法是列出各种可能情况构成一选言命题，然后根据所给信息，排除其他可能，最后得出确定的结论。例如：此刻灯不亮或是因为停电，或是因为电路故障，现已查明没有停电，所以，灯不亮是由电路故障引起的。在这个选言三段论中，"此刻灯不亮或是因为停电，或是因为电路故障"是一个相容选言命题。该推理通过否定其中的一个支命题"没有停电"，进而肯定另一个支命题"灯不亮是由电路故障引起的"。

（2）肯定一部分选言支，不能否定另一部分选言支。不正确的选言三段论：P 或 Q；P，所以，非 Q。例如：犯错误或者是主观原因，或者是客观原因，张三犯错误不是主观原因，所以，张三犯错误是客观原因。上述推理是无效的，因为很可能张三犯错误，两种原因都存在。

例 9-3 在一个凶杀案件的侦破过程中，警方查明以下事实：凶手只可能是甲或乙或丙；甲是一个惯窃犯，如果是他作案，必定是谋财害命案；乙是一个色情狂，如果是他作案，必定是奸杀案。现场勘查的结果，未发现被害人受到性侵犯，也未发现被害人的财物丢失。

若上述条件成立，则下列哪项为真？

A. 凶手是甲和丙。　　　　　　　B. 凶手是乙和丙。

C. 凶手是甲。　　　　　　　　　D. 凶手是乙。

E. 凶手是丙。

［解题分析］　正确答案：E

由于受害人未受到性侵犯，可以排除乙作案的可能性；由于未发现被害人的财物丢失，可以排除甲作案的可能性；根据题干的条件，可知剩下的丙就一定是凶手。因此，E 项为正确答案。

例 9-4 王涛和周波是理科（1）班同学，他们是无话不说的好朋友。他们发现班里每一个人或者喜欢物理，或者喜欢化学。王涛喜欢物理，周波不喜欢化学。

根据以上陈述，以下哪项必为真？

Ⅰ. 周波喜欢物理。

Ⅱ. 王涛不喜欢化学。

Ⅲ. 理科（1）班不喜欢物理的人喜欢化学。

Ⅳ. 理科(1)班一半人喜欢物理,一半人喜欢化学。

A. 仅Ⅰ

B. 仅Ⅲ

C. 仅Ⅰ、Ⅱ

D. 仅Ⅰ、Ⅲ

E. 仅Ⅱ、Ⅲ和Ⅳ

[解题分析] 正确答案:D

题干断定:每一个人或者喜欢物理或者喜欢化学。根据王涛喜欢物理,推不出王涛是否喜欢化学,即Ⅱ不一定真;根据周波不喜欢化学,可推出周波喜欢物理,即Ⅰ一定真;同时,根据题干断定也可推出Ⅲ也一定为真;Ⅳ明显推不出。

例 9-5 某地有两个奇怪的村庄,张庄的人在星期一、三、五说谎,李村的人在星期二、四、六说谎,在其他日子他们说实话。一天,外地的王从明来到这里,见到两个人,分别向他们提出关于日期的问题。两个人都说:"前天是我说谎的日子。"

如果被问的两个人分别来自张庄和李村,以下哪项判断最可能为真?

A. 这一天是星期五或星期日。

B. 这一天是星期二或星期四。

C. 这一天是星期一或星期三。

D. 这一天是星期四或星期五。

E. 这一天是星期三或星期六。

[解题分析] 正确答案:C

根据题干,如表 9-2 所示(√表示说实话,×表示说谎话)。

表 9-2

	星期一	星期二	星期三	星期四	星期五	星期六	星期日
张庄	×	√	×	√	×	√	√
李村	√	×	√	×	√	×	√

若这天是星期一,前天是星期六。在星期六,张庄的人实际是说实话,但在星期一他要说谎,因此,他说"前天我说谎"。相反,在星期六,李村的人实际是说谎话,但在星期一他要说实话,因此,他说"前天我说谎"。星期一满足题干条件。

除了星期一以外,容易判断在星期三到星期六,他们的回答都是"前天我说实话"。若这一天是星期二,张庄的人一定说"前天我说实话",李村的人一定说"前天我说谎";若这一天是星期日,张庄的人一定说"前天我说谎",李村的人一定说"前天我说实话"。因此,星期二到星期日都不符合题干条件。

所以,这天只能是星期一。因此,选项 A、B、D、E 都是错的。

由于选项 C"星期一或星期三"是个选言命题,只要有一个选言支为真,整个选言命题就为真,因此,C 项正确。

2. 不相容的选言命题及其推理

1) 不相容的选言命题

不相容的选言命题是断定事物若干可能情况中有且只有一种情况存在的命题。

例如:"一个物体要么是固体,要么是液体,要么是气体。""不是老虎吃掉武松,就是武松打死老虎。"上述命题都表达了不相容的选言命题,它们断定的关于事物的几种可能情况是不能并存的。

2)不相容选言命题的标准形式

不相容选言命题的标准形式:要么 P,要么 Q,二者必居其一。用符号"∨·"(读作"强析取")来代表其联结词,不相容的选言命题可表示为:P∨·Q。

由于不相容的选言命题断定了事物若干可能情况中,有且只有一种情况存在,这样,一个不相容的选言命题为真,当且仅当恰好有一个选言支为真;当所有的选言支都为假或不止一个选言支为真时,整个不相容的选言命题便为假,如表 9-3 所示。

表 9-3

P	Q	P∨·Q
1	1	0
1	0	1
0	1	1
0	0	0

例如:不相容选言判断"一个人的世界观要么是唯物的,要么是唯心的",在"一个人的世界观既唯物又唯心"和"一个人的世界观既不唯物又不唯心"的情况下是假的,在其余情况下都是真的。

[**逻辑案例**] 齐女应婚

古代齐国有个女子,长得非常漂亮。当她到了出嫁年龄的时候,同时有两家前来求婚。村东的小伙子长得十分英俊,但是家境贫寒、生活艰苦;村西的小伙子长得非常丑陋,但是家境殷实、广有钱财。女孩子的父母左右为难,拿不定主意,就来征求女儿的意见。不料一提婚事,女儿就羞得满脸通红,用被子蒙住头不说话。父母见状,就想出了一个办法,说:"如果你同意嫁给村东的小伙子,就把左手伸出来;如果同意嫁给村西的小伙子,就把右手伸出来。"这个女子考虑了半天,把两只手同时从被子里伸了出来。"你这是什么意思?"父母迷惑不解。女孩子掀开被子,回答说:"我想在西边那家吃饭,在东边那家住宿。""啊?这怎么可以呢?"父母两人大吃一惊。

分析:这位女子的选择为什么不对呢?因为"要么嫁给村东的小伙子,要么嫁给村西的小伙子"是一个不相容的选言命题。所谓不相容的选言命题,就是断定事物若干可能情况中只能有一种情况存在的命题,即选言支不相容的选言命题。"嫁给村东的小伙子"与"嫁给村西的小伙子"这两个选言支是不能同时存在的。一女不可两嫁,嫁给了村东的小伙子,就不能嫁给村西的小伙子;嫁给了村西的小伙子,就不能嫁给村东的小伙子。在"要么嫁给村东的小伙子,要么嫁给村西的小伙子"这样一个不相容的选言命题中,齐国女子全部选择了,即同时肯定两个选言支为真,所以这样的选择是错误的、行不通的,即整个不相容的选言命题是假的。齐女的错误在于混淆了两种性质不同的选言命题,把不相容的选言命题看作了相容的选言命题。

3）不相容选言命题的表述方式

在日常语言中,不相容选言命题有很多表述方式。

（1）联结词“要么……要么……”,例如:

① 物质要么是混合物,要么是纯净物。

② 黑客没有第三条道路可选——要么当黑客,要么当安全专家。

[**逻辑案例**] 小布什总统在“9·11”恐怖袭击事件后为确立“反恐统一战线”明确地说:“要么与我们站在一起去反对恐怖主义,那你是我们的朋友;要么不与我们站在一起,那你是我们的敌人。”但是,小布什总统在前后的多次公开谈话中却一直认为“中国既不是朋友也不是敌人”,看来小布什总统犯了自相矛盾的逻辑错误。

（2）联结词“或者（或）……或者（或）……”,例如:

① 或为玉碎,或为瓦全。

② 东渡日本,或者坐船,或者坐飞机。

注意:“或者”有时也用来表达陈述之间不相容的关系,这样使用时一般会增加诸如“二者必居其一”,或者“二者不可兼得”这样的限制。如果这样的限制被省略,则需要依据具体的语境来辨别。

（3）联结词“不是……就是……”(问句变体:“是……还是……?”),例如:

① 不是鱼死,就是网破。

② 不自由,毋宁死!

注意:从逻辑角度看,日常语言联结词存在两个主要的问题,一是不精确;二是负载了许多非逻辑的内容。

区分相容选言命题和不相容选言命题,不能只看联结词,而应重点看它们的真值情况。各个选言支能够同时为真的,是相容选言命题;不能同时为真的,是不相容选言命题。

（1）联结词“或者,或者”一般在相容意义上使用,但也可在不相容意义上使用。如:

① “掷硬币或者正面向上,或者反面向上。”(等同于“掷硬币要么正面向上,要么反面向上”)

② 我或者在北京,或者在南京。

（2）“要么,要么”一般在不相容意义上使用,但也可在相容意义上使用,如:

“明天要么刮风,要么下雨”(等同于“明天或者刮风,或者下雨”)这就使得在识别一个选言命题究竟是相容还是不相容时,要依靠相关背景知识去辨别各个支命题能否同时成立,这显然超出了逻辑学的范围。

4) 不相容选言三段论

不相容选言三段论是指前提中有一个不相容选言命题作为大前提,一个简单命题作为小前提,并且根据不相容选言命题的逻辑特征推出另一个简单命题作为结论的推论方法。不相容选言推理的规则如下。

(1) 否定一个选言支以外的选言支,就要肯定未被否定的那个选言支。否定肯定法是通过否定不相容选言命题的其他支命题,进而肯定剩余的一个支命题的推论方法。例如,被告人要么是故意犯罪,要么是过失犯罪;既然被告人不是故意犯罪,那么,被告人是过失犯罪。即:

要么P,要么Q   要么P,要么Q

非P   或   非P

所以,Q   所以,P

例如:

要么改革开放,要么闭关锁国

我们不能闭关锁国

所以,我们只能改革开放

又如:

要么老虎吃掉武松,要么武松打死老虎

老虎没有吃掉武松

武松打死老虎

(2) 肯定一个选言支,就要否定其余的选言支。肯定否定法是通过肯定不相容选言命题的一个支命题,进而否定剩余的支命题的推论方法。例如:被告人要么是故意犯罪,要么是过失犯罪;既然被告人是故意犯罪,可见,被告人不是过失犯罪。即:

要么P,要么Q   要么P,要么Q

P   或   Q

所以,非Q   所以,非P

例如:

要么改革开放,要么闭关锁国

我们坚持改革开放

所以,我们不能闭关锁国

又如:

小张现在要么在北京,要么在广州

小张现在在北京

所以,小张现在不在广州

[逻辑案例] 猜谜

古时有一个人在闹市里摆了一个猜谜摊。他用竹竿在摊子一侧挂着一个玩具脸谱,另一侧吊着一千铜钱,脸谱与线之间悬挂了这样一幅横额:"以左右两物为谜面,打俗语一句,猜中者即以一千铜钱相赠。"

观众纷纷前来猜测,但没有一人猜中,忽然,一个善于逻辑思维的青年人推开围观的人,什么也不说,拿掉吊在竹竿一侧的一千铜钱就走了,而主人却笑笑了事。众人奇怪地问:"他并没有猜谜,为什么让他把钱取走?"主人说:"他已猜中了,谜底就是'要钱不要脸'。"众人愕然。

分析:这个谜底包含着如下选言推理,即

要么要钱,要么要脸

要钱
_____

所以,不要脸

〔逻辑案例〕 祖孙三代

一个街道上有三户人家,各有祖孙三代在同一个工厂做工,分别做车工、钳工、勤杂工。每一户的祖孙三代之间工种各不相同,三户的同辈人之间工种各不相同。已知爷爷做车工的那家,其孙子不做勤杂工,请问这三家的祖孙三代各干什么?

分析:这是不相容选言推理,要么做车工,要么做钳工,要么做勤杂工。由于一户的祖孙三代之间工种各不相同,爷爷做车工的那家,既然孙子不做勤杂工,也不能做车工,所以必做钳工;父亲不能做车工,也不能做钳工,只能做勤杂工。第二家的爷爷只能做钳工或者勤杂工,假设他做钳工,则父亲只能做车工或勤杂工;由于第一家的父亲做勤杂工,所以他必做车工,而孙子只能做勤杂工。于是,第三家的爷爷做勤杂工,父亲做钳工,孙子做车工。

例 9-6 某山区发生了较大面积的森林病虫害。在讨论农药的使用时,老许提出:"要么使用甲胺磷等化学农药,要么使用生物农药。前者过去曾用过,价钱便宜、杀虫效果好,但毒性大;后者未曾使用过,效果不确定,价钱贵。"

从老许的提议中,不可能推出的结论是下列哪项?

A. 如果使用化学农药,那么就不使用生物农药。

B. 或者使用化学农药,或者使用生物农药,两者必居其一。

C. 如果不使用化学农药,那么就使用生物农药。

D. 化学农药比生物农药好,应该优先考虑使用。

E. 化学农药和生物农药是两类不同的农药,两类农药不要同时使用。

〔解题分析〕 正确答案:D

根据题干断定,要么使用甲胺磷等化学农药,要么使用生物农药。由此必然可推出 A、B、C 项。题干断定了这两类农药各有优缺点,D 项意思与此相悖,因此,不能从题干的断定中推出。E 项与题干断定并不矛盾,可以成立。

例 9-7 尽管约翰在这个月早些时候有足够的时间来完成他计划要在明天上

午的专业会议上提交的论文,然而他再三地推迟完成它。但是只要当约翰不受干扰地工作整个晚上,他仍可以及时完成他的论文。然而,今天晚上,他7岁的女儿要参加踢踏舞表演,约翰已答应出席演奏会,并答应随后带女儿和女儿的朋友们出去吃冰淇淋。因此,由于约翰的拖延,他被迫在他的职业和家庭职责之间作出选择。

上文是通过下列哪种方式进行论证的?

A. 提供某一件事情将会发生的证据来证明一件可替代的事情不会发生。

B. 为了证明某人在第一种情况下有一定的责任,在第二种情况下也有相似的责任的声明,揭示两种情况的相似性。

C. 为了原谅某人没能履行他的职责,要求人们同情他进退两难的困境。

D. 为了支持某人的行动是不负责任的声明,而澄清此人的行动给别人造成的伤害的程度。

E. 通过展示一种情况下必不可少的事情与另一种情况下必不可少的事情的不兼容性,证明了两种情况不能同时发生。

[解题分析]　正确答案:E

题干论述是:约翰今晚要承担职业职责就应写论文,要承担家庭职责就应出席他女儿的演奏会。约翰今天晚上要么写他的论文,要么去参加他女儿的表演,因此他被迫在他的职业职责和家庭职责之间做出选择。可见,E项描述了其论证方式,是正确答案。

例 9-8　一位体育明星发现将其形象宣传与赛事结合在一起,会产生许多麻烦,所以,她停止将两者联系在一起,不再允许书店的形象宣传与比赛在同一巡回的同一城市中出现。本周,她将去伦敦参加一项重要赛事,所以,她在伦敦停留期间,伦敦的任何书店中不会出现她的形象宣传。

以下哪一项运用的推理形式与上文中的最相似?

A. 无论 AB 杀虫剂出现在哪里,许多黄蜂都会被杀死。Z 家的花园中有 AB 杀虫剂,所以,所有留在花园里的黄蜂都会很快被杀死。

B. 医院急诊人员参加较轻的紧急事件的处理的唯一时间是当时没有严重的紧急情况需要处理。星期一晚上,急诊人员参加了一系列较轻的紧急事件的处理,所以,当晚肯定没有严重的紧急情况需要处理。

C. 西红柿需要炎热的夏季才能长得旺盛,所以,在夏季较冷的 Y 国农场中,西红柿可能不会长得很旺盛。

D. 获得较好成绩的学生创造了找到好工作的机会,努力学习创造了较好的成绩,所以,努力学习将会创造找到好工作的机会。

E. 如果这场比赛踢平,那么中国男足就能出线。这场比赛踢输了,所以中国男足没能出线。

[解题分析]　正确答案:B

题干推理结构是,P 和 Q 两件事不相容,所以,有 Q 就没 P。C 项推理结构与此类似。

3. 选言推理解题指导

1）进行选言推理应注意：选言支穷尽的问题

选言命题的选言支有是否穷尽的问题。一个选言命题的选言支穷尽,是指这个选言命题的选言支包括了所有可能的情况;一个选言命题的选言支不穷尽,是指这个选言命题的选言支没有包括所有可能的情况。一个选言命题,如果选言支是穷尽的,这个命题就是真的;而选言支不穷尽的选言命题就不必然真。

［**逻辑案例**］ 轧狗还是轧人

一位先生去考驾照。口试时,主考官问："当你看到一只狗和一个人在车前时,你是轧狗还是轧人？"

那位先生不假思索地回答道："当然是轧狗了。"

主考官摇摇头说："你下次再来考试吧。"

那位先生很不服气："我不轧狗,难道轧人吗？"

主考官大声训斥道："你应该刹车。"

（1）通过指出选言支未穷尽来削弱选言论证。

例 9-9 禁止步行者闯红灯的规定没有任何效果。总是违反该规定的步行者显然没有受到它的约束,而那些遵守该规定的人显然又不需要它,因为即使不禁止步行者闯红灯,这些人也不会闯红灯。

下面哪一个选项最准确地指出了上述论证中的漏洞？

A. 在其前提和结论中,它分别使用了意义不同的"规定"。

B. 它没有提供任何证据去证明,闯红灯比不闯红灯更危险。

C. 它理所当然地认为,多数汽车司机会遵守禁止驾车闯红灯的规定。

D. 它没有考虑到上述规定是否会对那些偶尔但不经常闯红灯的人产生影响。

E. 它没有考虑到骑自行车和开车的人等非步行者是否会闯红灯。

［解题分析］ 正确答案：D

题干认为禁止步行者闯红灯的规定无效果的理由是,总是违反规定的步行者不受其约束,而遵守规定的人本来就不会闯红灯。这个理由是不充分的,因为除了总是违反规定的和那些遵守规定的人外,还存在有时遵守有时违反规定的人,因此,D 项准确地指出了上述论证中的漏洞。

例 9-10 对于与居民人口息息相关的整个地毯市场来说,扩展的空间是相对有限的。大多数人购买地毯不过一两次,第一次是在二三十岁,然后可能是在五六十岁的时候。这样,那些生产地毯的公司在地毯市场上占有一席之地的方式就只能是吞并竞争者,而不是进一步拓展市场。

以下哪项为真,将对上述论证提出了最有力的质疑?

A. 大多数地毯生产商还销售其他地面覆盖物。

B. 大多数地位稳固的地毯生产商销售好多种不同牌子和品种的地毯,在市场上没留下使新品牌挤入的空隙。

C. 近十年内,本行业 2/3 的合并行为都导致那些新合并公司利润和收入的下降。

D. 地毯市场上几家主要商号通过降低生产成本而降低价格,这正在使其他的生产者自动放弃这个市场。

E. 地毯市场不同于大多数市场,因为消费者们日益对新的样式和风格反感。

［解题分析］　正确答案：D

题干推理为：地毯公司占有市场的方式或者是吞并竞争者,或者是拓展市场；由于拓展市场的空间有限,所以,公司在地毯市场上占有一席之地的方式只能是吞并竞争者。D 项指出除了拓展市场、吞并竞争者之外,还有让竞争者自动放弃市场这种情况存在。由于第三种情况的存在,吞并竞争者就不是占有地毯市场的唯一方式了,这就有力地削弱了题干。A、E 项为明显无关选项,排除；B 项说市场很难有新品牌介入,有支持题干论证的意味,排除；C 项说大部分吞并行为的结果并不理想,有一定削弱意味,但是请注意,只有 2/3 的效果不理想,还有效果理想的范例,C 项的削弱力度不足。

（2）评价选言论证的选言支是否穷尽。

例 9-11　主持人："有网友称你为国学巫师,也有网友称你为国学大师。你认为哪个名称更适合你?"

上述提问中的不当也存在于以下各项中,除了：

A. 你要社会主义的低速度,还是资本主义的高速度?

B. 你主张为了发展可以牺牲环境,还是主张宁可不发展也不能破坏环境?

C. 你认为人都自私,还是认为人都不自私?

D. 你认为"9·11"恐怖袭击事件必然发生,还是认为有可能避免?

E. 你认为中国队必然夺冠,还是认为不可能夺冠?

［解题分析］　正确答案：D

题干中"国学巫师"与"国学大师"是反对关系而非矛盾关系,因此,题干的提问不当在于选言支不穷尽。A 项的"社会主义的低速度"与"资本主义的高速度",B 项的"为了发展牺牲环境"与"宁可不发展也不破坏环境",C 项的"人都自私"与"人都不自私",E 项的"必然夺冠"与"不可能夺冠"均为反对关系而非矛盾关系。只有

D 项"必然发生"与"可能避免"(即"可能不发生")为矛盾关系,不存在"选言支不穷尽"的错误。因此,D 项为正确答案。

（3）描述选言论证。选言证法,也称排除证法、淘汰证法,是通过析取命题推理排除不成立或虚假的相关论题,从而证明原论题成立或为真的一种间接论证方式。选言证法的前提若没有穷尽所有的可能性,只能得出一个或然的结论。若要得出必然的结论,其前提必须穷尽所有可能的情况。

例 9-12 在印度的歇格特地区发现了一些罕见的陨石。其结构表明它们来自水星、金星和火星等地质活动剧烈的行星。因为水星接近太阳,任何从它表面分离出来的东西都会被太阳所俘获,而不会坠入地面成为陨石。这些陨石也不可能来自金星,因为金星的重力太大,足以防止从它表面脱离的物体进入外层空间。因而这些陨石有可能是火星与某一大型物质相撞后脱离的物体坠入地球而形成的。

上述论证导出其结论的方法是哪一项?

A. 举出某一理论的反例。　　　　　B. 排除其他可供选择的解释。

C. 对目前与过去的情况进行比较。　D. 对某一假设提出质疑。

E. 从特殊的事实材料中归纳出一般原则。

[解题分析]　正确答案:B

本题所用的选言证法,其前提并没有穷尽所有的可能性,因而得出的是一个或然的结论。注意:若要得出必然的结论,大前提必须穷尽所有可能的情况。

2）补充更严格的前提来支持论证

若从题干条件得不出结论,则需要补充新的前提条件来强化论证,从而得到必然的结论。

例 9-13 在某餐馆中,所有的菜点或属于川菜系或属于粤菜系,张先生的菜中有川菜,因此,张先生点的菜中没有粤菜。

以下哪项最能增强上述论证?

A. 餐馆规定,点粤菜就不能点川菜,反之亦然。

B. 餐馆规定,如果点了川菜,可以不点粤菜;但点了粤菜,就一定要点川菜。

C. 张先生是四川人,只喜欢川菜。

D. 张先生是广东人,他喜欢粤菜。

E. 张先生是四川人,最不喜欢粤菜。

[解题分析]　正确答案:A

题干推理是相容选言推理的肯定否定式,这个推理是不能必然得出结论的,只有不相容选言推理才能肯定其中一个而否定另一个。因此,要使结论成立,必须要使前提是不相容选言命题,选项 A 就表明了这一点。

3）综合推断

涉及几类元素的组合,要在分析组合的所有情况的基础上进行推断。

例 9-14　一桩投毒谋杀案,作案者要么是甲,要么是乙,二者必有其一;所用毒药或者是"毒鼠强"或者是"乐果",二者至少有其一。

如果上述断定为真,则以下哪项推断一定成立?

Ⅰ. 该投毒案不是甲投"毒鼠强"所为,因此一定是乙投"乐果"所为。

Ⅱ. 在该案侦破中发现甲投了"毒鼠强",因此案中的毒药不可能是"乐果"。

Ⅲ. 该投毒案的作案者不是甲,并且所投毒药不是"毒鼠强",因此一定是乙投"乐果"所为。

A. 只有Ⅰ　　　　　　　　　　　B. 只有Ⅱ

C. 只有Ⅲ　　　　　　　　　　　D. 只有Ⅰ和Ⅲ

E. Ⅰ、Ⅱ和Ⅲ

[解题分析]　正确答案:C

Ⅰ不成立,不是甲投"毒鼠强",也可能是甲投"乐果",或者乙投"毒鼠强"。Ⅱ不成立,题干断定,所用毒药或者是"毒鼠强"或者是"乐果",二者至少有其一,因此,可以同时用这两种毒药,发现了"毒鼠强",毒药中也不能排除"乐果"。Ⅲ成立,不是甲投毒,那必然是乙;毒药不是"毒鼠强",那必然是"乐果",亦即一定是乙投"乐果"所为。

9.3　假言命题及其推理

假言命题是断定事物情况之间条件关系的命题,又称"条件命题"。

假言命题中,表示条件的支命题称为假言命题的前件,表示依赖该条件而成立的命题称为假言命题的后件。假言命题因其所包含的联结词的不同而具有不同的逻辑性质。

9.3.1　充分条件假言命题及其推理

1. 充分条件假言命题

充分条件假言命题是指前件是后件的充分条件的假言命题。所谓前件是后件的充分条件,是指只要存在前件所断定的事物情况,就一定会出现后件所断定的事物情况,即前件所断定的事物情况的存在,对于后件所断定的事物情况的存在来说是充分的。

例如,如果你骄傲自满,那么你就要落后。这就是一个充分条件的假言命题。因为,在这种假言命题中,前件"你骄傲自满",就是后件"你要落后"的充分条件。一个人只要他有骄傲自满的思想存在,他就必然要落后。但是,如果一个人没有骄傲自满的思想,他是否会落后呢? 在这一命题中则未作断定。

一些很难回答的问题或者很难打破的僵局,运用充分条件假言命题就会迎刃而解。

[逻辑案例] 水塘的水

王宫的后花园有一个大水塘。有一次,国王问手下的大臣:"这个水塘里有多少桶水?"大臣们面面相觑,无人回答得出来。国王大怒:"你们都是一群酒囊饭袋!"一位大臣说,这个问题只有阿凡提能够回答。国王急忙召阿凡提进宫。阿凡提稍微想了一想,说:"这个问题很容易回答,如果水桶与水塘一样大,那么就有一桶水;如果水桶是水塘的一半大,那么就有两桶水;如果水桶是水塘的三分之一大。那么就有三桶水……"国王听了,觉得很有道理,就重赏了阿凡提。

2. 充分条件假言命题的形式

如果我们用符号"→"(读作"蕴涵")表示充分条件假言命题的逻辑联结词,那么,充分条件假言命题就可表示为:$P \rightarrow Q$(读作"P 蕴涵 Q")

在日常语言中,"$P \rightarrow Q$"表述为"如果 P,那么 Q""只要 P,就 Q""若……则……""假如,便""若是,就""倘若,便""只要,就""哪怕,也""就算,也""一旦……,……""在……时候,……"等。有时,表达充分条件关系的联结词还可以省略,例如:①锲而不舍,金石可镂;②人心齐,泰山移;③留得青山在,不怕没柴烧;④招手即停。

"$P \rightarrow Q$"可如下定义:"有之必然,无之不必然。"如果 P 为前件,Q 为后件,则有 P 定有 Q,但无 P 则不一定有 Q(或无 Q),如表 9-4 所示。

表 9-4

P	Q	P→Q
1	1	1
1	0	0
0	1	1
0	0	1

如上定义的蕴涵称为"实质蕴涵",表 9-4 即为充分条件假言命题的真值表。由表 9-4 可知,一个充分条件的假言命题,只有当它的前件为真、后件为假时,该假言命题才是假的;在其他情况下,该假言命题都是真的。

例如,充分条件假言命题"如果天下雨,那么会议延期",只有在天下雨但会议未延期的情况下才是假的,在其他情况下都是真的。表 9-5 列出了几个例子。

表 9-5

P	Q	P→Q	举例：如果严重砍伐森林，那么就会水土流失。
1	1	1	当"严重砍伐森林了，而且水土流失了"时，上述命题为真。
1	0	0	当"严重砍伐森林，但水土没有流失"时，上述命题为假。
0	1	1	当"没有严重砍伐森林，但水土流失"时，上述命题可以为真（比如下暴雨）。
0	0	1	当"没有严重砍伐森林，且水土没有流失"时，上述命题为真。

[逻辑案例]　算命仙的神机妙算

从前，在某个市集里住着一位算命仙。他家门口挂了一个招牌写着："神机妙算，一回一千元！如果算得不准，保证退钱。"商人们看了，都争相来算命。

第一个来算命的是卖碗的商人。算命仙收了一千元后，假装念了一些咒语，说："啊哈！如果碰到从东方来的人，你就会赚到钱。"商人想到今天会赚钱，就开开心心地离开了。之后又有卖麦芽糖的、卖糕饼的和卖肉的商人前来算命，算命仙都对他们依样画葫芦，假装念了一些咒语，然后说："啊哈！如果碰到从东方来的人，你就会赚到钱。"

当天晚上，卖碗商高兴地跑来找算命仙："真是谢谢您，我真的碰到来自东方的人，结果赚了很多钱，您真是太准了。"算命仙笑着说："那是当然的，以后欢迎再来算命啊。"卖碗商回去后，麦芽糖商人气呼呼地找来了："根本就不准嘛！我今天遇到从东方来的人，却一毛钱也没赚到！"算命仙摸着下巴说："那就奇怪了，不过既然不准，钱就还给你吧。"

麦芽糖商人回去后，糕饼商人也怒气冲天地跑进来："今天我都没赚到钱，把我的钱还给我！"算命仙停顿了一下，问道："那么，你是否碰到过来自东方的人呢？"糕饼商搔着头说："没有啊，只碰到来自南方的人。""那就对啦，我是说你如果碰到从东方来的人就会赚钱，可没说你碰到从南方来的人会赚钱啊。"算命仙说道。糕饼商听这话似乎有理，就回去了。

最后卖肉的商人也来了："今天我的确是赚到了钱，但不是碰到来自东方的人，而是来自北方的人。所以，你算错了吧？"算命仙摆出一副不可理喻的表情说："嘿，这位兄弟，我是说你如果碰到从东方来的人就会赚钱，何时说过你碰到从北方来的人就不会赚钱啊？我可没这么说啊。"卖肉商人觉得有理，点点头回去了。

所有商人回去后，算命仙露出笑容："赚钱真是简单啊！四个人来算命都给一样的答案，竟然有三个是准确的，足足赚了三千啊。嘻嘻嘻！"

3. 实质蕴涵的理解

从充分条件真值表可以看出，当 P 为假或 Q 为真时，"P→Q"是真的。对于蕴涵词的这样一种解释，称为"实质蕴涵"，这里要注意以下 3 点：

（1）实质蕴涵"P→Q"是一种真假制约关系，而不管 P 和 Q 是否有内容、意义上的关联。"P→Q"不完全等同于"如果 P,那么 Q","P→Q"和"如果 P,那么 Q"的含义也有区别,只是对后者的一个真值抽象。"P→Q"只表示 P 与 Q 之间的真假关系,而"如果 P,那么 Q"除了表示 P、Q 之间的真假关系外,根据具体的语境,还可表示 P 与 Q 之间的其他联系。日常语言中用"如果,则"表示条件句,有很多含义,其中主要有条件关系、因果关系、推理关系、假设关系、时序关系、允诺、威胁甚至打赌。人们在实际思维过程中运用充分条件假言命题时,并不只是考虑其前后件的真假关系,同时还必须考虑其前后件之间在内容上的联系。比如,"如果雪是白的,那么,长江是中国最长的河流"。按其逻辑联结词来看,这是一个充分条件假言命题。而且,根据充分条件假言命题的真值表,由于其前后件都真,因而也是一个真的充分条件假言命题。但是,从其具体内容来看,其前后件之间没有什么必然联系,仅仅存在着一种纯粹真假关系上的联系。就我们的日常思维来说,不能仅仅满足于这种联系,而必须要求把这种真假联系与其在内容上的有机联系结合起来。因为,我们日常思维中所考虑和运用的充分条件假言命题总是适应着一定实际情况的需要,并有其具体内容。

(2) 实质蕴涵"P→Q"要求我们必须按照其真假关系制约来理解,而不能考虑其"言外之意"。因此,必须正确处理逻辑推理与日常用语的关系。

例 9-15 小李的女朋友约小李第二天去商场。小李说:"如果明天不下雨,我就去爬山。"第二天,天下起了毛毛细雨。小李的女朋友很高兴,以为小李不会去爬山,可以陪她逛商场了。于是就去小李的宿舍找他,谁知小李还是去爬山了。等两人又见面时,小李的女朋友责怪小李食言,既然天下雨了,为什么还去爬山。小李却说,他并没有食言,是他女朋友的推论不合逻辑。

对于两人的争论,下面哪项论断从逻辑的角度是合适的?

A. 这个争论是没有意义的。

B. 小李女朋友的推论不合逻辑。

C. 两个人对毛毛细雨的理解不同。

D. 由于小李食言,引起了这场争论。

E. 由于小李的表达不够明确,引起了这场争论。

[解题分析] 正确答案:B

按照日常的理解,如果一个人说自己"不下雨就去爬山",那么言外之意就是"下雨就不去爬山",所以在这个意义上,小李确实是食言了。但是如果我们严格地按照逻辑来理解,小李就没有食言。小李只是说自己不下雨就去爬山,并没有说下雨就一定不去(即,下雨的话去不去爬山都是可以的),所以小李女朋友的指责是没有道理的、不合逻辑的。在这个例子里,就出现了日常理解与逻辑理解的冲突。

（3）蕴涵怪论，如表 9-6 所示。

表 9-6

	P	Q	P→Q	举 例
第一种情况	1	1	1	如果黄瓜是瓜，则白马是马。
第二种情况	1	0	0	如果黄瓜是瓜，则白马不是马。
第三种情况	0	1	1	如果黄瓜不是瓜，则白马是马。
第四种情况	0	0	1	如果黄瓜不是瓜，则白马不是马。

① 真命题为一切命题所蕴涵——若后件真，则不论前件真假，若 P 则 Q 永真。第一种情况好像不好理解，但当我们补充第三种情况时，可理解为：不管黄瓜是不是瓜，白马都是马，也就是说，后者与前者没有关系。即：当 Q 真时，无论 P 真还是 P 假，相应的蕴涵式"P→Q"只不过是 Q 真的强调说法。

② 假命题蕴涵一切命题——若前件假，则不论后件真假，若 P 则 Q 永真。第三种情况可理解为：即使黄瓜不是瓜，白马也是马。第四种情况可理解为："白马不是马"与"如果黄瓜不是瓜"一样荒谬。当 P 假 Q 也假时，相应的蕴涵式"P→Q"只不过是 P 假的强调说法。

［逻辑案例］　2 加 3

"在什么条件下，2 加 3 不等于 5?"这个问题一下子把大家给难住了。

"这个答案就是，"老师停顿了一下，慢慢地说，"如果 1 加 1 不等于 2，那么，2 加 3 就不等于 5。"

［逻辑案例］　空头支票

一个穷光蛋可以任意开空头支票：如果我有一亿元，我将分一半给你；如果我有一亿元，我连一分也不给你；由于他身无分文，前件总不满足，他的话总是成立的，永远没有机会被证伪。我们只能说他许下了两个无法兑现的诺言，而不能说他故意撒谎，说了两句假话。

［逻辑案例］　两个穷光蛋

甲问乙："如果你有 200 万，能不能分我 100 万?"

乙："没问题，咱俩兄弟，你的就是我的，我的就是你的。"

甲又问乙："如果你有两双鞋，能不能分我一双。"

乙："那可不行。"

甲："为什么?"

乙："因为我现在刚好有两双鞋。"

分析：在充分假言为真的情况下，若前件假，后件也可假；若前件真，后件也必须真。

4. 充分条件假言三段论

1）两类正确的推理

（1）肯定前件式：

> 如果 P，那么 Q
>
> P
> ———————————
> 所以，Q

例如：

> 如果天下雨，那么运动会延期
>
> 天下雨
> ———————————
> 所以，运动会延期

（2）否定后件式：

> 如果 P，那么 Q
>
> 非 Q
> ———————————
> 所以，非 P

例如：

> 如果天下雨，那么运动会延期
>
> 运动会没有延期
> ———————————
> 所以，天没有下雨

[逻辑案例] 车祸

张半仙在街头大吹大擂说他能占卜吉凶祸福、料事如神。小杜听后，装着气喘吁吁地跑来喊道："哎呀，张大师，你还不赶快回去，你儿子被汽车撞伤了！"张半仙大惊，赶紧收起摊子就跑。小杜哈哈大笑对众人说："其实他儿子并没出车祸，我只是想戳穿他的谎言。"

分析：小杜的证明如下：

> 如果张半仙真能占卜吉凶，那么他就应当知道他儿子并没出车祸
>
> 现在，他不知他儿子并未出车祸
> ————————————————————————
> 可见他根本不能占卜吉凶

[逻辑案例] 死期

有一天，阿凡提在王宫里的下房中和国王的侍卫开玩笑说："你两天以后就要死。"

真巧，两天以后那个侍卫果真从马上摔死了。国王认为侍卫官是由于阿凡提这句不吉利的话才死的，于是准备把阿凡提绞死。国王把阿凡提叫来，问道："你既然知道侍卫官什么时候死，那么，你知道自己什么时候死吗？"

阿凡提听到国王这样问话，又看到绞架和士兵，知道国王要绞死他，于是他斩

钉截铁地回答："夜里我看星象，我要比陛下早死两天。"

国王一听，心里想："如果现在我把阿凡提绞死，那么，两天以后我的命也保不住了。"他害怕极了，于是马上放了阿凡提，还给了他很多金银财宝。

分析：国王的推理如下：

$$阿凡提死 \rightarrow 自己在两天后死$$

$$\cfrac{自己不想死}{阿凡提不能死}$$

[逻辑案例] 难产的原因

一位妇女死于难产，她的丈夫起诉医生。在法庭上，她丈夫请的律师与医生有如下对话。

律师："她在怀孕检查时，你是不是认为她生孩子是安全的？"

医生："是的。"

律师："也就是说，如果她受到正确的护理，她是可以安全生孩子的。"

医生："是的。"

律师："她是不是受到你的护理？"

医生："是的。"

律师："我没有问题了，谢谢！"

分析：律师的询问运用了蕴涵命题推理的否定后件式，是有效的推理。从表面上看，律师的询问似乎没有结果就结束了，实际上它蕴涵着"她没有得到正确的护理"这个结论，具体推理如下。

$$\cfrac{如果孕妇受到正确的护理，她是可以安全生孩子的}{所以，她没有受到正确的护理（省略）}$$
她没有安全生孩子

例 9-16 有一种观点认为"只要有足够的钱就可以买到一切"。

从这个观点可以推出下面哪个结论？

A. 有些东西即使有足够的钱也买不到，如友谊、健康、爱情等。

B. 如果没有足够的钱，那么什么也买不到。

C. 有一件我买不到的东西存在，说明我没有足够的钱。

D. 有钱要比没有钱好。

E. 没有足够的钱也可以买到一切东西。

[解题分析] 正确答案：C

假言判断中"后假推前假"的规则，当知道该规则并且"计算"出正确答案后，没有其他选项具有干扰性。

2）两类错误的推理

（1）否定前件式：

$$如果\ P\ 则\ Q$$
$$非\ P$$
$$所以，非\ Q$$

例如：

$$如果患肺炎，那么就会发高烧$$
$$小张没患肺炎$$
$$所以，小张不会发高烧$$

（这不一定对，小张可能得了感冒，也会发烧。）

例 9-17 酒醉吐真言，小刘现在并没有喝酒。

以下哪项，从上述题干中推出最为恰当？

A. 小刘说的是假话。

B. 小刘说的是真话。

C. 小刘从不说真话。

D. 小刘可能说真话也可能说假话。

E. 现在小刘不可能说真话。

［解题分析］ 正确答案：D

酒醉是说真话的充分条件，而不是必要条件。酒醉时说真话，但没喝酒时说话的真假并不能确定。所以，D 项的说法最为恰当。

例 9-18 如果某人是杀人犯，那么案发时他在现场。

据此，我们可以推出：

A. 张三案发时在现场，所以张三是杀人犯。

B. 李四不是杀人犯，所以李四案发时不在现场。

C. 王五案发时不在现场，所以王五不是杀人犯。

D. 许六不在案发现场，但许六是杀人犯。

E. 赵七不是杀人犯，但案发时赵七在现场。

［解题分析］ 正确答案：C

题干是一个充分条件的假言命题，推理的有效形式是肯定前件，就肯定后件；否定前件不能推出否定的后件；否定后件可以得出否定的前件；肯定后件不能推出肯定的前件。A 项属于肯定后件推出肯定的前件，不符合规律，排除；B 项属于否定前件也不能推出否定的后件；C 项属于否定后件可以推出否定的前件；D 项属于否定后件，但不能得出肯定的前件，排除。E 项可能为真，但并不必然为真。因此，正确答案为 C。

(2)肯定后件式:

$$如果 P 则 Q$$

$$\underline{Q}$$

所以,P

例如:

如果患肺炎,那么就会发高烧

小张发高烧了

所以,小张患肺炎了

(这不一定对,小张发高烧的原因可能是患感冒了。)

[逻辑案例] 不懂逻辑的故事

13世纪,英国北威尔士有个猎人,太太难产,生下孩子就死了,这个猎人养了一条忠实而凶猛的狗,非常聪明。

有一次,猎人外出打猎,留下狗照管自己的孩子。他到了别的乡村,因遇大雪,当日不能回来,第二天才赶回家。狗闻声出来迎接主人,猎人把房门打开一看,到处是血,抬头一望,床上也是血,孩子不见了,狗在身边,满口也是血,猎人发现这种情形,以为狗兽性大发,把孩子吃掉了,大怒之下,拿起刀来向着狗头一劈,把狗杀死了。之后,忽然听到孩子的哭声,又见他从床下爬了出来,于是抱起孩子,孩子虽然身上有血,但并未受伤,他很奇怪,不知究竟是怎么一回事。再看看狗身上、腿上的肉没有了,旁边有一只狼,嘴里还咬着狗的肉。原来,主人不在时闯进了一只狼,狗为了救小主人与狼搏杀,最后把狼咬死了。但忠实的狗却被猎人误杀了,这真是天下最令人惊奇的误会。

分析:误会的产生,是因为这个猎人不懂逻辑,猎人的推理如下:

如果狗吃了小孩,那么它的嘴上有血,屋里也有血,孩子不见了

现在,狗的嘴上确实有血,屋里也有血,孩子不见了

所以,狗吃了小孩

这是一个肯定后件式的错误推理。

[逻辑案例] 懂逻辑的故事

一位下士调动工作,到新地方报到时带来了原上司给新上司的一张字条,字条上写着:"此人好赌,如能戒,则是好兵。"新上司立即问那个下士:"你赌什么?""什么都赌",下士说,"例如,我敢说您右臂下有一胎痣。如果没有,我输给您一周薪金"。"好!"新上司说着立即脱掉上衣,证明自己并无胎痣。随后,他高兴地接受了下士输给他的一周薪金。

事后,他洋洋得意地打电话告诉下士原来的上司说:"你那个好赌的下士被我治了一下。"等他把情况说明时,对方说:"别自信了,他从我这儿出发之前就同我赌了两千镑,说一见到你就能让你光膀子,结果你让他赢了,我输了。"

分析:这位下士用了一个充分条件纯假言推理。如果我告诉新上司说他右臂

下有一胎痣并以此和他打赌,那么他一定认为我输;如果他一定认为我输,那么他一定会和我打赌;如果要和我打赌(即要证明我说得不对),那么他就得光膀子;如果他光膀子,那么和原上司打的赌就肯定是我赢了。所以,如果我告诉新上司说他右臂下有胎痣并以此和他打赌,那么和原上司打的赌就肯定是我赢了。

例 9-19　如果风很大,我们就会放飞风筝;如果天空不晴朗,我们就不会放飞风筝;如果天气很暖和,我们就会放飞风筝。

假定上面的陈述属实,如果我们现在正在放飞风筝,则下面的哪项也必定是真的?

Ⅰ. 风很大。

Ⅱ. 天空晴朗。

Ⅲ. 天气暖和。

A. 仅Ⅰ
B. 仅Ⅰ、Ⅲ

C. 仅Ⅲ
D. 仅Ⅱ

E. 仅Ⅱ、Ⅲ

[解题分析]　正确答案:D

题干推理关系为:①风大→放飞风筝;②不晴朗→不放飞风筝;③暖和→放飞风筝。如果我们现在正在放飞风筝,对①式和③式来说,充分条件假言命题肯定后件不能得出肯定前件,因此,"风很大"和"天气暖和"均不能从题干的条件中推出。如果我们现在正在放飞风筝,对②式来说,充分条件假言命题否定后件必然得出否定前件,因此,可以推出"天空晴朗"。所以,Ⅰ、Ⅲ不必然为真,Ⅱ必然为真,B项为正确答案。

9.3.2　必要条件假言命题及其推理

1. 必要条件假言命题

必要条件的假言命题是指前件是后件的必要条件的假言命题。所谓前件是后件的必要条件是指:如果不存在前件所断定的情况,就不会有后件所断定的事物情况,即前件所断定的事物情况的存在,对于后件所断定的事物情况的存在来说是必不可少的。例如:

(1) 只有了解学生,才能教育学生。

(2) 只有控制人口增长,才能解决资源短缺问题。

(3) 所有的学生都可以参加这一次的决赛,除非没有通过资格赛的测试。

(4) 若要人不知,除非己莫为。(俗语)

表达必要条件假言命题的联结词有："只有……才""不……（就）不……""没有……没有……""唯若……才……""必须……才……""除非……才……"等。

2. 必要条件假言命题的形式

必要条件假言命题逻辑表示为：$P \leftarrow Q$（读作"P反蕴涵Q""P逆蕴涵Q"）。

根据必要条件假言命题的逻辑特性，我们把它的逻辑值与其前后件逻辑值之间的关系列表9-7。

表　9-7

P	Q	$P \leftarrow Q$
1	1	1
1	0	1
0	1	0
0	0	1

例如，必要条件假言命题"除非考试及格，否则不予录取"，只有在"考试不及格却予以录取"的情况下才是假的，在其他情况下（如"考试及格却未予录取"）都是真的。

再如，有人坚持认为"只有乡下人才长寿"，但经调查发现，城市里有不少人是百岁寿星，这一事实就证明那个人所说的话是假的。但如果发现有的乡下人不长寿，却不能证明该人的话为假。

P是Q的必要条件是指：无P必无Q，但有P未必有Q（因而有Q必有P，无Q未必无P）。如果P为前件，Q为后件，则无P一定无Q，但有P则不一定有Q（或无Q）。例如，妈妈对小明说，只有做完作业，才能去游泳。根据妈妈的意思，有："小明做完作业，去游泳了"为真；"小明做完作业，没能去游泳"为真；"小明没做完作业，就去游泳了"为假；"小明没做完作业，没去游泳"为真。

例 9-20　许多报纸有两种版面——免费的网络版和花钱订阅的印刷版。报纸上网使得印刷版的读者迅速流失，而网络版的广告收入有限，报纸经济收益大幅下挫。如果不上网，报纸的影响力会大大下降。如果对网络版收费，很多读者可能会流转到其他网站。要让读者心甘情愿地掏腰包，报纸必须提供优质的、独家的内容。

如果以上陈述为真，以下哪项陈述一定为真？

A. 如果对网络版报纸收费，则一部分读者会重新订阅印刷版。

B. 只有提供优质的、独家的内容，报纸才会有良好的经济收益。

C. 只要报纸具有优质的、独家的内容，即使不上网，也能造成巨大的影响力。

D. 随着越来越多的人通过网络接受信息，印刷版的报纸将逐渐退出历史舞台。

E. 免费的网络版使读者上网看报,那样报纸的影响力会大大加强。

[解题分析] 正确答案:B

题干断定:要让读者心甘情愿地掏腰包,报纸必须提供优质的、独家的内容。也即,报纸提供优质的、独家的内容是其取得收益的必要条件,因此,B项必为真。其余选项超出题干断定范围。

3. 必要条件假言三段论

必要条件假言三段论,是指由一个必要条件假言命题作为大前提,一个简单命题作为小前提,并且根据必要条件假言命题的逻辑特征推出另一个简单命题作为结论的推论方法。必要条件假言三段论有两种正确的推论方法,即否定前件法和肯定后件法。

1) 两类正确的推理

(1) 否定前件式:

> 只有 P,才 Q
> 非 P
> 所以,非 Q

例如:

> 只有年满十八岁,才有选举权
> 小张不到十八岁
> 小张没有选举权

(2) 肯定后件式:

> 只有 P,才 Q
> Q
> 所以,P

例如:

> 只有年满十八岁,才有选举权
> 小张有了选举权
> 小张年满十八岁了

[逻辑案例] 送钱的傻瓜

汤姆在叔叔家住了几天,临走时,叔叔掏出 100 元钱对汤姆说:"这钱给你留着花。记住,把钱收好,丢了可就白送人了。"汤姆说:"知道,只有傻瓜才把钱送人呢!"听到此言,叔叔想了想说:"你说得有道理,我看这些钱还是不给你的好。"

分析:汤姆的话说得很不妥当,等于在批评叔叔,说叔叔是傻瓜。叔叔根据汤姆的思路,推理过程如下,只有傻瓜才把钱送人,你把钱送人,所以,你是傻瓜。

叔叔当然不愿意做傻瓜,因此,他决定不给侄子这些钱了。这里就包含这样的省略推理:只有傻瓜才把钱送人;我不是傻瓜;所以,我不把钱送人。

[逻辑案例]

一个小女儿问妈妈:"妈妈,您头上为什么长出了白头发呀?"妈妈回答:"因为女儿不听话,妈妈才长出白头发。"小女儿眨巴眨巴眼睛,想了想说:"我现在才知道,外婆的头发为什么全都白了。"

分析:显然,小女儿正在进行必要条件假言命题的肯定后件式推理:只有女儿不听话,妈妈才长出白头发;外婆的头发全都白了,所以,外婆的女儿——妈妈不听话。这个推理是有效的,妈妈不正确的教育方式被聪明的女儿钻了空子。

例 9-21 只有总体素质高的大学生,才能考上公务员。

如果这个断定成立,则以下哪项一定为真?

A. 小王是总体素质高的大学生,所以他考上了公务员。

B. 小王考上了公务员,所以他的总体素质一定不低。

C. 有越来越多的大学生准备考公务员。

D. 总体素质高低,与考上公务员没有关系。

E. 总体素质高的大学生,也可以考上研究生。

[解题分析] 正确答案:B

题干条件为:总体素质高的大学生←考上公务员。这样,既然小王考上了公务员,说明他的总体素质高。因此,B项正确。

2)两类错误的推理

(1)肯定前件式:

$$只有 P,才 Q$$
$$\underline{P}$$
$$所以,Q$$

例如:

$$只有年满十八岁,才有选举权$$
$$\underline{小张年满十八岁}$$
$$小张有了选举权$$

这个推理不正确,也许小张是个精神病患者,即使年满十八周岁了,也没有选举权。正确的推理应该是:只有 P,才 Q;P;所以,可能 Q。

例 9-22 中周公司准备在全市围内展开一次证券投资竞赛。在竞赛报名事宜里规定了"没有证券投资实际经验的人不能参加本次比赛"这一条。张全力曾经在很多大的投资公司中实际从事过证券买卖操作。

那么,关于张全力,以下哪项是根据上文能够推出的结论?

A. 他一定可以参加本次比赛,并获得优异成绩。

B. 他参加比赛的资格将取决于他证券投资经验的丰富程度。

C. 他一定不能参加本次比赛。

D. 他可能具有参加本次比赛的资格。

E. 他参加比赛的资格将取决于他以往证券投资的业绩。

[解题分析] 正确答案:D

题干断定:①具有证券投资经验是具备参赛资格的必要条件,即没有经验者肯定不具备参赛资格,但有经验者是否具备资格呢?可能具备,也可能不具备。②张全力是有经验者。从题干的两个断定中可以推出的是 D 项,但不能推出 A 项;其余项均不能推出。

(2) 否定后件式:

$$只有 P,才 Q$$
$$非 Q$$
$$所以,非 P$$

例如:

$$只有年满十八岁,才有选举权$$
$$小张没有选举权$$
$$小张不满十八岁了$$

这个推理不正确,也许小张是个精神病患者,虽然没有选举权,但年满十八岁了。

例 9-23 父亲对儿子说:"你只有努力学习,才能考上重点大学。"

后来可能发生的情况是:

Ⅰ. 儿子努力了,没有考上重点大学。

Ⅱ. 儿子没努力,考上了重点大学。

Ⅲ. 儿子没努力,没有考上重点大学。

Ⅳ. 儿子努力了,考上了重点大学。

发生哪几种情况时,父亲说的话没有错误?

A. 仅Ⅳ   B. 仅Ⅲ、Ⅳ

C. 仅Ⅱ、Ⅳ   D. 仅Ⅰ、Ⅲ、Ⅳ

E. 仅Ⅱ、Ⅲ和Ⅳ

[解题分析] 正确答案:D

题干中父亲说的话是一个必要条件的假言命题,推理关系为:努力学习←考上重点大学。Ⅰ、Ⅲ、Ⅳ三种情况发生,并不违背上述推理关系,只有Ⅱ这个情况发生,与题干推理关系(即父亲说的话)发生了矛盾。因此,正确答案为 D 项。

9.3.3 充要条件假言命题及推理

1. 充要条件假言命题

充分必要条件假言判断（简称"充要条件假言判断"），是断定某一事物情况的存在为另一事物情况存在的充分必要条件的复合判断。例如：

（1）当且仅当一个三角形是等角的，则它是等边的。

（2）如果一种理论是真理，那么它经得起实践检验；并且只有它是真理，它才经得起实践检验。

（3）如果社会分裂为阶级，那么国家就会出现；如果社会没有分裂为阶级，那么国家就不会出现。

（4）人不犯我，我不犯人；人若犯我，我必犯人。

联结词有："当且仅当P，则Q""不……不……，若……则（必）……""如果……则……并且只有……才……""如果……就……，如果不……就不……""只要……并且……只有……才……""只有……而且……只要……就……"。

2. 充要条件假言命题的形式

充要条件假言命题逻辑上表示为：P↔Q（读作"P等价于Q"），如表9-8所示。

表 9-8

P	Q	P↔Q
1	1	1
1	0	0
0	1	0
0	0	1

[逻辑案例] 车票

一个下雨天，一位妇女牵着一条腿上沾满污泥的大狗上了公共汽车。这位妇女坐下后对售票员说："喂，如果我给这条狗买一张车票的话，它是否也能与其他乘客一样有一个座位？""当然行啦，太太。不过它也必须和其他乘客一样，不要把脚放在座椅上。"售票员打量了一下那条狗后说道。

分析：表面上看售票员好像答应了那位妇女，但实际上售票员的话包含了这样一个推理，当且仅当这条狗与其他乘客一样不把脚放在座椅上时，它才可以与其他乘客一样有个座位；这条狗无法做到与其他乘客一样不把脚放在座椅上；所以，这条狗不能与其他乘客一样有个座位。售票员实际上回绝了那位女乘客的无理要求。

9.3.4 充分与必要条件的理解

充分与必要条件是一个重要的逻辑概念,有必要进一步理解。

1. 充分条件与必要条件的区别

1) 充分条件

所谓充分条件就是仅有这条件就足以带来结果,无须考虑别的条件了。这种推理反映了客观世界中多因与其结果间的制约关系。一个结果可以由许多不同的原因中的任何一个原因产生。例如,加热和抽真空都是水汽化的充分条件。

例如,只要找到老王,这事就能办成。上述说法意味着老王是办成这事的充分条件:

① 找到老王,不需要别人了,就能办成事;

② 没有老王,不见得别人办不成,比如老张也有可能办成事。

运用充分条件假言推理时要注意,通常情况下,充分条件假言命题的前件反映的只是能分别独立导致后件结果的若干条件之一,这种关系可图示如下:

$$P \searrow$$
$$R \rightarrow Q$$
$$S \nearrow$$

由上图可知,P、R、S 都可分别独立导致 Q,所以,在没有 P 时并不一定没有 Q(因为有 R 或 S 也会有 Q),在有 Q 时也并不一定就有 P(因为 Q 可由 R 或 S 所致)。可见,我们不可通过肯定一个充分条件假言命题的后件来肯定其前件,也不可通过否定一个充分条件假言命题的前件来否定其后件。拿"如果谁骄傲自满,谁就会落后"来说,骄傲自满只是落后的条件(骄傲自满、悲观失望、墨守成规、方法不当等)之一,所以,我们不可由某人没骄傲自满而推知他不会落后,也不可由他落后了而推知一定是因为他骄傲自满。

充分条件假言推理相应地有如下两条规则:①肯定前件就要肯定后件,否定后件就要否定前件;②否定前件不能否定后件,肯定后件不能肯定前件。

2) 必要条件

所谓必要条件就是没有这个条件,结论一定不对。必要条件假言推理反映了客观世界中复因与其结果间的制约关系。一个结果的产生需要许多原因,缺一不可。这许多条件,就是复因。复因中的各个原因要联合起来,才能产生结果;只有复因之一,不能产生结果。比如,阳光、二氧化碳和水分都是光合作用的必要条件。

必要条件假言命题的前件反映的情况通常只是后件情况必不可少的条件之一,它往往需要与其他条件相结合才能共同导致后件所反映的情况,这种关系可图示如下:

$$\left.\begin{array}{c} P \\ + \\ R \\ + \\ S \end{array}\right\} \rightarrow Q \qquad (当且仅当\ P、R、S、Q)$$

由上图可知,要使 Q 成立,需 P、R、S 同时成立。所以,仅有 P,不一定有 Q(因为也许没有 R 或 S);没有 Q 也不一定就没有 P(因为没有 R 或 S 时,也就没 Q)。

必要条件假言推理也相应有以下两条规则:①否定前件就要否定后件,肯定后件就要肯定前件;②肯定前件不能肯定后件,否定后件不能否定前件。

例 9-24 一个国家要发展,最重要的是保持稳定。一旦失去稳定,经济的发展、政治的改革就失去了可行性。

上述议论的结构与以下哪项的结构最不类似?

A. 一个饭店,最重要的是让顾客感到饭菜好吃。价格的合理、服务的周到、环境的优雅,只有在顾客吃得满意的情况下才有意义。

B. 一个人,最要紧的是不能穷。一旦没钱,有学问、有相貌、有品行又能有什么用呢?

C. 高等院校,即使是研究型的高等院校,其首要任务是培养学生。这一任务完成得不好,校园再漂亮、设施再先进、发表的论文再多也是没有意义的。

D. 对于文艺作品来说,最重要的是它的可读性、观赏性。只要有足够多的读者,高质量的文艺作品就一定能实现它的社会效益和经济效益。

E. 一个品牌要能长期占领市场,最重要的是产品质量。一个产品如果质量不过关,广告或包装再讲究,也不能使它长期占领市场。

[解题分析] 正确答案:D

题干推理强调了某件事情的关键因素,没有这个关键因素,其他因素再好再多也没用。因此,题干是从必要条件的意义上断定这个关键因素的重要性的。A、B、C、E 项都是类似的推理,而 D 项是从充分条件意义上断定其重要性的,因此,与题干议论的结构并不类似。

例 9-25 小林因未带游泳帽被拒绝进入深水池,小林出示深水合格证说:"根据规矩我可以进入深水池。"游泳池的规定是:未戴游泳帽者不得进入游泳池,只有持有深水合格证,才能进入深水池。

小林最有可能把游泳池的规定理解为以下哪项?

A. 除非持有深水合格证,否则不能进入深水池。

B. 只有持有深水合格证的人,才不需要戴游泳帽。

C. 如果持有深水合格证,就能进入深水池。

D. 准许进入游泳池的,不一定准许进入深水池。

E. 有了深水合格证,就不需要戴游泳帽。

[解题分析] 正确答案:C

游泳池的规定是:只有持有深水合格证,才能进入深水池。即:持有深水合格证,是进入深水池的必要条件。而小林认为出示深水合格证就可进入深水池,可见小林理解为:持有深水合格证,是进入深水池的充分条件。因此,C项正确。

3) 联结词

防止混淆假言命题的不同联结词,以免混淆不同的条件关系。

充分条件强调的是若干前提之一都能产生后件,即:$p1 \lor p2 \lor p3 \lor \cdots \rightarrow q$。

必要条件强调的是若干条件之和才能产生后件,即:$p1 \land p2 \land p3 \land \cdots \rightarrow q$。

如果模糊二者的区别,作出的判断就不正确,例如:我又不贪污,能犯什么大错误呢?

这句话就是混淆了两种不同的条件联系,即:如果贪污,就会犯错误;只有贪污,才会犯错误。前一句是充分条件假言命题,后一句是必要条件假言命题。说话者表达的是后一句,事实上,"贪污腐化"和"犯大错误"之间是充分条件联系而非必要条件联系。

2. 充分条件与必要条件的联系

1) 充分条件和必要条件是相对的,充分和必要可以互相转换

在假言命题中,充分条件假言命题和必要条件假言命题之间是可以相互转换的,因为,前、后件存在着蕴涵和反蕴涵的关系,也就是:如果 p 蕴涵 q,则 q 蕴涵于 p;反过来,如果 p 蕴涵于 q,则 q 蕴涵 p。

(1) 如果前件是后件的充分条件,那么后件就是前件的必要条件。公式为 P→Q=Q←P,即:若 P 是 Q 的充分条件,则 Q 是 P 的必要条件,"如果 P,那么 Q"="只有 Q,才 P"。例如,"如果张三患肺炎,那么他发烧"等价于"只有张三发烧,他才患肺炎"。

(2) 反之,如果前件是后件的必要条件,那么后件就是前件的充分条件。公式为 P←Q=Q→P,即:若 P 是 Q 的必要条件,则 Q 是 P 的充分条件,"只有 P,才 Q"="如果 Q,那么 P"。例如:"只有年满十八岁,才有选举权"与"如果他有选举权,那么他一定年满十八岁"是等价的。

例 9-26 一位医生对患者甲说:"除非做手术,否则你的病好不了。"

从这句话可以知道:

A. 医生给患者做了手术。

B. 患者的病被治好了。

C. 患者的病没被治好。

D. 医生认为,如果甲想治好自己的病,就必须准备做手术。

E. 病人甲交不起治疗费。

[**解题分析**] 正确答案:D

题干推理关系为:做手术←病好。医生所说的是一个必要条件假言命题,根据上面给出的等价关系,它等价于一个充分条件假言命题。D项与医生的意思一致。

2) 所有的必要条件合起来就是充分条件

$$
\left.\begin{array}{c} P \\ + \\ R \\ + \\ S \end{array}\right\} \rightarrow Q \qquad (当且仅当 P、R、S,Q)
$$

例如:

(1) 办成这事,没老王不行,没老张也不行。这种说法意味着老王、老张都是办成事的必要条件。即¬老王→¬办成;¬老张→¬办成。

(2) 办成这事,没老王不行,没老张也不行,但有了老王和老张,有没有其他人无所谓。这种说法意味着老王、老张都是办成件事的所有的必要条件,而且老王和老张合起来就是办成这件事的充要条件。即老王 ∧ 老张 ↔ 办成。当然在现实生活中往往很难找到所有的必要条件。

3) 充分条件如果是唯一的,那就是充要条件

比如,只要找到老王,这件事就能办成,而且老王是唯一能办成这件事的人。这种说法意味着老王就是办成事的充要条件。

例 9-27 如果大众公司不得不在产品生产的旺季改变它的供货商,那么今年公司赢利的情况肯定要比去年差得多。年终核算的结果表明,公司今年的赢利情况确实要比去年差得多,所以,大众公司肯定是在产品生产的旺季变了它的供货商。

上述论证中的推理最容易受到以下哪一项理由的批评?

A. 以上论证是个循环论证,结论只是对开始的论断作出了间接的解释。

B. 以上论证没有证明产生一种现象的条件是导致这种现象产生的唯一条件。

C. 以上论证使用了含糊的概念,即在论证过程中偷换了"赢利"这个词的含义。

D. 以上论证错误地使用了一个罕见的、孤立的事例来支持一个普遍性的结论。

E. 以上论证解释一个事件是由另一事件所导致的,但是,这两个事件事实上是由第三个未知的事件所导致的。

[解题分析] 正确答案：B

本题论证的推理形式：如果 p，则 q；q，所以 p。

上述论证犯了充分条件假言推理的"肯定后件"的错误，推理是无效的。

4）充分或必要假言推理是条件的真假制约关系，不等于先后关系，更不等于因果关系

因果关系是先后关系，但原因既可以是结果的充分条件，也可以是必要条件。

充分条件和必要条件是指条件之间真假的制约关系，而不是因果关系，因果关系是先后关系，可以是充分条件，但更多的时候是必要条件。

应注意不要颠倒了条件和结果的关系，假言判断的条件和结果是客观对象因果关系的反映，颠倒了条件与结果的关系，就是倒果为因、不合事理。

[逻辑案例] 求婚

一位小伙子向一位姑娘求婚，姑娘摇头说："这可不行，我只能和我的亲属结婚。因为我妈妈嫁的是我爸爸，爷爷是与我奶奶结的婚，我叔叔娶的是我婶婶。"

分析：这则幽默的可笑之处在于，这位姑娘颠倒了必要条件假言判断的条件与结果的关系，以结果为条件，把条件当作结果了。实际上的因果关系是：只有结婚，才能有像爸爸和妈妈、爷爷和奶奶、叔叔与婶婶那样的亲属关系。这位姑娘却颠倒为：只有像爸爸与妈妈、爷爷与奶奶、叔叔与婶婶那样的亲属关系，才能结婚。爸爸与妈妈、爷爷与奶奶、叔叔与婶婶是夫妻关系，而夫妻关系的前提是结婚。不可能先有夫妻关系，然后才结婚的怪事。

5）条件关系的作图方法

一般而言，当主项相同的判断具有充分或必要条件时，充分条件是小圈，必要条件是大圈。充分条件的假言命题与全称命题可以互相转化。

（1）P→Q＝PAQ。例如，如果骄傲那么就要落后，等价于，所有骄傲的人都要落后。

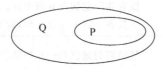

（2）P←Q＝QAP。例如，没有证件不能进入，等价于，所有能进入的人都有证件。

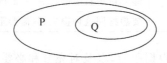

9.4 假言直接推理技法

1. 假言直接推理解题要点

1）写出原命题的条件关系式

（1）有联结词的，根据联结词写出条件关系式，如表 9-9、表 9-10 所示。

表 9-9　充分条件的联结词与表达

（设 P 表示前件，Q 表示后件）

联　结　词	举　例
如果 P，则（就，那么）Q	如果物体摩擦，则物体生热。
只要 P，就 Q	只要勤奋耕耘，总会有所收获。
假如 P，就 Q	假如这个玻璃杯从我手中滑落，则它会摔得粉碎。
当 P 时，要 Q	当刮大风的时候，要关上窗户。
要是 P，那 Q	要是你能解决这道难题，那我就能拔着自己的头发上天。
一 P，就 Q	一见到警察，李小二就心里发慌。
P，只 Q	我读研究生只想读工程硕士。
（要）P，必须 Q	要扩大销量，必须增加广告。
（要）P，不能不（一定要）Q	要有学问，不能不读书。
每一个（所有）P，都 Q	每一个（所有）北京市民都关心奥运会。

表 9-10　必要条件的联结词与表达

（设 P 表示前件，Q 表示后件）

联　结　词	举　例
只有 P，才 Q （仅当、必须）P，才 Q	只有深入生活，才能深刻地反映生活。
没有（不）P，没有（不）Q	没有共产党就没有新中国。 不具备一定的专业知识，就不能做好工作。
P 是 Q 的重要前提； P 对于 Q 来说是必不可少的	经销商的诚信是产品畅销的重要前提。
Q 取决于 P	宇宙中一定道德秩序的存在取决于人类的灵魂不灭。
除非 P，否则不（则不、不、才）Q;	除非通过考试，否则不能录取。 除非认识自己的缺点，才能改正自己的缺点。
要 P 只要 Q	要想挽回这种损失，只需要阻止疫病的传播就可以了。

（2）没有联结词的，就根据题意，以及对充分和必要条件的理解写出关系式。

2）写出逆否命题

一个命题的逆否命题与原命题等价。其中：

（1）充分条件逆否命题由否定后件式而来，$P \rightarrow Q = \neg P \leftarrow \neg Q$；

（2）必要条件逆否命题由否定前件式而来 $P \leftarrow Q = \neg P \rightarrow \neg Q$。

比如：

$$P \rightarrow Q$$
$$= Q \leftarrow P \qquad （只有 Q，才 P） \qquad 假言易位推理$$
$$= \neg P \leftarrow \neg Q \quad （只有非 P，才非 Q） \qquad 假言换质推理$$
$$= \neg Q \rightarrow \neg P \quad （如果非 Q，那么非 P） \quad 假言易位换质推理$$

还要注意变形：$P \rightarrow \neg Q = \neg P \leftarrow Q$。比如，通则不痛，痛则不通；真人不露相，露相不真人；会咬人的狗不叫，会叫的狗不咬人。

3）推理方向

做题时最简单的方法就是，首先将自然语言形式化，然后根据箭头推理方向来确定条件间的关系。

（1）只有符合原命题和逆否命题这两个箭头方向推理的才是必然正确的，不符合这两个方向的推理都是不一定的。例如：如果不下雨，我就去图书馆。

那么，下雨去不去图书馆呢？不一定。

注意：不可倒推，否则要犯混淆充分条件与必要条件的错误。例如，"下雨"是"街道湿"的充分条件而非必要条件，即下雨必然引起街道湿，街道湿不一定是下雨引起的。将充分条件等同于必要条件便会荒谬地得出"若街道湿，那么下雨了"。

（2）题干断定后，就要收敛思维，不能对题干的条件有任何怀疑。题目中的逻辑蕴涵是在假定题目条件关系为真的情况下的严格蕴涵，要收敛思维，不能超出题目本身。比如，如果天下雨，那么地上湿。题目如果告诉我们假定以上为真，那么，我们就不能再臆想，天下雨但教室里的地并不湿的情况。

4）假言命题的多种等价表达

根据两个方向、四个角度，以及不同逻辑联结词的使用，同一个句子至少有十多种等价的汉语表达。反之，如果把两个方向搞反，至少也有十多种与原命题意思不同的汉语表达。

例如：如果刮风，就下雨。

$$① 刮风 \rightarrow 下雨 ②$$
$$④ \neg 刮风 \leftarrow \neg 下雨 ③$$

	等价的表达	举　例	陈　述
P→Q (原命题)	① P 是 Q 的充分条件	刮风是下雨的充分条件	如果刮风,那么下雨。 只要刮风,就下雨。 刮风必然导致下雨。
	② Q 是 P 的必要条件	下雨是刮风的必要条件	只有下雨,才说明刮风了。 除非下雨,否则就没刮风。 要下雨,只要刮风就可以了。
非P←非Q (逆否命题)	③ 非 Q 是非 P 的充分条件	没下雨是不刮风的充分条件	如果没下雨,那么就没刮风。 只要没下雨,就没刮风。
	④ 非 P 是非 Q 的必要条件	不刮风是不下雨的必要条件	只有不刮风,才不下雨。 除非不刮风,否则不会不下雨。

2. 假言直接推理的推论

推论题就是运用演绎推理的规则,推出假言推理的结论。

例 9-28　古希腊哲人说,"未经反省的人生是没有价值的。"

下面哪一个选项与这句格言的意思最不接近?

A. 只有经过反省,人生才有价值。

B. 要想人生有价值,就要不时地对人生进行反省。

C. 糊涂一世,快活一生。

D. 人应该活得明白一点。

E. 除非经过反省,否则人生就没有价值。

[解题分析]　正确答案:C

题干推理为:¬反省→¬价值。其等价命题为:反省←价值。"反省"是"有价值人生"的必要条件,A、E项与题干意思一致。"有价值人生"是"反省"的充分条件,B项与题干意思一致。"糊涂"就是不反省,C项的意思是没必要反省,与题干的意思相反,因此,C项为正确答案。"反省"是"有价值人生"的必要条件,活得明白(反省)才能使人生有价值,人当然应该追求有价值的人生,也就是应该活得明白一点,D项与题干接近。

例 9-29　文化体现在一个人如何对待自己,对待他人,对待自己所处的自然环境。在一个文化环境厚实的社会里,人懂得尊重自己——他不苟且,不苟且才有品味;人懂得尊重别人——他不霸道,不霸道才有道德;人懂得尊重自然——他不掠夺,不掠夺才有永续的生命。

下面哪一项不能从上面这句话中推出?

A. 如果一个人苟且,则他无品味。

B. 如果一个人霸道，则他无道德。

C. 如果人类掠夺自然，则不会有永续的生命。

D. 如果一个人无道德，则他霸道并且苟且。

E. 如果人类要有永续的生命，那就不能掠夺自然。

［解题分析］ 正确答案：D

题干表明的逻辑关系有：①不苟且←有品味，其等价于，苟且→无品味；这正是 A 项的意思。②不霸道←有道德，其等价于，霸道→无道德；这正是 B 项的意思。③不掠夺←有永续的生命，其等价于，掠夺→不会有永续的生命；这正是 C 项的意思。此命题也等价于：有永续的生命→不掠夺；这正是 E 项的意思。只有 D 项，不能从题干推出。

例 9-30 如果你要开办自己的公司，你必须在一件事情上让人知道你很棒，例如，你的产品比别人做得好；别人也做得一样好时，你比别人快；别人也同样快时，你比别人成本低；别人的成本也一样低时，你比别人附加值高。

下面哪一项最不接近上面这段话的意思？

A. 只有至少在一件事情上做得最好，你的公司才能够在市场竞争中站稳脚跟。

B. 如果你的公司在任何事情上都不是最好的，它就很可能在市场竞争中败下阵来。

C. 如果你的公司至少在一件事情上做得最好，它就一定能获得巨额利润。

D. 除非你的公司至少在一件事情上做得最好，否则，它就不能在市场竞争中获得成功。

E. 要想把公司做得很棒，必须拥有别人比不了的优势。

［解题分析］ 正确答案：C

题干推理关系为：公司要在市场竞争中获得成功→至少在一件事情上做得最好。即：至少在一件事情上做得最好是公司在市场竞争中获得成功的必要条件，而不是充分条件。A、B、D 选项与题干意思完全一致，都是题干的等价命题。C 项把"至少在一件事情上做得最好"看成了"公司在市场竞争中获得成功"的充分条件，不符合题干意思。因此，C 项为正确答案。E 项与题干意思相近。

例 9-31 经济学家：如果一个企业没有政府的帮助而能获得可接受的利润，那么它有自生能力。如果一个企业在开放的竞争市场中没办法获得正常的利润，那么它就没有自生能力。除非一个企业有政策性负担，否则得不到政府的保护和补贴。由于国有企业拥有政府的保护和补贴，即使它没有自生能力，也能够赢利。

如果以上陈述为真，以下哪项陈述一定为真？

A. 如果一个企业有政策性负担，它就能得到政府的保护和补贴。

B. 在开放的竞争市场中,每个企业都是有自生能力的。

C. 如果一个企业没有自生能力,它就会在竞争中被淘汰。

D. 如果一个企业有政府的保护和补贴,它就会有政策性负担。

E. 自生能力成为企业成功与否的标志。

[解题分析] 正确答案:D

题干断定:除非一个企业有政策性负担,否则得不到政府的保护和补贴。这说明,"政策性负担"是"政府的保护和补贴"的必要条件;反过来说,"政府的保护和补贴"就是"政策性负担"的充分条件。因此,D项是题干的等价命题,为正确答案。A项把条件弄反了,不符合题干。B、E项从题干中推不出来。C项不一定为真,因为即使一个企业没有自生能力,它只要能得到政府的保护和补贴,就不会在竞争中被淘汰。

例 9-32 只有小张参加考试,小李才不参加考试。

如果上述判断为真,则下列哪项为真?

A. 如果小张参加考试,那么小李不参加考试。

B. 如果小张参加考试,那么小李参加考试。

C. 如果小李参加考试,那么小张参加考试。

D. 如果小张不参加考试,那么小李参加考试。

E. 只有小张不参加考试,小李才参加考试。

[解题分析] 正确答案:D

一个命题的逆否命题与原命题等价。"只有小张参加考试,小李才不参加考试"等价于"如果小张不参加考试,那么小李参加考试"。

例 9-33 不入虎穴,焉得虎子。

若上述断定为真,则以下断定中为真的是哪项?

Ⅰ. 除非入虎穴,否则不能得虎子。

Ⅱ. 若已得虎子,则必定已入虎穴。

Ⅲ. 若未得虎子,则必定未入虎穴。

A. 仅Ⅰ   B. 仅Ⅰ和Ⅱ

C. 仅Ⅰ和Ⅲ   D. 仅Ⅱ和Ⅲ

E. Ⅰ、Ⅱ和Ⅲ

[解题分析] 正确答案:B

题干断定:未入虎穴→未得虎子。等价于:入虎穴←得虎子。Ⅰ项表明"入虎穴"是"得虎子"的必要条件,符合题干。Ⅱ项表明"得虎子"是"入虎穴"的充分条件,符合题干。Ⅲ项表明"未得虎子"是"未入虎穴"的充分条件,不符合题干。

例 9-34 由于信息高速公路上信息垃圾问题越来越严重,科学家们不断出警告:如果我们不从现在开始就重视预防和消除信息高速公路上的信息垃圾,那么总有一天信息高速公路将无法正常通行。

以下哪项的意思最接近这些科学家们的警告?

A. 总有那么一天,信息高速公路不再正常运行。

B. 只要从现在起就开始重视信息高速公路上信息垃圾的预防和消除,信息高速公路就可以一直正常通行下去。

C. 只有从现在起就开始重视信息高速公路上信息垃圾的预防和消除,才可能预防信息高速公路无法正常通行的后果。

D. 信息高速公路如果有一天不再正常通行,那是因为我们没有从现在起重视信息高速公路上信息垃圾的预防和消除。

E. 信息高速公路上信息垃圾的严重性,已经引起了我们的高度重视。

〔解题分析〕 正确答案:C

科学家警告的含义是:预防和消除信息高速公路上的信息垃圾,是信息高速公路正常通行的必要条件。在各选项中,只有 C 项表达了这一含义。

例 9-35 要使中国足球队真正能跻身于世界强队之列,必须至少解决两个关键问题:一是提高队员基本体能;二是讲究科学训练。不确实解决这两点,即使临战时拼搏精神发挥得再好,也不可能取得突破性进展。

下列诸项都表达了上述议论的原意,除了:

A. 只有提高队员的基本体能和讲究科学训练,才能取得突破性进展。

B. 除非提高队员的基本体能和讲究科学训练,否则不能取得突破性进展。

C. 如果取得了突破性进展,说明一定提高了队员的基本体能并且讲究了科学训练。

D. 如果不能提高队员的基本体能,即使讲究了科学训练,也不可能取得突破性进展。

E. 只要提高了队员的基本体能并且讲究了科学训练,再加上临战时拼搏精神发挥得好,就一定能取得突破性进展。

〔解题分析〕 正确答案:E

题干表明:"提高队员基本体能"和"讲究科学训练"是"取得突破性的进展"的必要条件,即提高队员基本体能∧讲究科学训练←取得突破性的进展。选项 A、B、C 和 D 都用不同方式表达了"提高队员基本体能"和"讲究科学训练"是突破性进展的两个必要条件。

选项 E 认为"提高了队员的基本体能并且讲究了科学训练,再加上临战时拼搏精神发挥得好"是"取得突破性的进展"的充分条件,这是对题干意思的误解。

例 9-36　老师:"不完成作业就不能出去做游戏"。

学生:"老师,我完成作业了,我可以去外边做游戏了吗?"

老师:"不行。我只是说,你们如果不完成作业就不能出去做游戏。"

除了以下哪项,其余各项都能从上面的对话中推出?

A. 学生完成作业后,老师就一定会准许他们出去做游戏。

B. 老师的意思是,没有完成作业的肯定不能出去做游戏。

C. 学生的意思是,只要完成了作业,就可以出去做游戏。

D. 老师的意思是,只有完成了作业,才可能出去做游戏。

E. 老师的意思是即使完成了作业,也不一定被准许出去做游戏。

[解题分析]　正确答案:A

题干中,老师认为,完成作业是出去做游戏的必要条件;学生认为,完成作业是出去做游戏的充分条件。选项 A 实际上断定,老师认为,完成作业是出去做游戏的充分条件。这有悖于题干的断定,因而不能从题干中推出。其余各选项的断定都符合题干断定的条件关系,因而都能从题干中推出。

例 9-37　对当代学生来说,德育比智育更重要。学校的课程设计如果不注重培养学生的完美人格,那么,即使高薪聘请著名的专家教授,也不能使学生在面临道德伦理、价值观念挑战的 21 世纪脱颖而出。

以下各项关于当代学生的断定都符合上述断定的原意,除了以下哪项?

A. 学校的课程设计只有注重培养学生的完美人格,才能使当代学生取得成就。

B. 如果当代学生在 21 世纪脱颖而出,那一定是对他们注重了完美人格的教育。

C. 不能设想学生在面临道德伦理、价值观念挑战的 21 世纪脱颖而出,而他的人格却不完善。

D. 除非注重完美的人格培养,否则 21 世纪的学生难以脱颖而出。

E. 即使不高薪聘请著名的专家教授,学校的课程设计只要注重培养学生的完美人格,当代的学生就能在 21 世纪脱颖而出。

[解题分析]　正确答案:E

题干断定,注重培养学生的完美人格,是他们在 21 世纪脱颖而出的必要条件。E 项断定前者是后者的充分条件,不符合题干。其余各项均符合题干。

例 9-38　一位将军训示部下说:"不想当将军的士兵一定不是一个好士兵。"

将军的这句话与下列哪句话的含义是相同的?

A. 想当将军的士兵就一定是好士兵。

B. 除非想当将军,否则不是一个好士兵。

C. 坏士兵是不想当将军的。

D. 坏士兵也是想当将军的。

E. 不想当将军的士兵,也可以是一个好士兵。

[解题分析] 正确答案:B

题干断定:不想当将军→不是好士兵。等价于:想当将军←好士兵。B 项表明"想当将军"是"好士兵"的必要条件,符合题干含义,为正确答案。其余选项都不符合题意。

例 9-39 只有认识错误,才能改正错误。

以下诸项都准确表达了上述断定的含义,除了:

A. 除非认识错误,否则不能改正错误。

B. 如果不认识错误,那么不能改正错误。

C. 如果改正错误,说明已经认识了错误。

D. 只要认识错误,就一定改正错误。

E. 认识错误,是改正错误的必不可少的条件。

[解题分析] 正确答案:D

题干断定:认识错误←改正错误。其等价于:不认识错误→不改正错误。选项 A 所述"认识错误"是"改正错误"的必要条件,与题干的意思完全一致。选项 B 所述"不认识错误"是"不能改正错误"的充分条件,与题干的意思完全一致。选项 C 所述"改正错误"是"认识错误"的充分条件,与题干的意思完全一致。选项 D 则认为,"认识错误"是"改正错误"的充分条件,显然不能表达题干的含义。选项 E 强调"认识错误"是"改正错误"的必要条件,也与题干的意思是一致的。

例 9-40 甲、乙、丙三人讨论"不劳动者不得食"这一原则所包含的意义。

甲说:"不劳动者不得食,意味着得食者可以不劳动。"

乙说:"不劳动者不得食,意味着得食者必须是劳动者。"

丙说:"不劳动者不得食,意味着劳动者一定得食。"

以下哪项结论是正确的?

A. 甲的意见正确,乙和丙的意见不正确。

B. 乙的意见正确,甲和丙的意见不正确。

C. 丙的意见正确,甲和乙的意见不正确。

D. 乙和丙的意见正确,甲的意见不正确。

E. 甲和丙的意见正确,乙的意见不正确。

[解题分析] 正确答案:B

题干断定:不劳动者→不得食。等价于:劳动←得食。由此可见,得食者一定要劳动,甲的说法不正确,乙的说法正确;而劳动者未必能得食,丙的说法不正确。

因此,正确答案为 B 项。

例 9-41 生活节俭应当成为选拔国家干部的标准。一个不懂得节俭的人,怎么能尽职地为百姓当家理财呢?

以下各项都符合题干的断定,除了:

A. 一个生活节俭的人,一定能成为称职的国家干部。

B. 只有生活节俭,才能尽职地为社会服务。

C. 一个称职的国家干部,一定是一个生活节俭的人。

D. 除非生活节俭,否则不能成为称职的国家干部。

E. 不存在生活不节俭却又合格的国家干部。

[解题分析] 正确答案:A

题干论述所表明的意思是:"生活节俭"是"称职的国家干部"的必要条件。A 项把"生活节俭"看成是"称职的国家干部"的充分条件,因此,不符合题干的断定。其余选项符合题干断定。

例 9-42 某实验室一共有 A、B、C 三种类型的机器人,A 型能识别颜色,B 型能识别形状,C 型既不能识别颜色也不能识别形状。实验室用红球、蓝球、红方块和蓝方块对 1 号和 2 号机器人进行试验,命令它们拿起红球,但 1 号拿起了红方块,2 号拿起了蓝球。

根据上述试验,以下哪项断定一定为真?

A. 1 号和 2 号都是 C 型。

B. 1 号和 2 号中有且只有一个是 C 型。

C. 1 号是 A 型且 2 号是 B 型。

D. 1 号不是 B 型且 2 号不是 A 型。

E. 1 号可能不是 A、B、C 三种类型的任何一种。

[解题分析] 正确答案:D

题干断定:①A 型能识别颜色,说明 A 型是识别颜色的充分条件,即:A 型→识别颜色。意味着:不能识别颜色一定不是 A 型,能识别颜色不能确定为 A 型。②B 型能识别形状,说明 B 型是识别形状的充分条件,即:B 型→识别形状。意味着:不能识别形状一定不是 B 型,能识别形状不能确定为 B 型。

试验结果:命令它们拿起红球,结果是 1 号拿起了红方块,2 号拿起了蓝球。既然 1 号拿起了红方块,说明 1 号不能识别形状,由②,说明 1 号肯定不是 B 型;但不足以说明它能识别颜色(因为 C 型也有可能拿红方块),即使它能识别颜色也不能确定它是 A 型。2 号拿起了蓝球,说明 2 号不能识别颜色,由①,说明 2 号肯定不是 A 型;但不足以说明它能识别形状(因为 C 型也有可能拿蓝球),即使它能识别形状也不能确定它是 B 型。

因此,答案选 D 项。

3. 假言直接推理的省略前提

就是要求我们导出省略假言三段论的省略前提,也就是寻找假设。这类题应先凭语感寻找省略前提,然后用演绎推理的规则去验证其是否正确。

[逻辑案例] 路边的李子树

西晋名士"竹林七贤"王戎七岁的时候曾经(有一次)和多个小孩子游玩,看见路边的李子树有好多果实,枝断了,许多小孩争相奔跑去摘那些果实,只有王戎不动。人们问他(为什么),(他)回答说:"(李)树长在路边却有许多果实,这必定是(一棵)苦味李子。"小孩们摘取果实(品尝)确实是这样的。

王戎是这样推理的:如果路边的李子味道甜美,那么就不会"多子折枝"(早被路人摘走了);现在路边这棵李树"多子折枝";所以路边这棵树的李子"此必苦李"。这是一个否定后件式的充分条件假言推理,符合推理规则,是正确的。王戎在答话中,只说出小前提和结论,省略了大前提。

[逻辑案例] 傻子

歌德是 18~19 世纪德国伟大的诗人和作家,有一天歌德在韦玛公园的一条狭窄的小道上散步,迎面走来了一个曾经对他的作品提出过尖锐批评的文艺批评家。这位文艺批评家傲慢地高声喊道:"我从来是不给傻子让路的!"歌德却答道:"而我恰好相反!"歌德一边说,一边笑着让在一旁。这位批评家则尴尬地进退两难。

分析:这里,歌德与批评家两人都是用的省略推理,并且都是用行动代替语言,歌德与这位批评家虽各自只说了一句话,而结合当时特定语境分析,两人实际表达的都是一个充分条件假言推理的肯定前件式。批评家的推理,如果遇到傻子,我从不让路;你是傻子;所以我不给让路。歌德针锋地推理,如果遇到傻子,我就让路;你是傻子;所以我给让路。

例 9-43 如果老王是大学教师,又写过许多哲学论文,则他一定是哲学系的教师。

这个断定是根据以下哪项作出的?

A. 老王写过许多哲学论文。

B. 哲学系的教员写过许多哲学论文。

C. 大学教师中只有哲学系的教师写过许多哲学论文。

D. 很少有教师写过许多哲学论文。

E. 数学系的教员没有写过哲学论文。

[解题分析] 正确答案:C

如果 C 项为真,即大学教师中只有哲学系的教师写过许多哲学论文,也就是

"哲学系的教师"是"写过许多哲学论文的大学教师"的必要条件。那么,如果老王是写过许多哲学论文的大学教师,就可以必然得出结论:他一定是哲学系的教师。因此,如果 C 项为真,题干推理就必然正确。其余各项作为前提,均不能推出题干。

例 9-44 如果米拉是考古专家,又考察过 20 座以上的埃及金字塔,则他一定是埃及人。

这个断定可根据以下哪项作出?

A. 米拉考察过 30 座以上的埃及金字塔。

B. 埃及的考古专家考察过 10 座以上的埃及金字塔。

C. 考古专家中只有埃及的考古专家考察过 15 座以上的埃及金字塔。

D. 中国的考古专家大多数没有考察埃及金字塔。

E. 考古专家不仅仅考察埃及金字塔。

[解题分析]　正确答案:C

如果 C 项成立,即事实上,考古专家中只有埃及的考古专家考察过 15 座以上的埃及金字塔。那么,如果米拉是考古专家,又考察过 20 座以上的埃及金字塔,那他一定是埃及人。

例 9-45 如果王教授是博士生导师,又带领学生在 10 个以上城市进行过社会调查,则他一定是经济学教授或社会学教授。

这个断定可以根据以下哪项作出?

A. 王教授进行社会调查的足迹遍布全国大多数城市。

B. 每个经济学教授都带领学生在 10 个以上城市进行过社会调查。

C. 除经济学教授和社会学教授外,其他博士生导师最多在 5 个城市进行过社会调查。

D. 自然科学类的教授不进行社会调查。

E. 经济学教授和社会学教授不带领学生到农村进行社会调查。

[解题分析]　正确答案:C

题干断定,王教授是带领学生在 10 个以上城市进行过社会调查的博士生导师。如果选项 C 为真,意味着,在超过 5 个城市进行过社会调查的博士生导师只能是经济学教授或社会学教授。由此必然得到结论:王教授一定是经济学教授或社会学教授。因此,C 项为正确答案。

例 9-46 哈里先生一定是公司的高级职员,他总是打着领带上班。

以上结论是以下述哪项前提作为依据的?

A. 如果有一位男士晋升为公司高级职员,就会在穿着方面特别注意,领带自然是必不可少的。

B. 除非成为公司高级职员，男士们都不会打领带。

C. 所有公司的高级职员都被要求打领带上班。

D. 公司有规定，男士上班打领带、穿正装。

E. 不打领带的男士，不可能成为公司的高级职员。

[解题分析]　正确答案：B

如果 B 项为真，除非成为公司高级职员，男士们都不会打领带。即"高级职员"是"打着领带上班"的必要条件，也即"打着领带上班"是"高级职员"的充分条件。那么，根据哈里先生总是打着领带上班，就可以得出结论：哈里先生一定是公司的高级职员。

例 9-47　没有一个宗教命题能够通过观察或试验而被验证为真，所以，无法知道任何宗教命题的真实性。

为了合乎逻辑地推出上述结论，需要假设下面哪一项为前提？

A. 如果一个命题能够通过观察或试验被证明为真，则其真实性是可以知道的。

B. 只凭观察或试验无法证实任何命题的真实性。

C. 要知道一个命题的真实性，需要通过观察或试验证明它为真。

D. 人们通过信仰来认定宗教命题的真实性。

E. 宗教命题是判断该宗教是否合理的唯一标准。

[解题分析]　正确答案：C

本题是要补充一个前提构成有效的假言三段论。C 项可表示为"知道一个命题的真实性→通过观察或试验证明它为真"，其前提是"没有一个宗教命题能够通过观察或试验而被验证为真"，结论是"无法知道任何宗教命题的真实性"。A 项可表示为"通过观察或试验证明它为真→知道一个命题的真实性"，条件弄反了，无法构成正确的推理。B、D、E 项为无关项。

例 9-48　17 世纪伟大的物理学家牛顿主要是因为对运动和力的研究而被人们熟知。然而，牛顿在多年内也秘密进行过一些炼金术的试验，他曾尝试将铁变成黄金，以及制造长生不老药物，却没有获得成功。如果 17 世纪的炼金术士们将他们的试验结果都发表出来，那么 18 世纪的化学研究就会取得更加长远的进展。

下面哪一个假设可以合理地推出关于 18 世纪化学研究的结论？

A. 科学的进步因历史学家不愿承认一些伟大的科学家的失败而受阻。

B. 不管试验成功与否，有关这些试验的报道若能被其他科学家所借鉴，将会促进科学的进步。

C. 如果牛顿在炼金术方面的工作结果也被公布于众的话，那么他在运动和力方面的工作将不会得到普遍的接受。

- D. 科学日趋专业化,使得一个领域的科学家很难理解其他领域的原理。
- E. 如果 17 世纪的炼金术士让他们的试验结果接受公众审查的话,他们将有可能达到他们的目标。

[解题分析]　正确答案:B

如果 17 世纪的炼金术士们将他们的试验结果都发表出来,再加上如果 B 项成立,即这些试验的报道若能被其他科学家所借鉴将会促进科学的进步,那么就可得出结论:18 世纪的化学研究就会取得更加长足的进展。可见,B 项是题干论证的假设。历史学家的观点如何,题干没有讨论,A 项为无关选项;C、D、E 项也为明显无关选项。

第10章 多重复合命题及其推理

10.1 复合命题的负命题及其等价推理

1. 联言命题的负命题及其等价推理

"并非:P并且Q"等价于"非P或者非Q"。

用公式表达如下:

$$\neg(P \land Q) = \neg P \lor \neg Q = P \rightarrow \neg Q = Q \rightarrow \neg P$$

例如:"这块玉是纯洁无瑕的"就是一个联言判断,与它相应的负判断是"这块玉不纯洁或有瑕"。

再如:"并非'客人既喜欢川菜又喜欢粤菜'"等价于"客人或者不喜欢川菜,或者不喜欢粤菜";"并非物美价廉"等价于"物不美,或者价不廉"。

[逻辑案例] 理想的家

古希腊时,有人问智者庞塔乌斯:"理想的家是什么样子的?"庞塔乌斯回答道:"既没有什么奢侈品,也不缺少必需品。"这个回答很理智,也很聪明,必需品是给自己用的,奢侈品是给别人看的,打肿脸充胖子,永远也成不了胖子。

分析:如果庞塔乌斯的回答是正确的,那么什么是不理想的家呢?有奢侈品的家,或者缺少必需品的家。

例 10-1 小陈并非既懂英语又懂法语。

如果上述断定为真,那么下述哪项断定必定为真?

A. 小陈懂英语但不懂法语。

B. 小陈懂法语但却不懂英语。

C. 小陈既不懂英语也不懂法语。

D. 如果小陈懂英语,那么他一定不懂法语。

E. 如果小陈不懂法语,那么他一定懂英语。

[解题分析] 正确答案:D

题干断定:$\neg$(英$\land$法)$=\neg$英$\lor\neg$法$=$英$\rightarrow\neg$法。即"并非既懂英文又懂法语"等价于"不懂英文或者不懂法语",又等价于"如果懂英文,则一定不懂法语"。因此,答案是D项。A、B和C三项都可能是真的,但不必定是真的。E项也不必定是真的,因为可能小董既不懂法语,也不懂英语。

例 10-2 并非本案作案人既是张某,又是刘某。

如果上述断定是真的,那么,下述哪项一定是真的?

A. 本案作案人或者是张某,或者是刘某。

B. 本案作案人既不是张某,也不是刘某。

C. 本案作案人如果是张某,那么就不是刘某。

D. 本案作案人如果不是张某,那么就是刘某。

E. 本案作案人如果不是张某,那么就不是刘某。

[解题分析]　正确答案:C

"并非本案作案人既是张某,又是刘某"等价于"本案作案人不是张某或者不是刘某",因此,"本案作案人如果是张某,那么就不是刘某"。

例 10-3 并非该犯罪团伙的成员都是北方人并且都是惯犯。

如果上述断定是真的,那么,下述哪项一定是真的?

A. 该犯罪团伙的成员都不是北方人,并且,该犯罪团伙的成员都不是惯犯。

B. 该犯罪团伙的成员都不是北方人,或者,该犯罪团伙的成员都不是惯犯。

C. 该犯罪团伙的成员不都是北方人,并且,该犯罪团伙的成员不都是惯犯。

D. 该犯罪团伙的成员不都是北方人,或者,该犯罪团伙的成员不都是惯犯。

E. 该犯罪团伙的成员有的不是北方人,并且,该犯罪团伙的成员有的不是惯犯。

[解题分析]　正确答案:D

"并非该犯罪团伙的成员都是北方人并且都是惯犯"等价于"该犯罪团伙的成员不都是北方人,或者,该犯罪团伙的成员不都是惯犯"。

例 10-4 在一次联欢活动中有学生缺席。文娱委员认为:并非学生甲和学生乙都没来。

以下哪项最为准确地表达了文娱委员的意思?

A. 学生甲和乙中至少来了一个。

B. 学生甲和乙中至多来了一个。

C. 学生甲和乙都没来。

D. 学生甲和乙都来了。

E. 有学生没有参加联欢会。

[解题分析]　正确答案:A

并非学生甲和学生乙都没来可表示为:$\neg(\neg 甲 \wedge \neg 乙)=甲 \vee 乙$。即甲来或乙来,也就意味着,甲和乙中至少来了一个。因此,A 项正确。

例 10-5 如果"鱼和熊掌不可兼得"是不可改变的事实,则以下哪项也一定是事实?

  A. 鱼可得但熊掌不可得。

  B. 熊掌可得但鱼不可得。

  C. 鱼和熊掌皆不可得。

  D. 如果鱼不可得,则熊掌可得。

  E. 如果鱼可得,则熊掌不可得。

[解题分析] 正确答案:E

令 P 表示"得鱼",Q 表示"得熊掌"。题干断定: $\neg(P \wedge Q) = \neg P \vee \neg Q = P \rightarrow \neg Q$。即"鱼和熊掌不可兼得"等价于"不得鱼或不得熊掌",即鱼和熊掌最多只能得一种,如果得了鱼,熊掌就不可得;如果得了熊掌,鱼就不可得。因此,E 项为正确答案。"鱼和熊掌不可兼得",现在我们并不知道我们得了鱼还是得了熊掌,所以选项 A、B、C 都是一种可能性,并不一定为真。D 项是很好的迷惑性选项,"如果鱼不可得",可能有"熊掌可得"或"熊掌也不可得",因此,D 项也不必定是真的。

例 10-6 对所有产品都进行了检查,并没有发现假冒伪劣产品。

如果上述断定为假,则以下哪项为真?

Ⅰ. 有的产品尚未经过检查,但发现了假冒伪劣产品。

Ⅱ. 或者有的产品尚未经过检查,或者发现了假冒伪劣产品。

Ⅲ. 如果对所有产品都进行了检查,则可发现假冒伪劣产品。

  A. 只有Ⅰ   B. 只有Ⅱ

  C. 只有Ⅲ   D. 只有Ⅰ和Ⅱ

  E. 只有Ⅱ和Ⅲ

[解题分析] 正确答案:E

设 P 表示"对所有产品都进行了检查";Q 表示"没有发现假冒伪劣产品"。

上述断定为假,即: $\neg(P \wedge Q) = \neg P \vee \neg Q = P \rightarrow \neg Q$。因此,"'对所有产品都进行了检查,并没有发现假冒伪劣产品'为假"等价于"或者有的产品尚未经过检查,或者发现了假冒伪劣产品",这就是选项Ⅱ;也等价于"如果对所有产品都进行了检查,则可发现假冒伪劣产品",这就是选项Ⅲ。选项Ⅰ: $\neg P \wedge \neg Q$;不必然真。选项Ⅱ: $\neg P \vee \neg Q$;必然真。选项Ⅲ: $P \rightarrow \neg Q$,等价于" $\neg P \vee \neg Q$ ";必然真。因此,E 项为正确答案。

2. 相容选言命题的负命题及其等价推理

"并非:P 或者 Q"等价于"非 P 并且非 Q"。用公式表达如下:

$$\neg(P \vee Q) = \neg P \wedge \neg Q$$

例如:"这个学生或者是球迷,或者是影迷",这一选言命题的负命题就不是"这个学生或者不是球迷,或者不是影迷",而只能是"这个学生既不是球迷,又不是影迷"。

再如:"并非我听错了或者你说错了"等价于"我没听错并且你也没说错";"并非'该公民的政治面貌或者是共和党成员,或者是民主党成员'"等价于"该公民的政治面貌既不是共和党成员,也不是民主党成员"。

例 10-7 并非蔡经理负责研发或者负责销售工作。

如果上述陈述为真,以下哪项陈述一定为真?

A. 蔡经理既不负责研发也不负责销售。

B. 蔡经理负责销售但不负责研发。

C. 蔡经理负责研发但不负责销售。

D. 如果蔡经理不负责销售,那么他负责研发。

E. 如果蔡经理负责销售,那么他不负责研发。

[解题分析] 正确答案:A

"¬(研发∨销售)"等价于"¬研发∧¬销售"。也就是说,"并非蔡经理负责研发或者负责销售工作"等价于"蔡经理既不负责研发也不负责销售",A 项为正确答案。

3. 不相容选言命题的负命题及其等价推理

"并非:要么 P,要么 Q"等价于"P 并且 Q,或者,非 P 并且非 Q"。用公式表达如下:

$$¬(P \underline{\vee} Q) = (P \wedge Q) \vee (¬P \wedge ¬Q)$$

例如:"并非:要么小张当选,要么小李当选"等价于"小张和小李都当选,或者,小张和小李都不当选"。

例 10-8 某汽车司机违章驾驶,交警向他宣布处理决定:"要么扣留驾驶执照三个月,要么罚款 1000 元。"司机说:"我不同意。"

如果司机坚持己见,那么,以下哪项实际上是他必须同意的?

A. 扣照但不罚款。

B. 罚款但不扣照。

C. 既不罚款也不扣照。

D. 如果做不到既不罚款也不扣照,那么就必须接受既罚款又扣照。

E. 既罚款又扣照。

[解题分析] 正确答案:D

A、B、E 项是司机一定不同意的;C 项是司机可能同意的。正确答案为 D 项。

4. 充分条件假言命题的负命题及其等价推理

"并非:如果 P,那么 Q"等价于"P 并且非 Q"。用公式表达如下:

$$¬(P→Q) = P ∧ ¬Q$$

例如：“如果小王身体好，那么小王就会学习好”，其负命题为联言命题“小王身体好，但小王学习不好”。

再如：“并非：如果出现彗星，就会发生灾变”等价于“出现彗星，但没有发生灾变”；“如果我数学考满分，您就奖励我一台电脑。可是，您并没有遵守诺言”等价于“我数学考了满分，但并没有得到所奖励的电脑”。

例 10-9 甲、乙、丙共同经营一家理发店。在任何时候，必须至少有一人留守店内。也就是说，如果丙外出，那么，如果甲也外出，则乙必须留在店内。但问题是，只有在乙陪伴时，甲才会外出。也就是说，如果甲外出，乙也必须外出。

以下哪项陈述与上面给定的条件不相容？

A. 甲能够外出。

B. 甲留在店内，乙和丙外出。

C. 乙留在店内，甲和丙外出。

D. 丙总留在店内。

E. 丙留在店内，甲和乙外出。

[解题分析]　正确答案：C

选项 C 与题干条件矛盾，因为题干断定，如果甲外出，乙也必须外出；所以，不可能出现甲外出而乙留在店内的情况。其余选项均不与题干条件矛盾。

5. 必要条件假言命题的负命题及其等价推理

“并非：只有 P，才 Q”等价于“非 P 并且 Q”。

用公式表达如下：

$$¬(P←Q) = ¬P ∧ Q$$

例如：“只有一个人骄傲自满，这个人才会落后”其负命题为“一个人不骄傲自满，但这个人却落后了”。

再如：“并非只有下雪，天气才冷”等价于“不下雪，天气也冷”；“只有受过高等教育，才能成为科学家。事实并非如此”等价于“没有受过高等教育，也能成为科学家”。

[逻辑案例]　多练与成功

在 1994 年 11 月 4 日《南方周末》上读到一篇题为《名人的误导》的文章，作者在文章的开头便指出名叫金尼（Keenyg）的“美国一位萨克管的演奏大师”说过的一句话：“必须不停地练习，成功的大门才会为你打开。”作者认为这句话“不能太信以为真”。理由是：“如果给谁一支萨克管，即使一天到晚不眠不食不撒手地吹，也不会成为金尼的。”所以，对名人的话并不能太信以为真。

分析：其实金尼的话，表明“多练”是“成功”的必要条件，此话是正确的，并不存在误导。该作者将此误解为"多练"是"成功"的充分条件,因此,不是名人的误导,而是作者的误解。要否定金尼,应该指出不练也能成功;而多练也不见得成功是不能否定金尼的。

例 10-10 并非无风不起浪。

如果上述断定是真的,那么,下述哪项一定是真的?

A. 凡起浪皆因有风。　　　　　　　B. 有时起浪并非有风。

C. 并非有时起浪不因有风。　　　　D. 并非有风必有浪。

E. 凡有风皆起浪。

[解题分析]　正确答案:B

"并非无风不起浪"等价于"并非只有有风才起浪",又等价于"无风也起浪"。

例 10-11　未来的中国,将是一个更加开放包容、文明和谐的国家。一个国家、一个民族,只有开放包容,才能发展进步。唯有开放,先进和有用的东西才能进得来;唯有包容,吸收借鉴优秀文化,才能使自己充实和强大起来。

如果以上说法为真,以下哪项陈述一定为假?

A. 一个国家或民族,即使不开放包容,也能发展进步。

B. 一个国家或民族,如果不开放包容,它就不能发展进步。

C. 一个国家或民族,即使开放包容,也可能不会发展进步。

D. 一个国家或民族,如果要发展进步,它就必须开放包容。

E. 一个国家或民族,如果能够包容,它就必然会充实和强大起来。

[解题分析]　正确答案:A

题干断定:只有开放包容,才能发展进步。其负命题是,不开放包容也能发展进步,因此,A 项一定为假。

例 10-12　在家电产品"三下乡"活动中,某销售公司的产品受到了农村居民的广泛欢迎。该公司总经理在介绍经验时表示:只有用最流行畅销的明星产品面对农村居民,才能获得他们的青睐。

以下哪项如果为真,最能质疑总经理的论述?

A. 某品牌电视由于其较强的防潮能力,尽管不是明星产品,仍然获得了农村居民的青睐。

B. 流行畅销的明星产品由于价格偏高,没有赢得农村居民的青睐。

C. 流行畅销的明星产品只有质量过硬,才能获得农村居民的青睐。

D. 有少数娱乐明星为某些流行畅销的产品做虚假广告。

E. 流行畅销的明星产品最适合城市中的白领使用。

［解题分析］　正确答案：A

总经理断定："明星产品"是"获得青睐"的必要条件。其负命题是，不是明星产品却获得青睐，A项即表明了这一意思，最能质疑总经理的论述。

6. 充要条件假言命题的负命题及其等价推理

"并非：当且仅当P，才Q"等价于"P并且非Q，或者，非P并且Q"。用公式表达如下：

$$\neg (P \leftrightarrow Q) = (P \wedge \neg Q) \vee (\neg P \wedge Q)$$

例如："并非'当且仅当喜鹊叫，才有客人来'"等价于"'当且仅当喜鹊叫，才有客人来'是假的"，又等价于"喜鹊叫但没有客人来，或者喜鹊不叫但客人也来了"。

再如："并非：发生地震当且仅当出现蓝色闪光"等价于"发生地震但不出现蓝色闪光，或者不发生地震但出现了蓝色闪光"。

7. 解题指导

（1）注意常用日常语言的符号化。

（2）命题演算，利用上述公式推理。

（3）条件的正确理解。

例10-13　在高二（1）班的一次联欢活动中，班主任老师说："小明和小亮都没有参加活动"，班长小杰不同意班主任老师的说法。

以下哪项最为准确地表达了小杰的意思？

A. 小明和小亮两人至少来了一个。

B. 小明和小亮两人都来了。

C. 小明和小亮两人都没来。

D. 小明和小亮两人至多来了一个。

E. 是小明和小亮以外的人没有参加联欢活动。

［解题分析］　正确答案：A

小杰的意思是："并非'小明和小亮都没有参加活动'"。可表示为：$\neg$（$\neg$小明 $\wedge$ $\neg$小亮）=小明 $\vee$ 小亮。即：小明和小亮两人至少来了一个。A项正确。

例10-14　有一种心理学理论认为，要想快乐，一个人必须与另一个人保持亲密关系。然而，世界上最伟大的哲学家们孤独地度过了他们一生中的大部分时光，并且没有亲密的人际关系。因此，这种心理学理论一定是错误的。

以下哪一项是上面的结论所必须假设的？

A. 世界上最伟大的哲学家们情愿避免亲密的人际关系。

B. 具有亲密的人际关系的人很少孤独地度过自己的时光。

C. 孤独对于哲学家的沉思而言是必要的。

D. 世界上最伟大的哲学家们是快乐的。

E. 要想成为世界上最伟大的哲学家,必须没有亲密的人际关系。

[解题分析]　正确答案:D

心理学理论:要想快乐→与另一个人保持亲密。要质疑这个理论,就要找其反例,即找出上述推理的负命题:快乐且不与另一个人保持亲密。由选项D,最伟大的哲学家们是快乐的;加上题干所说,伟大的哲学家并没有亲密的人际关系;因此,这种心理学理论一定是错误的。可见,D项是题干推理所必须假设的,否则,如果世界上最伟大的哲学家们是不快乐的,那么,题干的论证就不成立。

例 10-15　胡晶:"谁也搞不清楚甲型流感究竟是怎样传入中国的,但它对我国人口稠密地区经济发展的负面影响是巨大的。如果这种疫病在今秋继续传播蔓延,那么,国民经济的巨大损失将是不可挽回的。"

吴艳:"所以啊,要想挽回这种损失,只需要阻止疫病的传播就可以了。"

以下哪项陈述与胡晶的断言一致而与吴艳的断言不一致?

A. 疫病的传播被阻断而国民经济遭受了不可挽回的损失。

B. 疫病继续传播蔓延而国民经济遭受了不可挽回的损失。

C. 疫病的传播被阻断而国民经济没有遭受不可挽回的损失。

D. 疫病的传播被控制在一定范围内而国民经济没有遭受不可挽回的损失。

E. 疫病的传播蔓延而国民经济仅仅遭受了轻微的损失。

[解题分析]　正确答案:A

胡晶认为"如果疫病传播,那么,损失将不可挽回",可表示为:传播→损失。吴艳认为"要想挽回这种损失,只需要阻止疫病的传播就可以了",即只要满足"阻止疫病的传播"这个条件,就可以得出"挽回损失"了,可表示为:¬传播→¬损失。A项可表示为:¬传播∧损失。这是吴艳观断言的负命题,即与吴艳的断言相矛盾但并不与胡晶的断言矛盾。因此,A项为正确答案。

10.2　复合命题转化规则

1. 基本公式

(1) $P \rightarrow Q = \neg P \vee Q$。

例如:"如果我有足够的钱,我就可以买到一切"等价于"或者我没有足够的钱,或者我可以买到一切"。

(2) $P \leftarrow Q = P \vee \neg Q$。

例如:"只有该厂工人,才会经常进出该厂"等价于"或者是该厂工人,或者不经常进出该厂"。

（3）P∨Q＝¬P→Q。

例如："或者股票大涨，或者我将破产"等价于"如果股票没有大涨，那么我将破产"。

2. 变形推理

比如：由"P→Q＝¬P∨Q"可得到"¬P→Q＝P∨Q"。

再如：P→¬Q ↔ ¬¬(P→¬Q) ↔ ¬(P∧¬¬Q) ↔ ¬P∨¬Q。

例 10-16 董事长："如果提拔小李，就不提拔小孙。"

以下哪项符合董事长的意思？

A. 如果不提拔小孙，就要提拔小李。

B. 不能小李和小孙都不提拔。

C. 不能小李和小孙都提拔。

D. 除非提拔小李，否则不提拔小孙。

E. 只有提拔小孙，才能提拔小李。

［解题分析］ 正确答案：C

"不能小李和小孙都提拔"等价于"不提拔小李或者不提拔小孙"，又等价于"如果提拔小李，就不提拔小孙"。

例 10-17 淮州市的发展前景不容乐观，它的发展依赖于工业，工业为居民提供岗位和工资，而它的自然环境则取决于消除工业污染，工业污染危及到它的空气、水和建筑。不幸的是，它的工业不可避免地产生污染。

如果以上所说都是真的，则它们最有力地支持下面哪项陈述？

A. 淮州的生活质量只取决于它的经济增长和自然生存环境。

B. 淮州市一定会遇到经济发展停滞或自然环境恶化的问题。

C. 近年来淮州的经济环境已经恶化。

D. 淮州市的空气、水和建筑物的污染主要是化工企业造成的。

E. 淮州人民会为了子孙万代放弃一部分发展工业的优势条件。

［解题分析］ 正确答案：B

题干推理是：P（经济发展）→Q（环境污染）。其等价于：¬P或Q。因此，B项正确。

例 10-18 有人在谈到美军虐待俘虏的照片时说道："如果不想在做蠢事时被当场捉住，就不要做蠢事。"

下面哪一句话所表达的意思与上面这句话的意思不同？

A. 如果做蠢事，就要准备在做蠢事时被当场捉住。

B. 只有不做蠢事，才能避免在做蠢事时被当场捉住。

C. 或者在做蠢事时被当场捉住，或者不做蠢事。

D. 若做蠢事时被当场捉住，那就自认倒霉吧。

E. 除非不做蠢事，否则不能避免被当场捉住。

［解题分析］ 正确答案：D

题干推理：¬捉→¬做。其等价于：捉←做。A项所述"做蠢事"是"被当场捉住"的充分条件，符合题意。B、E项所述"不做蠢事"是"不被当场捉住"的必要条件，符合题意。C项所述"或者被捉或者不做"符合题意。（注意："P←Q"与"P∨非Q"等价）。而D项超出了题干的断定范围，因此D项为正确答案。

例 10-19 逻辑学家说："如果2＋2＝5，则地球是方的。"

以下哪项与逻辑学家所说的同真？

A. 如果地球是方的，则2＋2＝5。

B. 如果地球是圆的，则2＋2≠5。

C. 2＋2≠5 或者地球是方的。

D. 2＋2＝5 或者地球是方的。

E. 2＋2≠5 并且地球是方的。

［解题分析］ 正确答案：C

把"2＋2＝5"表示为P，"地球是方的"表示为Q；则题干推理为P→Q。A项推理为：Q→P。B项推理为：R→¬P（其中，R表示"地球是圆的"，R与¬Q不等同）；题干推理正确，B项也一定正确，但B项并不是题干的逆否命题，因此，与题干并不完全等价。C项推理为：¬P∨Q；这与题干推理是完全等价的。D项推理为：P∨Q。E项推理为：¬P∧Q。

10.3 假言间接推理

假言间接推理包括：假言连锁推理（假言三段论）、假言联言推理、反三段论以及假言选言推理（二难推理）等，本节介绍前三种，二难推理放在下节阐述。

1. 假言连锁推理

假言连锁推理，就是从前提中几个同样性质的假言命题推出一个新的同样性质的假言命题的假言推理。假言连锁推理要求前提中的第一个假言命题的后件必须与第二个假言命题的前件相同。

1）充分条件假言连锁推理

充分条件假言连锁推理是以充分条件命题为前提的假言连锁推理。

(1)肯定式：

> 如果 P,那么 Q
> 如果 Q,那么 R
> ———————————
> 所以,如果 P,那么 R

例如：

> 如果此处是罪犯作案的现场,那么此处就留有罪犯作案的痕迹
> 如果此处就留有罪犯作案的痕迹,那么就能找到罪犯作案的证据
> ———————————
> 所以,如果此处是罪犯作案的现场,那么就能找到罪犯作案的证据

(2)否定式：

> 如果 P,那么 Q
> 如果 Q,那么 R
> ———————————
> 所以,如果非 R,那么非 P

例如：

> 如果你犯了法,你就会受到法律制裁
> 如果你受到法律制裁,别人就会看不起你
> ———————————
> 如果别人看得起你,你就没有犯法

[逻辑案例] 火山爆发与美国粮食涨价

1982 年 2 月,墨西哥的一座火山爆发了。美国政府的决策部门马上决定,囤积粮食、削减种植面积、促使粮食涨价。这二者之间是什么关系呢? 原来,美国人经研究,认为火山爆发必然产生火山灰。大量火山灰进入大气层,将遮住大量阳光,使地球气候变冷。同时尘埃在大气中形成了可使水蒸气凝结的"核",水蒸气得以聚集,成为雨,全球降雨量就增加了。一些地区低温多雨又会引起另一些地区干旱少雨,这样就会导致世界性的粮食减产。

事情的发展正如美国人所预料的一样,1983 年,世界气候恶化、农业歉收,不少国家需要从美国进口粮食,美国人达到了囤积居奇的目的,狠狠地赚了一笔。

分析：美国政府决策部门的分析如下。如果火山爆发,则会产生火山灰(P→Q);如果火山灰进入大气,就会使一些地区低温多雨(Q→R);如果一些地区低温多雨,另一些地区就会干旱少雨(R→S);如果一些地区干旱少雨,就会导致世界性粮食减产(S→A);如果出现世界性粮食减产,则不少国家要向美国买粮食(A→B);如果不少国家要向美国买粮食,则美国可以提高粮食价格大赚一笔(B→C)。

这是一个假言连锁推理：(P→Q),(Q→R),(R→S),(S→A),(A→B),(B→C),所以,(P→C)。结论为,如果火山爆发,则美国可以提高粮食价格,大赚一笔。

2)必要条件假言连锁推理

必要条件假言连锁推理是以必要条件命题为前提的假言连锁推理。

（1）肯定式：

> 只有 P，才 Q
>
> <u>只有 Q，才 R</u>
>
> 所以，只有 P，才 R

例如：

> 只有有了第二味觉，哺乳动物才能边吃边呼吸
>
> <u>只有边吃边呼吸，哺乳动物才能进行高效率的新陈代谢</u>
>
> 哺乳动物只有有了第二味觉，才能进行高效率的新陈代谢

（2）否定式：

> 只有 P，才 Q
>
> <u>只有 Q，才 R</u>
>
> 所以，如果非 P，那么非 R

例如：

> 只有树立坚定信心，才能不畏艰难险阻
>
> <u>只有不畏艰难险阻，才能登上科学高峰</u>
>
> 所以，如果不树立坚定信心，就不能登上科学高峰

例 10-20 青少年如果连续看书时间过长，眼睛近视几乎是不可避免的。菁华中学的学生个个努力学习。尽管大家都懂得要保护眼睛，但大多数的学生每天看书时间超过 10 小时，这不可避免地导致连续看书时间过长。其余的学生每天看书也有 8 小时。班主任老师表扬的都是每天看书时间超过 10 小时的学生。以上的叙述如果为真，最能得出以下哪项结论？

A. 菁华中学的同学中没有一个同学的视力正常，大家都戴近视镜。

B. 每天看书时间不满 10 小时的学生学习不太用功。

C. 菁华中学的学生比其他学校的同学学习更刻苦。

D. 菁华中学的同学中近视眼的比例大于其他学校。

E. 得到班主任老师表扬的学生中大部分是近视眼。

[**解题分析**]　正确答案：E

题干断定：第一，青少年连续看书时间过长几乎都会导致眼睛近视。

第二，菁华中学大多数的学生每天看书时间超过 10 小时，导致连续看书时间过长。

第三，班主任老师表扬的都是每天看书时间超过 10 小时的学生。

联立以上条件，班主任老师表扬的都是每天看书时间超过 10 小时的学生；每天看书时间超过 10 小时，导致连续看书时间过长；连续看书时间过长几乎都会导致眼睛近视；这样可得出：得到班主任老师表扬的学生中大部分是近视眼。因此，E 项正确。

选项 A 结论很强，从题干中无法得出；选项 B 与题干中所述"个个努力学习"

矛盾;选项 C、D 超出了题干的信息,不得而知。

例 10-21　血液中的高浓度脂肪蛋白含量的增多,会提高人体阻止吸收过多的胆固醇的能力,从而降低血液中的胆固醇。有些人通过有规律的体育锻炼和减肥,能明显地增加血液中高浓度脂肪蛋白的含量。

以下哪项,作为结论从上述题干中推出最为恰当?

A. 有些人通过有规律的体育锻炼降低了血液中的胆固醇,则这些人一定是胖子。

B. 不经常进行体育锻炼的人,特别是胖子,随着年龄的增大,血液中出现高胆固醇的风险越来越大。

C. 体育锻炼和减肥是降低血液中高胆固醇的最有效的方法。

D. 有些人可以通过有规律的体育锻炼和减肥来降低血液中的胆固醇。

E. 标准体重的人只需要通过有规律的体育锻炼就能降低血液中的胆固醇。

[解题分析]　正确答案:D

题干断定:①有些人通过体育锻炼和减肥,能增加血液中的高浓度脂肪蛋白;②血液中的高浓度脂肪蛋白含量的增多,会降低血液中的胆固醇。

由此可以推出,有些人可以通过体育锻炼和减肥来降低血液中的胆固醇。因此,D 项作为题干的推论是恰当的。C 项与 D 项类似,但其所作的断定过强,作为从题干推出的结论不恰当。其余各项均不恰当。

例 10-22　天然生成的化学物质结构一旦被公布,它就不能获得新的专利。但是,在一种天然生成的化学合成物被当作药物之前,必须通过与人工合成的药品一样严格的测试程序,这一程序的最终环节是在一份出版的报告中详细说明药品的结构和观察到的效果。

如果以上陈述为真,基于此的以下哪项也必然真?

A. 一旦天然生成的化学物质结构公布于众,任何天然生成的化学物质都可以由人工合成。

B. 如果人工生产的化学物质合成物取得专利,则其化学结构一定公布于众。

C. 如果天然生成的化学物质被证明效果并不差,人们偏好使用天然生成的化学物质作为药用而不偏好人工生产的药品。

D. 一旦天然生成的化合物被允许作为药物使用,它就不能取得新的专利。

E. 如果为一种天然生成的化学物质申请专利,则它作为药物的有效性一定要受到严格的证实。

[解题分析]　正确答案:D

本题的推理为:R(天然化学物质的结构被公布)→S(天然化学合成物不能取

得新的专利）；P（用天然化学合成物作药品）→Q（通过测试程序）；Q（通过测试程序）→R（天然化学物质的结构被公布）。联立上述三式,可推出：用天然化学合成物作药品→天然化学合成物不能取得新的专利。因此,D项正确。A、C、E项为明显无关选项,排除；B项描述获得专利之后的情况,与题干论述无关,排除。

2. 假言联言推理

假言联言推理（条件联言推理）就是以两个或两个以上充分条件命题和一个联言命题为前提,从而推出一个联言命题结论的复合命题推理。

1）简单构成式：

$$P \to R$$
$$Q \to R$$
$$\underline{P \land Q}$$
$$R$$

2）简单破坏式：

$$P \to Q$$
$$P \to R$$
$$\underline{\neg R \land \neg Q}$$
$$\neg P$$

3）复杂构成式：

$$P \to R$$
$$Q \to S$$
$$\underline{P \land Q}$$
$$R \land S$$

例如：

如果要建设社会主义的物质文明,那么就要大力发展社会生产力

如果要建设社会主义的精神文明,那么就要大力加强和改善思想政治工作

我们要建设社会主义的物质文明和精神文明

所以我们既要大力发展社会生产力,又要大力加强和改善思想政治工作

4）复杂破坏式：

$$P \to R$$
$$Q \to S$$
$$\underline{\neg R \land \neg S}$$
$$\neg P \land \neg Q$$

例如：

如果这一溶液是酸性,那么就会使试纸呈红色

如果这一溶液是碱性,那么就会使试纸呈蓝色

试纸在这一溶液既不呈红色,也不呈蓝色

所以,这一溶液既不是酸性,也不是碱性

[逻辑案例] 墓地

隋炀帝曾说:"我家墓地,若云不吉,我不当贵为天子;若云吉,我弟不应战死。"

分析:不吉→不为天子;吉→我弟不死;我为天子∧我弟死;所以,吉∧不吉。自相矛盾。

3. 反三段论

反三段论是指,在已知一个三段论是有效的情况下,我们可以反过来从结论之假推前提之假。

(1) 推理形式一:

如果 P 且 Q,那么 R

所以,如果 P 且非 R,那么非 Q

(2) 推理形式二:

如果 P 且 Q,那么 R

所以,如果 Q 且非 R,那么非 P

在以上两个公式中,前提"如果 P 且 Q,那么 R"可以看作一个三段论,其中 P、Q 和 R 分别看作大前提、小前提和结论。

结论"如果 P 且非 R,那么非 Q"也可以看作一个三段论,但这个三段论的前提之一"非 R"和结论"非 Q"是前一个三段论的结论 R 和一个前提 Q 的否定,所以称为反三段论。例如:如果所有太阳系的大行星都有卫星,并且水星是太阳系的大行星,那么水星就有卫星。所以,如果水星是太阳系的大行星,而且水星没有卫星,那么,并非所有太阳系的大行星都有卫星。

可见,反三段论是在多种条件合并构成某一事物情况的充分条件时,如果该事物情况没有出现,那么就可以推断构成该事物情况的诸充分条件中,至少有一种条件不具备。

在实际思维中,反三段论是有重要作用的。如果几个条件联合起来构成某一情况的充分条件,那么根据反三段论,当该情况不产生时,就可以推出几个条件中至少有一个条件未具备。由此,可以创造条件,促使某一情况的出现。

例 10-23 我国已故著名逻辑学家金岳霖小时候听到"金钱如粪土""朋友值千金"这样两句话后,发现有逻辑问题,因为它们可推出"朋友如粪土"的荒唐结论。

既然"朋友如粪土"这个结论不成立,于是从逻辑上可以推出:

A. "金钱如粪土"这一说法是假的。

B. 如果朋友确实值千金，那么金钱并非如粪土。

C. "朋友值千金"这一说法不是真的。

D. "金钱如粪土""朋友值千金"这两句话或者都真，或者都假。

E. 只有朋友确实值千金，金钱才如粪土。

[解题分析] 正确答案：B

设 P、Q、R 分别代表"金钱如粪土""朋友值千金""朋友如粪土"，则题干推理为 P∧Q→R，其等价的逆否命题为 ¬P∨¬Q←¬R。这样有 ¬R，就得到 ¬P∨¬Q；也就是说，既然"朋友如粪土"这个结论不成立，则"金钱如粪土""朋友值千金"至少有一个不成立。而 ¬P∨¬Q 等价于 Q→¬P。B 项正确表述了"金钱如粪土""朋友值千金"至少有一个不成立，则其中之一真，另一个就为假，为正确答案。"金钱如粪土""朋友值千金"至少有一个不成立，但不能确定哪者是假的，A、C 项不能由题干条件得出；"金钱如粪土""朋友值千金"至少有一个不成立，不一定要求两个都为假，而且题干是明显反对"二者都为真"的，D 项排除。E 项，Q←P，这显然与题意不符。

例 10-24 如果货币的储蓄额和销售回笼额都没有增长，那么货币的入股额一定增长。以此为前提，若再增加一个前提，可以推出"货币的储蓄额事实上增长了"的结论。

A. 货币的入股额事实上增长了。

B. 货币的入股额事实上没增长。

C. 货币的销售回笼额事实上没增长。

D. 货币的销售回笼额和入股额事实上都没增长。

E. 货币的销售回笼额和入股额事实上都增长了。

[解题分析] 正确答案：D

设 P 为储蓄额没有增长，Q 为销售回笼额没有增长，R 为入股额增长。本题要求从"P∧Q→R"加"？"推出"¬P"。按反三段论的结构式，只能增加前提："¬R∧Q"（入股额和销售回笼额都没有增长）。选项 D 符合要求。

例 10-25 只要天上有太阳并且气温在 0℃ 以下，街上总有很多人穿着皮夹克。只要天下着雨并且气温在 0℃ 以上，街上总有人穿着雨衣。有时，天上有太阳但却同时下着雨。

如果上述断定为真，则以下哪项一定为真？

A. 有时街上会有人在皮夹克外面套着雨衣。

B. 如果街上有很多人穿着皮夹克但天没下雨，则天上一定有太阳。

C. 如果气温在零度以下并且街上没有多少人穿着皮夹克，则天一定下着雨。

D. 如果气温在零度以上但街上没人穿雨衣,则天一定没下雨。

E. 如果气温在零度以上并且街上有人穿着雨衣,则天一定下着雨。

[解题分析] 正确答案:D

根据题干的断定:①太阳且0℃以下→皮夹克;②天下着雨且0℃以上→雨衣。

由②推出:街上没人穿雨衣 → 或者天没下雨,或者气温不在0℃上;由"或者天没下雨,或者气温不在0℃以上"和"气温在0℃以上",可推出"天没下雨"。因此,由"街上没人穿雨衣"和"气温在0℃以上",可推出"天没下雨"。推理形式结构为 P∧Q→R,P∧﹁R,﹁Q。因此,D项成立。类似地,根据题干的条件,由"街上没有多少人穿着皮夹克"和"气温在0℃以下",可以推出"天上没出太阳";但由"天上没出太阳"推不出"天一定下着雨",因此,C项不成立。其余各项都不成立。

10.4 二难推理

二难推理是由两个假言前提和一个具有二支的选言前提联合作为前提而构成的推理,也称为假言选言推理。

在辩论中人们经常运用这种推理形式。辩论的一方常常提出具有两种可能的大前提,对方无论肯定或否定其中的哪一种可能,结果都会陷入进退两难的境地。二难推理之所以叫做"二难"推理,也就是由于这个缘故。

比如:郑渊洁说过,"有钱的人怕别人知道他有钱,没钱的人怕别人知道他没钱"。这就是个二难推理,推理结论是:不管有钱还是没钱,都怕别人知道。

[逻辑案例] 一千块

父亲对儿子说:"这里有一千块钱,如果你猜得出我在想什么,这一千块钱就给你。"儿子一听非常想得到这一千块钱,所以他绞尽脑汁想出了一个绝妙答案,父亲听到以后,说了声"对",不得不把这一千块钱给了儿子。

请问:儿子到底说了什么呢?

分析:答案是,儿子问爸爸:"你不想把这一千块钱给我,对不对?"这样,要是爸爸说对,那么,就是猜中了爸爸在想什么,所以爸爸要给儿子一千块钱;要是爸爸说不对,也就是说爸爸想把这一千块钱给儿子,那么儿子自然就得到了这一千块钱。也就是说,无论爸爸怎么回答,都要把这一千块钱给儿子。

1. 二难推理的基本形式

1) 简单构成式

两个假言前提有不同的前件,但有相同的后件,因此肯定其前件,就可以推出其相同的后件(结论)。它的推理结构可表述如下:

如果 P,那么 R

如果 Q,那么 R

P 或 Q

所以,R

[逻辑案例]　雅典青年的演说

古希腊雅典有一位青年,他能言善辩,常常四处奔波、到处发表演说。一天,他父亲忧心忡忡地对他说:"孩子,你可得当心!你那么热衷于演说,不会有好结果。说真话吧,富人或显贵会恨死你;说假话吧,贫民们不会拥护你。可是既要演说,你就只能是或者讲真话,或者讲假话,因此,不是遭到富人、显贵的憎恨,就是遭到贫民的反对,总之是有百弊而无一利啊!"

在这里,父亲劝儿子就使用了一个二难推理,形式是:如果你说真话,那么富人恨你;如果你说假话,那么穷人恨你;或者你说真话,或者你说假话;总之,有人恨你。

二难推理简单构成式的常用简约式为:

$$P \rightarrow R$$
$$\neg P \rightarrow R$$
$$R$$

[逻辑案例]　上帝万能悖论

如果上帝不能创造出一块他自己都不能搬动的石头,则他不是万能的;

如果上帝能创造出一块他自己都不能搬动的石头,则他同样不是万能的;

上帝或者能创造出一块他自己都不能搬动的石头,或者不能,二者必居其一。

因此,上帝不是万能的。

[逻辑案例]　寻找真理

一人在寻找真理,智者问他:"你真的不知道真理是什么吗?"那个人说:"当然!"智者又问:"你既然不知道真理是什么,当你找到真理的时候,你又如何辨别出来呢?如果你辨别得出真理与否,那说明你已经知道了真理是什么,又何来寻找呢?"

分析:这个二难推理的形式如下:如果你不知道真理是什么,你就无法辨别出真理,那么你就不必寻找真理;如果你能辨别出真理,你就已经知道了真理是什么,那么你也不必寻找真理;或者你知道真理是什么,或者你不知道真理是什么。所以,你都不必寻找真理。

2) 简单破坏式

这种形式是,在这个推理中,两个假言前提有不同的后件,但有相同的前件,因此,无论否定哪一个后件,结果总是否定了相同的前件。这个推理的结构可表述如下:

> 如果 P,那么 Q
>
> 如果 P,那么 R
>
> 非 Q 或非 R
>
> ———————
>
> 所以,非 P

例如:

> 如果你是诚实的革命者,那么你就不能说假话
>
> 如果你是诚实的革命者,那么你就不能隐瞒自己的过错
>
> 你或者说假话或者隐瞒自己的过错
>
> ———————
>
> 所以,你就不是诚实的革命者

[逻辑案例] 殉葬

秦宣太后很喜爱魏丑夫,她患重病即将去世时下了这样一道命令:我死后安葬时,一定让魏丑夫为我殉葬。魏丑夫对此深感害怕。大臣庸芮就此事劝太后说:"您认为死者有知吗?"太后回答说:"无知也。"庸芮说:"假若太后您明明知道死后无知,为何要让生前所喜爱的人白白地为无知的死人殉葬呢?如果死后有知,先王去世后您很少瞻仰他的寝陵,对您的积怨一定很久了,您为什么却私自让魏丑夫殉葬呢?"太后赞同地说:"好。"于是废除了让魏丑夫殉葬的旨意。

分析:庸芮为了营救魏丑夫,就运用了简单破斥式的二难推理,其推理形式为:如果太后死后无知而让魏丑夫殉葬,那么会白白葬送生前喜爱的人;如果太后死后有知而让魏丑夫殉葬,那么会触怒先王;太后或者不想白白葬送生前喜爱的人,或者不想触怒先王。总之,太后都不应该让魏丑夫殉葬。

3）复杂构成式

这种形式是,两个假言前提有不同的前件和不同的后件。因此,肯定这个或那个前件,结论便肯定这个或那个的后件。它的推理形式可表述如下:

> 如果 P,那么 R
>
> 如果 Q,那么 S
>
> P 或 Q
>
> ———————
>
> 所以,R 或 S

例如:

> 如果别人的意见是正确的,那么你就应当接受
>
> 如果别人的意见是错误的,那么你就应当反对
>
> 别人的意见或者是正确的,或者是错误的
>
> ———————
>
> 所以,你或者应当接受或者应当反对

[逻辑案例] 人寿保险

在加入人寿保险的人当中:

你不是有平安的好运气，就是有不平安的坏运气

如果你有平安的好运气，就会给你带来输钱的坏运气

如果你有不平安的坏运气，就会给你带来赢钱的好运气

所以，你有输钱的坏运气或者有赢钱的好运气

［逻辑案例］ 上帝的存在

如果我相信上帝，则如果上帝存在，我就有所得；如果上帝不存在，我也无所失。如果我不相信上帝，则如果上帝存在，我就有所失；如果上帝不存在，我也无所得。因此，我如果相信上帝，我或者有所得，或者无所失；而如果我不相信上帝，则我或者有所失，或者无所得。

4）复杂破坏式

这种形式是，两个假言前提有不同的前件和不同的后件，因此，否定这个或那个后件，结论便否定这个或那个前件，它的推理形式可表述如下：

如果 P，那么 R

如果 Q，那么 S

非 R 或非 S

所以，非 P 或非 Q

［逻辑案例］ 全能的上帝

如果上帝是全能的，他就能够消除罪恶；如果上帝是全善的，他就愿意消除罪恶。上帝或者没能消除罪恶，或者不愿消除罪恶。所以，上帝或者不是全能的，或者不是全善的。

分析：任何形式的二难推理，必须具备前提真实和形式有效，才是正确的，不具备这两个条件的二难推理必是错误的。上述四式都是二难推理的有效的推理形式。即只要其前提是真实的，那么运用这四式都能得出必然可靠的结论。

2．如何破斥二难推理

由于二难推理是一种很有用的推理，是论辩中的一种有力工具，因此，在人们的实际思维中经常使用它。但是并非人人都能正确地使用这种推理形式，而且诡辩论者也经常利用二难推理进行诡辩，所以对于不正确的二难推理必须加以驳斥。驳斥二难推理的方法主要有以下几种。

1）指出推理形式无效

二难推理的构成式要遵守充分条件假言推理肯定前件就要肯定后件的规则，破坏式要遵守充分条件假言推理否定后件就要否定前件的规则。违背相应的规则，二难推理就是无效的。

例如，一单位领导就几位下属是否参加一次经贸洽谈会所作出的推理：如果老王不出席，那么老李出席；如果老张不出席，那么老白出席；老王出席或老张出席；所以，老李不出席或老白不出席。上述推理是二难推理复杂构成式的否定前

件式,是无效的。因为二难推理的构成式只有肯定前件式,没有否定前件式。

2）指出其前提的虚假

指出其前提的虚假,也就是指出充分条件假言命题的前件、后件之间不具有充分条件关系。

［逻辑案例］ 冰雹

旧时西藏的乌拉差役制度中,有的寺庙规定农奴每年都要请喇嘛念冰雹经,祈求免除冰雹灾害。寺庙长老给农奴立下规矩:如果天不下冰雹,是念经有功,那么要交费酬谢;如果天下冰雹,是民心不纯,那么要交罚款;天或不下冰雹,或下冰雹;所以,农奴或要交酬谢费,或要交罚款。

分析:在上面这个二难推理的复杂构成式中,两个充分条件假言判断的前件都不是后件的充分条件。因为天是否下冰雹,与喇嘛念经根本没有关系。换言之,它的前提是虚假的,是喇嘛为剥削农奴而人为捏造出来的。

3）突破小前提的限制

二难推理的主要特征通过小前提所提供的非此即彼或亦此亦彼的选择而体现出来,因而,如果能突破小前提的限制,就能摆脱不利的结论,这就叫做摆脱进退维谷的困境。

如何突破小前提的限制? 主要有以下两种方法:

（1）指出选言支不穷尽。即在 P 或者 Q 这两个选言支以外,还有第三种选言情况存在,这样便瓦解了小前提的限制。例如:如果天冷,那么人难受;如果天热,那么人难受;天气或者冷或者热;总之,人总是难受。事实上,天有既不冷也不热的时候。

（2）指出 P 或者 Q 进行选择的一个无法满足的先决条件,由于这个先决条件的无法满足而瓦解了小前提的限制。

［逻辑案例］ 伊索的智慧

伊索的主人酒醉狂言,发誓要喝干大海,并以他的全部财产和所管辖的奴隶作赌注。次日醒来,他发觉自己失言,但全城的人都早已得知此事。这时主人陷入以下的二难困境:如果实现诺言,就要喝干大海;如果不实现诺言,就会失信于人;或者实现诺言,或者不实现诺言;所以,或者喝干大海,或者失信于人。

面对这个二难的困境,主人听从了伊索的计策,到海边对围观的人说:"不错,我要喝干大海,但是现在千百万条江河不停地流入大海,谁能把河水与海水的界线分开,我保证喝干大海。"伊索为主人指出了进行二难选择的先决条件,即把河水与海水分开,由于这个条件无法满足,因而破解了二难的困境。

4）构造一个反二难推理

构造一个反二难推理,是一种常用的反驳方法。所谓构造一个反二难推理,即构造一个与原二难推理的前提相反的二难推理,以便从中推出相反的结论,使对方处于同样的二难困境,从而达到破斥的目的。

如前面"简单构成式"中那一例,儿子是这样反驳父亲的:"父亲,您老不用担心。如果我说真话,那么贫民们就会赞颂我;如果我说假话,那么富人显贵们就会赞颂我。虽然我不是说真话,就是说谎话;但是不是贫民赞颂我,就是富豪显贵们赞颂我,何乐而不为呢?"从"或者说真话,或者说假话"这一前提中,儿子引申出与他父亲截然相反的结论,这就将父亲的非难有力地顶了回去。

构造一个反二难推理去反驳时,要注意两点:一是构造的这种二难推理务必保留原二难推理的假言前提的前件,而推出与原来相反的后件。如若不然,就达不到破斥的目的。二是构造相反的二难推理,虽然能驳斥原二难推理,但其本身不一定就是正确的推理。如前例儿子对父亲,虽然驳斥了原二难推理,但他所构造的二难推理的假言前提与原二难推理的假言前提一样都是假的,即上述二难推理的结论都是不能成立的。但由于揭示了原二难推理中的虚假前提,因此,仍不失为一种有效的反驳方法。

[逻辑案例] 老太太的困扰

老太太有两个儿子,大儿卖布鞋,小儿卖雨伞。天晴时,为小儿生意担心,愁;下雨时,为大儿生意担心,愁;总之,愁。天晴时,为大儿生意开心,乐;下雨时,为小儿生意开心,乐;总之,乐。

3. 解题指导

例 10-26 第 12 届国际逻辑学、方法论和科学哲学大会在西班牙举行,哈克教授、马斯教授和雷格教授中至少有一人参加了这次大会。已知:①报名参加大会的人必须提交一篇英文学术论文,经专家审查通过后才会发出邀请函。②如果哈克教授参加这次大会,那么马斯教授一定参加。③雷格教授向大会提交了一篇德文学术论文。

根据以上情况,以下哪项一定为真?

A. 哈克教授参加了这次大会。

B. 马斯教授参加了这次大会。

C. 雷格教授参加了这次大会。

D. 哈克教授和马斯教授都参加了这次大会。

E. 马斯教授和雷格教授都参加了这次大会。

[解题分析] 正确答案:B

题干条件关系如下:①参加大会的人→提交一篇英文学术论文;②哈克参加→马斯参加;③雷格提交了一篇德文学术论文。由条件①、③知,雷格教授不能参加。再加上题干所述,至少有一人参加了大会,说明哈克教授或马斯教授至少有一人参加。即:④哈克不参加→马斯参加。由②、④二难推理可得:不管哈克教授是否参加,马斯教授必然参加,B 项正确。D 项可能为真,但并不必然为真,因为哈克参加不参加都可以。

例 10-27　在镇压太平天国运动之后,曾国藩在奏折中请求朝廷遣散湘军,但对他个人的去留问题却只字不提。因为他知道,如果在奏折中自己要求留在朝廷效力,就会有贪权之疑;如果在奏折中请求解职归乡,就会给朝廷留下他不愿意继续为朝廷尽忠的印象。

下面哪项中的推理与上文中的最相似?

A. 在加入人寿保险的人当中,如果你有平安的好运气,就会给你带来输钱的坏运气;如果你有不平安的坏运气,就会给你带来赢钱的好运气。正反相生,损益相成。

B. 一位贫穷的农民喜欢这样教导他的孩子们:"这个世界上,你不是富就是穷,不是诚实就是不诚实。由于所有穷人都是诚实的,所以,每个富人都是不诚实的。"

C. 在处理雍正王朝的一次科场舞弊案中,如果张廷玉上奏折主张杀张廷璐,会使家人认为他不义;如果张廷玉上奏折主张保张廷璐,会使雍正认为他不忠。所以,张廷玉在家装病,迟迟不上奏折。

D. 在梁武帝和萧宏这对兄弟之间,如果萧宏放弃权力而贪恋钱财,梁武帝就不担心他会夺权;如果萧宏既贪财又争权,梁武帝就会加以防范。尽管萧宏敛财无度,梁武帝还是非常信任他。

E. 上世纪,中原大战中,张学良的东北军支持蒋介石,那么蒋会赢;支持冯玉祥一方,那么冯会赢;所以,张学良是决定胜利的关键。

[解题分析]　正确答案:C

推理方式的相似比较题。题干推理是针对一个二难推理,作出逃避的做法。在诸选项中只有 C 项与题干推理最为相似,为正确答案。

例 10-28　土耳其自 1987 年申请加入欧盟,直到目前双方仍在进行艰难的谈判。从战略上考虑,欧盟需要土耳其,如果断然对土耳其说"不",欧盟将会在安全、司法、能源等方面失去土耳其的合作。但是,如果土耳其加入欧盟,则会给欧盟带来文化宗教观不协调、经济补贴负担沉重、移民大量涌入冲击就业市场等一系列问题。

以下哪项结论可以从上面的陈述中推出?

A. 从长远看,欧盟不能既得到土耳其的全面合作,又完全避免土耳其加入欧盟而带来的麻烦。

B. 如果土耳其达到了欧盟设定的政治、经济等入盟标准,它就能够加入欧盟。

C. 欧盟或者得到了土耳其的全面合作,或者完全避免土耳其加入欧盟带来的麻烦。

D. 土耳其只有 3% 的国土在欧洲,多数欧洲人不承认土耳其是欧洲国家。

E. 土耳其的首都在欧洲,因此它属于欧洲国家。

[解题分析] 正确答案：A

题干逻辑关系为：①不让土耳其加入欧盟→欧盟将会失去土耳其的合作。②让土耳其加入欧盟→会给欧盟带来一系列问题。或者让土耳其加入欧盟，或者不让土耳其加入欧盟；总之，欧盟或者会失去土耳其的合作，或者会给欧盟带来一系列问题。由于 P∨Q=¬(¬P∧¬Q)，因此，"欧盟或者会失去土耳其的合作，或者会给欧盟带来一系列问题"等价于"欧盟不能既得到土耳其的全面合作，又完全避免土耳其加入欧盟而带来的麻烦"。所以，A项为正确答案。B、D、E项出现新概念，非题干所能推出，排除；C项是个相反陷阱的干扰项，与本题结论相反。

例 10-29 某地住着甲、乙两个部落，甲部落总是讲真话，乙部落总是讲假话。一天，一个旅行者来到这里，碰到一个土著人 A。旅行者就问他："你是哪一个部落的人？"A 回答说："我是甲部落的人。"这时又过来一个土著人 B，旅行者就请 A 去问 B 属于哪一个部落。A 问过 B 后，回来对旅行者说："他说他是甲部落的人。"

根据这种情况，对 A、B 所属的部落，旅行者所作出的正确的判断是下列的哪一项？

A. A 是甲部落的人，B 是乙部落的人。

B. A 是乙部落的人，B 是甲部落的人。

C. A 是甲部落的人，B 所属部落不明。

D. A 所属部落不明，B 是乙部落的人。

E. A、B 所属部落不明。

[解题分析] 正确答案：C

对于"你是哪一个部落？"的回答，如果回答者是甲部落，说真话，回答一定是"我是甲部落的"；如果回答者是乙部落的，说假话，回答也一定是"我是甲部落的"。所以，根据二难推理，对该问题，无论是哪个部落的人，其回答都是"我是甲部落的"。由于 A 说"B 说他是甲部落的人"，因此，A 一定说真话，所以 A 是甲部落的。而根据 B 说自己是甲部落的，没法判断 B 是哪个部落的。

10.5 命题逻辑推理技法与训练

抽象思维是做逻辑的基本方法，逻辑推理是排斥形象思维的，如果在做题时想象段落所描述的形象，而不能迅速抽象出题干的逻辑推理关系，这是做逻辑之大忌。应该说快速阅读能力和抽象思维能力是逻辑解题的两大关键能力。

10.5.1 解题步骤

逻辑推理的具体解题步骤如下。

1. 自然语言的符号化

（1）元素符号化，读题后能迅速抽象出逻辑形式。

（2）汉语阅读理解，收敛思维，写出条件关系式。

注意日常语言，联结词可标志出条件关系；没有联结词的，要去理解条件。

[逻辑案例] 解读宪法

我们可以用形式逻辑的模式解读一些法律法规。如我国宪法规定"任何公民，非经人民检察院批准或者决定或者经人民法院决定，并由公安机关执行，不受逮捕"，这一规定，可用一个必要假言命题描述，只有经人民检察院批准或者决定或者经人民法院决定，并由公安机关执行，公民才受逮捕。

分析：上述规定可用逻辑表达如下，（检察院批准 ∨ 检察院决定 ∨ 法院决定）∧ 公安机关执行 ← 公民受逮捕。意思是，如果要逮捕公民，就需要民检察院批准或者决定或者人民法院决定，并由公安机关执行。

2. 通过逻辑运算和条件理解找答案

千万不能凭感觉选择答案，一定要根据逻辑推理和条件理解来找答案。

（1）写出条件关系式。

（2）写出其等价的逆否命题：

① 原命题 $A \rightarrow B$ 的逆命题为 $B \rightarrow A$；

② 否命题 $\neg A \rightarrow \neg B$ 的逆否命题为 $\neg B \rightarrow \neg A$。

原命题与逆否命题为等价命题，如果一个命题正确，那么它的逆否命题也一定正确。如：

① $A \rightarrow B1 \vee B2$ 的逆否命题为 $\neg B1 \wedge \neg B2 \rightarrow \neg A$；

② $A \rightarrow B1 \wedge B2$ 的逆否命题为 $\neg B1 \vee \neg B2 \rightarrow \neg A$；

③ $B1 \vee B2 \rightarrow A$ 的逆否命题为 $\neg A \rightarrow \neg B1 \wedge \neg B2$；

④ $B1 \wedge B2 \rightarrow A$ 的逆否命题为 $\neg A \rightarrow \neg B1 \vee \neg B2$。

注意区分：

① $\neg A \wedge \neg B \rightarrow \neg C \vee D$ 的逆否命题为 $A \vee B \leftarrow C \wedge \neg D$；

② $\neg(A \wedge B) \rightarrow \neg C \vee D$ 的逆否命题为 $A \wedge B \leftarrow C \wedge \neg D$。

（3）如果题干只有单个条件关系式，往往对原命题和逆否命题，加进对条件的理解即可选择答案。

（4）顺着原命题和逆否命题这两个条件关系式箭头方向推出的结果都必然是正确的，不能顺着箭头方向推，得不到任何结果。

（5）多个条件关系式要进行串联连锁推理，答案往往从中产生。寻找解题突破口，找推理起点（或在原文，或在问题，或在选项），由起点列出推理链。要善于进行关系的传递,用该推理链选项找答案。比如:A→B,C→¬B,可得出 A→¬C。

(6)省略前提型,要抓住目标,凑条件。在论证中,所运用的演绎推理经常是不完整、省略前提的。对这类题目,在理解了已知条件的基础上迅速浏览选项,抓住结论,凑条件,然后用演绎规则去验证,从而尽快找到答案。

(7)复杂一些的题需要进行一定的逻辑命题演算,通过逻辑推导选择正确答案。要记住一些常用的公式,同时要运用对选言推理和假言推理的理解,来进行公式互推和变形推理。

10.5.2 解题训练

1. 推论题

推出演绎推理的结论的主要步骤:

(1)按原文的顺序陈述依次作出准确的理解,列出条件关系式。

(2)根据所列条件关系式,以及复合命题的演绎推理规则,推出结论。

例 10-30 只要有足够的勇气和智慧,就没有办不成的事。

如果上述断定为真,则以下哪一项一定为真?

A. 如果有事办不成,说明既缺乏足够的勇气,又缺乏足够的智慧。

B. 如果有事办不成,说明或者缺乏足够的勇气,或者缺乏足够的智慧。

C. 如果没有办不成的事,说明至少有足够的勇气。

D. 如果缺乏足够的勇气和智慧,那就办不成任何事。

E. 如果缺乏足够的勇气和智慧,就总有事办不成。

[解题分析] 正确答案:B

题干逻辑关系为:勇气∧智慧→办成。其逆否命题为:¬勇气∨¬智慧←¬办成。其意思就是:如果有事办不成,说明或者缺乏足够的勇气,或者缺乏足够的智慧。因此,B项为正确答案。

例 10-31 一位编辑正在考虑报纸理论版稿件的取舍问题。有 E、F、G、J、K 6 篇论文可供选择。考虑到文章的内容、报纸的版面等因素,有

(1)如果采用论文 E,那么不能用论文 F 但要用论文 K;

(2)只有不用论文 J,才能用论文 G 或论文 H;

(3)如果不用论文 G,那也不用论文 K;

(4)论文 E 是向名人约的稿件,不能不用。

以上各项如果为真,下面哪项一定是真的?

A. 采用论文 E,但不用论文 H。

B. G 和 H 两篇文章都用。

推理、论证与批判性思维(第2版)

C. 不用论文 J,但用论文 K。

D. G 和 J 两篇文章都不用。

E. J 和 K 两篇文章都不用。

[解题分析] 正确答案:C

复合命题推理题。题干表明的逻辑关系有:①E→¬F∧K;②¬J←G∨H;③¬G→¬K;④E。由条件④出发:E→K(由条件①)→G(对条件③做个逆否命题)→¬J(条件②)。

因此,C 项为正确答案。

例 10-32 蟋蟀是一种非常有趣的小动物,宁静的夏夜,草丛中传来阵阵清脆悦耳的鸣叫声,那是蟋蟀在歌唱。蟋蟀优美动听的歌声并不是出自它的好嗓子,而是来自它的翅膀。左右两翅一张一合、相互摩擦,就可以发出悦耳的声响了。蟋蟀还是建筑专家,与它那柔软的挖掘工具相比,蟋蟀的住宅真可以算得上是伟大的工程了。在其住宅门口,有一个收拾得非常舒适的平台。夏夜,除非下雨或者刮风,否则蟋蟀肯定会在这个平台上歌唱。

根据以上陈述,以下哪项是蟋蟀在无雨的夏夜所做的?

A. 修建住宅。

B. 收拾平台。

C. 在平台上歌唱。

D. 如果没有刮风,它就在平台上唱歌。

E. 如果没有刮风,它就在抢修工程。

[解题分析] 正确答案:D

题干断定:并非(下雨或者刮风)→蟋蟀肯定会在这个平台上唱歌。即:不下雨且不刮风→蟋蟀肯定会在这个平台上唱歌。因此,在无雨的夏夜,如果没有刮风,蟋蟀就在平台上唱歌。D 项正确。

例 10-33 在本年度篮球联赛中,长江队主教练发现,黄河队 5 名主力队员之间的上场配置有如下规律:

①若甲上场,则乙也要上场;②只有甲不上场,丙才不上场;③要么丙不上场,要么乙和戊中有人不上场;④或者丁上场,或者乙上场。

若乙不上场,则以下哪项配置合乎上述规律?

A. 甲、丙、丁同时上场。

B. 丙不上场,丁、戊同进上场。

C. 甲不上场,丙、丁都上场。

D. 甲、丁都上场,戊不上场。

E. 甲、丁、戊都不上场。

[解题分析]　正确答案：C

根据题干写出条件关系式：

①甲→乙；②¬甲←¬丙；③¬丙∨（¬乙∨¬戊）；④丁∨乙；⑤¬乙。由①和⑤，得结论1：¬甲。由③和⑤，得结论2：丙。由④和⑤，得结论3：丁。由结论1，得 A 项和 D 项不成立；由结论2，得 B 项不成立；由结论3，得 E 项不成立。只有 C 项与题干条件不矛盾。

例 10-34　一项产品要成功占领市场，必须既有合格的质量，又有必要的包装；一项产品，不具备足够的技术投入，合格的质量和必要的包装难以两全；只有足够的资金投入，才能保证足够的技术投入。

以下哪项结论可以从题干的断定中推出？

Ⅰ. 一项成功占领市场的产品，其中不可能不包含足够的技术投入。

Ⅱ. 一项资金投入不足但质量合格的产品，一定缺少必要的包装。

Ⅲ. 一项产品，只要既有合格的质量，又有必要的包装，就一定能成功占领市场。

A. 只有Ⅰ　　　　　　　　　　　B. 只有Ⅱ

C. 只有Ⅲ　　　　　　　　　　　D. 只有Ⅰ和Ⅱ

E. Ⅰ、Ⅱ和Ⅲ

[解题分析]　正确答案：D

题干论述：有合格的质量，又有必要的包装是占领市场的必要条件；足够的技术投入是合格的质量和必要的包装同时出现的必要条件；足够的资金投入是足够的技术投入的必要条件。由此列出以下条件关系式：

①占→质∧包；②¬技→¬（质∧包），等价于，技←质∧包；③资←技，等价于，¬资→¬技。

由①、②可得到：一项成功占领市场的产品，一定包含足够的技术投入；Ⅰ正确。由②、③可得到：非资→非技→非（质且包）；就是说在资金投入不足的情况下合格的质量和必要的包装不能同时出现，现在在没有足够的资金投入而有合格的质量，那么必要的包装一定不会出现，Ⅱ正确。由①，其逆命题不一定成立；Ⅲ未必为真。因此，正确答案为 D 项。

例 10-35　如果一个学校的大多数学生都具备足够的文学欣赏水平和道德自律意识，那么，像《红粉梦》和《演艺十八钗》这样的出版物就不可能成为在该校学生中销售最多的书。去年在 H 学院的学生中，《演艺十八钗》的销售量仅次于《红粉梦》。

如果上述断定为真，则以下哪项一定为真？

Ⅰ. 去年 H 学院的大多数学生都购买了《红粉梦》或《演艺十八钗》。

Ⅱ. H学院的大多数学生既不具备足够的文学欣赏水平,也不具备足够的道德自律意识。

Ⅲ. H学院至少有些学生不具备足够的文学欣赏水平,或者不具备足够的道德自律意识。

A. 只有Ⅰ   B. 只有Ⅱ
C. 只有Ⅲ   D. Ⅱ和Ⅲ
E. Ⅰ、Ⅱ和Ⅲ

[解题分析] 正确答案:C

题干断定:①学校的大多数学生都具备足够的文学欣赏水平和道德自律意识→《红粉梦》和《演艺十八钗》不可能成为在该校学生中销售最多的书;②《演艺十八钗》和《红粉梦》在H学院的学生中销量最多。

根据②,推不出Ⅰ项。根据题干的两个断定,可推出结论:"并非'H学院的大多数学生都具备足够的文学欣赏水平和道德自律意识'"等价于"H学院至少有些学生或者不具备足够的文学欣赏水平,或者不具备足够的道德自律意识",即Ⅲ项成立,Ⅱ项不成立。因此,C项为正确答案。

例 10-36 只要前提正确且逻辑推理结构有效,则结论必然正确。

根据以上判断,以下哪几种情况是可能出现的?

Ⅰ. 结论正确且前提正确,但逻辑结构是无效的。

Ⅱ. 逻辑推理结构有效且结论正确,但前提是错误的。

Ⅲ. 前提错误且逻辑结构无效,但结论正确。

Ⅳ. 前提错误且逻辑结构无效,结论也是错误的。

A. Ⅰ、Ⅱ、Ⅲ和Ⅳ   B. 仅Ⅰ和Ⅳ
C. 仅Ⅰ、Ⅱ和Ⅳ   D. 仅Ⅰ、Ⅲ和Ⅳ
E. 仅Ⅳ

[解题分析] 正确答案:A

题干是一个充分条件的假言命题,其前件又是一个联言命题。前提正确∧逻辑结构有效→结论正确。在Ⅰ、Ⅱ、Ⅲ和Ⅳ中的任何一种情况下,题干都不必然是假的,所以都可能出现。

2. 假设题

在日常思维的论证中,前提也时常被省略(省略的前提就是隐含的假设)。要对论证的有效性作出评估,必须揭示出被省略的前提。揭示演绎推理的假设(推出演绎推理的前提)的主要步骤如下:

(1) 抓住结论和前提。按原文的顺序陈述依次作出准确的理解,列出条件关系式。

（2）对省略的前提加以补充。迅速浏览选项，抓住结论，凑条件。依据合理性原则，揭示出被省略的前提。

（3）将推理恢复成标准形式，根据复合命题的演绎推理规则检验上述推理是否有效。当省略的前提条件为真时，结论就必然会被推出。

例 10-37 只要小王能评上教授，同时老雷没有评上研究员，大李就一定会评上教授。

如果以上判断为真，那么，加上以下哪项前提，则可得出老雷评上研究员的结论？

A. 小王没有评上教授，也没有评上研究员。

B. 小王和大李都评上了教授。

C. 小王评上了教授，大李没有评上教授。

D. 小王没有评上教授，大李评上了教授。

E. 肯定有人没参加职称评定。

[解题分析]　正确答案：C

题干条件关系为：王∧¬雷→李。其等价的逆否命题为：¬王∨雷←¬李。这意味着，如果大李没有评上教授，那么必然有，小王没评上教授或者老雷评上研究员。再加上小王评上了教授，那么必然得出结论：老雷评上研究员。因此，C项为正确答案。

例 10-38 如果甲和乙都没有考试及格的话，那么丙就一定及格了。

上述前提再增加以下哪项，就可以推出"甲考试及格了"的结论？

A. 丙及格了。

B. 丙没有及格。

C. 乙没有及格。

D. 乙和丙都没有及格。

E. 乙和丙都及格了。

[解题分析]　正确答案：D

题干的条件关系式是：¬甲∧¬乙→丙。其等价的逆否命题是：甲∨乙←¬丙。意思就是，如果丙不及格，那么甲和乙至少有一个及格。再加上乙没及格，那么，甲就一定及格了。因此，正确答案是D项。

例 10-39 公正地对待一个人就是毫无偏见地对待他。但我们的朋友通常希望我们把他们的利益看得比别人的利益更为重要。这样，考虑到我们总是努力维持与我们朋友的友谊，我们就不能公正地对待我们的朋友。

上述论证必须假定以下哪一项？

A. 在处理非朋友之间的人际关系时,人们能够保持公正。

B. 公正的理想与处理大多数人际关系不相干。

C. 与一些人保持密切的朋友关系,在人的一生中非常重要。

D. 一个人不能同时对某个人公正又将他的利益看得比别人的利益更重要。

E. 为了朋友的友谊,我们可以放弃一些利益。

[解题分析] 正确答案:D

如果 D 项为真,即一个人不能同时对某个人公正又将他的利益看得比别人的利益更重要。那么,就可以合理地得出结论:要把某些人的利益看得比别人的利益更重要,就不能公正地对待他。因此,D 项是题干必须假设的。其余选项都不是题干论证所需要假设的。

例 10-40　某城市的房地产开发商只能通过向银行直接贷款或者通过预售商品房来筹集更多的开发资金。政府不允许银行增加对房地产业的直接贷款,结果使得该市的房地产开发商无法筹集到更多的开发资金,因为——

以下哪个选项能够合乎逻辑地完成上述论证?

A. 有的房地产开发商预售商品房后携款潜逃,使得工程竣工遥遥无期。

B. 中央银行取消了商品房预售制度。

C. 建筑施工企业不愿意垫资施工。

D. 部分开发商销售期房后延期交房,使得很多购房者对开发商心存疑惑。

E. 政府对房地产业的支持大大降低。

[解题分析] 正确答案:B

题干断定了房地产开发商筹集开发资金仅有的两个渠道:第一,银行直接贷款;第二,预售商品房。题干同时断定第一个渠道不成立,B 项断定第二个渠道不成立。由此能合乎逻辑地推出结论,完成题干的论证。用条件关系式可表示为:(筹资→贷款∨预售)∧(￢贷款∧￢预售)→￢筹资。因此,B 项是正确答案。

例 10-41　一个足球教练这样教导他的队员:"足球比赛从来是以结果论英雄。在足球比赛中,你不是赢家就是输家;在球迷的眼里,你要么是勇敢者,要么是懦弱者。由于所有的赢家在球迷眼里都是勇敢者,所以每个输家在球迷眼里都是懦弱者。"

为使上述足球教练的论证成立,以下哪项是必须假设的?

A. 在球迷们看来,球场上勇敢者必胜。

B. 球迷具有区分勇敢者和懦弱者的准确判断力。

C. 球迷眼中的勇敢者,不一定是真正的勇敢者。

D. 即使在球场上,输赢也不是区别勇敢者和懦弱者的唯一标准。

E. 在足球比赛中，赢家一定是勇敢者。

[解题分析]　正确答案：A

题干条件为：赢→勇。结论为：¬赢（输）→¬勇（懦）。所以从题干条件得不出结论，要使题干结论成立，必须假设条件：勇→赢，故选 A 项。足球教练的结论是"每个输家在球迷眼里都是懦弱者"。根据足球教练的论证所依据的条件，这一结论的成立既不依赖于球迷判断力的准确性，也不依赖于赢家或输家事实上是否为勇敢者或懦弱者，因此，其余各项均不是必须假设的。

3. 支持题

(1) 假言推理的加强题型，要抓住结论。

(2) 从题干前提得不出结论，大前提往往是把条件搞反了。

(3) 通过增加前提来支持结论。

例 10-42　想从事秘书工作的学生，都报考中文专业。李芝报考了中文专业，她一定想从事秘书工作。

下述哪项如果为真，则最能支持上述观点？

A. 所有报考中文专业的考生都想从事秘书工作。

B. 有些秘书人员是大学中文专业毕业生。

C. 想从事秘书工作的人有些报考了中文专业。

D. 有不少秘书工作人员都有中文专业学位。

E. 只有中文专业毕业的，才有资格从事秘书工作。

[解题分析]　正确答案：A

题干推理是：（秘书→中文）∧中文→秘书。这个推理是充分条件假言推理肯定后件式，在逻辑上不成立。A 项作为加强的前提可使该推理成立，即：（中文→秘书）∧中文→秘书，因而最强地支持了题干，A 项为正确答案。

例 10-43　不像逻辑命题人那样思考问题，就不会成为疯子。小张总像逻辑命题人那样思考问题，所以小张会成为疯子。

下面哪项为真，最能支持上述论述？

A. 小张说他不是命题人，所以不是疯子。

B. 有疯子说认识小张和命题人。

C. 出生的时候，小张见过疯子。

D. 只有成为疯子才会像逻辑命题人那样思考问题。

E. 小张和有的疯子很善于做逻辑题。

[解题分析]　正确答案：D

题干前提：不像逻辑命题人那样思考→不会成为疯子。题干结论：像逻辑命题人那样思考→会成为疯子。可见,由题干前提得不出结论,要加强论证,就要直接针对结论,D项表明"成为疯子"是"像逻辑命题人那样思考"的必要条件,与题干结论一致,为正确答案。其余选项均为无关项。

例 10-44　司法体系是需要警察来维护的,如果警察不尽职,就不可能有一个良好的司法体系。所以,如果警察尽职了,就会有一个良好的司法体系。

以下哪项为真,能支持上述推理?

A. 许多不好司法体系下的警察都不尽职。

B. 警察尽不尽职与司法体系无关。

C. 没有良好的司法体系,警察以外的国家工作人员也会不尽职。

D. 警察的尽职是保证有良好司法体系的充分条件。

E. 我国有良好的司法体系。

〔解题分析〕　正确答案:D

前提:¬尽职→¬良好的司法体系。结论:尽职→良好的司法体系。由前提得不到结论,直接找能使结论成立的选项。就是说,需要"警察尽职"是"拥有良好司法体系"的充分条件,这样题干结论就成立。D项正确。其余选项均不能保证题干结论的成立。

4. 削弱题

复合命题的负命题是对原命题的全面反对,具有最强的削弱力。

例 10-45　若是被"非典"感染,就会发烧。

以下说法对此命题提出质疑的是?

A. 如果得了肺炎,那么会发烧。

B. 护士小刘被确诊为"非典"病例,但却没发烧。

C. 如果不发烧,则不可能感染"非典"。

D. 如果没有被"非典"感染,那么就不会发烧。

E. 护士小刘没被"非典"感染,但却发烧了。

〔解题分析〕　正确答案:B

题干是一个蕴涵命题,对此提出质疑就是使这个蕴涵命题为假,即要求前件真而后件假。只有B项符合要求。

例 10-46　只有具备足够的资金投入和技术人才,一个企业的产品才能拥有高科技含量。而这种高科技含量,对于一个产品长期稳定地占领市场是必不可少的。

以下哪种情况如果存在,最能削弱以上断定?

A. 苹果牌电脑拥有高科技含量,并长期稳定地占领着市场。

B. 西门子洗衣机没能长期稳定地占领市场,但该产品并不缺乏高科技含量。

C. 长江电视机没能长期稳定地占领市场,因为该产品缺乏高科技含量。

D. 清河空调长期稳定地占领着市场,但该产品的厂家缺乏足够的资金投入。

E. 开开电冰箱没能长期稳定地占领市场,但该产品的厂家有足够的资金投入和技术人才。

[解题分析]　正确答案：D

题干断定：足够的资金投入和技术人才是产品高科技含量的必要条件,而高科技含量是长期稳定占领市场的必要条件。可表示为：资金投入∧技术人才←产品高科技含量←长期稳定占领市场。逆否命题：¬资金投入∨¬技术人才→¬产品高科技含量→¬长期稳定占领市场。因此,没有足够的资金投入则一定不能占领市场。D项,没有足够的资金投入也能占领市场,是一个反例,严重地削弱了题干,为正确答案。其余选项不能削弱题干。

例 10-47　正是因为有了充足的奶制品作为食物来源,生活在呼伦贝尔大草原的牧民才能摄入足够的钙质。很明显,足够的钙质,对于呼伦贝尔大草原的牧民拥有健壮的体魄是必不可少的。

以下哪种情况如果存在,最能削弱以上的断定?

A. 有的呼伦贝尔大草原的牧民从食物中能摄入足够的钙质,且有健壮的体魄。

B. 有的呼伦贝尔大草原的牧民不具有健壮的体魄,但从食物中摄入的钙质并不缺少。

C. 有的呼伦贝尔大草原的牧民不具有健壮的体魄,他们从食物中不能摄入足够的钙质。

D. 有的呼伦贝尔大草原的牧民有健壮的体魄,但没有充足的奶制品作为食物来源。

E. 有的呼伦贝尔大草原的牧民没有健壮的体魄,但有充足的奶制品作为食物来源。

[解题分析]　正确答案：D

题干推理关系为：充足的奶制品(P)←足够的钙(R)←健壮的体魄(Q)。要削弱这个断定：只有充足的奶制品作为食物来源,呼伦贝尔大草原的牧民才能拥有健壮的体魄。那么就需要寻找一个反例,即找它的负命题：¬P∧Q。D项所述"有的呼伦贝尔大草原的牧民有健壮的体魄,但却没有充足的奶制品作为食物来源"；这就是最强的削弱。A项为"R且Q",符合题干意思,能起支持作用；B项为"R且非Q",与题干推理关系也并不矛盾；C项为"非R且非Q",符合题干意思,能起支持作用；E项为"P∧¬Q",与题干推理关系也并不矛盾。

例 10-48

A	B	4	7

如果以上是四张卡片,一面是大写英文字母,另一面是阿拉伯数字。主持人断定,如果一面是 A,则另一面是 4。

如果试图推翻主持人的断定,但只允许翻动以上两张卡片,正确的选择是:

A. 翻动 A 和 4。　　　　　　　　B. 翻动 A 和 7。

C. 翻动 A 和 B。　　　　　　　　D. 翻动 B 和 7。

E. 翻动 B 和 4。

[解题分析]　正确答案:B

主持人的断定:如果一面是 A→另一面是 4。其负命题为:一面是 A 而另一面不是 4。为此,翻 A,如果另一面不是 4,则说明主持人的断定假;同理,翻 7,如果另一面是 A,则说明主持人的断定假。翻动 B,不能推翻主持人的断定,因为前件假(不是 A),整个充分条件假言命题真;翻动 4,不能推翻主持人的断定,因为后件真(是 4),整个假言命题真。

5. 评价题

评价题要求对论证的结构、观点、有效性、错误和技巧等作出评价。

例 10-49　某县最后公选出来的十几名乡镇长,大都为官员之后。但经核查,他们当选符合相关程序,所以,公选没有问题。

以下哪项对上述论证的评价最为恰当?

A. 题干的论证是成立的。

B. 题干的论证有漏洞,因为它把缺少证据证明某种情况存在当作有充分证据证明某种情况不存在。

C. 题干的论证有漏洞,因为它没有指出相关程序是什么。

D. 题干的论证有漏洞,它只依据"符合程序"这一必要条件,直接推出"公选没有问题"的结论。

E. 题干的论证有漏洞,在对某种现象的两种可供选择的解释中,通过肯定其中的一种,来否定另一种。

[解题分析]　正确答案:D

题干根据"当选符合相关程序"就得出结论"公选没有问题"。其漏洞在于,事实上"当选符合相关程序"只能是"公选没有问题"的必要条件,而不能认为是充分条件。因此,D 项对题干论证的评价最为恰当。

例 10-50　许多人不了解自己,也不设法去了解自己。这样的人可能想了解别人,但此种愿望肯定是要落空的,因为连自己都不了解的人不可能了解别人。由此可以得出结论:你要了解别人,首先要了解自己。

以下哪项对上述论证的评价最为恰当?

A. 上述论证所运用的推理是成立的。

B. 上述论证有漏洞,因为它把得出某种结果的必要条件当作充分条件。

C. 上述论证有漏洞,因为它不当地假设:每个人都可以了解自己。

D. 上述论证有漏洞,因为它忽视了这种可能性:了解自己比了解别人更困难。

E. 上述论证有漏洞,因为它基于个别性的事实轻率概括出一般性的结论。

[解题分析]　正确答案:A

题干前提为:连自己都不了解的人不可能了解别人。这意味着,"了解自己"是"了解别人"的必要条件。题干结论为:你要了解别人,首先要了解自己。这意味着,"了解别人"是"了解自己"的充分条件。这与题干前提是等价的。因此,题干推理是正确的,即 A 项为正确答案。

6. 比较题

相似比较题考查的是抽象思维能力,着重考虑从具体的、有内容的思维过程的论述中抽象出一般形式结构。做这类题只考虑抽象出推理结构和形式,而不考虑其叙述内容的对错,也不要在乎题干推理结构是否正确,只要找到一个类似结构的选项即可。

例 10-51　美国在遭受"9·11"恐怖袭击事件后采取了这样的政策:要么与我们站在一起去反对恐怖主义,那你是我们的朋友;要么不与我们站在一起,那你是我们的敌人。

下面哪一项与题干中的表达方式不相同?

A. 有一则汽车广告:或者你开凯迪拉克,那么你是富人;或者你根本不开车,那么你是穷人!

B. 以足球为职业的人只有两种命运:要么赢,那你是英雄,面对鲜花、欢呼、金钱和美女;要么输,那你是孬种、笨蛋,面对责难、愤怒、谩骂,打落牙齿往肚里吞。

C. 如果一位教授有足够的能耐,他甚至能够把笨学生培养合格,因此,如果他不能把笨学生培养合格,就说明他的能耐不够大。

D. 要么你做一个道德高尚的人,那你就无私地贡献自己的一切;要么你做一个卑鄙的人,那你就不择手段地谋私利。

E. 要么你做一个有梦想的人,那你心中始终为梦想而奋斗;要么你做一个浑浑噩噩度日之人,无所事事过着每一天。

［解题分析］ 正确答案：C

相似比较题。题干论述结构：要么 X 则 Y，要么非 X 则非 Y。A、B、D、E 项均是同样的表达方式。C 项的结构：如果 X 则 Y，因此，如果非 Y 则非 X；与题干的表达方式不同，因此，C 项为正确答案。

例 10-52 一个优秀的领导人是不会脱离群众的。所以，如果一个领导人脱离群众，他就不是一个能够得到大多数群众拥护的人。

以下哪项与上面的议论方式相似？

A. 许多领导人都是脱离群众的人。

B. 所有电脑都需要安装相应的软件才能运行某种程序。因此，如果电脑没有安装相应的软件，则这个程序就不会运行。

C. 所有孩子都喜欢与他人进行游戏活动。如果幼儿园多安排一些孩子之间的游戏活动，那么一定会受到家长的好评。

D. 这道题在 5 分钟内答不完。要是谁在 5 分钟内答完，他就不是一个死记硬背的学员。

E. 凡是想成为优秀的会计师的人都想获得会计硕士学位。刘涛想攻读会计硕士学位，因而，刘涛想成为优秀的会计师。

［解题分析］ 正确答案：D

题干断定：一个优秀的领导人是不会脱离群众的，如果一个领导人脱离群众，那么，他就不是一个优秀的领导人（即能够得到大多数群众拥护的人）。其推理结构可表示为：$(P{\rightarrow}Q) \wedge \neg Q \rightarrow \neg P$。

D 项推理与题干类似，该选项中"这道题在 5 分钟内答不完"前面省略了"对死记硬背的学员来说"。其余选项显然不与题干类似。例如，B 项结构为：$(P{\leftarrow}Q) \wedge \neg P \rightarrow \neg Q$。

例 10-53 对冲基金每年提供给它的投资者的回报从来都不少于 25%。因此，如果这个基金每年最多只能给我们 20% 的回报的话，它就一定不是一个对冲基金。

以下哪项的推理方法与上文相同？

A. 好的演员从来都不会因为自己的一点进步而沾沾自喜，谦虚的黄升一直注意不以点滴的成功而自傲，看来，黄升就是个好演员。

B. 移动电话的话费一般比普通电话贵。如果移动电话和普通电话都在身边时，我们选择了普通电话，那就体现了节约的美德。

C. 如果一个公司在遇到像亚洲金融危机这样的挑战的时候还能够保持良好的增长势头，那么在危机过后就会更红火。秉东电信公司今年在金融危机中没有退步，所以明年会更旺。

D. 一个成熟的学校在一批老教授离开自己的工作岗位后,应当有一批年轻的学术人才脱颖而出、勇挑大梁。华成大学去年一批教授退休后,大批年轻骨干纷纷外流,一时间群龙无首,看来华成大学还算不上是一个成熟的学校。

E. 练习武功有恒心的人一定会每天早上五点起床,练上半小时,今天武钢早上五点起床后,一口气练了一个小时,我看武钢是个练武功有恒心的好小伙子。

[解题分析]　正确答案:D

题干断定:如果是对冲基金,那么它每年提供给它的投资回报不少于25%;这个基金每年给它的投资者的回报少于25%,所以,它就不是一个对冲基金。这是一个充分条件假言推理的否定后件式,可用符号表示为:如果 p,那么 q,非 q,所以非 p。选项 D 的推理过程为:如果一个大学是成熟的学校,那么它的年轻骨干就不会外流;华成大学的年轻骨干纷纷外流,所以该大学不是一个成熟的学校。这与题干的推理结构相同。因此,D 项为正确答案。其余选项都与题干推理方法不同。其中,选项 B 不是假言推理;A、C、E 项都是充分条件假言推理的肯定后件式,即"如果 p,那么 q,q,所以 p"。

7. 描述题

逻辑描述题主要考查识别推理缺陷、识别推理的结构方法、识别论点构建中某句话对结论或前提是否起作用或起到什么作用的能力。

例 10-54　临近本科毕业,李明所有已修课程的成绩均是优秀。按照学校规定,如果最后一学期他的课程成绩也都是优秀,就一定可以免试就读研究生。李明最后一学期有一门功课成绩未获得优秀,因此,他不能免试就读研究生了。

以下哪项对上述论证的评价最为恰当?

A. 上述论证是成立的。

B. 上述论证有漏洞,因为它忽视了:课程成绩只是衡量学生素质的一个方面。

C. 上述论证有漏洞,因为它忽视了:所陈述的规定有漏洞,会导致理解的歧义。

D. 上述论证有漏洞,因为它把题干所陈述的规定错误地理解为:只有所有学期课程成绩均是优秀,才可以免试就读研究生。

E. 上述论证有漏洞,因为它把题干所陈述的规定错误地理解为:只要所有学期课程成绩均是优秀,就一定可以免试就读研究生。

[解题分析]　正确答案:D

学校规定是:"最后一学期他的课程成绩都是优秀"是"可以免试就读研究生"

的充分条件。那么根据"李明最后一学期课程成绩并不都优秀"推不出结论"他不能免试就读研究生了"。实际上题干论证的有漏洞在于把题干所陈述的规定错误地理解为："最后一学期他的课程成绩都是优秀"是"可以免试就读研究生"的必要条件。因此，D项正确。

例 10-55　有些被公众认为是坏的行为往往有好的效果。只有产生好的效果，一个行为才是好的行为。因此，有些被公众认为是坏的行为其实是好的。

以下哪项最为恰当地概括了上述推理中存在的错误？

A. 不当地假设：如果 a 是 b 的必要条件，则 a 也是 b 的充分条件。

B. 不当地假设：如果 a 不是 b 的必要条件，则 a 是 b 的充分条件。

C. 不当地假设：如果 a 是 b 的必要条件，则 a 不是 b 的充分条件。

D. 不当地假设：任何两个断定之间都存在条件关系。

E. 不当地假设：任何两个断定之间都不存在条件关系。

[解题分析]　正确答案：A

题干推理为：有些被公众认为是坏的行为往往有好的效果。因此，有些被公众认为是坏的行为其实是好的（行为）。在题干的推理中，要从前提得出结论，必须假设：好效果是好行为的充分条件。但题干仅断定：好效果是好行为的必要条件。因此，题干推理的错误在于不当地假设：如果 a 是 b 的必要条件，则 a 也是 b 的充分条件。

第 11 章　模态推理与关系推理

11.1　模态命题及其推理

11.1.1　模态命题

"模态"有"形态""式样"之意。它是客观事物或人们认识的存在和发展的样式、情状、趋势,指事物或认识的必然性和可能性等性质。模态在人们思维中的反映,表现为一定的认识或观念的模态概念,如"必然""可能"等。例如,人寿保险演示的分红收益是一种可能性,而不是必然性。看保单关键是要看下面的小字所提示的风险,越小的字越要注意。

在逻辑中,"必然""可能""不可能"等叫作"模态词",包含模态词的命题叫作"模态命题"。逻辑中,用"◇"表示"可能"模态词,"□"表示"必然"模态词,即:"◇P"表示可能 P;"□P"表示必然 P。

例 11-1　在选举社会,每一位政客为了当选都要迎合选民。程扁是一位超级政客,特别想当选;因此,他会想尽办法迎合选民。在很多时候,不开出许多空头支票,就无法迎合选民。而事实上,程扁当选了。

从题干中推出哪一个结论最为合适?

A. 程扁肯定向选民开出了许多空头支票。

B. 程扁肯定没有向选民开出许多空头支票。

C. 程扁很可能向选民开出了许多空头支票。

D. 程扁很可能没有向选民开出许多空头支票。

E. 程扁不可能向选民开出许多空头支票。

[解题分析]　正确答案:C

模态复合命题推理题。题干断定:①在很多时候,不开出许多空头支票,就无法迎合选民。可表示为,很可能开出许多空头支票←迎合选民("在很多时候"表示"很可能")。②程扁会想尽办法迎合选民。由此可合理地推出,程扁很可能向选民开出了许多空头支票。因此,C 项为正确答案。

例 11-2　未名湖里的一种微生物通常在水未结冰时繁殖。现在是冬季,湖水已经结冰。因此,如果未名湖里确有我们所研究的那种微生物的话,它们现在不会繁殖。

　　假如题干中的前提都是真的,可以推知:

　　A. 其结论不可能不真。

　　B. 其结论为真的可能性很高,但也有可能为假。

　　C. 其结论为假的可能性很高,但也有可能为真。

　　D. 其结论不可能真。

　　E. 其结论肯定为真。

　　[解题分析]　正确答案:B

　　这是个模态三段论推理,题干推理过程如下:前提一,未名湖里的一种微生物通常在水未结冰时繁殖;前提二,现在是水结冰;结论,未名湖里该种微生物现在不会繁殖。这个结论是不可靠的,因为前提一所隐含的意思是,大多数情况下是在水未结冰时繁殖,但也不排除在水结冰时繁殖的可能性,从前提的可能性不能得出结论的必然性,因此,正确的结论应该是:未名湖里该种微生物现在很可能不会繁殖。因此,正确答案应该选 B。C 项似乎有道理,但其实是干扰项,没有 B 项确切。

11.1.2　模态命题的直接推理

　　根据四种模态命题之间的逻辑关系(真假关系),便可构成一系列简单的模态命题的直接推理。

　　"必然 P""必然非 P"(不可能 P)"可能 P"和"可能非 P"之间的真假关系,类似于性质命题 A、E、I、O 之间的真假关系,也可用一个对当逻辑方阵来表示:

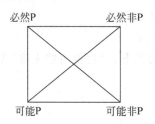

必然P　　　　必然非P

可能P　　　　可能非P

1. 根据模态命题矛盾关系的直接推理

1)　¬□P↔◇¬P

　　(1)并非必然 P,所以,可能非 P。例如:并非强盗的儿子必然是强盗,所以,强盗的儿子可能不是强盗。

　　(2)可能非 P,所以,并非必然 P。例如:火星上可能没有生物,所以,并非火星上必然有生物。

　　例 11-3　卫星提供的最新气象资料表明,原先预报的明年北方地区的持续干旱不一定出现。

以下哪项最接近上文中气象资料所表明的含义？

A. 明年北方地区的持续干旱一定不出现。

B. 明年北方地区的持续干旱可能出现。

C. 明年北方地区的持续干旱可能不出现。

D. 明年北方地区的持续干旱出现的可能性比不出现大。

E. 明年北方地区的持续干旱不可能出现。

［解题分析］　正确答案：C

根据模态推理，不必然（不一定）P＝可能非 P。因此，"明年北方地区的持续干旱不一定出现"等价于"明年北方地区的持续干旱可能不出现"。

2）￢□￢P↔◇P

（1）并非必然非 P，所以，可能 P。例如：这道题你不一定不会做，所以，这道题你可能会做。

（2）可能 P，所以，并非必然非 P。例如：不学逻辑的人的思维可能经常会出现逻辑错误，所以，并非不学逻辑的人的思维一定不经常会出现逻辑错误。

例 11-4　某专家针对下半年的房价作出预测：房价可能上涨。

以下哪项和专家意思相同？

A. 房价不可能不上涨。　　　　　　B. 房价不一定上涨。

C. 房价不一定不上涨。　　　　　　D. 房价上涨的可能性很小。

E. 房价也可能维持原状。

［解题分析］　正确答案：C

模态命题，可能＝并非必然非。"房价可能上涨"等价于"房价不一定不上涨"，C 为正确答案。

3）￢◇P↔□￢P

（1）并非可能 P，所以，必然非 P。例如：顾客在购买汽车时不可能一眼就看出汽车的性能，所以，顾客在购买汽车时一定不会一眼就看出汽车的性能。

（2）必然非 P，所以，并非可能 P。例如：恐龙必然不会在地球上重现，所以，并非恐龙可能会在地球上重现。

例 11-5　宏观调控给房地产降温，下半年房地产走势如何？有专家认为，当前的这轮调控，目的就是要挤掉泡沫、打击投机，并不会打击房地产产业，全国房价不可能大跌。

以下哪项论断与专家的结论一致？

A. 全国房价必然会有起有落。　　　　B. 全国房价有可能会上涨。

C. 全国房价不一定会大跌。　　　　　　D. 全国房价肯定不会大跌。

E. 房价不可能维持原状。

[解题分析]　正确答案：D

模态推理，不可能＝必然非。因此，"全国房价不可能大跌"等价于"全国房价肯定不会大跌"。

4）¬◇¬P↔□P

（1）并非可能非 P，所以，必然 P。例如：并非正义可能不会战胜邪恶，所以，正义必然战胜邪恶。

（2）必然 P，所以，并非可能非 P。例如：军队必然是为政治目的服务的武装组织，所以，并非军队可能不是为政治目的服务的武装组织。

例 11-6　在市场预测中，专家说：明年电脑不降价是不可能的。

以下哪项与专家所说的同真？

A. 明年电脑一定降价。　　　　　　　　B. 明年电脑可能降价。

C. 不可能预测明年电脑是否降价。　　　　D. 明年电脑可能不降价。

E. 明年电脑一定不降价。

[解题分析]　正确答案：A

"不可能'明年电脑不降价'"等价于"必然'明年电脑降价'"。因此，A 项为正确答案。

2. 模态推理解题指导

复杂一些的模态推理涉及直言命题的模态推理、复合命题的模态推理以及求否定的推理。其中：

（1）直言命题的模态推理是直言推理和模态推理的综合，复合命题的模态推理是复合命题推理和模态推理的综合。

（2）模态推理的求否定规则，可运用如下语气否定变化口诀

肯定变否定，否定变肯定；

可能变必然，必然变可能；

所有变有的，有的变所有；

并且变或者，或者变并且。

具体是找否定词，把否定词后面的所有相关信息按以上口诀简单变化就可以了。同时，根据语气否定变化口诀求否定后，要整理语序，从中找答案。

例 11-7　不可能有人会不犯错误。

以下哪项最符合题干的断定？

A. 有人可能会犯错误。　　　　　　　　B. 有人必然会犯错误。

C. 所有的人都必然会犯错误。　　　　　D. 所有的人都可能会犯错误。

E. 所有的人都可能不会犯错误。

［解题分析］　正确答案：C

"不可能'有人会不犯错误'"等价于"必然'并非：有人会不犯错误'"，等价于"必然'所有的人都会犯错误'"。

例 11-8　不可能所有的证人都说实话。

如果上述命题是真的，那么，以下哪个命题必然是真的？

A. 所有证人一定都不说实话。　　　　　B. 有的证人说实话。

C. 有的证人不说实话。　　　　　　　　D. 刑事案件的证人都说实话。

E. 刑事案件的某些证人都不说实话。

［解题分析］　正确答案：C

题干推理过程如下："不可能'所有的证人都说实话'"，等价于"必然非'所有的证人都说实话'"，等价于"必然'有些证人不说实话'"。因此，C项为正确答案。

例 11-9　世界上不可能有某种原则适用所有不同的国度。

以下哪项与上述断定的含义最为接近？

A. 有某种原则可能不适用世界上所有不同的国度。

B. 有某种原则必然不适用世界上所有不同的国度。

C. 任何原则都必然有它所适用的国度。

D. 任何原则都必然有它不适用的国度。

E. 任何原则都可能有它不适用的国度。

［解题分析］　　正确答案：D

"不可能有某种原则适用所有不同的国度"等价于"必然非'有某种原则适用所有不同的国度'"，等价于"必然所有的原则都有它不适用的国度"，等价于"任何原则都必然有它不适用的国度"。因此，选项D为正确答案。

例 11-10　一把钥匙能打开天下所有的锁，这样的万能钥匙是不可能存在的。

以下哪项最符合题干的断定？

A. 任何钥匙都必然有它打不开的锁。

B. 至少有一把钥匙必然打不开天下所有的锁。

C. 至少有一把锁天下所有的钥匙都必然打不开。

D. 任何钥匙都可能有它打不开的锁。

E. 至少有一把钥匙可能打不开天下所有的锁。

［解题分析］　正确答案：A

"不可能'一把钥匙能打开天下所有的锁'"，等价于"必然非'一把钥匙能打开天下所有的锁'",等价于"任何钥匙都必然有它打不开的锁"。

例 11-11 一方面确定法律面前,人人平等,同时又允许有人触犯法律而不受制裁,这是不可能的。

以下哪项最符合题干的断定?

A. 或者允许有人凌驾于法律之上,或者任何人触犯法律要受到制裁,这是必然的。

B. 任何人触犯法律要受到制裁,这是必然的。

C. 有人凌驾于法律之上,触犯法律而不受制裁,这是可能的。

D. 如果不允许有人触犯法律而可以不受制裁,那么法律面前,人人平等是可能的。

E. 一方面允许有人凌驾于法律之上,同时又声称任何人触犯法律要受到制裁,这是可能的。

[解题分析] 正确答案:A

"不可能'P 且 Q'",等价于"必然'非 P 或非 Q'",因此,A 项与题干断定等价。

例 11-12 英国牛津大学充满了一种自由探讨、自由辩论的气氛,质疑、挑战成为学术研究之常态。以至有这样的夸张说法:你若到过牛津大学,你就永远不可能再相信任何人所说的任何一句话了。

如果上面的陈述为真,以下哪项陈述必定为假?

A. 你若到过牛津大学,你就永远不可能再相信爱因斯坦所说的任何一句话。

B. 你到过牛津大学,但你有时仍可能相信有些人所说的有些话。

C. 你若到过牛津大学,你就必然不再相信任何人所说的任何一句话。

D. 你若到过牛津大学,你就必然不再相信有些人所说的有些话。

E. 你若到过牛津大学,你就必然不再相信有些人说的所有话。

[解题分析] 正确答案:B

"并非'永远不可能再相信任何人所说的任何一句话'"等价于"有时可能相信有些人所说的有些话",也即,如果题干的陈述为真,则 B 项必定为假。

11.2 关系命题及其推理

11.2.1 关系命题

所谓关系命题是断定事物与事物之间关系的命题。

关系命题是由关系、关系项和量项三个部分组成的。关系项是关系命题所陈述的对象,关系项可以是两个,也可以是三个,甚至是三个以上。关系项有几个,就称为几项关系命题。

[**逻辑案例**]　鹿在獐旁

王安石的儿子王元泽年幼时,有个客人送给他们家一头小獐和一头小鹿,同关在一个笼子里。客人问王元泽:"你知道哪只是獐,哪只是鹿?"王元泽从未见过鹿和獐,沉思良久,答道:"獐边上的是鹿,鹿边上的是獐。"客人们对王元泽的机智答复大为吃惊。

分析:王元泽的回答并没有指出哪一只是鹿,哪一只是獐,但他却巧妙地应对了客人的问话。从逻辑上讲,他的回答是一个关系命题:鹿在獐旁。

两项关系命题由两个关系项和一个关系组成,其逻辑形式为 aRb,读作"a 与 b 有关系 R"。根据关系命题关系的逻辑性质,我们可以概括出以下几种关系:对称性关系,传递性关系。

1. 对称性关系

对称性关系(两者之间的关系)包括三种:对称关系、非对称关系和反对称关系。

1) 对称关系

当事物 a 与事物 b 有关系 R 时,并且 b 与 a 之间一定也有关系 R,则 R 是对称关系。

对称关系为反过来一定有这个关系。如当 a 是 b 的亲戚、邻居时,b 也是 a 的亲戚、邻居。公式表示为:aRb 真,bRa 也真。

对称性关系表现为对立关系、矛盾关系、交叉关系、相等关系、朋友关系和同乡关系等。

2) 非对称关系

当事物 a 和事物 b 有关系 R,且 b 与 a 是否有关系 R 不定,即 b 与 a 既可能有关系 R,也可能没有关系 R 时,关系 R 就是非对称关系。

非对称关系为反过来不一定有这个关系。如 a 喜欢 b,b 喜欢也可能不喜欢 a。公式表示为:aRb 真,则 bRa 真假不定。

非对称性关系表现为批评、信任、尊敬、想念、认识和喜欢等。

3) 反对称关系

当事物 a 与事物 b 有关系 R,且 b 与 a 肯定没有关系 R 时,关系 R 就是反对称关系。

非对称关系为反过来一定没有这个关系。例如:

甲是乙的父亲,乙一定不是甲的父亲。公式表示为:aRb 真,则 bRa 假。

反对称关系具体表现为小于、多于、大于、重于、轻于和压迫等。

例 11-13　某学术会议正在举行分组会议,某一组有 8 人出席。分组会议主席问大家原来各自认识与否。结果全组中仅有一个人认识小组中的三个人,有三个人认识小组中的两个人,有四个人认识小组中的一个人。

若以上统计是真实的,则最能得出以下哪项结论?

A. 会议主席认识小组的人最多,其他人相互认识的少。

B. 此类学术会议是第一次召开,大家都是生面孔。

C. 有些成员所说的认识可能仅是在电视上或报告会上见过面而已。

D. 虽然会议成员原来的熟人不多,但原来认识的都是至交。

E. 通过这次会议,小组成员都相互认识了,以后见面就能直呼其名了。

［解题分析］　正确答案:C

在一组人群中,如果成员之间的认识都是相互的,则根据数学知识,全小组成员所认识人数的总和必为偶数。而本题中 $1 \times 3 + 3 \times 2 + 4 \times 1 = 13$ 为奇数,则说明小组中至少有一个单方面认识,也即很可能是情况 C。

例 11-14　在某大学的某届校友会中,有 10 个会员是湖南籍的。毕业数年后这 10 个同学欢聚一堂,发现他们之间没有人给 3 个以上的同乡会员写过信,给 3 个同乡会员写过信的人只有 1 人,仅给 2 个同乡会员写过信的只有 3 人,仅给 1 个同乡会员写过信的有 6 人,仅一个会员收到了 4 个同乡会员的来信。

如果上述断定为真,以下各项关于这 10 个会员之间通信的断定中,哪项一定为真?

Ⅰ. 每人都给其他同乡会员写过信。

Ⅱ. 每人都收到其他同乡会员的来信。

Ⅲ. 至少有一个会员没给所收到的每封来信复信。

A. 只有Ⅰ　　　　　　　　　　B. 只有Ⅱ

C. 只有Ⅲ　　　　　　　　　　D. 只有Ⅰ和Ⅲ

E. Ⅰ、Ⅱ和Ⅲ

［解题分析］　正确答案:D

根据题干"没有人给 3 个以上的同乡会员写过信,给 3 个同乡会员写过信的人只有 1 人,仅给 2 个同乡会员写过信的只有 3 人,仅给 1 个同乡会员写过信的有 6 人",而 $1 + 3 + 6 = 10$,说明每人都给其他同乡会员写过信,Ⅰ一定为真。Ⅱ从题干推不出来,不一定为真。$3 \times 1 + 2 \times 3 + 1 \times 6 = 15$,是个奇数,说明至少有一个是单向写信,也就是至少有一个会员没给所收到的每封来信复信,因此,Ⅲ一定为真。

2. 传递性关系

传递性关系(三者或三者以上的关系)包括三种:传递关系、非传递关系和反传递关系。

1）传递关系

当事物 a 与事物 b 有关系 R，事物 b 与事物 c 有关系 R，且事物 a 与事物 c 也有关系 R 时，关系 R 就是传递关系。如 a 是 b 的祖先，b 是 c 的祖先，a 一定是 c 的祖先。公式表示为：aRb，并且 bRc，则 aRc。

例如：先于、早于、晚于、相等、平等、大于和小于等，都是传递关系。

2）非传递关系

当事物 a 与事物 b 有关系 R，事物 b 与事物 c 有关系 R，而事物 a 与事物 c 是否有关系 R 不定时，关系 R 就是非传递关系。如 a 与 b 相交，b 与 c 相交，a 与 c 可能相交也可能不相交。公式表示为：aRb，并且 bRc，aRc 真假不定。

例如：交叉、认得、喜欢、相邻和尊重等，都是非传递关系。

3）反传递关系

当事物 a 与事物 b 有关系 R，事物 b 与事物 c 有关系 R，而事物 a 与事物 c 没有关系 R 时，关系 R 就是反传递关系。如 a 是 b 的爷爷，b 是 c 的爷爷，a 一定不是 c 的爷爷。公式表示为：aRb，并且 bRc，则非 aRc。

例如：父子、高多少、低多少等，都是反传递关系。

例 11-15 某大学举办围棋比赛。在进行第一轮淘汰赛后，进入第二轮的 6 位棋手实力相当，不过还是可以分出高下。已经进行的两轮比赛中，棋手甲战胜了棋手乙，棋手乙战胜了棋手丙。明天，棋手甲和丙将进行比赛。

请根据题干，从逻辑上预测比赛结果：

A. 棋手甲肯定会赢。

B. 棋手丙肯定会赢。

C. 两人将战成平局。

D. 棋手甲很可能赢，但也有可能输。

E. 比赛过程中将出现异常。

[解题分析]　正确答案：D

题干陈述中的"战胜"关系不具有传递性。已知甲战胜了乙，乙战胜了丙。至于甲和丙的比赛结果会怎样，那是不一定的，因此，D 项为正确答案。

例 11-16 中华腾飞，系于企业；企业腾飞，系于企业家。因此，中国经济的腾飞迫切需要大批优秀的企业家。

下面哪一种逻辑推理方法与上述推理方法相同？

A. 红盒中装蓝球，蓝盒中装绿球，因此，红盒中不可能装绿球。

B. 新技术增加产品的科技含量，科技含量增加产品的价值，技术含量低的产品价值低。

C. 生产力决定生产关系，生产关系决定上层建筑，上层建筑又反作用于生产关系。

D. 优秀的学习成绩来自于勤奋,勤奋需要意志支撑。因此,要取得好的成绩必须具有坚忍的意志。

E. 王军霞的优异成绩来自于她个人的努力,也来自于教练对她的培养。

［解题分析］ 正确答案:D

题干推理是,A 的决定因素是 B,B 的决定因素是 C,因此,A 的决定因素是 C。显然,D 项的逻辑推理结构与题干相似。

11.2.2 关系推理

关系推理是根据关系推断关系项的逻辑性质而进行的一种演绎推理。例如:

(1)经济基础决定上层建筑,所以,上层建筑不决定经济基础。

(2)《史记》先于《汉书》,《汉书》先于《资治通鉴》,所以,《史记》先于《资治通鉴》。

［逻辑案例］ 打油诗

有一个善于吹牛的人,用四句打油诗来吹嘘他的文章冠于天下。这首打油诗是这样:天下文章数三江,三江文章数我乡,我乡文章数舍弟,舍弟请我改文章。从逻辑上说,这位吹牛家用的是关系推理。

掌握关系推理,要注意以下两点:

(1)要了解关系的性质,正确地理解和把握各种不同类型的关系,从而为我所用。

［逻辑案例］ 坏孩子和好孩子

妈妈对儿子说:"强强是个坏孩子,你不能和他玩。"

儿子问:"妈妈,那我是好孩子吗?"

妈妈说:"你当然是个好孩子了。"

儿子高兴地说:"那强强就可以跟我玩了。"

分析:聪明的儿子根据妈妈承认自己是好孩子,并顺着妈妈的思想"能和好孩子玩,不能和坏孩子玩",自然地得出结论:"强强可以跟我玩了"。而"强强跟我玩"是一个关系判断,这个关系判断的关系项性质"……跟……玩"是对称性的。根据对称性关系的特点,"强强跟我玩"与"我跟强强玩"是可以互推的,从前者可以推出后者,从后者可以推出前者,这在逻辑上称为"对称关系推理",它是关系推理的一种。上述幽默,儿子机智地从"强强可以跟我玩"推出"我可以跟强强玩"的结论。

［逻辑案例］ 租房

有一家三口人要去另外一个城市工作,他们要在那个城市租住,但是那个城市游客特别多,所以一时找不到出租房。这天,他们总算找到了一个价格合理、条件不错的房子。但是当他们要租住的时候,房东却告诉他们,这房子不租给带着孩子的用户。丈夫和妻子听了，一时不知如何是好，于是，他们默默地走开了。这时他们的孩子对房东说了一句话，房东听了之后，高声笑了起来，并把房子租给了他们。你能猜出这个孩子说了什么话吗？

[**答案**] 小孩说："先生，我要租这间房子，我没有孩子，我只带来两个大人。"

（2）避免混淆不同性质、不同种类的关系。

弄清一种关系是传递的、反传递的还是非传递的，这很重要。否则，就有可能把它们混淆起来，把非传递的甚至反传递的关系也当作传递关系来推论，那样就必然导致错误，就更谈不上什么判断的正确和恰当了。

[逻辑案例] 成功与失败

父："孩子，你得改一改骄傲的毛病啊！"

子："骄傲有什么坏处呢？我看用不着改。"

父："你不知道有句格言吗？'骄兵必败'。"

子："您不是曾教给我另一句格言吗？'失败是成功之母'，骄傲既然带来失败，失败又是成功之母，骄傲不就是成功之母吗？"

分析：避免混淆不同性质、不同种类的关系，不能将非传递的或反传递的关系当作传递关系，也不能把非对称的或反对称的关系当作对称关系，否则，就要犯错误。如果把"失败是成功之母"理解为"失败必然导致成功"，儿子的推理似乎言之成理。因为骄傲必然导致失败，而失败必然导致成功，根据"导致"这一关系是传递性的，所以可以得出：骄傲必然导致成功。但问题是不能把"失败是成功之母"理解为"失败必然导致成功"。"在失败中孕育着成功的希望"与"失败必然导致成功"是有很大差别的。只有在失败以后认真总结经验教训，在以后的实践中克服导致失败的因素，才能使失败成为成功之母。

[逻辑案例] 照片

有个男子爱看一张照片，有人问他照片上的人是谁，他说："我没有兄弟，照片上的人的父亲是我父亲的儿子。"

问题：这个男子在看谁的照片？

[**答案**] 自己孩子的照片。

例 11-17 几乎所有大型发电方式都会污染环境，所以，耗电越少，污染越小。普通冰箱的耗电量占有普通美国家庭年耗电量的 15%～25%，而节能冰箱比普通冰箱耗电少 20%～30%。

如果以上信息正确，将最能支持以下哪个结论？

A. 节能冰箱日益广泛的应用将保证 20 年后的污染没有目前的严重。

B. 如果所有美国家庭都用节能冰箱代替普通冰箱，则美国家庭耗电量将减少 20%～30%。

C. 将来人们将买小型冰箱，而且所冷冻的食物的比例也会减少。

D. 用节能冰箱替代普通冰箱有助于减少新产生的污染的量。

E. 节能冰箱要比普通冰箱贵许多。

［解题分析］　正确答案：D

题干断定：第一,耗电越少,污染越小；第二,节能冰箱比普通冰箱耗电少。由此显然可以推出：节能冰箱比普通冰箱产生的污染就小,因此,D项正确。其余选项均不妥,比如A项为新的比较。

例 11-18　哺乳类动物侏儒个体的身体相对于非侏儒个体的身体的比例较之侏儒个体的牙齿相对于非侏儒个体的牙齿的比例要小。一个成年侏儒长毛猛犸象的不完整的骨骼遗迹最近被发现,它的牙齿是正常成年长毛猛犸象的3/4。

以上陈述如果为真,最有力地支持了以下哪项陈述？

A. 此侏儒长毛猛犸象的身体不到正常的非侏儒成年长毛猛犸象身体的3/4。

B. 最近被发现的侏儒长毛猛犸象的牙齿没有一颗是与已经被发现的非侏儒长毛猛犸象的牙齿同样大的。

C. 哺乳类动物的大部分成年侏儒的个体的牙齿是相同种类的非侏儒成年个体牙齿的3/4。

D. 侏儒长毛猛犸象与非侏儒长毛猛犸象有相同数量的牙齿。

E. 大多数哺乳类动物的侏儒个体的大小通常不超过那个种类的非侏儒个体大小的3/4。

［解题分析］　正确答案：A

题干断定：第一,侏儒个体与非侏儒个体身体的比例小于它们牙齿的比例；第二,侏儒个体与非侏儒个体牙齿的比例是3/4。从中显然可以合理地得出结论：侏儒个体与非侏儒个体身体的比例一定小于3/4。A项正确。B项讨论的情况题干没有涉及,排除；C项引入新的比较,题干没有信息支持,排除；D、E项为明显无关选项,排除。

例 11-19　在黑、蓝、黄、白四种由深至浅排列的涂料中,一种涂料只能被它自身或者比它颜色更深的涂料所覆盖。

若上述断定为真,则以下哪一项确切地概括了能被蓝色覆盖的颜色？

Ⅰ. 这种颜色不是蓝色。

Ⅱ. 这种颜色不是黑色。

Ⅲ. 这种颜色不如蓝色深。

A. 只有Ⅰ　　　　　　　　　　B. 只有Ⅱ

C. 只有Ⅲ　　　　　　　　　　D. 只有Ⅰ和Ⅱ

E. Ⅰ、Ⅱ和Ⅲ

［解题分析］　正确答案：B

Ⅰ项,这种颜色不是蓝色,那有可能是黑色,不能被蓝色覆盖。Ⅱ项,这种颜色不是黑色,那就包括蓝、黄、白,所有这些颜色都能被蓝色覆盖。Ⅲ项,这种颜色不如蓝色深,那就没有包含蓝色本身,那就没有概括能被蓝色覆盖的所有颜色。因此,只有Ⅱ项符合问题要求,答案选B项。

例 11-20 在某个公司,从董事长、总经理、总会计师到每个员工,没有人信任所有的人。董事长信任总经理,总会计师不信任董事长,总经理信任所有信任董事长的人。

如果上述断定为真,则以下哪项不可能为真?

Ⅰ.总经理不信任董事长。

Ⅱ.总经理信任总会计师。

Ⅲ.所有的人都信任董事长。

A. 只有Ⅰ   B. 只有Ⅱ

C. 只有Ⅲ   D. 只有Ⅱ、Ⅲ

E. Ⅰ、Ⅱ和Ⅲ

[解题分析]   正确答案:C

Ⅰ项可能为真,总经理信任所有信任董事长的人,但可能不信任董事长本人。Ⅱ项可能为真,虽然总经理信任所有信任董事长的人,不等于"总经理不信任所有不信任董事长的人",也即总经理有可能信任某些不信任董事长的人,即使总会计师不信任董事长,总经理也有可能信任总会计师。Ⅲ项不可能为真,因为由题干,总会计师不信任董事长,因此,不可能所有的人都信任董事长。

例 11-21 张教授的所有初中同学都不是博士,通过张教授而认识其哲学研究所同事的都是博士,张教授的一个初中同学通过张教授认识了王研究员。

以下哪项能作为结论从上述断定中推出?

A. 王研究员是张教授的哲学研究所同事。

B. 王研究员不是张教授的哲学研究所同事。

C. 王研究员是博士。

D. 王研究员不是博士。

E. 王研究员不是张教授的初中同学。

[解题分析]   正确答案:B

题干断定:①张教授的所有初中同学都不是博士;②通过张教授而认识其哲学研究所同事的都是博士;③张教授的一个初中同学通过张教授认识了王研究员。由条件①②推出:张教授的所有初中同学通过张教授而认识的人都不是其哲学研究所同事。再由条件③进一步推出:王研究员不是张教授的哲学研究所同事。

第12章 演绎与分析推理

本章的演绎与分析,指的是与逻辑知识不相关或相关性弱的必然性推理,这类问题通常在题干中给出若干条件,要求考生以题干条件为前提,合乎逻辑地推出某种结论。主要考查考生演绎思维能力、分析能力和反应速度。解题关键要注意把条件用尽,计算、列表、假设代入等方法对提高解题速度是有效的。

12.1 数学推理

从某种程度上看,数学本身就是逻辑,数学作为一种演绎系统,其内容是以逻辑意义相关联的,数学中基本的概念、性质、法则和公式等都是遵循科学的逻辑性构成的。

良好的数学推理能力是逻辑思维能力的一个重要表现。这些逻辑题目涉及的大多数只是初等数学的知识,这类题目包括计算、数论、不等式推理和数学思维等。

1. 排序题型

传递性关系在逻辑考试中的应用就是排序题型,排序题一般在题干部分给出不同对象之间的若干个两两对比的结果,要求从中推出具体的排序。解这类题的主要思路是要把所给条件抽象成最简单的排序形式。

例 12-1 李惠个子比胡戈高,张凤元个子比邓元高,邓元个子比陈小曼矮,胡戈与陈小曼的身高相同。

如果上述断定为真,以下哪项也一定为真?

A. 胡戈比邓元矮。

B. 张凤元比李惠高。

C. 张凤元比陈小曼高。

D. 李惠比邓元高。

E. 胡戈比张凤元矮。

[解题分析] 正确答案:D

题干条件为:李>胡,张>邓,陈>邓,胡=陈。由此可得:李>胡=陈>邓,张>邓。只有 D 项是必然正确的选项。

例 12-2 张珊获得的奖金比李思的高,得知王武的奖金比苗晓琴的高后,可知张珊的奖金也比苗晓琴的高。

以下各项假设均能使上述推断成立,除了:

A. 王武的奖金比李思的高。

B. 李思的奖金比苗晓琴的高。

C. 李思的奖金比王武的高。

D. 李思的奖金与王武的一样高。

E. 张珊的奖金不比王武的低。

[解题分析] 正确答案:A

题干推理为:张>李,王>苗→张>苗。显然,如果 B、C、D、E 项为真,都能使题干推理必然成立。只有选项 A 即使为真,题干结论也不一定成立,因此,A 项为正确答案。

例 12-3 有 4 个外表看起来没有分别的小球,它们的重量可能有所不同。取一个天平,将甲、乙归为一组,丙、丁归为另一组,分别放在天平的两边,天平是基本平衡的。将乙与丁对调一下,甲、丁一边明显地要比乙、丙一边重得多。可奇怪的是,我们在天平一边放上甲、丙,而另一边刚放上乙,还没有来得及放上丁时,天平就压向了乙一边。

请你判断,这 4 个球中由重到轻的顺序是什么?

A. 丁、乙、甲、丙   B. 丁、乙、丙、甲

C. 乙、丙、丁、甲   D. 乙、甲、丁、丙

E. 乙、丁、甲、丙

[解题分析] 正确答案:A

由题干可知:①甲+乙=丙+丁,②甲+丁>乙+丙。两式相加得:甲>丙。再由①得:丁-乙=甲-丙>0;因此,丁>乙。又由题干,乙>甲+丙;可得,乙>甲。综合推知 4 个球由重到轻的顺序是:丁、乙、甲、丙。

2. 数学计算

数学计算是最严密的推理之一,只要列出题干中包含的数学等式,然后进行演算便可得必然性的结果。甚至有些题非常接近小学数学竞赛题,涉及一些数学知识的运用。

[逻辑案例] 趣味推理

某天夜里,在团侦探家附近的公寓里发生了一起枪击事件,住在该公寓的 4 个人同时被枪声惊醒,都各自看了自己的手表。当团侦探赶到现场问 4 个人时,他们分别作了如下回答:"我听见枪声是 12 点 8 分。""不,是 11 点 40 分。""我记得是 12 点 15 分。""我的表是 11 点 53 分。"4 个人说的时间都不一样,因为他们的手表

都不准。一个慢 25 分钟,一个快 10 分钟,还有一个快 3 分钟,最后一个慢 12 分钟。

分析:要想知道准确的作案时间,可以将最快的手表时间减去最快的时间,或者将最慢的手表时间加上最慢的时间。如果将最快的手表时间(12 点 15 分)减去最快的时间(10 分钟),那么作案时间是 12 点 5 分;如果将最慢的手表(11 点 40 分)时间加上最慢的时间(25 分钟),那么作案时间是 12 点 5 分。两种情况结果一样,可见作案时间是 12 点 5 分。

[逻辑案例] 还有 1 元呢?

有三个人去住一家宾馆,三人间的房价是 30 元,他们每人凑了 10 元交给老板。老板说那天刚好打折,25 元就够了,于是让服务员退了 5 元给那三个人。结果服务员自己贪污了 2 元,把剩下 3 元退给那三个人每人 1 元。

好吧,问题现在就是:每人交了 10 元,每人又退了 1 元,也就是说他们每人付了 9 元,三个人总共付了 9×3=27 元,加上服务员贪污的 2 元,总共才 29 元,为什么会少 1 元钱?那 1 元钱哪去了呢?

分析:不能用 27+2 来算。因为 27 元是他们三人最终付出的钱,2 元服务员私吞的钱,25 元是老板最终得到的钱。以服务员为交易的终点:三人最终付出 27 元−老板最终得到 25 元=服务员私吞的 2 元。以老板为交易的终点:三人最终付出 27 元−服务员私吞的 2 元=老板得到的 25 元。以顾客为交易的终点:三人先付出 30 元−服务员后来退还的 3 元(即:老板给了服务员 5 元−服务员私吞的 2 元)=顾客最终付出的 27 元。

例 12-4 有人养了一些兔子。别人问他有多少只雌兔?多少只雄兔?他答:在他所养的兔子中,每一只雄兔的雌性同伴比它的雄性同伴少一只;而每一只雌兔的雄性同伴比它的雌性同伴的两倍少两只。

根据上述回答,可以判断他养了多少只雌兔?多少只雄兔?

A. 8 只雄兔,6 只雌兔。　　　　　　　B. 10 只雄兔,8 只雌兔。

C. 12 只雄兔,10 只雌兔。　　　　　　D. 14 只雄兔,8 只雌兔。

E. 14 只雄兔,12 只雌兔。

[解题分析] 正确答案:A

设雄兔的数量为 x,雌兔的数量为 y,则由条件,每一只雄兔的雌性同伴比它的雄性同伴少一只,即:

$$(x-1)-y=1 \tag{1}$$

每一只雌兔的雄性同伴比它的雌性同伴的两倍少两只,即:

$$2(y-1)-x=2 \tag{2}$$

由式(1)和式(2),解得:$x=8$;$y=6$。

例 12-5 招聘广告登出后，一共有 36 人应聘。打字、速记和记账 3 项能力中，每个应聘者至少具备一项能力，其中会打字的有 25 人，会速记的有 20 人，会记账的有 21 人。进一步统计后发现，有 7 人会打字和速记，有 9 人会打字和记账，有 6 人会速记和记账，但他们都不具备另一项能力。老板面试的是具有 3 项能力的全部应聘者。

老板面试了多少应聘者？

A. 2 个   B. 4 个

C. 5 个   D. 8 个

E. 10 个

[解题分析] 正确答案：B

设 a 是仅会打字的人数，b 为仅会速记的人数，c 为仅会记账的人数，d 为仅会打字和速记两项的人数，e 为仅会速记和记账两项的人数，f 为仅会打字和记账两项的人数，g 为打字、速记和记账 3 项都会的人数。各人数之间的关系如下图所示，根据题干条件有：

$$a+b+c+d+e+f+g=36$$
$$a+b+c+2(d+e+f)+3g=25+20+21$$

从中可得：$d+e+f+2g=30$。

又由题干知：$d=7$；$e=6$；$f=9$。因此可推出：$g=4$。即，同时具有三项能力的全部应聘者为 4 人，所以 B 项为正确答案。

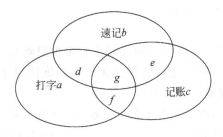

3. 数学思维

数学思维一般是指隐含的数学运算题，从题干条件中没有包含明显的数学计算，而是提供一些数据或仅提供一些描述性的条件，但实际解题时需要用数学思维来解决问题。

常考的形式：描述一个问题，在这个问题中隐含着某种数学关系，要想解决这个问题，我们有必要利用数学或集合思维。

[逻辑案例] 祖先

我们每个人都有父母，他们又各自有自己的父母。这样，每向上回溯一代，人口就增加一倍。以此类推，当我们仅仅只是上溯到第 20 代时，我们每个人的祖先就已经达到了 100 多万。

推理、论证与批判性思维（第 2 版）

问题：我们每个人真的有这么多祖先吗？

答案：没有。我们的每一个祖先，在宗谱树上单独地占有一个位置，他们在宗谱树上大多数是相"重叠"的。

[逻辑案例] 烧绳计时

烧一根不均匀的绳，从头烧到尾总共需要1个小时。现在有若干条材质相同的绳子，问如何用烧绳的方法来计时一个小时十五分钟呢？

分析：第一步，同时点燃第一根绳的两端与第二根绳的一端；第二步，第一根绳烧完后，点燃第二跟绳的另一端；第三步，第二根绳烧完后，同时点燃第三根绳子两端；第三根绳烧完后，整个过程耗时30＋15＋30＝75（分钟），计时完成。

[逻辑案例] 塘中取水

假设有一个池塘，里面有无穷多的水。现有2个空水壶，容积分别为5升和6升。问题：如何只用这2个水壶从池塘里取得3升的水。

分析：第一步，把6升的空水壶装满，倒入5升的空水壶，直至装满，装6升的水壶里面还剩1升。第二步，把5升水壶里的水全部倒出，把6升水壶里剩下的1升水倒入装5升的水壶。第三步，把6升的水壶再次装满，倒入5升的水壶，直至装满；5升水壶里原来有1升水，那么装满它还需4升，这样装6升的水壶里还剩下2升水。第四步，再把5升水壶里的水全部倒出，把6升水壶里剩下的2升水倒进去。第五步，把6升水壶装满，倒入装有2升的5升水壶里，直至装满；6升水壶里就剩3升水了。

例 12-6 有一家权威民意调查机构，在世界范围内对"9·11"恐怖袭击事件发生原因进行调查，结果发现，40％的人认为是由于美国不公正的外交政策造成的，55％的人认为是由于伊斯兰文明与西方文明的冲突造成的，23％的人认为是出自恐怖分子的邪恶本性，19％的人没有表示意见。

以下哪项最能合理地解释上述看来包含矛盾的陈述？

A. 调查样本的抽取不是随机的，因而不具有代表性。

B. 有的被调查者后来改变了自己的观点。

C. 有不少被调查者认为"9·11"恐怖袭击事件发生的原因不是单一的，而是复合的。

D. 调查结果的计算机出现技术性差错。

E. 调查人群仅为全球大学生。

[解题分析] 正确答案：C

题干罗列了被调查者对"9·11"恐怖袭击事件各个起因认可程度的比例，而各个比例的和超过了100％，说明必然有一些人所认定的原因不止一个。C项指出各个观点有交集，即：有人认为这几种原因中的2种或两种以上导致的"9·11"事件，简单的加和会导致比例的总和超过100％，解释了题干矛盾，因此，C项为正确答案。

A、D 项为明显无关选项;被调查者改变观点会使一个数字减少而另一个数字增加,但是不会影响总量,因此 B 项也应排除。E 项也起不到解释作用。

例 12-7 作为市电视台的摄像师,最近国内电池市场的突然变化让我非常头疼。进口电池缺货,我只能用国产电池来代替摄像机的主要电源。尽管每单位的国产电池要比进口电池便宜,但我估计如果持续用国产电池替代进口电池来提供同样的电源供应的话,我在能源上的支付将会提高。

说这番话的人在上面这段话中隐含了以下哪项假设?

A. 以每单位电池提供的电能来计算,国产电池要比进口电池提供得少。

B. 每单位的进口电池要比国产电池价格贵。

C. 生产国产电池要比生产进口电池成本低。

D. 持续使用国产电池,摄像的质量将无法得到保障。

E. 国产电池的价格会超过进口电池,厂家将大大盈利。

[解题分析] 正确答案:A

要使题干中摄像师的断定成立,A 项是必须假设的。否则,如果以每单位电池提供的电能来计算,国产电池不比进口电池提供得少;而且由于每单位的国产电池要比进口电池便宜,那么,用国产电池替代进口电池后的费用肯定会降低,这与摄像师的估计矛盾。其余各项都不是题干所要假设的。

例 12-8 某校以年级为单位,把学生的成绩分为优、良、中、差四等。在一学年中,各门考试分前 10% 的为优,后 30% 的为差,其余的为良和中。在上一学年中,高二年级成绩为优的学生多于高一年级成绩为优的学生。

如果上述为真,则以下哪项一定为真?

A. 高二年级成绩为差的学生少于高一年级成绩为差的学生。

B. 高二年级成绩为差的学生多于高一年级成绩为差的学生。

C. 高二年级成绩为优的学生少于高一年级成绩为良的学生。

D. 高二年级成绩为优的学生少于高一年级成绩为良的学生。

E. 高二年级成绩为差的学生多于高一年级成绩为中的学生。

[解题分析] 正确答案:B

设高一学生总人数为 X,高二学生总人数为 Y。则由题干:$10\%Y > 10\%X$,可得:$Y > X$。因此,$30\%Y > 30\%X$,即高二年级成绩为差的学生多于高一年级成绩为差的学生。

例 12-9 某综合性大学只有理科和文科,理科学生多于文科学生,女生多于男生。

如果上述断定为真,则以下哪项关于该大学学生的断定也一定为真?

推理、论证与批判性思维(第 2 版)

Ⅰ. 文科的女生多于文科的男生。

Ⅱ. 理科的男生多于文科的男生。

Ⅲ. 理科的女生多于文科的男生。

A. 只有Ⅰ和Ⅱ   B. 只有Ⅲ

C. 只有Ⅱ和Ⅲ   D. Ⅰ、Ⅱ和Ⅲ

E. Ⅰ、Ⅱ和Ⅲ都不一定是真的。

[解题分析] 正确答案：B

数学思维题。设理科男生数为 X_1，理科女生数为 X_2；文科男生数为 Y_1，文科女生数为 Y_2。根据题干条件，列式如下：

$$X_1 + X_2 > Y_1 + Y_2 \qquad\qquad (1)$$

$$X_2 + Y_2 > X_1 + Y_1 \qquad\qquad (2)$$

两式相加可得：$X_2 > Y_1$。意味着：理科的女生多于文科的男生，即Ⅲ项必然正确。其余Ⅰ和Ⅱ项都推不出，因此，答案为 B 项。

例 12-10 在 H 国 2000 年进行的人口普查中，婚姻状况分为四种：未婚、已婚、离婚和丧偶。其中，已婚分为正常婚姻和分居，分居分为合法分居和非法分居，非法分居指分居者与人非法同居，非法同居指无婚姻关系的异性之间的同居。普查显示，非法同居的分居者中，女性比男性多 100 万。

如果上述断定及相应的数据为真，并且上述非法同居者都为 H 国本国人，则以下哪项有关 H 国的断定必定为真？

Ⅰ. 与分居者非法同居的未婚、离婚或丧偶者中，男性多于女性。

Ⅱ. 与分居者非法同居的人中，男性多于女性。

Ⅲ. 与分居者非法同居的分居者中，男性多于女性。

A. 仅Ⅰ   B. 仅Ⅱ   C. 仅Ⅲ   D. 仅Ⅰ和Ⅱ

E. Ⅰ、Ⅱ和Ⅲ

[解题分析] 正确答案：D

题干中"非法同居指无婚姻关系的异性之间的同居"是指两个同居的异性无婚姻关系。因此，与分居者的非法同居包括两种类型：分居者与分居者非法同居；分居者与非已婚者（未婚、离婚或丧偶者）非法同居。

(1) 分居者与分居者非法同居。包含一个数学等式：

男分居者 X＝女分居者 X^*

(2) 分居者与非已婚者非法同居。包含两个数学等式：

男分居者 Y＝女非已婚者 Y^*

男非已婚者 Z＝女分居者 Z^*

由此可得，题干条件关系为 $(X^* + Z^*) - (X + Y) = 100$。从中可推出：$Z^* - Y = 100$。因此，$Z^* > Y$。题干所述关系如表 12-1 所示。

表 12-1

非已婚者（未婚、离婚、丧偶）				
已婚	正常婚姻			
	分居	合法分居		
		非法分居 （分居者与人非法同居）	分居者与分居者非法同居	男分居者 X＝女分居者 X^*
			分居者与非已婚者非法同居	男分居者 Y＝女非已婚者 Y^*
				男非已婚者 Z＝女分居者 Z^*

Ⅰ项：$Z>Y^*$，成立。Ⅱ项：$(X+Z)>(X^*+Y^*)$ 成立。Ⅲ项：$X>X^*$，不成立，实际上是应该相等的。因此，D 项为正确答案。

12.2　逻辑推断

逻辑推断大致包括直接推理、匹配推理、真假话题和间接推理等几种。这类题有点智力题的味道。

[逻辑案例]　渡船

有两个小孩和一个大人驾船过河。已知仅有一条小船，而且每次只能渡过一个大人或是两个小孩。

问题：在三人都是划船好手的情况下，这三人最少可以几次往返，就全部驾船渡过河？

答案：两次。第一次往返时，两个小孩驾船渡过，其中一人驾船返回；第二次往返时，大人驾船过河，另一个小孩驾船返回；第三次两个小孩一起驾船过河。

分析：从第一次往返终了往回推导，必定要有人将船划回。所以第一次过河必须有两个人先过去，也就是两个小孩。弄清楚在不同的往返中，每个人都在什么地方，思维就是清晰的。

1. 直接推理

解题步骤：首先，读取题干和问题所给的所有条件；其次，对条件间的关系进行逻辑分析，寻找其内在联系；再次，逐步推理，直至推出答案。

例 12-11　马斯特杯 2003 年中国机器人大赛中的足球赛正在进行，有三位教授对决赛结果进行预测。

赵教授说：冠军不是清华大学队，也不是浙江大学队。

钱教授说：冠军不是清华大学队，而是中国科学技术大学队。

孙教授说：冠军不是中国科学技术大学队，而是清华大学队。

比赛结果表明，他们中只有一人的两个判断都对，一人的判断一对一错，另外一人全错了。

根据以上情况可以知道,获得冠军的是:

A. 清华大学队   B. 中国科学技术大学队

C. 浙江大学队   D. 北京航空航天大学队

E. 以上都不可能

[解题分析] 正确答案:A

钱与孙的观点完全相反,其中必是一个全对另一个全错(否则若其中一个的两个判断是一对一错,则另一个也是一对一错,这与题干条件矛盾)。从而可知,赵的话一对一错。如果钱全对,那么赵也全对,与赵一对一错矛盾,因此钱全错,可知冠军是清华大学队,A项正确。

例 12-12 学校田径运动会有 4 个径赛项目:100 米、200 米、400 米和 800 米。二班有三位男生建国、小杰、大牛和三位女生丹丹、小颖、淑珍参加。运动会有两个规定:

(1)每个项目必须男女同时参加或同时不参加。

(2)每人只能参加一个项目。

如果建国参加的是 100 米或 200 米,大牛参加的是 400 米,丹丹参加的是 800 米,则以下哪项一定为真?

A. 小杰参加的是 800 米。   B. 建国参加的是 100 米。

C. 小颖参加的是 200 米。   D. 淑珍参加的是 400 米。

E. 建国参加的是 200 米。

[解题分析] 正确答案:A

根据题干要求,既然 800 米有了丹丹参加,所以还需要有男的参加。这个男的不能是建国,因为建国参加的是 100 米或 200 米;也不能是大牛,因为大牛参加的是 400 米。所以,只能是小杰了。

2. 匹配推理

匹配题是直接推理型考题的特例,其一般特点是:题干一般提供几类因素,每类因素又有几种不同情况,同时题干还给出属于不同类因素之间不同情况的判断,要求推出确定的结论。匹配型考题的解题往往可借助于列表法和画图法,即把已知条件列在一个表格上,再进一步推理。

例 12-13 方宁、王宜和余涌,一个是江西人、一个是安徽人、一个是上海人,余涌的年龄比上海人大,方宁和安徽人不同岁,安徽人比王宜年龄小。

根据上述断定,以下结论都不可能推出,除了:

A. 方宁是江西人,王宜是安徽人,余涌是上海人。

B. 方宁是安徽人,王宜是江西人,余涌是上海人。

C. 方宁是安徽人,王宜是上海人,余涌是江西人。

D. 方宁是上海人,王宜是江西人,余涌是安徽人。

E. 方宁是江西人,王宜是上海人,余涌是安徽人。

[解题分析]　正确答案:D

由"方宁和安徽人不同岁,安徽人比王宜年龄小"可知余涌是安徽人。示意图如下:

$$王 > 余 > （方）$$
$$江西　安徽　上海$$

由"余涌的年龄比上海人大"可知上海人最小,由"安徽人比王宜年龄小"可知王宜是江西人,剩下没有判定的方宁只能是上海人。因此,选 D 项。

例 12-14　在某个航班的全体乘务员中,飞机驾驶员、副驾驶员和飞机工程师分别是余味、张刚和王飞中的某一位。已知:副驾驶员是个独生子,钱挣得最少;王飞与张刚的姐姐结了婚,钱挣得比驾驶员多。

从以上陈述,可以推出下面哪一个选项为真?

A. 王飞是飞机工程师,张刚是驾驶员。

B. 余味是副驾驶员,王飞是驾驶员。

C. 余味是驾驶员,张刚是飞机工程师。

D. 张刚是驾驶员,余味是飞机工程师。

E. 王飞是驾驶员,张刚是飞机工程师。

[解题分析]　正确答案:A

根据题干断定,副驾驶员钱挣得最少,王飞钱挣得比驾驶员多。说明王飞既不是副驾驶员,也不是驾驶员,因此王飞是飞机工程师。既然副驾驶员是个独生子,张刚有姐姐,因此,张刚不是副技术员,只能是驾驶员。所以,A 项正确。

3. 真假话题

真假话题的特点是题干给出几句话,并说明其中有一句(或一句以上)是真话(或假话),然后要求推出相应的结论。

这类考题其本质是涉及了逻辑基本规律(同一律、矛盾律、排中律)。解决这类问题的突破口在于寻找几句话之间存在的矛盾、反对或同真、同假等依存关系,然后确定范围,再考虑其他话的真或假。

其中,尤以矛盾突破最为典型,其解题关步骤是:

(1) 确定矛盾。找出一对矛盾关系,由于矛盾关系不能同真,也不能同假,从而必知其一真一假。常用的是运用直言命题的对当关系及复合命题推理等逻辑知识在所有叙述中找出有互相矛盾的判断。

(2) 绕开矛盾。根据已知条件推知其他话的真假。

(3) 推出答案。

[逻辑案例] 装照片的匣子

莎士比亚的《威尼斯商人》中鲍西娅为了挑选聪明的男朋友,就做了三个匣子,一个是金的、一个是银的、一个是铜的,其中只有一个匣子里放了她自己的照片。三个匣子外面分别贴上一张字条,金的匣子上面写着:"照片不在此匣中。"银匣子上面写着:"照片在金匣子中。"铜匣子上面写着:"照片不在此匣中。"同时鲍西娅又告诉来应选的人,这三句话中只有一句是真的。请问,照片究竟在哪个匣子里?

分析:由于金匣子上写的与银匣子上写的是矛盾的,所以,按照排中律,它们二者之中必有一真。既然它们二者之中必有一真,按照三句话中只有一真的已知条件,所以可以推知,铜匣子上写的必定是假。由于铜匣子上写的是"照片不在此匣中",又已知这话是假的,所以按照矛盾律,推出照片一定在此匣中。

注意:(1)逻辑矛盾与日常所说的矛盾不等同。逻辑上的矛盾是原命题和负命题,就是数学里的原集和补集,是完全相反的两个命题;日常语言中往往把包含有不一致的命题都叫矛盾,范围除逻辑矛盾关系外,还包括反对关系等,比如A、E。(2)有时两个命题虽然不是矛盾的,但互相反对(或下反对),即不能同真(或不能同假),那就可以推出两个判断中至少有一个是假的(或者至少有一个是真的),这也同样可以成为解题的关键。

例 12-15 桌子上有4个杯子,每个杯子上写着一句话。第一个杯子:"所有的杯子中都有水果糖";第二个杯子:"本杯中有苹果";第三个杯子:"本杯中没有巧克力";第四个杯子:"有些杯子中没有水果糖"。

如果其中只有一句真话,那么以下哪项为真?

A. 所有的杯子中都有水果糖。　　　　　B. 所有的杯子中都没有水果糖。

C. 所有的杯子中都没有苹果。　　　　　D. 第三个杯子中有巧克力。

E. 第二个杯子里有苹果。

[解题分析] 正确答案:D

题干中第一和第四个杯子上的话是矛盾的,两句话中必有一真一假。因此,四句中的一句真话必在第一和第四个杯子之中,所以第二和第三个杯子上的话必为假。由第三个杯子上的话"本杯中没有巧克力"是假,可知D项中所说"第三个杯子中有巧克力"为真。虽然第二个杯子上的话也假,但四个选项中没有一项是"第二个杯子没有苹果"。

例 12-16 军训最后一天,一班学生进行实弹射击,几位教官谈论一班的射击成绩。

张教官说:"这次军训时间太短,这个班没有人的射击成绩会是优秀。"

孙教官说:"不会吧,有几个人以前训练过,他们的射击成绩会是优秀。"

周教官说:"我看班长或者体育委员能打出优秀成绩。"

结果发现三位教官中只有一人说对了。

由此可以推出以下哪一项肯定为真？

A. 全班所有人的射击成绩都不是优秀。

B. 班里有人的射击成绩是优秀。

C. 班长的射击成绩是优秀。

D. 体育委员的射击成绩不是优秀。

E. 班长和体育委员是优秀。

[解题分析] 正确答案：D

真假话题,用矛盾法解决。

(1) 先找矛盾。张教官说的话是E判断,孙是I判断,张与孙矛盾,必然有一真一假。

(2) 绕开矛盾。因为三位教官中只有一人说对,而说对的人在张孙之间,可知周说的话必假。

(3) 推出答案。周假,可知"并非'班长或者体育委员优秀'",即等价于"班长不优秀而且体育委员不优秀",因此,D项正确。

例 12-17 三班的一次联欢活动有学生没有参加,何捷、小珍中有一人没有参加,其他三人都参加了。老师在询问时,他们做了如下的回答。

何捷："小马没来。"

小马："我不但参加了,而且还表演了节目。"

丹丹："我晚来了一会儿,但一直到晚会结束才走。"

小珍："如果丹丹来了,那就是我没来。"

如果他们中只有一个人说了谎,则以下哪项成立？

A. 何捷没参加。　　　　　　　　B. 小马没参加。

C. 丹丹没参加。　　　　　　　　D. 小珍没参加。

E. 不能推出。

[解题分析] 正确答案：D

何捷的话"小马没来"与小马的话"我不但参加了,而且还表演了节目"不能同时为真,必有一假。既然四句话中只有一句假话,那么,丹丹的话"我来了"和小珍的话"如果丹丹来了,则小珍没来"都是真话,因此,可以推出"小珍没来"。所以,应该选D项。

例 12-18 小王参加了某公司招工面试,不久,他得知以下消息：①公司已决定,他和小陈至少录用一人；②公司可能不录他；③公司一定录用他；④公司已录用小陈。其中两条消息为真,两条消息为假。

如果上述断定为真,则以下哪项为真？

A. 公司已录用小王,未录用小陈。

B. 公司未录用小王,已录用小陈。

C. 公司既录用小王,又录用小陈。

D. 公司既未录用小王,也未录用小陈。

E. 不能确定录取结果。

[解题分析] 正确答案:A

首先找矛盾。根据模态命题,我们发现:②与③矛盾,必然一真一假。由于其中两条消息为真,两条消息为假。因此,剩下的①④也必然一真一假。若④真,那么可推出①也真,这是不可能的。由此推出:④为假,①为真。④为假推出:公司没录用小陈。加上①为真,即:小王与小陈至少录用一人。从而推出公司已录用小王,所以,A项为正确答案。

例 12-19 某矿山发生了一起严重的安全事故。关于事故原因,甲、乙、丙、丁四位负责人有如下断定。

甲:"如果造成事故的直接原因是设备故障,那么肯定有人违反操作规程。"

乙:"确实有人违反操作规程,但造成事故的直接原因不是设备故障。"

丙:"造成事故的直接原因确实是设备故障,但并没有人违反操作规章。"

丁:"造成事故的直接原因是设备故障。"

如果上述断定中只有一个人的断定为真,则以下断定都不可能为真,除了:

A. 甲的断定为真,有人违反了操作规程。

B. 甲的断定为真,但没有人违反操作规程。

C. 乙的断定为真。

D. 丙的断定为真。

E. 丁的断定为真。

[解题分析] 正确答案:B

甲:设→违。乙:违∧¬设。丙:设∧¬违。丁:设。甲与丙的断定互相矛盾,其中必有一真一假。又只有一人的断定为真,因此,乙和丁的断定为假。由丁的断定假,可知:造成事故的直接原因不是设备故障。由乙的断定假,可推知:或者没有人违反操作规程,或者造成事故的直接原因是设备故障。由上述两个推断,¬设∧(¬违∨设),可推知:没有人违反操作规程。

这样,可得出结论:

第一,事实上造成事故的直接原因不是设备故障;第二,事实上没有人违反操作规程。因此,丙的断定为假,因而甲的断定为真。所以,B项为真。其余各项均不可能真。

4. 间接推理

有些比较难的逻辑运算题,比如有些真话假话型题中没有相互矛盾的判断,不能用矛盾突破法来解题,这类题往往要用假设代入法寻找解题突破口。解这类考题时,所用的推理步骤往往较多,相对比较费时。

1）假设代入的两种方法

假设代入法,即从一个命题的假设出发,以求突破。假设代入法解逻辑推断型考题时特别有用,具体办法是:先假设某个前提或选项为真或者为假,看能否从中推出矛盾。如果能推出矛盾,则原来的假设不成立,该假设的否定成立;如果不能推出矛盾,则该假设可能成立也可能不成立。

平时,我们往往把归谬法与假设反证法看成一回事,其实从逻辑分类的角度上是不一样的。

（1）归谬法:假设一个命题为真,推导出逻辑矛盾,那么该命题必定是假的。归谬法是演绎反驳中经常使用的一种逻辑方法。这种方法,是先假定被反驳一方的论题成立,然后以该论题合乎逻辑地导出荒谬的结论,再根据蕴涵命题推理的否定后件式,从而驳倒被反驳的一方的论题,说明其论题不成立的一种间接反驳方法。其论证的过程如下。

> 被反驳的论题:P
> 假设:P 成立
> 推理:如果 P,则 Q
> 推理不成立
> 所以,P 不成立。

（2）反证法:假设一个命题为假,推导出逻辑矛盾,那么该命题必定是真的。其论证过程如下。

> 论题:P
> 反论题:非 P
> 证明:非 P 假
> 根据排中律,即可推定 P 真

2）假设代入的两种方式

假设代入包括对题干条件的假设代入和对选项的假设代入两种方式,一般优先使用对选项的假设代入。

（1）对题干条件的假设代入:①假设题干某个条件为真,若推出逻辑矛盾,则该条件为假,从中可推出某个结果;②假设题干某个条件为假,若推出逻辑矛盾,则该条件为真,从中可推出某个结果。题干真假话的条件分析:分两种情况,一句话要么是真话,要么是假话;若假设其中一个情况成立,从中推出逻辑矛盾,则这个情况一定不成立;那么,另一个情况一定成立。

（2）对选项的假设代入:①假设某个选项为真,若推出逻辑矛盾,则该选项为假,应予以排除;若只有一个选项假设为真后没有逻辑矛盾,其他选项都有逻辑矛盾被排除,则这唯一的没有矛盾的选项就是正确答案。(实际上就是排除法,用得较多)②假设某个选项为假,若推出逻辑矛盾,则该选项为真,由逆否命题知,该选项为正确答案。(推论题也用,用得不多)

3)选择策略

(1)如何确认 A 项是答案:①(直接论证)根据已经条件,直接得到 A 项是答案;②(反证法)若 A 项不是答案,将导致矛盾;③(选言证法)五个选项中,B、C、D、E 项不是答案。

(2)如何确认 A 项不是答案:①(归谬法)若 A 项是答案,将导致矛盾;则排除 A。②(选言证法)已经有比 A 项更佳的答案。

例 12-20 甲说:"乙说谎";乙说:"丙说谎";丙说:"甲和乙都说谎"。
请确定下面哪一个选项是真的:

A. 乙说谎。   B. 甲和乙都说谎。

C. 甲和丙说谎。   D. 乙和丙都说谎。

E. 甲说谎,丙不说谎。

[解题分析] 正确答案:C

用假设代入法推理。假设乙说谎,可同时推出:甲说真话,丙也说真话。既然丙也说真话,那么确实甲和乙都说谎。这就存在了内在矛盾,故这种情况不可能。从而可知,乙只能说真话。这样可同时推出:甲说谎,丙也说谎。因此,正确答案为 C 项。其余选项都包含矛盾。

例 12-21 王太太带着孩子们参加了赴日旅游团,导游好奇地问他们家有几个孩子,三个孩子争先恐后地抢着回答。一个孩子说:"我有两个哥哥,两个妹妹。"另一个说:"我有三个妹妹,一个哥哥。"第三个说:"我有一个妹妹,三个哥哥。"

根据三个孩子的回答,以下哪项为真?

A. 王太太家有 6 个孩子,顺序是:儿子、儿子、女儿、儿子、女儿、女儿。

B. 王太太家有 6 个孩子,顺序是:儿子、儿子、儿子、女儿、女儿、女儿。

C. 王太太家有 6 个孩子,顺序是:女儿、儿子、儿子、儿子、女儿、女儿。

D. 王太太家有 6 个孩子,顺序是:儿子、儿子、女儿、女儿、儿子、儿子。

E. 王太太家有 5 个孩子,顺序是:儿子、儿子、女儿、儿子、女儿。

[解题分析] 正确答案:A

假定 A 项成立,从大到小依次排顺序为 1 到 6 号,如表 12-2 所示。

表 12-2

1	2	3	4	5	6
儿子	儿子	女儿	儿子	女儿	女儿

在此种情况下,第一个孩子在3号或4号位,表12-2中所列情况满足其对答;第二个孩子在2号位,表中所列情况满足其对答;第三个孩子在5号位,表中所列情况满足其对答。没有矛盾!B项不能满足第一个孩子的回答;C、E项不能满足第二个孩子的回答;D项不能满足第三个孩子的回答;因此,答案只能选A项。

例 12-22 智能实验室开发了三个能回答简单问题的机器人,起名为天使、魔鬼、常人。天使从不说假话,魔鬼从不说真话,常人既说真话也说假话。它们被贴上A、B、C三个标记,但忘了标记和名字的对应。试验者希望通过它们对问题的回答来判断。三个机器人对问题"A是谁?"分别作了以下回答:A的答案是"我是常人",B的答案是"A是魔鬼",C的答案是"A是天使"。

上述陈述能推出哪项?

A. A是天使,B是魔鬼,C是常人。

B. A是天使,B是常人,C是魔鬼。

C. A是魔鬼,B是天使,C是常人。

D. A是常人,B是天使,C是魔鬼。

E. A是常人,B是魔鬼,C是天使。

[解题分析] 正确答案:C

假定A是天使,由于天使只说真话,因此,A是不可能回答"我是常人"的。因此,假设不成立,排除了选项A、B。假定A是常人,A的回答没问题。此时B首先不可能是天使,因为天使的回答必须是"A是常人"。这样,B只能是魔鬼,C是天使。但既然C是天使,C的答案就只能是"A是常人"。所以,这一假定也不成立。由此可知,A只能是魔鬼。由于B的答案是"A是魔鬼",因此,B是天使,C是常人。

例 12-23 一对夫妻带着他们的一个孩子在路上碰到一个朋友。朋友问孩子:"你是男孩还是女孩?"朋友没听清孩子的回答。孩子的父母中某一个说,我孩子回答的是"我是男孩";另一个接着说,"这孩子撒谎,她是女孩。"这家人中男性从不说谎;而女性从来不连续说两句真话,也不连续说两句假话。

如果上述陈述为真,那么,以下哪项一定为真?

Ⅰ. 父母中第一个说话的是母亲。

Ⅱ. 父母中第一个说话的是父亲。

Ⅲ. 孩子是男孩。

A. 只有Ⅰ

B. 只有Ⅱ

C. 只有Ⅰ和Ⅲ

D. 只有Ⅱ和Ⅲ

E. 不能确定

[解题分析] 正确答案:A

假设父母中第一个说话的是父亲,则第二个说话的是母亲。由于这家人中男性从不说谎,因此,由父亲说的话可推知,孩子的回答确实是"我是男孩"。如果孩子是男孩,则母亲连续说了两句假话;如果孩子是女孩,则母亲连续说了两句真话。可见,母亲的两句话要么都真,要么都假,这与题干的断定矛盾。因此,假设不成立,即父母中第一个说话的不是父亲,而是母亲,即Ⅰ项为真、Ⅱ项为假。因为父母中第二个说话是父亲,又男性都说真话,因此事实上孩子是女孩,即Ⅲ项为假。

12.3 分析推理

分析思考往往是个信息收集和推理的过程,不断把焦点集中到最后的结论中。分析思考的步骤:首先观察事实或理解条件;然后整理事实与事实之间的关联,最好把它们的相互关联的连接点做成图表,并进行整理;最后作出合理的推论。

分析推理主要包括排列、分组和规则三大类题型:

(1)排列题是指所给出的元素之间有明显的前后顺序关系,要求根据已知条件对各元素进行排列或者确定其中某些元素的相应位置。

(2)分组题就是按照一定的限制条件把若干个元素分成两组或多组的题;具体是指把若干事物对象(又称为元素)分成不同的组别,通过元素之间相容或不相容等约束条件来确定各组的成员或个数。

(3)规则题是指从 n 个元素中按照一定的规则选出 m 个来的题。解题时,要注意常用的推理方法,如元素之间的互斥关系、逆否命题的转化以及条件的传递性等。

例 12-24 有 6 位学者 F、G、J、L、M 和 N 将在一次逻辑会议上演讲,演讲按下列条件排定次序:①每位演讲者只讲一次,并且在同一时间只有一位讲演者;②三位演讲者在午餐前发言,另三位在午餐后发言;③G 一定在午餐前发言;④仅有一位发言者处在 M 与 N 之间;⑤F 在第一位或第三位发言。

1. 如果 J 是第一位演讲者,谁一定是第二位演讲者?

A. F   B. G   C. L   D. M

E. N

2. 如果 J 是第四位演讲者,谁一定是第三位演讲者?

A. F 或 M   B. G 或 L   C. L 或 N   D. M 或 N

E. F 或 M

3. 如果 L 在午餐前发言,并且 M 不是第六个发言者,紧随 M 之后的发言者必是:

A. F   B. G   C. J   D. N

E. M

4. 如果 M 和 N 的发言被午餐隔开,以下哪项列出了可以安排在 M 和 N 之间的所有发言者?

A. G、J   B. J、L   C. F、G、J   D. F、G、J、L

E. G、J、L

5. 如果 J 在 F 之前发言,N 可以排在第几位发言?

A. 第四位   B. 第二位   C. 第三位   D. 第一位

E. 第五位

[解题分析] 排列题。

条件分析:根据条件③⑤可列表 12-3。

表 12-3

	午 餐 前			午 餐 后		
	1	2	3	4	5	6
情况一	F	G				
情况二	F		G			
情况三	G		F			
情况四		G	F			

1. 正确答案:B。如果 J 是第一位演讲者,根据表 6-3,只能是第四种情况,即第二位演讲者一定是 G。

2. 正确答案:D。如果 J 是第四位演讲者,再加上条件④仅有一位发言者处在 M 与 N 之间,因此只能是第一种情况,即第三位演讲者只能是 M 或 N。

3. 正确答案:C。如果 L 在午餐前发言,上午就排满了;那么,在午餐后发言的是 M、N、J;再加上条件④仅有一位发言者处在 M 与 N 之间,并且 M 不是第六个发言者,可推出,M 在第 4 个发言,紧随 M 之后的发言者必是 J。

4. 正确答案:D。如果 M 和 N 的发言被午餐隔开,再加上条件④仅有一位发言者处在 M 和 N 之间,那么 M 和 N 在午餐前只能占据 2 号位和 3 号位;当 M 和 N 在午餐前占据 2 号位时(情况二、三),F、G 可以安排在 M 和 N 之间;当 M 和 N 在午餐前占据 3 号位时(情况一),J、L 也可以安排在 M 和 N 之间。

5. 正确答案:A。如果 J 在 F 之前发言,只能是第三、四种情况,那么,M、N 只能在午餐后发言,再加上条件(4)仅有一位发言者处在 M 和 N 之间,可推出 M、N 一定占据 4 号位和 6 号位,故选 A。

例 12-25 六一节快到了,幼儿园老师为班上的小明、小雷、小刚、小芳、小花等五位小朋友准备了红、橙、黄、绿、青、蓝、紫等 7 份礼物。已知所有礼物都送了出去,每份礼物只能由一人获得,每人最多获得两份礼物。另外,礼物派送还需要满足如下要求:

(1) 如果小明收到橙色礼物,则小芳会收到蓝色礼物;

(2) 如果小雷没有收到红色礼物,则小芳不会收到蓝色礼物;

(3) 如果小刚没有收到黄色礼物,则小花不会收到紫色礼物;

(4) 没有人既能收到黄色礼物,又能收到绿色礼物;

(5) 小明只收到橙色礼物,而小花只收到紫色礼物。

1. 根据上述信息,以下哪项可能为真?

A. 小明和小芳都收到两份礼物。

B. 小雷和小刚都收到两份礼物。

C. 小刚和小花都收到两份礼物。

D. 小芳和小花都收到两份礼物。

E. 小明和小雷都收到两份礼物。

2. 根据上述信息,如果小刚收到两份礼物,则可以得出以下哪项?

A. 小雷收到红色和绿色两份礼物。

B. 小刚收到黄色和蓝色两份礼物。

C. 小芳收到绿色和蓝色两份礼物。

D. 小刚收到黄色和青色两份礼物。

E. 小芳收到青色和蓝色两份礼物。

[解题分析] 组合题。

1. 正确答案:B

根据条件(5),说明小明和小花只能收到一份礼物,不可能收到两份礼物,所以,A、C、D、E 项均排除。只有 B 项可能为真。

2. 正确答案:D

由条件(5),小明只收到橙色礼物,小花只收到紫色礼物。又由条件(1),小芳会收到蓝色礼物。再由条件(2),小雷收到红色礼物。由条件(5)、条件(3)、条件(4),小刚收到黄色礼物,且没有收到绿色礼物所有情况如表 12-4 所示。

表 12-4

	小明	小芳	小雷	小刚	小花
礼物份数	1				1
礼物颜色	橙色	蓝色	红色	黄色,非绿色	紫色

如果小刚收到两份礼物,那只能是黄色和青色。因此,D 项为正确答案。

例 12-26 某班打算从方如芬、郭嫣然、何之莲等三名女生中选拔两人,从彭友文、裘志节、任向阳、宋文凯、唐晓华等五名男生中选拔三人组成大学生五人支教小组到山区义务支教。

要求:

(1) 郭嫣然和唐晓华不同时入选;

（2）彭友文和宋文凯不同时入选；

（3）裘志节和唐晓华不同时入选。

1. 下列哪位一定入选？

A. 方如芬
B. 郭嫣然

C. 宋文凯
D. 何之莲

E. 任向阳

2. 如果郭嫣然入选，则下列哪位也一定入选？

A. 方如芬
B. 何之莲

C. 彭友文
D. 裘志节

E. 宋文凯

3. 若何之莲未入选，则下列哪一位也未入选？

A. 唐晓华
B. 彭友文

C. 裘志节
D. 宋文凯

E. 方如芬

4. 若唐晓华入选，则下列哪两位一定入选？

A. 方如芬和郭嫣然
B. 郭嫣然和何之莲

C. 彭友文和何之莲
D. 任向阳和宋文凯

E. 方如芬和何之莲

[解题分析] 规则题

1. 正确答案：E

根据题目条件，分唐入选和唐未入选两种情况，如表 12-5 所示。

表 12-5

	男（5选3）	女（3选2）
	彭、裘、任、宋、唐	方、郭、何
第1种情况：唐入选	彭/宋、任、唐	方、何
第2种情况：唐未入选	彭/宋、裘、任	

可见，任向阳一定入选。

2. 正确答案：D

根据表 12-5，如果郭入选，则属于表格中的第 2 种情况，这种情况下，裘志节一定入选。

3. 正确答案：A

根据表 12-5，若何之莲未入选，则属于表格中的第 2 种情况，这种情况下，唐晓华也未入选。

4. 正确答案：E

根据表 12-5，若唐晓华入选，则属于表格中的第 1 种情况，这种情况下，方如芬和何之莲一定入选。

下 篇

归纳逻辑 *Part 3*

　　归纳逻辑(inductive logic)是指对经验科学以及日常思维中非演绎论证类型的推理过程和方法的研究。前提必然蕴涵结论的称为演绎的；前提不必然蕴涵结论或者说前提与结论的关系是或然的，我们称为非演绎的。广义的归纳逻辑研究非演绎结论的推理过程。

　　逻辑按推理方向，可分为演绎和广义归纳推理(即非演绎推理)。演绎是必然性推理，归纳是或然性推理。在必然性推理中，逻辑研究的核心是推理的有效性，凡是能从真实前提必然得到真实结论的推理，就是有效的，否则是无效的。在或然性推理中，逻辑研究的核心是推理的合理性，即如何提高结论的可靠程度。

第 13 章 归 纳 推 理

归纳推理的前提是一些关于个别事物或现象的命题,而结论则是关于该类事物或现象的普遍性命题。除完全归纳推理之外,归纳推理的结论所断定的知识范围超出了前提所断定的知识范围,因此,归纳推理的前提与结论之间的联系不是必然性的,而是或然性的。也就是说,其前提为真而结论为假是可能的,所以,归纳推理是一种或然性推理。

例如:拿任何一种草药来说吧,人们为什么会发现它能治好某种疾病呢?原来,这是经过先人无数次经验(成功的或失败的)积累的。由于某一种草无意中治好了某一种病,第二次、第三次……都治好了这一种病,于是人们就把这些经验积累起来,得出结论说:"这种草能治好某一种病。"这样,对一次次个别经验的认识就上升到对这种草能治某一种病的一般性认识了。这里就有着归纳推理的运用。

归纳推理与演绎推理的主要区别如表 13-1 所示。

表 13-1　归纳推理与演绎推理的主要区别

	演 绎 推 理 必然性推理	归 纳 推 理 或然性推理
从思维运动过程的方向来看	从一般性的知识的前提推出一个特殊性的知识的结论,即从一般过渡到特殊	从一些特殊性的知识的前提推出一个一般性的知识的结论,即从特殊过渡到一般。这种推理对于扩展知识有重要价值
从前提与结论联系的性质来看	演绎推理的结论不超出前提所断定的范围,其前提与结论之间的联系是必然的,一个演绎推理只要前提真实并且推理形式正确,那么其结论就必然真实	归纳推理(完全归纳推理除外)的结论所断定的知识范围超出了前提所断定的知识范围,其前提与结论之间的联系不是必然的,而只具有或然性,即其前提真而结论假是有可能的

归纳推理与演绎推理虽有上述区别,但它们在人们的认识过程中是紧密地联系着的,两者互相依赖、互为补充。比如说,演绎推理的一般性知识的大前提必须借助于归纳推理从具体的经验中概括出来,从这个意义上我们可以说,没有归纳推理也就没有演绎推理。当然,归纳推理也离不开演绎推理。比如,归纳活动的目的、任务和方向是归纳过程本身所不能解决和提供的,这只有借助于理论思维,依靠人们先前积累的一般性理论知识的指导,而这本身就是一种演绎活动。而且,单

靠归纳推理是不能证明必然性的,因此,在归纳推理的过程中,人们常常需要应用演绎推理对某些归纳的前提或者结论加以论证。从这个意义上我们也可以说,没有演绎推理也就不可能有归纳推理。

[**逻辑案例**] 苏格兰的羊

诗人、数学家和逻辑学家首次访问苏格兰,透过火车的窗户他们看到了一只黑色的羊。诗人诗兴大发:"啊!苏格兰的羊都是黑的。""不对",逻辑学家马上反驳,"在苏格兰有些地方的羊是黑的"。"不对",数学家打断他,"我们只能说,在苏格兰至少有一个地方有至少一只黑羊"。逻辑学家又立刻纠正:"我们真正把握的只不过是,苏格兰至少有一个地方至少有一只羊的一边是黑的。"

点评:这个故事显示了推理中的内容与可靠性的反比关系。数学家的结论中的内容最多,其推理的可靠性最弱;逻辑学家的推理内容最少,但最可靠。

1. 完全归纳推理

完全归纳推理其实不是真正的归纳推理,具有演绎的性质。完全归纳推理在前提中考察的是某类事物的全部对象,而不是某一部分对象,因此,其结论所断定的范围并未超出前提所断定的范围。所以其结论是根据前提必然得出的,即其前提与结论的联系是必然的。

先看一个实例。当天文学家对太阳系的大行星运行轨道进行考察的时候,他们发现:水星是沿着椭圆轨道绕太阳运行的;金星是沿着椭圆轨道绕太阳运行的,地球是沿着椭圆轨道绕太阳运行的;火星是沿着椭圆轨道绕太阳运行的;木星是沿着椭圆轨道绕太阳运行的;土星是沿着椭圆轨道绕太阳运行的;天王星是沿着椭圆轨道绕太阳运行;海王星是沿着椭圆轨道绕太阳运行的;而水星、金星、地球、火星、木星、土星、天王星、海王星是太阳系的全部大行星。由此,天文学家便得出如下结论:所有的太阳系大行星都是沿着椭圆轨道绕太阳运行的。这一结论,就是运用完全归纳推理得出的。

可见,完全归纳推理是这样一种归纳推理:根据对某类事物的全部个别对象的考查,发现它们每一个都具有某种性质,因而得出"该类事物都具有某种性质"的结论。根据完全归纳推理的这一定义,它的逻辑形式可表示如下(S 表示事物,P 表示属性):

$$S_1 \text{——} P$$
$$S_2 \text{——} P$$
$$\vdots$$
$$S_n \text{——} P$$

($S_1, S_2, \cdots, S_n$ 是 S 类的所有分子)

所以,S——P

运用完全归纳推理必须注意两点:①前提所列举的应当是包括该类事物的每

一个个别对象,一个也不能遗漏。②作为前提的每一个判断都应当是真的,即每一个个别对象都确实具有某种性质。如果满足了这两个要求,那么完全归纳推理的结论就必然是真实的。否则,结论就不是必然真实的。

[**逻辑案例**] 算术题

德国数学家卡尔·弗里德里斯·高斯 10 岁那年,在小学上算术课时,老师给班里几十个孩子出了一道算术题,他要孩子们计算一下:$1+2+3+4+\cdots+97+98+99+100=?$ 老师心里想,要加的数目这么多,可得费些功夫呀!而且稍不留神,就会算错。可是出乎意料的是,老师刚把题目说完,小高斯就举起了手,报出了答案:5050。老师非常吃惊,忙问小高斯是怎么算出来的。

小高斯说,他发现这 100 个数有一个特点,就是依次把头尾两个数加起来都等于 101,而这样的数刚好有 50 对,因此,这 100 个数的总和就是 $101\times50=5050$。

高斯运用的也是完全归纳推理,特点是:前提中考查了该类事物的每一个对象,它的结论是必然的。

由于完全归纳推理要求对某类事物的全部对象一一列举考查,所以,它的运用是有局限性的。如果某类事物的个别对象是无限的(如天体、原子)或者事实上是无法一一考查穷尽的(如工人,学生),它就不能适用了。这时就只能运用不完全归纳推理了。

2. 不完全归纳推理

有效性只适用于演绎推理,一般意义上的归纳推理都是不完全的归纳推理,即是扩展性的推理,对于扩展性推理而言,我们使用的标准是其合理性。一个人接受某个命题总有一定的理由,一个人从个别可相信的命题出发推导出超出已知命题知识范围之外的新命题,如何来判定其合理性,有许多需要进行研究的内容。

13.1 不完全归纳推理

1. 不完全归纳

不完全归纳推理是这样一种归纳推理:根据对某类事物部分对象的考查,发现它们具有某种性质,因而得出结论说,该类事物都具有某种性质。

例如,《内经·针刺篇》记载了这样一个故事:有一个患头痛的樵夫上山砍柴,一次不慎碰破足趾,出了一点血,但头部不疼。当时他并没有注意。后来头疼复发,偶然碰破原处,头疼又好了。这次引起了他的注意,以后头疼时,他就有意刺破该处,每次都有效应(这个樵夫碰的地方,即现在所称的"大敦穴")。

现在我们要问,为什么这个樵夫以后头疼时就想到要刺破足趾的原处呢?从故事里可见,这是因为他根据自己以往的各次个别经验得出了一个有关碰破足趾能治好头痛的一个一般性结论了。在这里,就其所运用的推理形式来说,就是一个不完全的归纳推理。具体过程如下:第一次碰破足趾某处,头痛好了;第二次碰破足趾某处,头痛好了;(没有出现相反的情况,即碰破足趾某处,而头痛不好。)所以,凡碰破足趾某处,头痛都会好。如用公式表示则是:

$$S_1 —— P$$
$$S_2 —— P$$
$$S_s —— P$$
$$\vdots$$
$$S_n —— P$$

($S_1, S_2, S_s, \cdots, S_n$ 是 S 类部分对象,枚举中未遇相反情况。)

所以,S——P

这种仅仅根据在考查中没有碰到相反情况而进行的不完全归纳推理,我们就称为简单枚举归纳推理或简称枚举归纳推理。

[**逻辑案例**] 对归纳理论有深入研究的弥尔(旧译穆勒)曾说过:"非洲中部的 18 万黑人在还没有碰到白人以前,显然以为所有人都是黑皮肤的。"英国一个旅行家在加来港登岸后遇到两个火红头发的法国人,在日记上写道:"所有的法国人都是火红头发的。"

例 13-1 一个装满东西的袋子,第一个人从袋子里摸出三个东西,全部都是红色的木球。第二个人从袋子里摸出三个东西,全部是红色的玻璃球。第三个人从袋子里摸出三个东西,全部是红色的石球。对于袋子里剩下的东西,他们没有继续往下摸。

对袋子里的东西,下列哪项说法比较切合实际?

A. 袋子里的东西全部都是红色的球。

B. 袋子里的东西全部都是球。

C. 除了红色的球以外,袋子里没有其他的东西。

D. 袋子里的东西可能都是红色的球。

E. 袋子里的东西可能都是球。

[**解题分析**] 正确答案:D。

该题是要求对题干的现象进行归纳概括。简单枚举归纳所得出的结论只具有可能性,选项 A、B、C 都太绝对。选项 E 和选项 D 都有道理,但选项 E 没有选项 D 概括得好。

2. 评估不完全归纳推理的批判性准则

准则 1:没有发现与全称结论相关的反例。

准则 2:样本容量越大,结论的可靠性就越大。

准则 3:样本的个体之间差异越大,结论的可靠性就越大。

准则 4:样本属性与描述属性具有同质性的概率越大,结论的可靠性就越大。

[逻辑案例] 黑天鹅

在澳大利亚被发现之前,生活在 17 世纪欧洲的人们都相信一件事——所有的天鹅都是白色的。因为当时所能见到的天鹅的确都是白色的。直到 1697 年,探险家在澳大利亚发现了黑天鹅,人们才知道以前的结论是片面的——并非所有天鹅都是白色的。

例 13-2 当一个国家出现通货膨胀或经济过热时,政府常常采取收紧银根、提高利率、提高贴现率等紧缩的货币政策进行调控。但是,1990 年日本政府为打压过高的股市和房地产泡沫,持续提高贴现率,最后造成通货紧缩,导致日本经济十几年停滞不前。1995 年至 1996 年,泰国中央银行为抑制资产价格泡沫,不断收缩银根,持续提高利率,抑制了投资和消费,导致了经济大衰退。由此可见,_____。

以下哪项陈述最适合作为上述论证的结论?

A. 提高银行存款利率可以抑制通货膨胀

B. 紧缩的货币政策有可能导致经济滑坡

C. 经济的发展是有周期的

D. 使用货币政策可以控制经济的发展

E. 政府应尽量避免采用紧缩的货币政策进行调控

[解题分析] 正确答案:B

题干陈述了日本和泰国通过持续提高贴现率、收缩银根、持续提高利率等紧缩的货币政策导致了经济衰退的例子,从中可合理地得出结论:紧缩的货币政策有可能导致经济滑坡。因此,B 项为正确答案。

例 13-3 婚礼看得见,爱情看不见;情书看得见,思念看不见;花朵看得见,春天看不见;水果看得见,营养看不见;帮助看得见,关心看不见;刮风看得见,空气看不见;文凭看得见,水平看不见。有人由此得出结论:看不见的东西比看得见的东西更有价值。

下面哪个选项使用了与题干中同样的推理方法?

A. 三角形可以分为直角三角形、钝角三角形和锐角三角形 3 种。直角三角形的三内角之和等于 180°,钝角三角形的三内角之和等于 180°,锐角三角形的三内角之和等于 180°;所以,所有三角形的三内角之和都等于 180°。

B. 我喜欢"偶然"胜过"必然"。你看,奥运会比赛中充满了悬念,比赛因此激动人心;艺术家的创作大多出自"灵机一动",科学发现和发明常常与"直觉""灵感""顿悟""机遇"连在一起;在茫茫人海中偶然碰到"他"或"她",互相射出丘比特之箭,成就人生中最美好的一段姻缘。因此,我爱"偶然",

我要高呼"偶然性万岁"！

    C. 外科医生在给患者做手术时可以看 X 光片,律师在为被告辩护时可以查看辩护书,建筑师在盖房子时可以对照设计图,教师备课可以看各种参考书,为什么不允许学生在考试时看教科书及其他相关材料呢?

    D. 玫瑰花好看,因为所有的花都好看。

    E. 理论从书本中来,实践从生活中来;理论从别人那里来,实践从自己这里来;理论从过往中来,实践从当下来,理论与实践对于成功而言同等重要。

[解题分析]　正确答案:B

题干属于不完全归纳推理、简单枚举法,犯了"以偏概全"的逻辑错误;B 项也是不完全归纳推理,为正确答案。其余选项都与题干推理方法不同,其中 A 项是完全归纳推理;C 项是类比推理,犯了"机械类比"的逻辑错误;D 项是省略的直言三段论推理;E 项是个对比陈述。

    例 13-4　互联网给人类带来极大便利。但是,1988 年,美国国防部的计算机主控中心遭黑客入侵,6000 台计算机无法正常运行;2002 年,美军组建了世界上第一支由计算机专家和黑客组成的网络部队;2008 年,俄罗斯在对格鲁吉亚采取军事行动之前,先攻击格鲁吉亚的互联网,使其政府、交通、通信、媒体和金融服务业陷入瘫痪。由此可见,_____。

以下哪一项陈述可以最合逻辑地完成上文的论述?

    A. 网络已经成为世界各国赖以正常运转的"神经系统"

    B. 世界各国的网络系统都可能存在着安全漏洞

    C. 在未来战争中,网络战可能成为一种新的战争形式

    D. 及时对杀毒软件进行升级,可以最大限度地防范来自网络的病毒

    E. 互联网对于人类的发展是利大于弊的

[解题分析]　正确答案:C

题干列举了 3 个事例:①1988 年,美国国防部遭黑客入侵;②2002 年,美军组建了世界上第一支网络部队;③2008 年,俄罗斯在对格鲁吉亚采取军事行动之前,先攻击其互联网,使其各方面陷入瘫痪。

由此可推出题干作者意在提出的观点是:在未来战争中,网络战可能成为一种新的战争形式。因此,C 项为正确答案。其余选项与题干都不矛盾,也似乎有道理,但并不是题干作者论述的意图。比如,A 项超出了题干范围,绝对化了。

    例 13-5　亚利桑那大学心理学研究人员运用一套试验设备,对一批志愿参与者进行心理测试。结果发现,最快乐的人独处的时间比最不快乐者少 25%,说话的时间则多 70%。最快乐的人进行的实质性谈话比最不快乐者多一倍,而闲聊则仅为后者的 1/3。

根据以上研究，最有可能得出以下哪项结论？

A. 研究表明，快乐的生活往往是社交性的、谈话深入的，而不是孤独和肤浅的。

B. 研究表明，快乐的人比不快乐的人说话更多，他们往往会谈更多实质性内容，而不只是闲谈。

C. 这项研究的前期，一部分快乐型人员受到了心理暗示，所以有迎合测试的倾向。

D. 试验设备会对志愿者产生不同程度的影响。

E. 所有的快乐者都更愿意说话，而且幸福感远远高于不快乐者。

[解题分析]　正确答案：A

题干测试结果发现：快乐的人比不快乐者独处时间少、说话时间多，进行实质性谈话多、闲聊少。A项很好地概括了测试结果，作为结论最恰当。其他选项都不适合作为结论，其中，B项虽然符合题干，但没有全面概括测试结果；C项只是说明数据不能反映真实情况。

3. 不完全归纳推理的类型

不完全归纳推理分为简单枚举归纳推理、科学归纳推理和概率归纳推理。

1）简单枚举归纳推理

简单枚举归纳推理由前提得出结论的逻辑依据，是在考查过程中没有遇到相反的情况。而这一点对于作出一个一般性的结论来说，是必要的，但并不是充分的。因为，没有碰到相反的情况，并不能排除这个相反情况存在的可能性。而只要有相反情况的存在，无论暂时碰到与否，其一般性结论就必然是错的。人们应用简单枚举归纳推理，当然可以从为数不多的事例中推导出普遍的规律性。然而这仍是一个"猜想"，这种猜想对不对，还必须进一步加以验证。

2）科学归纳推理

科学归纳推理是根据某类事物中部分对象与某种属性间因果关系的分析，推出该类事物具有该种属性的推理。例如：金受热后体积膨胀，银受热后体积膨胀，铜受热后体积膨胀，铁受热后体积膨胀；因为金属受热后，分子的凝聚力减弱，分子运动加速，分子彼此距离加大，从而导致膨胀，而金、银、铜、铁都是金属；所以，所有金属受热后体积都膨胀。

上例在前提中不仅考查了一类事物的部分对象有某种属性，而且进一步指出了对象与属性之间的因果关系，由此推出结论。这就是科学归纳推理。

3）概率归纳推理

概率归纳推理，是根据某类事物部分对象具有某种概率，推出该类事物都具有该种概率的推理。

[逻辑案例]　休谟的困境

按照常识和科学,我们从感觉经验中通过归纳获得具有普遍必然性的知识,然后又从这种知识出发,通过演绎得出对我们的行动具有实际指导作用的个别性知识。传统归纳逻辑就是力图研究如何从个别性经验知识上升到具有必然性的一般知识的思维过程和思维方法。但英国哲学家大卫·休谟却对这一归纳纲领提出了严厉的诘难,包括三个要点:

(1) 作为归纳的理论基础的客观因果律不能成立,我们的感觉经验告诉我们的只是事物之间的先后联系,而不是因果关系;因果律没有经验的证据,只是人们的心理联想。

(2) 归纳不能得出必然结论,因为当我们从个别推导一般时,我们实际上做了两个大的跳跃:从观察到的事例跳到了未观察到的事例,从过去、现在跳到了未来;而这两个跳跃都没有逻辑上的保证,因为适用于有限的不一定适用于无限,并且将来可能与过去和现在完全不同。因此,我们不能根据自人类有记忆以来太阳每天都从东方升起,就推断出太阳明天也会从东方升起,或它永远会从东方升起。否则,我们也许难逃罗素所提到的那只火鸡的命运:它根据主人过去一打铃就喂食,得出结论凡遇打铃必喂食,结果有一天主人打铃后却把它捉住,送上餐桌以款待客人。

(3) 归纳法本身的正确性只能归纳地证明,而这是逻辑循环。太阳前天从东方升起,太阳昨天从东方升起,太阳今天从东方升起,所以太阳每天都从东方升起。归纳自身不能证明归纳:太阳明天从东方升起是因为太阳每天都从东方升起。归纳不能通过演绎得到证明:太阳明天不从东方升起与过去太阳从东方升起不矛盾。

分析:休谟疑难激起了深刻的历史回响,不少逻辑学家和哲学家对此提出了不同的回答,迄今仍无定论,它依然构成对人类理智的挑战;有人甚至认为它是不可解决的,认为"休谟的困境就是人类的困境"。

13.2　轻率概括

简单枚举归纳法虽然有着自己的独特作用,但是,它的前提与结论之间的逻辑联系具有或然性,所得出的结论不是很可靠。在运用这种方法时,要防止犯轻率概括(或以偏概全)的逻辑错误。

所谓轻率概括是指在运用简单枚举归纳法时,在没有积累足以进行概括的材料的情况下,只根据少数的、粗略的事实,就草率地推出普遍性的结论,这样的结论往往是不可靠的。这类谬误的实质是严重忽视了与样本属性相反的事例存在,常见的表现形式有特例概括、样本太少、机械概括和以偏概全,其共同特征是以不具有代表性的样本为根据,概括出一类对象的总体都具有某种属性的结论。

[逻辑案例]　见书入睡

有一个笑话:一位妇女,因为孩子晚上啼哭不止,她无法让孩子止哭。正在为难时,忽然想到一个好办法,便对丈夫大声叫道:"快拿本书来!"丈夫马上拿来一本书,问道:"你要书干什么?"这妇人道:"我看你平时说说笑笑,很有精神,一捧起书来就打呵欠,想睡觉,可见,书本一定可以让人入睡。"

分析:她仅以丈夫"见书入睡"的事实,推断小孩也一定"见书入睡"。

例 13-6 李强说:"我认识了 100 个人,在我所认识的人中没有一个是失业的,所以中国的失业率一定是很低的。"

以下哪项最能反驳李强的推理?

A. 李强所认识的人中有小孩。

B. 李强所在城市的失业率与其他城市不一样。

C. 由于流动人口的存在,很难计算失业率。

D. 李强认识的绝大多数是单位的同事。

E. 李强本人不是失业者。

[解题分析] 正确答案:D

李强的推理犯了以偏概全的逻辑错误,D 项指出了这一点,该项意味着李强所认识的 100 个人,对于分析中国的失业率来说不具有代表性。

例 13-7 某公司老板大胖说:"在我认识的人中绝大多数都买得起住房,所以中国的住房价格实际并不高。"

以下哪项最能反驳上述看法?

A. 大胖买不起第二套。

B. 公司职员小王认识的人中有不少人买不起。

C. 加快经济适用房可使住房价回落。

D. 大胖认识的大多数是国企高管和公司老板。

E. 大胖认识的大多数是男人。

[解题分析] 正确答案:D

如果 D 项为真,即大胖认识的大多数是国企高管和公司老板,说明大胖认识的人在社会购买力上不具有代表性,显然削弱了大胖的看法。

例 13-8 甲:"你不能再抽烟了。抽烟确实对你的健康非常不利。"

乙:"你错了。我这样抽烟已经 15 年了,但并没有患肺癌,上个月我才做的体检。"

关于上述对话,以下哪项如果是真的,最能加强和支持甲的意见?

A. 抽烟增加了家庭的经济负担,容易造成家庭矛盾,甚至导致家庭破裂。

B. 抽烟不仅污染环境、影响卫生,还会造成家人或同事们被动吸烟。

C. 对健康的危害不仅指患肺癌或其他明显疾病,还包括潜在的影响。

D. 如果不断抽烟,那么烟瘾将越来越大,以后就更难戒除了。

E. 与名牌的优质烟相比,冒牌劣质烟对健康的危害更甚。

[解题分析] 正确答案:C

题干中甲的意思是抽烟会损害健康,乙用自己长期抽烟但未得肺癌的例子来反驳甲。因此,只有C项指出影响健康不能仅用是否已患某些明显的疾病来衡量,切中两人争论的要害。

例 13-9 免疫研究室的钟教授说:"从前生命科学院研究生的那种勤奋精神越来越不多见了,因为我发现目前在我的研究生中,起早摸黑做实验的人越来越少了。"

以下哪项最为恰当地指出了钟教授推理中的漏洞?

A. 不当地断定:除了生命科学院以外,其他学院的研究生普遍都不够用功。

B. 没有考虑到研究生的不勤奋有各自不同的原因。

C. 只是提出了问题,但没有提出解决问题的方法。

D. 不当地假设:他的学生状况就是生命科学院所有研究生的一般状况。

E. 没有设身处地考虑他的研究生毕业后找工作的难处。

[解题分析] 正确答案:D

题干推理要成立,必须假设钟教授的研究生是生命科学院的研究生的代表。D项指出了这个潜在假设不一定成立,也就是指出了题干推理犯了以偏概全的逻辑错误。

第14章 统计推理与论证

统计推理是利用统计数字进行的推理,是由样本总体具有某种性质而推出对象总体也具有该种性质的归纳推理。统计推理是从样本过渡到总体的推理,属于不完全归纳推理,其结论所断定的范围超出了前提所断定的范围,前提与结论之间的联系不是必然的,因而,它的结论是或然的,不一定可靠。

统计推理被广泛地应用于社会生活的各个领域。能否正确地估价统计推理会直接影响到人们是否能对所遇到的各种观点、意见做出合理的判断。虽然作为一门独立学科的统计学,对于大多数并非以统计为职业的人来说是复杂而又枯燥的,但懂得一些评价统计推理的原则和技巧,使我们能够对日常遇到的统计推理作出合理的评价非常必要。

14.1 统计基础知识

1. 统计中的重要概念

统计中的重要概念主要有:总体、抽样和样本的代表性。

所谓"总体",就是统计推理的结论所涉及的对象的集合。总体又可分为对象总体和样本总体。对象总体是研究对象的全体,而样本总体是被考查对象的全体。例如,要调查某城市 20000 名初中一年级学生的平均体重,从中抽选 1000 人进行调查,这 20000 名学生就是对象总体,而被调查的 1000 名学生就是样本总体。统计推理的本质就是根据样本总体的性质来推断对象总体的性质。

"抽样"是从对象总体中选取样本总体的过程。抽样的方法对于统计推理的结论来说至关重要。如果抽样方法不合理,统计数据再准确,它对统计推理的结论也没有说服力。

要提高统计推理结论的可靠程度,关键在于从对象中抽选出的样本是否具有代表性。抽样的代表性,是指被调查的对象能够反映其他未被调查的对象的性质。

2. 如何保证样本的代表性

只有从能够代表总体的样本出发,才能得到关于总体的可靠结论。为了保证样本的代表性,人们一般对抽样过程提出下列要求:

(1) 抽样规模应当尽可能大;

(2) 抽样范围应当尽可能广;

（3）样本的选取应当是随机的；

（4）样本的选取应当是随机的,还意味着选取样本时不应带有主观偏见。

3. 评估统计推理的批判性准则

（1）该统计推理是谁说的？——验证资料来源的正当性和权威性。

（2）该统计推理是如何知道的？——检验样本。

（3）是否遗漏了什么？——揭示相关因素和比较基础。

（4）有人偷换概念了吗？——洞察概念的不同解释对得出结论的关键影响。

（5）这个资料是否有意义？——揭露统计数据赖以建立的未经证实的假设。

4. 如何分析与评价统计推理

1）论题（结论）是什么

论题是相对于论证而言的,在推理中被称为"结论",是指关于事实或价值观念的判断,它反映了说话人对某个问题的看法。要评价统计推理,必须弄清楚论题中说了什么和没说什么。

在进行统计推理（论证）时,注意统计数据应用要合理,得出结论（论题）要恰当。

例 14-1 有一年,哈佛大学毕业生临出校门前,校方对他们做了一个人生目标的调查,结果是 27％的人完全没有目标,60％的人目标模糊,10％的人有近期目标,只有 3％的人有长远而明确的目标。25 年过去了,那 3％的人不懈地朝着一个目标坚韧地努力,成为了社会的精英,而其余的人,成就要差很多。这说明:

下面接上哪一句话最合适？

A. 应该尽快、尽早地确定自己的人生目标。

B. 人生没有任何意义,但我们应该给它附加一个意义。

C. 是否有长远而明确的人生目标,对人生成就的大小有非常重要的影响。

D. 如果有长远而明确的人生目标,就会获得人生的成功。

E. 人生的意义在于奉献,而不是索取。

［解题分析］ 正确答案:C

题干的调查显示:有长远而明确人生目标的人成就比较大。这显然说明是否有长远明确的人生目标的确对取得成就的大小有重要的影响,C 项正确。A、D 两项超出题干范围;B、E 项为无关项,排除。

例 14-2 北京某报以"15％的爸爸替别人养孩子"为题,发布了北京某司法物证鉴定中心的统计数据:在一年时间内,北京进行亲子鉴定的近 600 人中,有 15％的检测结果排除了亲子关系。

下面哪一项没有质疑该统计推断的可靠性？

A. 该文标题应加限定：在进行亲子鉴定的人中，15％的爸爸替别人养孩子。

B. 当进行亲子鉴定时，就已经对其亲子关系有所怀疑。

C. 现代科学技术真的能准确鉴定亲子关系吗？

D. 进行亲子鉴定的费用太高了。

E. 该司法物证鉴定中心的鉴定可靠吗？

［解题分析］　正确答案：D

题干统计推理是：根据一年内进行亲子鉴定的近 600 人中有 15％ 的检测结果排除了亲子关系，而得出一个普遍性的结论，15％ 的爸爸替别人养孩子。这个推理显然是不充分的，结论是值得怀疑的。该统计推理只能说明：在进行亲子鉴定的人中，15％ 的爸爸替别人养孩子。因为，社会上绝大多数家庭并没有进行亲子鉴定，由于本推理抽样不科学，整体比例无从得知。可见，A 项质疑该统计推断的可靠性。（A 项对统计结论进行了对象上的限定，否则会犯以偏概全的逻辑错误。）B 项以另有他因的方式，说明了进行亲子鉴定的这 600 人本来就对其亲子关系有所怀疑，所以测出的结果应该高于社会上的正常情况，也就是样本不具有代表性，因此统计推理的结论不可靠；C、E 项怀疑进行亲子鉴定的技术是否可靠，因此，同样质疑了该统计推断的可靠性；D 项所说的费用高，则与统计推断的可靠性无关，是不能削弱题干的正确答案。

2）数字从何而来，数字是否支持论题

在评价统计推理时，首先分析一下统计推理的前提与其结论之间的相关程度。其次要分析从这些统计数字中可以推出什么结论。统计数字是否支持论题的关键在于样本是否具有代表性。

例 14-3　一份研究报告显示，北大学生中干部子女的比例从 20 世纪 80 年代的 20％ 以上增至 1997 年的近 40％，超过工人、农民和专业技术人员子女，成为最大的学生来源。有媒体据此认为，北大学生中干部子女比例 20 年来不断攀升，远超其他阶层。

以下哪项如果为真，最能质疑上述媒体的观点？

A. 近 20 年统计中的干部许多是企业干部，以前只包括政府机关的干部。

B. 相较于国外，中国教育为工农子女提供了更多受教育及社会流动的机会。

C. 新中国成立后，越来越多的工农子女入大学。

D. 统计中部分工人子女可能是以前的农民子女。

E. 事实上进入美国精英大学的社会下层子女也越来越少。

［解题分析］　正确答案：A

媒体依据一份研究报告所显示，北大学生中干部子女的比例从 20 世纪 80

年代的 20％以上增至 1997 年的近 40％；从而得出这样的观点：北大学生中干部子女比例 20 年来不断攀升。

若 A 项为真，即近 20 年统计中的干部许多是企业干部，以前只包括政府机关的干部。这意味着很可能是统计口径扩大才造成统计中北大学生中干部子女比例增加的，这就有力地质疑了媒体的观点。

例 14-4 据调查，临海市有 24％的家庭拥有电脑，但拥有电脑的家庭中的 12％每周编写程序两小时以上，23％的在一小时至两小时之间，其余的每周都不到一小时。可见，临海市大部分购买电脑的家庭并没有充分利用他们的家庭电脑。

以下哪项如果为真，则最能构成对上述结论的疑问？

A. 过多使用电脑会对眼睛产生危害，对孕妇也会产生有害辐射。

B. 许多人购买电脑是为了进行文字处理，而不是编写程序。

C. 在许多调查中，不少补充调查的对象经常夸大他们的电脑知识。

D. 临海市电脑培训中心在提高家用电脑拥有者的编程能力方面起到了重要作用。

E. 家庭电脑的普及和充分利用需要一个过程，不可操之过急。

［解题分析］ 正确答案：B

结论是"临海市大部分购买电脑的家庭并没有充分利用他们的家庭电脑"，因为"拥有电脑的家庭中每周编写程序一小时以上"的很少。要反驳这个推断，就要说明用"每周编写程序的时间来衡量是否充分使用电脑"是不对的，选项 B 正说明了这一点。选项 A、C、D 与结论或推断的关系都非常弱，E 为无关项，均予排除。

例 14-5 在"非典"期间，某地区共有 7 名参与治疗"非典"的医务人员死亡，同时也有 10 名未参与"非典"治疗工作的医务人员死亡。这说明参与"非典"治疗并不比日常医务工作危险。

以下哪项相关断定如果为真，最能削弱上述结论？

A. 因参与"非典"治疗死亡的医务人员的平均年龄，略低于未参与"非典"治疗而死亡的医务人员。

B. 参与"非典"治疗的医务人员的体质，一般高于其他医务人员。

C. 个别参与治疗"非典"死亡的医务人员的死因，并非是感染"非典"病毒。

D. 医务人员中只有一小部分参与了"非典"治疗工作。

E. 经过治疗的"非典"患者死亡人数，远低于未经治疗的"非典"患者死亡人数。

［解题分析］ 正确答案：D

要说明参与"非典"治疗是否比日常医务工作危险，关键不是医务人员死亡人数的比较，而是死亡率的比较。如果事实上医务人员中只有一小部分参与了"非典"治疗工作,而且参与治疗"非典"的医务人员的死亡率(7/参与治疗"非典"的医务人员人数)可能明显高于未参与"非典"治疗工作的医务人员死亡率(10/未参与"非典"治疗工作的医务人员人数)。可见,D 项有力地削弱了题干的结论。B 项在上述两部分人数量基本相当的情况下能削弱题干的结论。两部分人数量差别越大,削弱力度越小。常识是医务人员中只有一小部分参与了"非典"治疗工作。因此,B 项削弱力度不大。

14.2 统计数字陷阱

在当代社会,各种数字、数据和报表可以说铺天盖地,频频出现在大众传媒之中,我们常常会想,这些数字、数据准确、可靠吗?这些数字到底能说明什么问题,对"精确"数字保持必要的警惕,应该说是一种明智的、理性的态度。

统计数字包括平均数、百分比、相对数量与绝对数量、比率和样本数据。一旦在所使用的统计数字方面产生谬误,就会动摇论证的基础。

1. 绝对数字陷阱

统计推理中不仅相对数字可以构制数字陷阱,绝对数字也可以构制数字陷阱。使用大数可以让人相信某个事实,使用小数可以让人觉得微不足道。但有可能是说话人有意地隐瞒了某些重要信息。

比如:A 市出了 2 个全国冠军,B 市出了 5 个全国冠军。可见,B 市体育水平比 A 市好得多。对于这样的论证当然可以从各种不同角度来分析。仅从统计的角度看,B 市是人口大市,其运动员的数量比 A 市运动员的数量多出 5 倍。这怎么能说 B 市的运动员训练水平更高呢?

再如:某校今年本科上线人数达 500 人,比去年上线人数多了 50 人,所以,某校今年高考可以说是喜获丰收。这则论证的谬误在于没有考虑未上线的人数是否增长,即考生总人数是否增长。

例 14-6 统计表明,飞机事故大多都发生在国内航班中,所以国际航班比国内航班更安全。

以下哪项最能反驳上述论证?

A. 国际航班和国内航班使用的飞机种类基本一样。

B. 国际航班和国内航班的安全检查使用同样的标准。

C. 国内航班远远多于国际航班。

D. 国内航班飞机事故的绝对数量也是非常少的。

E. 国际航班也会有飞机事故发生。

[解题分析] 正确答案:C

要比较国际航班与国内航班的安全性,不能用事故绝对数来比较,而要比较事故率。

若 C 项为真,即国内航班远远多于国际航班,那么国内航班的事故率可能会低于国际航班的事故率,也即国内航班可能比国际航班更安全,这就有力地反驳了题干的论证。

2. 平均数陷阱

统计分析中会经常用到平均数,但处理具体事物时却不能简单地用平均数来说明问题。

算术平均数很容易受极端值的影响。调查对象的差别越大、数量越少,算术平均数反映对象一般水平的能力也就越差。

下面两则案例是对平均数的误用。

[逻辑案例] 张百万

网友评价平均收入数据:张姓一家一千万,九个邻居穷光蛋,平均起来算一算,个个都是张百万。

[逻辑案例] 打猎

三个统计学家打猎,碰上一头大鹿。第一个人开火,结果偏左一米。第二个人开火,结果偏右一米。第三个人放下枪,欢呼胜利:"平均而言我们打中了!"

例 14-7 受多元文化和价值观的冲击,甲国居民的离婚率明显上升。最近一项调查表明,甲国的平均婚姻持续时间为 8 年。张先生为此感慨,现在像钻石婚、金婚、白头偕老这样的美丽故事已经很难得,人们淳朴的爱情婚姻观一去不复返了。

以下哪项如果为真,最可能表明张先生的理解不确切?

A. 现在有不少"闪婚一族",他们经常在很短的时间里结婚又离婚。

B. 婚姻持续时间长并不意味着婚姻的质量高。

C. 过去的婚姻主要由父母包办,现在主要是自由恋爱。

D. 尽管婚姻持续时间短,但年轻人谈恋爱的时间比以前增加很多。

E. 婚姻是爱情的坟墓,美丽感人的故事更多体现在恋爱中。

[解题分析] 正确答案:A

张先生得出"人们淳朴的爱情婚姻观一去不复返了"的观点是基于对"平均婚姻持续时间为 8 年"这一统计数据的理解。而这一理解可能是不确切的,如果 A 项为真,说明"闪婚"现象导致了平均婚姻持续时间降低,但这并不说明家庭从总体上不稳定。比如,少部分家庭是"闪婚",且在短时间内不断地结了离、离了结,结了又离、离了再结,这样就大大降低了总体上平均婚姻持续时间,但不能说大部分家庭不稳定。比如,有 100 个家庭,30 个家庭每个闪婚 10 次,每次 1 年,另外 70 个家庭平均稳定 30 年,则平均婚姻持续时间为 $(70 \times 30 + 30 \times 10 \times 1)/(70 + 30 \times 10) <$

7(年)。其余选项均不得要领,比如 B 项,最多只能说明张先生的感慨不确切,但不能说明他对统计数据理解的不确切。

例 14-8 业余兼课是高校教师实际收入的一个重要来源。某校的一项统计表明,法律系教师的人均业余兼课的周时数是 3.5,而会计系则为 1.8。因此,该校法律系教师的当前人均实际收入要高于会计系教师。

以下哪项如果为真,将削弱上述论证?

Ⅰ. 会计系教师的兼课课时费一般要高于法律系。

Ⅱ. 会计系教师中当兼职会计的占 35%,法律系教师中当兼职律师的占 20%。

Ⅲ. 会计系教师中业余兼课的占 48%,法律系教师中业余兼课的占 20%。

A. Ⅰ、Ⅱ和Ⅲ   B. 仅Ⅰ

C. 仅Ⅱ   D. 仅Ⅲ

E. 仅Ⅰ和Ⅱ

[解题分析] 正确答案:E

收入= 本职收入+兼课收入(兼课时数×课时费)+其他兼职收入。下面我们对选项逐一加以判断。

(1)Ⅰ:会计系教师的兼课课时费一般要高于法律系。这削弱了题干论证:因为兼课的周时数乘以兼课的课时费才等于兼课收入。法律系教师人均兼课周时数高,而会计系教师的兼课课时费高,很难得出法律系教师的当前人均实际收入高于会计系教师的结论。

(2)Ⅱ:会计系教师中当兼职会计的占 35%,法律系教师中当兼职律师的占 20%。兼职会计和兼职律师的收入多少我们不知道,但知道这是这两个系教师除业余兼课之外实际收入中的另一组成部分。会计系教师中做兼职会计的比例比法律系教师做兼职律师的要高不少,这就使得法律系教师的当前人均实际收入高于会计系的结论也很难得出。

(3)Ⅲ:会计系教师中业余兼课的占 48%,法律系教师中业余兼课的占 20%。这是个不错的迷惑性选项。似乎会计系的兼课比例高会影响人均实际收入的比较。但事实上,我们已经知道了两个系人均的兼课周时数,教师中的兼课比例(人数)对于比较他们的人均实际收入就没有贡献新的信息。

由此可见,Ⅰ和Ⅱ是另有他因的削弱。正确答案为 E 项。

3. 百分比陷阱

数据的相对性主要指的是百分比、基数和绝对量三者的相对关系,百分比可以使人们了解某一类对象在全体对象中所占的比例。

使用百分比的优点:可以使人们了解某一类对象在全体对象中所占的比例,

统计结果简单明了、一目了然。使用百分比的缺点：无法反映一种非常重要的信息，即得出百分比所依据的绝对数字。百分比高不意味着绝对量大，还要看基数。忽视三者的相对变化而导致对数据的滥用，在论证中也是常见的现象。

1）批判性思维问题

（1）该百分比所依据的基础数据是什么？

（2）百分比所表示的绝对总量是多大？

2）使用百分比的陷阱

百分比只是一个相对数字，不能反映对象的绝对总量。如果在统计推理中遇到百分比，我们务必要问问自己，是否需要知道这些相对数字所依据的绝对总量。使用百分比的陷阱有：

（1）使用小的分母（小的基数）加大百分比，可使人们相信夸大了的事实。

（2）使用大的分母（基数）缩小百分比，可以使人相信某种现象并不重要或不值得重视，没有必要大惊小怪。

（3）在不该使用百分比的情况下使用百分比，对不同的百分数进行错误的比较，从而误导对方。

例 14-9 2000 年，宏发投资基金的基金总值 40％用于债券的购买。近几年来，由于股市比较低迷，该投资基金更加重视投资债券，在 2004 年，其投资基金的 60％用于购买债券。因此，认为该投资基金购买债券比过去减少的观点是站不住脚的。

以下哪项如果为真，最能削弱上述论证？

A. 2004 年宏发投资基金的总额比 2000 年的少。

B. 宏发投资基金的领导层关于基金的投资取向一直存在不同的看法和争论。

C. 宏发投资基金经营部有许多值得信赖的员工，对该基金的投资决策情况并不了解。

D. 宏发投资基金面临的竞争压力越来越大，无论怎样调整投资结构，经营风险都在增加。

E. 宏发投资基金 2004 年投资股票的比例比 2000 年要低。

［解题分析］ 正确答案：A

题干结论：该投资基金购买债券比过去减少的观点是站不住脚的。理由：2000 年用 40％的基金购买债券，而 2004 年，其用 60％的基金购买债券。A 项最能削弱上述论证，因为如果 A 项为真，则事实上 2004 年宏发投资基金的总额比 2000 年少，那么即使 2004 年购买债券所占基金金额的比例增加了，也有可能该投资基金购买债券的绝对金额比过去减少。

例 14-10 某出版社近年来出版物的错字率较前几年有明显的增加，引起了读者的不满和有关部门的批评，这主要是由于该出版社大量引进非专业编辑所致。

当然，近年来该出版社出版物的大量增加也是一个重要原因。

上述议论中的漏洞，也类似地出现在以下哪项中？

Ⅰ．美国航空公司近两年来的投诉比率比前年有明显下降。这主要是由于该航空公司在裁员整顿的基础上，有效地提高了服务质量。当然，"9·11"事件后航班乘客数量的锐减也是一个重要原因。

Ⅱ．统计数字表明：近年来我国心血管病的死亡率，即由心血管病导致的死亡在整个死亡人数中的比例，较之前有明显增加，这主要是由于随着经济的发展，我国民众的饮食结构和生活方式发生了容易诱发心血管病的不良变化。当然，由于心血管病主要是老年病，因此，我国人口的老龄人比例的增大也是一个重要原因。

Ⅲ．S市今年的高考录取率比去年增加了15%，这主要是由于各中学狠抓了教育质量。当然，另一个重要原因是，该市今年参加高考的人数比去年增加了20%。

A．只有Ⅰ B．只有Ⅱ

C．只有Ⅲ D．只有Ⅰ和Ⅲ

E．Ⅰ、Ⅱ和Ⅲ

[解题分析] 正确答案：D

此题题干的目的，是要准确快速地确定其中存在的逻辑漏洞。要做到这一点，"错字率"就是一个必须抓住的关键性概念。错字率是单位数量的文字中出现错字的相对比例，一般来说，它与文字的总量没有确定关系。题干把近年来上述出版社出版物的大量增加，解释为该社近年来出版物的错字率明显增加的重要原因，是一个漏洞。

类似地，航空公司的投诉率，是单位数量航班乘客中投诉者的比例，一般地说，它与乘客的总量没有确定关系。选项Ⅰ把"9·11"事件后航班乘客数量的锐减，解释为美国航空公司投诉率有明显下降的重要原因，是一个类似于题干的漏洞。显然，类似的漏洞也出现在选项Ⅲ的议论中，高考录取率是高考录取人数与参加高考人数的比例，与参加高考的人数无关。选项Ⅱ的议论是成立的，其中没有出现类似于题干的漏洞。

14.3 统计论证谬误

1. 统计数据不相关的谬误

当我们依靠统计数据来解释或者确认一种因果关系时，必须考虑前提所选取的样本属性与结论所描述的总体属性是否相关，数据不相关的谬误是指把不相关的统计数据误认为密切相关而作出的错误论证，是一种强加因果关系的论证谬误。

[**逻辑案例**]　美国总统的百年魔咒

根据美国民间传说,1811年,美国将军威廉·亨利·哈里森率领的军队在蒂皮卡诺大战中一举击溃了著名的美国印第安人首领特科抹人和他的军队,并对印第安人实施了残酷的屠杀。愤怒的特科抹人对美国人施加咒语说:"我告诉你,哈里森将死。"继他之后每隔20年,每个在尾数是0的年份当选的总统都无一例外地必须在任上死去……

1840年,哈里森当选美国总统,病逝。

1860年,林肯当选美国总统,被刺杀。

1880年,当选为美国总统的加菲尔德,上任半年就被刺伤,两个月后离开人世。

1900年,麦金利当选美国总统,被刺杀。

1920年,哈丁当选美国总统,病逝。

1940年,罗斯福当选美国总统,病逝。

1960年,肯尼迪当选美国总统,被刺杀。

自从1840年以来,凡在20的倍数年当选的总统都没有活着离开白宫,所以在1980年当选的美国总统也不会活着离开白宫。

分析:该论证基于统计数据在某方面的巧合,认为"零年因素"是导致本年当选总统死亡的原因,事实上两者是不相干的。无法通过上文的论证,得出"百年魔咒"与"0结尾年份竞选成功的总统都死在任期"之间存在必然性关联。

至少明显的反例有:1980年当选的第40位总统是共和党人里根,他在1980年遇刺,身负重伤大难不死,是唯一逃过诅咒的总统,刺客只是为了向女演员福斯特献爱心;小布什在2000年当选美国第54届总统,成功卸任。

[**逻辑案例**]　博士和骡子

一位评论家在谈到这种滥用数据的谬误时,举了一个颇具讽刺性的例子:近十年来,得克萨斯州博士的数量每年增加5.5%,而该地区骡子的数量每年却减少5.5%,所以博士数量的增长导致了骡子数量的下降。得克萨斯州博士增长和驴子下降的百分比有统计关联,可能其真正的共同原因是城市化的进程。

2. 统计数据不可比的谬误

数据的可比性是数据能够起到证据作用的必要条件。比较要有供比较的对象,也要有比较的共同基础。在统计推理或统计论证中,如果忽略总体性质的差异对两个统计数据进行比较,并试图在此基础上确立某一结论,这就犯了数据不可比的错误。具体表现在:①两个样本有实质性差别;②统计对象和样本有实质差别;③洞察概念的不同解释对得出结论的关键影响。

数据不可比的谬误主要是指不设定比较的根据或基础。比如,不设定供比较的对象,表面上在进行比较,实际上根本没有比较。比如,削弱统计论证常用的方式是通过指出比较的根据或基础不正确,来说明某一组数据不能说明问题或两组数据不可比。

例 14-11 针对当时建筑施工中工伤事故频发的严峻形势,国家有关部门颁布了《建筑业安全生产实施细则》(以下简称《细则》)。但是,在《细则》颁布实施两年间,覆盖全国的统计显示,在建筑施工中伤亡职工的数量每年仍有增加。这说明,《细则》并没有得到有效的实施。

以下哪项如果为真,最能削弱上述论证?

A. 在《细则》颁布后的两年中,施工中建筑项目的数量有了大的增长。

B. 严格实施《细则》,将不可避免地提高建筑业的生产成本。

C. 在《细则》颁布后的两年中,在建筑业施工的职工数量有了很大的增长。

D. 《细则》实施后,对工伤职工的补偿金和抚恤金的标准较前有所提高。

E. 在题干所提及的统计结果中,在事故中死亡职工的数量较《细则》颁布前有所下降。

[解题分析] 正确答案:C

题干根据细则公布后伤亡人数仍增加,得出结论:《细则》并没有得到有效的实施。衡量《细则》是否有效的标准,不是伤亡职工绝对数量的增减,而是伤亡职工比例的增减。C项断定:在《细则》颁布后的两年中,在建筑业施工的职工数量有很大的增长。如果这一断定为真,则虽然在这两年中,在建筑施工中伤亡职工的数量每年仍有增加,但伤亡职工在所有建筑业职工中的比例完全可能下降了,这说明《细则》的实施取得了成效。这就削弱了题干的论证。A项断定:在《细则》颁布后的两年中,施工中的建筑项目的数量有了大的增长。项目数量的增长,有可能造成职工人数的增长(这使得A项对题干有所削弱),但不一定造成职工人数的增长。项目有大小之分,完全可能项目数量增加了,职工人数反而减少了。因此,A项对题干削弱的力度不如C项。

例 14-12 尽管是航空业萧条的时期,各家航空公司也没有节省广告宣传的开支。翻开许多城市的晚报,最近一直都在连续刊登如下广告:飞机远比汽车安全!你不要被空难的夸张报道吓破了胆,根据航空业协会的统计,飞机每飞行 1 亿千米死 1 人,而汽车每走 5000 万千米死 1 人。

汽车工业协会对这个广告大为恼火,他们通过电视公布了另外一组数字:飞机每飞行 20 万小时死 1 人,而汽车每行驶 200 万小时死 1 人。

如果以上资料均为真,则以下哪项最能解释上述这种看起来矛盾的结论?

A. 安全性只是人们在进行交通工具选择时所考虑问题的一个方面,便利性、舒适感以及某种特殊的体验都会影响消费者的选择。

B. 尽管飞机的驾驶员所受的专业训练远远超过汽车司机,但是,因为飞行高速的原因,飞机失事的生还率低于车祸。

C. 飞机的确比汽车安全,但是,空难事故所造成的新闻轰动要远远超过车祸,所以,给人们留下的印象也格外深刻。

D. 两种速度完全不同的交通工具,用运行的距离做单位来比较安全性是不全面的,用运行的时间来比较也会出偏差。

E. 媒体只关心能否提高收视率和发行量,根本不尊重事情的本来面目。

[解题分析] 正确答案:D

题干中的第一个统计数字似乎说明飞机比汽车安全,第二个统计数字似乎说明汽车比飞机安全,而题干又断定这两个统计数字都正确,这似乎存在矛盾。其实题干的结论并不矛盾,因为飞机与汽车的速度明显不同。在不知道二者的速度或速度比的情况下,只以运行距离为单位,或者只以运行时间为单位,无法比较二者的安全性。D项正确地指明了这一点。其余各项作为对题干的解释均不得要领。

例 14-13 在过去几年中,高等教育中的女生比例正在逐渐升高。以下事实可以部分地说明这一点:在 1959 年,20~21 岁之间的女性,11% 正在接受高等教育;而在 1991 年,这个年龄段中的女性,有 30% 正在接受高等教育。

了解以下哪项,对评价上述论证至关重要?

A. 在该年龄段的女性中,没有在接受高等教育的比例。

B. 在该年龄段的女性中,已完成高等教育的比例。

C. 完成高等教育的女性中,毕业后进入高薪阶层的比例。

D. 在该年龄段的男性中,接受高等教育的比例。

E. 在该年龄段的男性中,完成高等教育的比例。

[解题分析] 正确答案:D

题干由 20~21 岁女性入学比例的变化,推出在大学中女生所占比例上升。这则论证涉及统计数据的误用,单方面的(只涉及女生的)数据比较不能准确说明双方面的(男女生各占的比例)数据变化;或者说,大学招收的 20~21 岁的女性占所有 20~21 岁女性的比例由 11% 增长到 30%,并不意味着招收的女大学生占所有被招收大学生的比例也由 11% 增长到 30%。选项 D 是针对这一统计数据的误用提出的焦点问题。如果招收男生的比例足够高,那么女生占学生总数的比例未必上升,如果招收的男生比例足够低,那么可以推出招收的女生的比例上升了,因此,这对评价题干的论证最为重要。A 项讨论的是未被大学招收的女生比例,偏离了推理的关键对象;B、C、E 项讨论的都是毕业的情况,与上面推理无关。

3. 独立数据

独立数据是脱离比较基础的数据,具体是没有设定供比较的对象,没有设定比较的根据或基础,这在论证中的证据效力是不能令人信服的。

[逻辑案例] 酒驾与学历

媒体报道,严查酒后驾车以来,全国已经查处两千多起酒后驾车。一个数据让人深思,在被查出的两千多名酒后驾车者中,60％拥有高学历。这说明高学历者更容易酒后驾车。

分析:该论证所列的统计数据就是独立数据,对于证明高学历者更容易酒后驾车来说是不充分的。若使所列的数据成为有说服力的证据,就必须与相关的数据进行比较。如果有车者的高学历者居多,上述结论就不能成立。

例 14-14 自从《行政诉讼法》颁布以来,"民告官"的案件成为社会关注的热点。一种普遍的担心是,"官官相护"会成为公正审理此类案件的障碍。但据 A 省本年度的调查显示,凡正式立案审理的"民告官"案件,65％都是以原告胜诉结案。这说明,A 省的法院在审理"民告官"的案件中,并没有出现社会舆论所担心的"官官相护"。

以下哪项如果为真,将最有力地削弱上述论证?

A. 由于新闻媒介的特殊关注,"民告官"案件的审理的透明度,要大大高于其他的案件。

B. 有关部门收到的关于司法审理有失公正的投诉,A 省要多于周边省份。

C. 所谓"民告官"的案件,在法院受理的案件中,只占很小的比例。

D. 在民告官的案件审理中,司法公正不能简单理解为原告胜诉。

E. 在"民告官"的案件中,原告如果不掌握能胜诉的确凿证据,一般不会起诉。

[解题分析] 正确答案:E

题干根据"65％的'民告官'案件都是原告胜诉",得出结论:法院在审理"民告官"的案件中没有出现"官官相护"。如果 E 项为真,说明在"民告官"的案件中,起诉的原告一般都掌握能胜诉的确凿证据,因此,如果没有各种非正常因素,包括"官官相护",那么,其胜诉率应该大大高于 65％。这就有力地削弱了题干的论证。其余各项都不能削弱题干。由于题干结论是,法院在审理"民告官"的案件中没有出现"官官相护",因此 C 项对题干论证起不到削弱作用。D 项看起来削弱了题干,实际上没有。如同 D 项所正确指出的,题干中提及的 65％以原告胜诉结案的案件,并不自然意味着司法公正,其中可能存在的司法不公正,比如原告从公正角度本来不应胜诉而最后胜诉了,这样显然不可能是"官官相护"带来的,此时,D 项对题干反而起支持作用了,至少构不成削弱。

例 14-15 在科技界也同样存在着性别歧视,《科技时报》报道,在过去的二十年间,女性从事科技工作的人数虽然有所增长,但是在各类科技奖项的评选中,男女获奖比例仅为 12:1。

以下哪项对上述论断提出最有力的质疑?

A. 女性从事科技工作的人数不到男性的 1/15。

B. 能否获得各类科技奖项并不是评价科技工作者的唯一指标。

C. 女性从事科技工作的人数在过去二十年间的增长幅度高于男性。

D. 各类科技奖项的评选是匿名进行的,在性别上具有一定的偶然性。

E. 相当多的女性科技工作者不会去参评一些科技奖项。

[解题分析]　正确答案:A

题干根据女性获奖是男性获奖的 1/12,得出结论,科技界存在着性别歧视。题干条件可图示如下。虽然女性获奖比例仅是 1/13,但如果 A 项为真,在从事科技工作的总人数里女性只占不到 1/16,这反而有利于说明,女性的获奖比例还算高的呢。因此,A 项最能削弱。

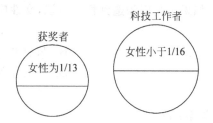

例 14-16　一项对某高校教员的健康普查表明,80％的胃溃疡患者都有夜间工作的习惯。因此,夜间工作易造成的自主神经功能紊乱是诱发胃溃疡的重要原因。

以下哪项如果是真的,将严重削弱上述论证?

A. 医学研究尚不能揭示消化系统的疾病与神经系统的内在联系。

B. 该校的胃溃疡患者主要集中在中老年教师。

C. 该校的胃溃疡患者近年来有上升的趋势。

D. 该校教员中只有近 1/5 的教员没有夜间工作的习惯。

E. 该校胃溃疡患者中近 60％患有不同程度的失眠症。

[解题分析]　正确答案:D

在统计论证中,脱离比较基础的独立数据,在论证中的证据效力是不能令人信服的。若使所列的数据成为有说服力的证据,就必须与相关的数据进行比较。题干条件可图示如下。选项 D 讲"该校教员中只有近 1/5 的教员没有夜间工作的习惯",即该校教员中 80％以上都有夜间工作的习惯,这个比例已经大于或者等于胃溃疡患者有夜间工作习惯的比例,也就是说,是否患胃溃疡与有否夜间工作的习惯无关。A 项所述的尚不能揭示,并不等于没有内在的联系,削弱力度不足。

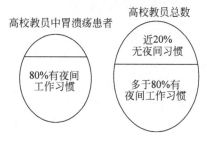

例 14-17　有人对某位法官在性别歧视类案件审理中的公正性提出了质疑。这一质疑不能成立，因为有记录表明，该法官审理的这类案件中 60％的获胜方为女性，这说明该法官并未在性别歧视类案件的审理中有失公正。

以下哪项如果为真，能对上述论证构成质疑？

Ⅰ．在性别歧视案件中，女性原告如果没有确凿的理由和证据，一般不会起诉。

Ⅱ．一个为人公正的法官在性别歧视案件的审理中保持公正也是件很困难的事情。

Ⅲ．统计数据表明，如果不是因为遭到性别歧视，女性应该在 60％以上的此类案件的诉讼中获胜。

A. 只有Ⅰ　　　　　　　　　　　B. 只有Ⅱ

C. 只有Ⅲ　　　　　　　　　　　D. 只有Ⅰ和Ⅲ

E. Ⅰ、Ⅱ和Ⅲ

［解题分析］　正确答案：D

题干根据某法官审理的性别歧视类案件中 60％的获胜方为女性，得出结论：该法官并未在性别歧视类案件的审理中有失公正。要使上述论证成立，显然需要假设在公正的情况下，女性的此类案件的诉讼中获胜的概率不会超过 60％。Ⅲ否定了这一假设，显然对题干构成质疑。Ⅰ也能构成质疑，虽然该项表明了女性原告在公正的情况下应该大部分获胜，即使案件就包括了原告和被告，该项也能说明 60％的获胜方为女性并不能说明法官公正，如果法官公正的话，有可能获胜方为女性要超过 60％。Ⅱ不能对题干的论证构成质疑。因为一般情况下，某人做某件事有难度，不能对某人做这件事的结果构成质疑，例如，登上珠穆朗玛峰很困难，这不能对中国人登上了珠穆朗玛峰构成质疑。

第15章　因果推理与论证

客观世界是一个有内在联系的统一整体,其中各个对象或各个现象是互相密切联系、互相依赖、互相制约着的。如果一个现象的出现必然引起另一个现象的出现,那么,这两个现象之间就有着因果关系。引起另一现象出现的现象叫原因,被引起的现象叫结果。例如,加热和物体体积膨胀是两个互相联系的现象,只要加热就会引起物体体积的膨胀。在这里,加热是物体体积膨胀的原因,而物体体积膨胀则是加热的结果。

15.1　因果关系

1. 因果关系的特点

因果关系是指原因和结果之间的联系,因果关系的主要特点有:

(1)普遍必然性,指任何现象都有其因,也有其果,且同因(是指所有的原因)必同果,但同果却不一定同因;因果关系是完全确定的。在同样的条件下,同样的原因必然产生同样的结果。例如,在通常的大气压力条件下,把纯水加热到100℃,它就必然会产生汽化的结果。

(2)共存性,指原因和结果总是共同变化的,原因与结果之间在时空上总是相互接近的。由于原因和结果具有共存性,在很多情况下,二者同时存在,我们并不知道何者是先发生的,此时就容易发生"倒因为果"的错误,误把结果当成原因。古代希伯来人发现,健康人身上有虱子,有病发烧的人身上没有虱子,于是认为虱子能使人健康。其实真正的原因是一个人发烧时,虱子会觉得不舒服,于是逃离人体。

(3)先后性,即所谓的先因后果,原因和结果在时间上是先后相继的,原因总在结果之前,而结果总是在原因之后。因此,我们在探求因果关系时,只能从先行的情况中去找原因,从后行的情况中去找结果。因果关系往往具有先后性,但是具有先后性不一定具有因果关系。如果只是根据时间上前后相继的两个现象之间的表面特征就断定两个现象之间有因果关系的结论,那么,这就犯了"以时间先后为因果"的错误,这属于一种"轻断因果"的错误。例如,白昼和黑夜,在时间上虽是先后相继的,但它们之间并不具有因果关系,它们都是由于地球自转和绕太阳公转所引起的结果。

(4)复杂多样性,指因果关系是多种多样的,固然有"一因一果",但更多的时候是"多因一果"，有时出现"一因多果"，还有时出现"多因多果"。人们在探求因果关系时，特别应当注意复杂现象的构成原因或结果。现实生活中发生的每一个因果关系都是具体的，都是特定的原因引起了特定的结果。也许只有在实验室条件下（在实验室中可以严格限定条件），原因和结果的关系才是确定不变的：相同的原因必然引起相同的结果，不同的原因引起不同的结果，就像人们在白开水中加入白砂糖则必然使白开水变甜，而加入食盐则会使白开水变咸一样起清楚明确。通常人们认为"同果必然有同因""异果必然有异因"，这一原理也只有在实验室条件下才是有效的。

2. 因果解释

古希腊哲学家德谟克利特说他"宁愿找到一个因果的解释，也不愿获得波斯的王位"。

在每天的思考中，思考事情的原因是至关重要的。在了解事物的原因时，首先需要对事物的成因作出解释。对事物成因所作出的初步解释通常不是唯一的，在所提出的候选解释中，我们需要确认哪一种解释是对事物成因的最佳解释。

［逻辑案例］ 蛤蟆鼓

让我们来看相声（蛤蟆鼓）里的一段。

甲："蛤蟆的叫声为什么那么大？"

乙："因为它嘴大脖子短。"

甲："门后字纸篓嘴大脖子短，它怎么不响？"

乙："因为那是竹子做的，所以它不能响。"

甲："排箫是竹子做的，它怎么能响呢？"

乙："那上面不是有孔嘛！有孔的才能响。"

甲："……"

这则相声讽刺了那种基于事物的表面特征及其相互关联，来寻求事物成因的解释方式。

因果有时是比较复杂的，对事物之间的因果关系必须作出合理的解释。

比如，一因多果指一种现象可能会导致多种结果。一般情况，有 A 应该有 B，但目前结果是有 A 却有非 B。

为了解释这种矛盾，往往要注意一因多果的现象。即：尽管 A 应该引起 B，但由于 A 也引起了另一现象 C，而 C 又会导致非 B。结果是 A 导致了 B 和 C，而 B 和 C 的综合效应是非 B。这样就解释了题干矛盾。

例如：道路修好后，交通事故率却上升了。为什么？解释的可能答案有：道路修好后，车流量增加了；道路修好后，车速更快了；道路修好后，司机开车比以前大意了。

例 15-1 近 10 年来,移居清河界森林周边地区生活的居民越来越多。环保组织的调查统计表明,清河界森林中的百灵鸟的数量近十年来呈明显下降的趋势。但是恐怕不能把这归咎于森林周边地区居民的增多,因为森林的面积并没有因为周边居民人口的增多而减少。

以下哪项如果为真,最能削弱题干的论证?

A. 警方每年都接到报案,来自全国各地的不法分子无视禁令,深入清河界森林捕猎。

B. 清河界森林的面积虽没减少,但主要由于几个大木材集团公司的滥砍滥伐,森林中树木的数量锐减。

C. 清河界森林周边居民丢弃的生活垃圾吸引了越来越多的乌鹃,这是一种专门觅食百灵鸟卵的鸟类。

D. 清河界森林周边的居民大都从事农业,只有少数从事商业。

E. 清河界森林中除百灵鸟的数量近十年来呈明显下降的趋势外,其余的野生动物生长态势良好。

〔解题分析〕 正确答案:C

题干断定:百灵鸟的数量下降不能归咎于居民的增多。如果 C 项的断定为真,则说明清河界森林周边居民的增多,造成了丢弃的生活垃圾的增多;丢弃垃圾的增多,造成了森林中乌鹃的增多;森林中乌鹃的增多,造成了对百灵鸟繁衍的破坏,因而造成了清河界森林中百灵鸟数量的减少。因此,虽然森林的面积没有减少,但清河界周边居民的增多,确实是百灵鸟减少的一个原因。这就有力地削弱了题干的论证。其余各项均不能削弱题干的论证。

例 15-2 辩论吸烟问题时,正方认为:"吸烟有利于减肥,因为戒烟后人们的体重往往比戒烟前增加。"反方驳斥道:"吸烟不能导致减肥,因为吸烟的人常常在情绪紧张时试图通过吸烟来缓解,但不可能从根本上解除紧张情绪,而紧张情绪导致身体消瘦。戒烟后人们可以通过其他更有效的方法解除紧张的情绪。"

反方应用了以下哪项辩论策略?

A. 引用可以质疑正方证据精确性的论据。

B. 给出另一事实对正方的因果关系作出新的解释。

C. 依赖科学知识反驳易于使人混淆的谬论。

D. 揭示正方的论据与结论是因果倒置。

E. 常识并不都是正确的,要学会透过现象看本质。

〔解题分析〕 正确答案:B

题干中,正方认为吸烟是原因,减肥是结果;反方认为,紧张是原因,消瘦是结果。紧张导致吸烟,导致减肥的是紧张,而不是吸烟,因为吸烟并不能消除紧张,而戒烟有助于消除紧张。这就对正方的因果关系作出了新的解释。

例 15-3 一种流行的说法是，多吃巧克力会引起皮肤特别是脸上长粉刺。确实，许多长粉刺的人都证实，他们皮肤上的粉刺都是在吃了大量巧克力以后出现的。但是，这种说法很可能是把结果当成了原因。最近一些科学研究指出，激素的改变加上精神压力会引发粉刺，有证据表明，喜欢吃巧克力的人，在遇到精神压力时会吃更多的巧克力。

1. 以下哪项最为恰当地概括了题干所要表达的意思？
A. 发生在前的现象和发生在后的现象之间不一定有因果关系。
B. 精神压力使人多吃巧克力，多吃巧克力引发粉刺。对于长粉刺来说，多吃巧克力是表面原因，精神压力是内在原因。
C. 多吃巧克力是结果，长粉刺是原因。
D. 多吃巧克力不大可能引发粉刺，多吃巧克力和长粉刺二者很可能都是精神压力造成的结果。
E. 一个人巧克力吃得越多，越可能造成激素的改变和精神压力的加重。
［解题分析］ 正确答案：D
题干观点：精神压力是原因，长粉刺和多吃巧克力是这一原因产生的结果。显然，D 项最为恰当地概括了题干的意思。题干论述的目的就是确定精神压力与长粉刺和多吃巧克力的因果关系，因此，A 项不恰当。其余选项均不符合题干的意思。

2. 以下哪项最为准确地概括了题干所运用的方法？
A. 引用反例，对所要反驳的观点之论据的准确性提出质疑。
B. 提出新的论据，对所要反驳的观点之论据作出不同的解释。
C. 运用科学权威的个人影响来破除人们对流行看法的盲从。
D. 提出所要反驳的观点会引申出自相矛盾的结论。
E. 指出所要反驳的观点是基于小概率事件概括出来的结论。
［解题分析］ 正确答案：B
题干所要反驳的观点：多吃巧克力会引起长粉刺。这一观点的根据是：许多长粉刺的人都证实，他们皮肤上的粉刺都是在吃了大量巧克力以后出现的。题干提出的新论据是：最近一些科学研究指出，激素的改变加上精神压力会引发粉刺。并且有证据表明，喜欢吃巧克力的人，在遇到精神压力时会吃更多的巧克力。这一新的研究成果对所要反驳的观点的论据作出了不同的解释。所以，B 项准确地概括了题干所运用的方法。

15.2 逻辑条件与因果关系

原因与结果：把现象与现象之间那种"引起和被引起"的关系，叫作因果关系，其中引起某种现象产生的现象叫作原因，被某种现象引起的现象叫作结果。如果现象 A 的存在引起了现象 B 的发生,我们就说 A 是导致 B 的原因,B 是 A 所引起的结果。

1. 逻辑推理与因果关系的主要区别

(1)逻辑推理不考虑时间因素,而因果关系却必须考虑时间因素。

(2)条件关系属于思想中命题的逻辑蕴含关系,因果关系属于对客观事实的某种认识。

(3)条件关系是某种假设性命题,它可以分析未发生的事、未来的事、虚拟的事;而因果关系更多的是针对已经发生的事实而言。

(4)逻辑推理的条件是有限的,而在任何一个因果关系中,条件实际上是无限的。现实中原因与结果的关系,要比逻辑推理中条件与结论的关系复杂许多倍。

(5)因果关系可以进行条件分析,条件关系则不一定有因果关系。

2. 原因的类型

因果关系在我们的现实生活中扮演重要的角色。日常语言中的原因是有歧义的。有时,它指的是充分条件原因,有时指的是必要条件原因,而在另一些场合下,可能指的是充分且必要条件原因,也可能是既非充分也非必要条件原因。

1)充分条件原因

所谓充分条件就是仅有这条件就足以带来结果,无须考虑别的条件了。X 是 Y 的充分条件是指:如果 X 出现,Y 一定出现。

充分条件原因是对于给定的结果而言能够独自产生这一结果的一个事实或条件。我们把在所有情况下都能导致其结果产生的原因称为实质性原因;充分原因属于实质性原因。例如,"一个人患肺炎,他就发烧"。当肺炎出现时,发烧也出现;肺炎不出现时,发烧可能出现(感冒发烧),也可能不出现(没有任何病症);我们从来不会遇到一个患肺炎而不发烧的人。因此,患肺炎就是发烧的充分条件。

2)必要条件原因

所谓必要条件就是没有这个条件,结果一定不会产生。X 是 Y 的必要条件是指:如果 X 不出现,Y 一定不出现。

必要原因是这样一个事实,对于给定的结果而言,必然有这一个事实存在,或者说没有这一事实这个结果则不可能产生。例如,"只有存在氧气,物质才能燃烧"。当氧气出现时,燃烧可能出现,也可能不出现(温度不够);氧气不出现时,燃烧必定不出现;我们从来不会遇到没有氧气而燃烧的情况。因此,有氧气就是燃烧的必要条件。

3)充分且必要条件原因

充分且必要条件原因是指这样一个事实,对于给定结果的发生来说,这一事实既是充分条件,也是必要条件。例如,脑死亡既是死亡的必要条件,也是死亡的充分条件。

4）既非充分也非必要条件原因

把在总体中倾向于产生某一结果的原因称为统计性原因，或称随机性原因。这些原因往往既非结果的充分条件，也非必要条件。例如，吸烟容易致癌。我们不能说每一个吸烟的人都将会得癌症，它表达的是：对于一个很大的样本总体来说，吸烟有致癌的倾向性，或者说吸烟的人比不吸烟的人更容易得癌症。

现实生活中的因果关系是非常复杂的，我们讲的因果关系一般是实验室情况，排除了其他背景因素的干扰。现实生活中原因可能是充分条件，也可能是必要条件，也可能是既非充分也非必要条件。

$$\left.\begin{array}{c}P\\+\\R\\+\\S\end{array}\right\}\rightarrow Q\begin{array}{c}\nearrow X\\\rightarrow Y\\\nearrow\end{array}\quad Z\nearrow$$

上图 P 可以看成 Y 的原因，也就是 P 有助于导致 Y，但 P 是 Y 的既非充分也非必要条件。

3. 混淆原因的谬误

在因果论证中，如果将某一结果产生的一个必要原因当作导致这一结果产生的充分原因，或者将某一结果产生的必要原因或充分原因当作导致这一结果产生的唯一原因，就犯了"混淆原因"的错误。

例 15-4 如果缺乏奋斗精神，就不可能有较大成就。李阳有很强的奋斗精神，因此，他一定能成功。

下述哪项为真，则上文推论可靠？

A. 李阳的奋斗精神异乎寻常。

B. 不奋斗，成功只是水中之月。

C. 成功者都有一番奋斗的经历。

D. 奋斗精神是成功的唯一要素。

E. 成功者的奋斗是成功的前提。

[解题分析] 正确答案：D

本题混淆了原因，"奋斗精神"是"成功"的必要原因，题干推理却误把"奋斗精神"当作"成功"的充分原因了。可见，由题干的前提得不到题干的结论，要使上文推论可靠，需找出能使结论成立的选项。如果"奋斗精神是成功的唯一要素"，也就是"奋斗精神"是"成功"的充分条件，这样题干结论就成立。因此，D 项为正确答案。

例 15-5 在青崖山区，商品通过无线广播电台进行密集的广告宣传将会迅速获得很大程度的知名度。

上述断定最可能推出以下哪项结论?

A. 在青崖山区,无线广播电台是商品打开市场的最重要的途径。

B. 在青崖山区,高知名度的商品将拥有众多消费者。

C. 在青崖山区,无线广播电台的广告宣传可以使商品的信息传到每户人家。

D. 在青崖山区,某一商品为了迅速获得最大程度的知名度,除了通过无线广播电台进行密集的广告宣传外,不需要利用其他宣传工具做广告。

E. 在青崖山区,某一商品的知名度与其性能和质量的关系很大。

[解题分析]　正确答案:D

题干的意思是"商品通过无线广播电台进行密集的广告宣传"是"迅速获得最大程度的知名度"的充分原因,也即,只要无线广告宣传就足够了,不需要其他,就可获得知名度。因此,D项正确。

A项"商品打开市场"是个新概念,一个商品获得最大的知名度,不等于就能打开市场,因此A项不成立;B、C、E项超出题干断定范围,均排除。

例15-6　如果一鱼塘安装了机械充气机,鱼塘中的水就能保持合适的含氧量。所以,既然张明的鱼塘没有安装机械充气机,那么他的鱼塘的含氧量一定不合适。没有合适含氧量的水,鱼儿就不能很好地发育成长,所以,张明鱼塘里的鱼不会蓬勃地生长。

下面哪个论证含有以上论证中的一个推理错误?

A. 如果明矾被加进泡菜的盐水中,盐水就可以取代泡菜中的水分。因此,既然李凤没有向她的泡菜的盐水中加明矾,那么泡菜中的水就不能被盐水所取代,除非它们的水分被盐水取代,否则泡菜就不会保持新鲜。于是,李凤的泡菜不会保持新鲜。

B. 如果果胶被加入果酱,果酱就会凝成胶状。没有像果胶这样的凝固剂,果酱不会凝成胶状,所以,马丽为了使她的果酱胶化,应当向她的果酱中加入像果胶这样的凝固剂。

C. 如果储藏的土豆不暴露于乙烯中,土豆就不会发芽,甜菜不释放乙烯。因此,如果林琳把她的土豆和甜菜放在一起,土豆就不会发芽。

D. 如果胡萝卜在秋季时被麦秆等覆盖,胡萝卜可一直在地下待到春季。没有覆盖物,胡萝卜就要遭受霜击。因此,既然刘东在秋季时用覆盖物把他的胡萝卜盖上了,那么他的胡萝卜就可以安全地留在地下。

E. 如果西红柿不储藏在黑暗的地方,它们的种子有时就会发芽,发芽的种子使西红柿不宜食用。因此,既然苏拉没有把她的西红柿存放在暗处,那么有些苏拉的西红柿就不宜食用。

[解题分析]　正确答案:A

本题的论证把某一件事成立的一个充分原因当作了它的一个必要原因来推理,从而得出了不正确的结论。其错误属于充分原因假言推理的否定前件式。选项 A 中明矾被加入泡菜的盐水中是盐水可以取代泡菜中的水分的一个充分原因,而非必要原因;而作者在论证中却把它当必要原因来使用,显然犯了与本题的题干中论证相一致的推理错误。其余选项的推理均正确。

4. 单一原因、部分原因与复合原因

我们称复合原因中的某一个原因为部分原因,或者叫作助成事实。如果导致一结果产生的事实不包含复合成分,这一事实就被称为单一原因。

因果关系是复杂的,一般来说某个结果的产生都是由多种原因造成的。在确立因果关系时,如果将导致某一结果产生的多种因素简单地归结为其中的某一种因素,或者将导致某一结果产生的某个重要因素视为唯一的因素,就犯了"单一原因"的错误。

例 15-7 去年,与羊毛的批发价不同,棉花的批发价大幅度地下跌。因此,虽然目前商店中棉织品的零售价还没有下跌,但它肯定会下跌。

以下哪项如果为真,最能削弱上述论证?

A. 去年由于引进新的工艺,棉织品的生产加工成本普遍上升。

B. 去年,羊毛批发价的上涨幅度小于棉花批发价的下跌幅度。

C. 棉织品比羊毛制品更受消费者的欢迎。

D. 零售价的变动一般都滞后于批发价的变动。

E. 目前商店中羊毛制品的零售价没有大的变动。

[解题分析] 正确答案:A

商品的价格既取决于原料成本,又取决于生产加工成本。如果 A 项为真,则说明虽然棉织品的原料成本下降,但生产加工成本提高,因此,其价格不一定会下跌,这就有力地削弱了题干。

例 15-8 为了应付北方夏季的一场罕见干旱,某市居民用水量受到严格限制。不过,该市目前的水库蓄水量与 8 年前该市干旱期间的蓄水量持平。既然当时居民用水量并未受到限制,那么现在也不应该受到限制。

如果以下陈述为真,哪一项将最严重地削弱上述主张?

A. 自上次干旱以来,该市并没有建造新的水库。

B. 自上次干旱以来,该市总人口有了极大的增长。

C. 居民用水量占总用水量的 50% 还多。

D. 按计划,对居民用水量的限制在整个夏天仅仅持续两个月。

E. 自上次干旱以来,法律要求在所有新的住宅中安装储水设备。

［**解题分析**］　正确答案：B

题干结论是：虽然遇到了罕见干旱，居民用水量也不应受到限制。理由是：目前的水库蓄水量与8年前干旱期间的蓄水量持平，而当时居民用水量并未受到限制。若B项为真，即自上次干旱以来，该市总人口有了极大的增长。这说明现在的用水需求量增加了，虽然水的供给没变，那还是很可能不能满足需求，这就意味着，现在还是应该限制居民用水。因此，B项有力地削弱了作者的主张，为正确答案。其余选项不能削弱题干论证。

5. 因果链条

1）因果链条可能包含实质性的因果传递关系

因果关系具有相对性，即一个现象对于某个现象来说是结果，但对于另一现象来说又是原因。例如，房屋倒塌是地震的结果，又是导致人员伤亡的原因。因果关系的相对性，使事物之间可以形成一个没有起点和终点的因果链条。

实质性因果链条的形成，关键在于这种因果关系能传递并直到最后仍然使因果关系得以保持。

［**逻辑案例**］　阳光与裂纹

华盛顿广场有名的杰弗逊纪念大厦建成之后不久，墙面出现裂纹。最初大家认为损害建筑物的元凶是酸雨。进一步研究，却发现对墙体侵蚀最直接的原因，是每天冲洗墙壁所含的清洁剂对建筑物有酸蚀作用。而每天为什么要冲洗墙壁呢？是因为墙壁上每天都有大量的鸟粪。为什么会有那么多鸟粪呢？因为大厦周围聚集了很多燕子。为什么会有那么多燕子呢？因为墙上有很多燕子爱吃的蜘蛛。为什么会有那么多蜘蛛呢？因为大厦四周有蜘蛛喜欢吃的飞虫。为什么有这么多飞虫？因为飞虫在这里繁殖特别快。而飞虫在这里繁殖特别快的原因，是这里的尘埃最适宜飞虫繁殖。为什么这里最适宜飞虫繁殖？因为开着的窗阳光充足，大量飞虫聚集在此，超常繁殖……

所以这道难题的答案就是拉上窗帘就可以了！

［**逻辑案例**］　有新闻

一位有钱的忙人要到外地旅行六周。临行前，他命令他的仆人，不要拿家里的任何新闻去打扰他。当他旅行回来时，精神饱满而且十分快乐，他的仆人到车站接他。"噢，亨利，"他问道，"家里一切都好吗？""是的，先生，"仆人回答道，"只有一件小事，前不久，您的狗死了。""真不幸，它是怎么死的？""它吃了被烧死的牛肉而死的。""它在哪儿吃了烧死的牛肉？""您的牲口棚起火了，所有的牛马都烧死了。""牲口棚怎么会起火了呢？""您的房子冒出了火，引着了牲口棚。""我的房子怎么着了呢？""他们在房子里点了很多的蜡烛，一支蜡烛烧着了纱窗，纱窗又烧着了窗户，也烧着了牲口棚，烧死了牛马，狗吃了死牛肉，因而也死了。""在一个有煤气和电灯的房子里，点那么多蜡烛干什么？""先生，他们在棺材四周都点了蜡烛。""棺材,谁死了?""您的岳母,先生。""她是怎么死的?""我不大知道,邻居们说,那是由于您夫人与车夫逃走一事,把老太太气死的——但是,除此之外,实在没有什么新闻了!"

2) 因果链条也可能不包含实质性的因果传递关系

因果关系并不是一定能传递的,即 A 是 B 的原因,并且 B 是 C 的原因,却不能得出 A 是 C 的原因。即结果的原因的原因,不一定是结果的原因。比如,你朋友的朋友,不一定是你的朋友。

3) 远因的谬误

为了解释当前的某个事件,有时需要诉诸在时间上很遥远的某个事件,列举的远因很有可能是造成目前状况的主要原因。但是诉诸远因往往可能产生谬误,因为它忽略了这种可能性,即其他重要的因素进入了由各种原因构成的长链之中。

诉诸远因容易犯"滑坡论证"或"滑坡谬误"。滑坡谬误是利用一个看似内在密切相关的推理链条,一步步推理下去,从而在论证链条两端关系较远或毫无关系的两个命题之间建立直接因果关系的谬误。事实上,这个链条往往是不确定、缺乏足够理由的。显然,这种论证,随着论证一步步推进,其确证性却一步步下降,最后,前提与结论的联系往往变得十分微弱,甚至毫无关系。

[逻辑案例] 缺了一个铁钉,失了一场战争

因缺一个铁钉,失了一只马掌。

因缺一只马掌,失了一匹战马。

因缺一匹战马,失了一名骑手。

因缺一名骑手,失了一支军队。

因缺一次胜利,失了一场战争。

这一切都是因为缺了一个铁钉。

点评:事实并非如此,不只是因为少一个铁钉,很可能是因为缺少许多其他更重要的东西,而使王国遭到灭亡。比如,缺少装好铁掌的备用马匹,缺少能随机应变、跑到邻近驿战的通信员,缺少能征善战的军队等。"因缺一个铁钉"而没有传递过来消息,这不一定是王国灭亡的唯一因素或者最重要的因素。

例 15-9 精制糖含量高的食物不会引起糖尿病的说法是不对的。因为精制糖含量高的食物会导致人的肥胖;而肥胖是引起糖尿病的一个重要诱因。

以下哪项论证在结构上和题干的最为类似?

A. 接触冷空气易引起感冒的说法是不对的。因为感冒是由病毒引起的,而病毒易于在人群拥挤的温暖空气中大量繁殖蔓延。

B. 没有从济南到张家界的航班的说法是对的。因为虽然有从济南到北京的航班,也有从北京到张家界的航班,但没有从济南到张家界直飞的航班。

C. 施肥过度是引发草坪病虫害主要原因的说法是对的。因为过度施肥造成

青草的疯长,而疯长的青草对于虫害几乎没有抵抗力。

D. 劣质汽油不会引起非正常耗油的说法是不对的。因为劣质汽油会引起发动机阀门的非正常老化,而发动机的非正常老化会引起非正常耗油。

E. 亚历山大是柏拉图学生的说法是不对的。事实上,亚历山大是亚里士多德的学生,而亚里士多德是柏拉图的学生。

[解题分析]　正确答案:D

题干是个因果关系论证,论证形式是:P 是 Q 的原因,Q 是 R 的原因;因此,P 是 R 的原因(即 P 不是 R 的原因是不对的)。选项中只有 D 项与题干论证类似。

例 15-10　在美国,近年来在电视卫星的发射和操作中事故不断,这使得不少保险公司不得不面临巨额赔偿,这不可避免地导致了电视卫星的保险金的猛涨,使得发射和操作电视卫星的费用变得更为昂贵。为了应付昂贵的成本,必须进一步开发电视卫星更多的尖端功能来提高电视卫星的售价。

以下哪项如果为真,与题干的断定一起最能支持这样一个结论,即电视卫星的成本将继续上涨?

A. 承担电视卫星保险业风险的只有为数不多的几家大公司,这使得保险金必定很高。

B. 美国电视卫星业面临的问题,在西方发达国家带有普遍性。

C. 电视卫星目前具备的功能已能满足需要,用户并没有对此提出新的要求。

D. 卫星的故障大都发生在进入轨道以后,对这类故障的分析及排除变得十分困难。

E. 电视卫星具备的尖端功能越多,越容易出问题。

[解题分析]　正确答案:E

题干论述:电视卫星事故多,导致其保险金的猛涨,使其成本增加,因此,必须进一步开发电视卫星更多的尖端功能来提高其售价。如果 E 项为真,则电视卫星具备的尖端功能越多,越容易出问题,因而又将导致保险金的新一轮上涨,使得电视卫星的成本继续上涨。其余各项不足以说明电视卫星的成本将继续上涨。

15.3　因果关系与因果推理

因果推理的前提或结论涉及对因果关系的认识。包括从因到果、从果到因以及从相关到因果的推理。

1. 从因到果的推理

从因到果的推理是指:预见一个事件将出现,因为其原因已经出现。

比如,如果水温达到了 100℃,那么水会沸腾;这壶水的温度即将达到 100℃;

所以,这壶水即将沸腾。

从因到果的论证型式如下:

一般情况下,因为事件 A(因)发生,所以产生事件 B(果)。

事件 A 已经发生了;

所以,事件 B 将要发生。

评估从因到果的批判性问题:

CQ1.说明原因问题:先行事件在某一情况下确实发生了吗?

CQ2.因果关系问题:前提中反映某因果关系的命题是否为真?

CQ3.干扰因素问题:存在干预或抵销在此情形中产生那个结果的其他因素吗?

例 15-11　海拔越高,空气越稀薄。因为西宁的海拔高于西安,因此,西宁的空气比西安稀薄。

以下哪项中的推理与题干的最为类似?

A. 一个人的年龄越大,他就变得越成熟。老张的年龄比他的儿子大,因此,老张比他的儿子成熟。

B. 一棵树的年头越长,它的年轮就越多,老张院子中槐树的年头比老李家的槐树年头长,因此,老张家槐树的年轮比老李家槐树的多。

C. 今年马拉松冠军的成绩比前年好,张华是今年的马拉松冠军,因此,他今年的马拉松成绩比他前年的好。

D. 在激烈竞争的市场上,产品质量越高并且广告投入越多,产品需要就越大。甲公司投入的广告费比乙公司的多,因此,对甲公司产品的需求量比对乙公司的需求量大。

E. 一种语言的词汇越大,越难学。英语比意大利语难学,因此,英语的词汇量比意大利语大。

[解题分析]　正确答案:B

题干是个由因到果的论证:因为海拔高,所以空气薄;西宁的海拔高于西安,因此,西宁的空气比西安稀薄。

B 项和题干推理结构类似:"一棵树的年头越长,它的年轮就越多"就泛指"年头越长的树年轮就越多"。

A 项是个干扰项,注意,这里一个人的年龄的成熟是和自己比,这里并没有说"年龄大的人总比年龄小的人成熟",因此,从"老张的年龄比他的儿子大",推不出"老张比他的儿子成熟"。

例 15-12　面试是招聘的一个不可以取代的环节,因为通过面试,可以了解应聘者的个性。那些个性不合适的应聘者将被淘汰。

以下哪项是上述论证最可能假设的？

A. 应聘者的个性很难通过招聘的其他环节展示。

B. 个性是确定录用应聘者的最主要因素。

C. 只有经验丰富的招聘者才能通过面试准确把握应聘者的个性。

D. 在招聘环节中，面试比其他环节更重要。

E. 面试的唯一目的是为了解应聘者的个性。

[解题分析]　正确答案：A

题干断定：因为面试可以了解个性，所以，面试不可取代。

这一因果关系要成立的前提是，应聘者的个性很难通过招聘的其他环节展示，否则，应聘者的个性可以通过招聘的其他环节展示的话，面试在招聘中就是可以取代的环节了。

例 15-13　喜欢甜味的习性曾经对人类有益，因为它使人在健康食品和非健康食品之间选择前者。例如，成熟的水果是甜的，不成熟的水果则不甜，喜欢甜味的习性促使人类选择成熟的水果。但是，现在的食糖是经过精制的。因此，喜欢甜味不再是一种对人有益的习性，因为精制食糖不是健康食品。

以下哪项如果为真，最能加强上述论证？

A. 绝大多数人都喜欢甜味。

B. 许多食物虽然生吃有害健康，但经过烹饪则可成为极有营养的健康食品。

C. 有些喜欢甜味的人，在一道甜点心和一盘成熟的水果之间，更可能选择后者。

D. 喜欢甜味的人，在含食糖的食品和有甜味的自然食品（例如成熟的水果）之间，更可能选择前者。

E. 史前人类只有依赖味觉才能区分健康食品。

[解题分析]　正确答案：D

题干的因果论证是：因为有甜味的精制食糖不是健康食品，所以，喜欢甜味不再是对人有益的习性。显然这一因果关系的证据不足以证明因果关系的存在，当把 D 项补充上去，则说明人们会在含食糖的食品和健康食品间先选择含食糖的食品，即选择了不健康的食品，这样就有力地支持了题干的因果关系。其余各项均不能加强题干，其中 C 项削弱了题干。

2. 从果到因的推理

从果到因的推理是通过援引反映某因果关系的命题，以及反映该因果关系中作为结果的事件存在的命题，进而推出一个结论。溯因推理是典型的从果到因的推理。表达式如下：

一般情况下,如果 A 发生,那么 B 将发生;

在某一具体情况下,B 发生;

所以,在某一具体情况下 A 可能发生。

溯因推理是有客观根据的,这就是客观现实中一果多因现象的存在。例如,"花凋谢"这一现象的出现,可以是由花缺水引起,可以是由施肥过量而引起,可以是由水太多引起,也可以是由于病虫害所引起等。既然一果可以是多因所产生或引起,那么当已确知一个结果时,要找出它的原因,就可以有很多个。至于哪一个,在未进一步证实之前,只能进行分析、猜测、试错和选择等思维操作。

溯因推理的特点是从已知的结果出发,寻找其原因,从已知的推断出发,追溯其理由。它不是一种必然性推理。必然性推理是从"A 并且如果 A 那么 B"出发,推出 B 的。这即是说,必然性推理是从原因推出结果。由此可见,溯因推理的方向与必然性推理的方向正好相反,此外,必然性推理前提真则结论必真,而溯因推理前提真,结论只是或然真,因此,它属于或然性推理。

当然,在一定条件下,溯因推理也可以转化为必然性推理。这个条件就是在前提中穷尽引起某种结果的一切原因,在引起某种结果的各种原因中,如果能将可能引起某种结果的其他原因一一排除掉,留下一个唯一的原因,这个唯一的原因就是真正的原因。于是,溯因推理就由或然性推理转化为必然性推理。

从果到因的论证形式:

一般情况下,因为事件 A(因)发生,所以产生事件 B(果)。在某一具体情况下,B 发生了;所以,在某一具体情况下 A 可能发生了。

评估从果到因的批判性问题:

CQ1.说明结果问题:结果在某一情况下确实发生了吗?

CQ2.因果关系问题:前提中反映某因果关系的命题是否为真?

CQ3.其他原因问题:是否排除了其他原因的可能性?

需要注意的是:

若由"如果,那么"型的前提通过肯定后件而得出"可能正确"型的结论,就属于溯因推理;若以同样的方式得出"一定正确"型的结论,就犯了"充分条件的假言推理的肯定后件而肯定前件"的逻辑错误。

例 15-14 高级经理人在报酬上的差距可反映公司各个部门之间的工作方式。如果这个差距较大,它激励的是部门之间的竞争和个人的表现;如果这个差距较小,它激励的是部门之间的合作和集体的表现。3M 公司各个部门之间是以合作的方式工作的,所以_____。

以下哪项陈述作为上述论证的结论最为恰当?

A. 3M 公司的高级经理人在报酬上的差距较大。

B. 以合作的方式工作能共享一些资源和信息。

C. 3M 公司的高级经理人在报酬上的差距较小。

D. 以竞争的方式工作能提高各个部门的工作效率。

E. 应该鼓励他们以竞争方式工作。

[解题分析]　正确答案：C

本题是溯因推理，即根据已知事实结果和有关规律性知识，推断出产生这一结果的原因的推理。其公式可以表示为

已知：Q(3M 公司各个部门之间是以合作的方式工作的)

已知：如果 P，那么 Q(如果这个差距较小，它激励的是部门之间的合作和集体的表现)

所以，P 可能真(很可能 3M 公司的高级经理人在报酬上的差距较小)

因此，C 项作为上述论证的结论最为恰当，是正确答案。选项 A 明显不对；选项 B、D 出现了题干中没有出现的新信息，排除。

例 15-15　美国某大学医学院的研究人员在《儿科杂志》上发表论文指出，在对 2702 个家庭的孩子进行跟踪调查后发现，如果孩子在 5 岁前每天看电视超过 2 小时，他们长大后出现行为问题的风险将会增加 1 倍多。所谓行为问题是指性格孤僻、言行粗鲁、侵犯他人、难与他人合作等。

下列哪个选项为真，最能解释上述现象？

A. 电视节目会使孩子产生好奇心，容易导致孩子出现暴力倾向。

B. 电视节目中有不少内容容易使孩子长时间处于紧张、恐惧的状态。

C. 看电视时间过长，会影响儿童与他人的交往，久而久之，孩子便会缺乏与他人打交道的经验。

D. 儿童模仿力强，如果只对电视节目感兴趣，长此以往，会阻碍他们分析能力的发展。

E. 每天长时间地看电视，容易使孩子神经系统产生疲劳，影响身心健康发展。

[解题分析]　正确答案：C

题干的调查发现，如果孩子在 5 岁前每天看电视超过 2 小时，他们长大后出现行为问题的风险将会增加 1 倍多。

问题是要找出产生这一现象的原因。C 项表明，看电视时间过长，会影响儿童与他人的交往，久而久之，孩子便会缺乏与他人打交道的经验。这就有力地解释了题干的现象。

例 15-16　家长甲："10 年前，我们这样的社区的孩子们 13～15 岁时才开始约会，现在 9～11 岁的孩子们就已经开始约会了。显然，现在像我们这样的社区的孩子们比 10 年前的孩子更早就开始对异性感兴趣了。"

家长乙："我不同意这种看法。现在 9～11 岁的孩子其实不想约会，只不过由

于他们感觉到同伴强烈的压力,才通过约会这种做法使自己的行为更像大人。"

家长乙对家长甲的回答采用了以下哪种方式?

A. 通过对一个新现象和一个已知现象的比较得出了一个有关新现象的结论。

B. 通过指明被家长甲所忽视的一个例外情况,来反对家长甲对 9~11 岁孩子所做的一般性概括。

C. 假设 9~11 岁的孩子和 13~15 岁的孩子对约会同样感兴趣。

D. 对家长甲描述的孩子们在约会行为上的变化提出了另一种可选择的解释。

E. 把家长甲作为一种主张的支持者来加以批评而不是批评他所支持的主张。

[解题分析]　正确答案:D

家长甲的论证是个溯因推理,根据现在孩子们开始约会比 10 年前提前了这一结果,认为其原因是现在的孩子更早就开始对异性感兴趣了。

家长乙不同意家长甲对某一现象成因的解释,给出了另一种独立的可选择的解释。因此,D 项为正确答案。

3. 从相关到因果的推理

1）因果关系确立的要素

一般来说,有两种类型的相互关联可以作为确立因果主张的初步证据:时间关联和统计关联。

（1）时间关联,指的是在时间上的联系。对于特定的事件 X 和 Y:当 X 发生在 Y 之前,我们说 X 早于 Y;当 X 与 Y 一起发生时,我们说 X 与 Y 是共时的;如果 X 与 Y 总是恒常伴随,我们说 X 与 Y 相互伴随的。时间关联通常用来确立实质性因果主张。

（2）统计关联,指的是总体中的两个事实或者特征在统计上的相互关联。就总体而言,某一特征的有或者无,与另一个特征出现的频率的高或者低相互关联,我们就说这两个特征之间有统计关联。例如,肝病发病率与喝酒之间的关系,如果喝酒的人比不喝酒的人肝病发病率高,那么喝酒与患肝病之间就有统计上的相互关联。

2）从相关到因果的论证

所谓从相关到因果的推理就是根据两个事件之间存在一定的相关性,进而推断出它们之间存在着因果关系。

从相关到因果的论证型式是:相关性前提为,A 和 B 之间存在正相关;结论为,A 引起 B。要注意的是,除时间关联和统计关联外,两类因素要有因果关系还必须有实质性的相关。在评估从相关到因果的推理之可靠性时,以下 6 个批判性问题需要考虑:

① 相关存在问题,在 A 与 B 之间真的存在相关性吗?

② 相关性证据问题,存在 A 与 B 之间正相关的大量实例吗?

③ 因果方向的问题,是否存在证据,它们可以表明 A 是 B 的原因,而不是 B 是 A 的原因?

④ 独立第三因素问题,能否排除这样一种可能,A 与 B 之间的相关性是由第三个因素造成的?

⑤ 因果间接性问题:是否存在能够表明 A 与 B 之间的因果关系是间接的干涉变量(A 和 B 之间的因果关系是其他原因起中介作用产生的)引起的?

⑥ 相干性范围问题:假如 A 与 B 之间的相关性在特定的范围之外不成立,那么,能否清楚地指明该限制范围?

3)"相关误为因果"的谬误

不能对凡具有相关性的事件都作出同类型的推论:因为事件 A 和事件 B 具有相关性,所以 A 是 B 的原因;否则,便会犯"相关误为因果"这一谬误,原因是尚未排除其他不同的解释。相关谬误的本质是,尽管统计数据是真实的,但是,依据这些数据和事实推出了一个未经证实的结论。

对因果论证的谬误或称假因果,可以分为两组来认识:

(1)一组是轻断因果,指的是仅仅根据两个现象之间的时间或统计关联,就断定二者之间具有因果关系,其中可以分为"以时间先后因果"和"强加因果"两种来认识。

(2)另一组是错为因果,指的是由于忽视对事物的成因可能存在的多种解释所造成的错误,主要有"因果倒置""单因的谬误""远因的谬误""混淆原因"等。

例 15-17 2008 年 5 月 12 日,四川汶川发生强烈地震,伤亡惨重。有人联想到震前有媒体报道过绵竹发生了上万只蟾蜍集体大迁移的现象,认为这种动物异常行为是发生地震的预兆,质问为何没有引起地震专家的重视,及时作出地震预报,甚至嘲笑说"养专家不如养蛤蟆"。

下面的选项都构成对"蟾蜍大迁移是地震预兆"的质疑,除了:

A. 为什么作为震中的汶川没有蟾蜍大迁移?为何其他受灾地区也没有蟾蜍大迁移?

B. 国际地震学界难道认可蟾蜍大迁移这类动物异常行为与地震之间的相关性吗?

C. 蟾蜍大迁移这类动物异常行为在全国范围内可谓天天都有,地震局若据此作出地震预报,我们岂不时时生活在恐惧之中?

D. 为什么发生蟾蜍大迁移这类现象?这么多蟾蜍是从哪里来的?

E. 是不是还存在其他的情况会导致蟾蜍集体大迁移?

[解题分析] 正确答案:D

题干根据汶川地震前绵竹发生了蟾蜍集体大迁移的现象,认为:蟾蜍大迁移是地震预兆。也就是题干根据两种现象先后发生,就认为这两种现象具有因果相关。A项是个无因有果的反例,质疑了题干。B项对国际地震学界是否认可这两种现象的相关性提出了质疑。C项是个有因无果的反例,质疑了题干。E项是个另有他因的削弱,质疑了题干。只有D项所述与题干论证无关,为正确答案。

例 15-18 高个子的孩子一般能够容易地够着高架子,矮个子的孩子够着高架子一般比较困难。现在已知矮个子的孩子比高个子的孩子更可能变成矮个子的成年人。所以,如果教会矮个子的孩子容易地够着高架子,那么他们变成矮个子成年人的比例将会下降。

上述论证中的推理错误是:

A. 把一组中的个体的特征当作整体的特征。

B. 预先假设将要证明的论题为真。

C. 用例外的事例来驳斥一种普遍的概括。

D. 在仅显示一种表面的相关联之处假定一种因果关系。

E. 以事件存在的根据不足为根据,来证明这种事件不可能存在。

[解题分析] 正确答案:D

在"高个子"与"容易够得着高架子"所具有的表面相关之处,假定一种因果关系,犯了强加因果的错误。另外,即使二者之间存在因果关系,"够得着高架子"只能是"孩子长成高个子"的结果,而不是"孩子长成高个子"的原因。所以,该论证的结论同时犯了因果倒置的错误。

4) 因果主张的确立

因果主张是一个被断定的陈述,这个陈述表达了现象A是现象B的原因。统计数字试图把关联性说成因果关系,但真正要判断这是A导致B的因果关系,常常还需要进一步研究,排除其他因素影响的可能,确定相关性不是偶然的,甚至以具体的因果机制说明,"A导致B"是最好的因果解释。

以A与B时间相关或者统计相关为例,看一看对它能提出哪些可能的解释。

(1) 解释1:A与B时间相关或者统计相关,因为A导致B。

对于观察到的时间或统计关联,好的因果推论必须考虑如何排除其他可能的解释,确认A导致B是对其相关联的最佳解释,以此为据,才能使人有信心接受"A导致B"这一因果主张。例如,游泳训练与游泳水平有统计关联,因为游泳训练导致了游泳水平的提高。再如,吃酸梅与倒牙有时间关联,因为吃酸梅是倒牙的原因。

(2) 解释2:A与B时间相关或者统计相关,因为B导致A。

统计结果往往可以说明,不同现象之间存在着因果关系。但是究竟哪个现象是原因,哪个现象是结果,这不能简单地定论,需要进一步考查。对一个因果关系来说,原因就是原因,结果就是结果,既不可倒"因"为"果",也不可倒"果"为"因"。在因果解释中,如果错把原因当结果,或者错把结果当原因,就犯了"因果倒置"的错误。

例15-19 某学院最近进行了一项有关奖学金对学习效率是否有促进作用的调查,结果表明:获得奖学金的学生比那些没有获得奖学金的学生的学习效率平均要高出 25%。调查的内容包括自习的出勤率、完成作业所需要的平均时间、日平均阅读量等许多指标。这充分说明,奖学金明显有助于学生提高学习效率。

以下哪项如果为真,最能削弱以上的论证?

A. 获得奖学金通常是因为那些同学有好的学习习惯和高的学习效率。

B. 获得奖学金的同学可以更容易改善学习环境来提高学习效率。

C. 学习效率低的同学通常学习时间长而缺少正常的休息。

D. 对学习效率的高低与奖学金的多少的关系的研究应当采取定量方法进行。

E. 没有获得奖学金的同学普遍觉得学习压力过重,很难提高学习效率。

[解题分析] 正确答案:A

题干从调查中发现"得奖学金与学习效率正相关",就得出了"奖学金能提高学习效率"的结论。A项指出,不是因为得奖学金所以学习效率才高,而是因为学习效率高才得奖学金。这说明题干论证犯了因果倒置的错误,这就有力地削弱了题干。

例15-20 新民住宅小区扩建后,新搬入的住户纷纷向房产承销公司投诉附近机场噪声太大,令人难以忍受。然而,老住户们并没有声援说他们同样感到噪声巨大。尽管房产承销公司宣称不会置住户的健康于不顾,但还是不准备对投诉采取措施。他们认为机场的噪声并不大,因为老住户并没有投诉。

下列哪项如果为真,则最能表明房产承销公司对投诉不采取措施的做法是错误的?

A. 房产承销商们的住宅并不在该小区,所以不能体会噪声的巨大危害。

B. 有些老住户自己配备了耳塞来解决这个问题,他们觉得挺有效果的。

C. 老住户觉得自己并没有与房产承销商有什么联系,也没有太大的矛盾。

D. 老住户认为噪声并不巨大而没有声援投诉,是因为他们的听觉长期受噪声影响已经迟钝失灵。

E. 房产承销公司从来没有隐瞒过小区位于飞机场旁边这一事实。

[解题分析] 正确答案:D

不是因为"机场的噪声并不大",所以"老住户"才"没有投诉",而恰恰是因为机场的噪声影响老住户的听觉导致迟钝失灵,所以已经感觉不到噪声了。B项削弱力度不足,只是有些老住户,意味着大部分老住户可能没问题。

例 15-21 一项关于婚姻的调查显示，那些起居时间明显不同的夫妻之间，虽然每天相处的时间相对要少，但每月爆发激烈争吵的次数，比起那些起居时间基本相同的夫妻明显要多。因此，为了维护良好的夫妻关系，夫妻之间应当注意尽量保持基本相同的起居规律。

以下哪项如果为真，最能削弱上述论证？

A. 夫妻间不发生激烈争吵不一定关系就好。

B. 夫妻闹矛盾时，一方往往用不同起居的方式表示不满。

C. 个人的起居时间一般随季节变化。

D. 起居时间的明显变化会影响人的情绪和健康。

E. 起居时间的不同很少是夫妻间争吵的直接原因。

[解题分析] 正确答案：B

题干根据"起居时间不同"与"夫妻不和"这两个现象存在统计相关，得出结论：起居时间影响夫妻关系。B项恰恰指出了，并非起居时间影响夫妻关系，而是夫妻关系影响起居时间。这就有力地削弱了题干的论证。A项"不一定"的说法不是最能削弱题型的正确答案。

(3) 解释3：A 与 B 时间相关或者统计相关，纯属偶然的巧合，并没有因果关系。

仅仅因为存在相关并不能得出因果关系的存在。有因果关系的两个现象通常具有统计的关联，但具有统计关联的两个现象之间未必就有因果关系，相关可能纯粹是巧合。"强加因果"的谬误一般是指在明显不具有因果关系的现象之间强加因果关系。

例 15-22 自 1997 年以来，香港陷入比较严重的经济衰退；就在这一年，香港开始实行"一国两制"，有人声称："是'一国两制'造成了香港的经济衰退。"

以下哪一个问题与反驳上述推理最为相关？

A. 两件事情同时发生或相继发生，就能确定它们之间有因果关系吗？

B. 为什么中国台湾地区、新加坡、韩国、美国在此期间也发生经济衰退。

C. 为什么中国内地的经济一派欣欣向荣。

D. 为什么以前管制香港的英国在此期间的经济状况也很糟糕？

E. 为什么实现"一国两制"的澳门却没有经济衰退？

[解题分析] 正确答案：A

两个现象时间相关或者统计相关并非一定有因果关系，香港的经济衰退与"一国两制"虽然时间上相关，但不一定有因果关系。所以，A项与反驳上述推理最为相关。其他地区的经济形势变化的原因只能作为评价香港经济的参考，而不能确定"一国两制"对香港经济的影响如何，B、C、D、E项都排除。

例 15-23　戴伟吃过奶制食品后几乎没有患过胃病。仅仅因为他吃过奶制食品后偶尔出现胃疼,就断定他对奶制食品过敏是没道理的。

上述论证与以下哪一个论证的推理最为类似?

A. 狗和猫在地震前有时焦躁不安,据此就断定狗和猫有事先感知地震的能力是没有理由的,因为在多数场合,狗和猫焦躁不安之后并没有发生地震。

B. 尽管许多人通过短期节食得以减肥,但相信这种节食对减肥有效是没有道理的。

C. 大多数假说在成为科学理论之前都有大量的支持事例,仅仅因为一个假说成功运用于少数几个案例就认为它是科学理论是没有道理的。

D. 尽管许多连锁经营店盈利较多,但是把这种商业模式的成功仅仅归功于这种经营模式是没能道理的,因为只有资金雄厚的商家才能这样做。

E. 许多不平等的社会现象受到大家的深恶痛绝,但是仅仅把这些归结为生产力水平较低是没道理的,因为有的国家在生产力水平很低的情况下也实现了人人平等。

〔解题分析〕　正确答案:A

选项 A 和题干的论证推理都是:两类事物一般是不相关的,仅仅因为两类事物偶尔的相关性,是不能确定这两者之间有必然有因果关系的。C 项易误选,但假说与科学理论一般还是有一定相关性的,因此,与题干推理不类似。

例 15-24　小陈经常因驾驶汽车超速收到交管局寄来的罚单。他调查发现同事中开小排量汽车超速的可能性小得多。为此,他决定将自己驾驶的大排量汽车卖掉,换购一辆小排量汽车,以此降低超速驾驶的可能性。

小陈的论证推理最容易受到以下哪项的批评?

A. 仅仅依据现象间有联系就推断出有因果关系。

B. 依据一个过于狭隘的范例得出一般结论。

C. 将获得结论的充分条件当作必要条件。

D. 将获得结论的必要条件当作充分条件。

E. 进行了一个不太可信的调查研究。

〔解题分析〕　正确答案:A

小陈根据他发现同事中开小排量汽车超速的可能性低得多,就认为开小排量汽车是超速驾驶可能性低的原因,这是仅根据现象间的相关性就误认为具有因果关系,属于“强置因果”的谬误。因此,A 项为正确答案。

(4) 解释 4:A 与 B 可能时间相关或者统计相关,因为 C 导致了 A 和 B。

我们不能只看到两组数据之间的正比或反比关系,关键要分析其背后的因果关系。比如,两组数据的相关性很强(存在正比或反比关系),但仅此而已,相互间并没有任何因果关系,有时也可能两组数据都是由第三组数据决定的。

例 15-25　大约在 12 000 年前,气候变暖时,人类开始陆续来到北美洲各地。在同一时期,大型哺乳动物,如乳齿象、猛犸和剑齿虎等,却从它们曾经广泛分布的北美洲土地上灭绝了。所以,与人类曾和自然界其他生物和平相处的神话相反,早在 12 000 年前,人类的活动便导致了这些动物的灭绝。

上述论证最容易受到以下哪项陈述的质疑?

A. 所提出的证据同样适用于两种可选择的假说:气候的变化导致大型哺乳动物灭绝,同样的原因使得人类来到北美洲各地。

B. 乳齿象、猛犸和剑齿虎等大型哺乳动物的灭绝,对于早期北美的原始人来说,具有非同寻常的意义。

C. 人类来到北美洲可能还会导致乳齿象、猛犸和剑齿虎之外的其他动物灭绝。

D. 该论证未经反思地把人类排除在自然界之外。

E. 由于乳齿象,猛犸和剑齿虎等大型动物会威胁到人类的生存,所以人们想方设法猎取它们。

[解题分析]　正确答案:A

题干根据 "人类活动" 和 "动物灭绝" 两个事件的时间相关性,得出 "人类的活动" 是 "动物灭绝" 的原因。这个论证是有缺陷的,有可能是第三个因素引起两个事件,产生了它们之间的相关,但在它们二者之间并没有任何直接的因果关系。A 项就说明了这一点,为正确答案。

(5) 解释 5:A 与 B 可能时间相关或者统计相关,因为 A 与 B 互为因果。

(6) 解释 6:A 与 B 时间相关或者统计相关,因为 A 与 C 相结合导致了 B,即 A 是导致 B 的部分原因。或者,因为 B 与 C 导致了 A,也就是说明 B 是导致 A 的部分原因。

例 15-26　在一项学习试验中,一位研究人员将老鼠置于一个迷宫之中,有的老鼠是瞎子,有的老鼠是聋子,有的老鼠没有嗅觉,还有一些老鼠没有感官缺陷。但是,所有的老鼠都在几乎同样多的时间里学会了自己的任务。在除视觉、听觉和嗅觉之外的感觉中,只有动觉以前没有被表明与迷宫学习无关。以这些事实为基础,研究人员得出结论:动觉即身体运动的感觉对迷宫学习就已经足够了。

研究人员的推论最易于受到以下哪种批评的攻击?

A. 研究人员对老鼠跑迷宫在熟练程度上的细小差别没有给予足够的重视。

B. 动觉与至少其他一种感觉的相互作用是迷宫学习所需要的,这一可能性不能在上述资料的基础上被排除。

C. 从所给出的资料可以确定被剥夺感官刺激来源的老鼠比先前更加依赖动觉,但这一资料没有表明这样的转换是如何发生的。

D. 从所给出的资料可以得出结论:老鼠能只凭动觉便学会跑迷宫,但并没排除对非动觉刺激的反应。

E. 从所给出的资料可以得出结论:跑迷宫的老鼠至少依赖两种感觉刺激来源,其中之一是动觉,但剩下的是哪一种感觉必须使用就没有定论了。

[解题分析] 正确答案:B

研究人员结论:身体运动的感觉对迷宫学习就已经足够了。要注意考查相同点是导致某一现象产生的部分原因,还是全部的或唯一的原因。请注意:虽然题干的老鼠都失去了一种感觉,但不是同时失去所有动觉以外的感觉,因此有可能是动觉和其他感觉相结合进行迷宫学习,B项削弱研究者结论,正确。A项为明显无关选项,排除;转换如何发生与题干无关,C项排除;D项说"老鼠能只凭动觉便学会跑迷宫",支持题干论述,排除。E项,题干的资料只是没有排除老鼠使用两种感觉的可能性,但是得不出至少依赖两种感觉的确切结论。

15.4 因果推理的思维模式

因果关系是指,某一现象或事件 A 发生,引起另一现象或事件 B 发生,A 就是 B 的原因。如果我们把先发生的(原因、论据、理由)记作 A,后发生(结果、主张)的记作 B,则推理模式主要有两类:AB 模式和 BA 模式。

1. AB 模式

前提 A 是论据或原因,结论 B 是论点或结果。这类因果论证结构是前因后果。即是从因到果的论证:题干描述某种现象或做法,并说明这种现象或做法可以获得某一结果。

隐含假设:这个原因或做法能够得到这个结果。

答案方向:①A-B 之间是否有联系;②方法是否可行;③除 A 之外是否有别的因素影响 B;④直接针对 B。

例 15-27 一种对偏头痛有明显疗效的新药正在推广,不过服用这种药可能加剧心脏病。但是只要心脏病患者在服用该药物时严格遵从医嘱,它的有害副作用完全可以避免。因此,关于这种药物副作用的担心是不必要的。

上述论证基于以下哪项假设?

A. 药物有害副作用的产生都是因为患者在服用时没有严格遵从医嘱。

B. 有心脏病的偏头痛患者在服用上述新药时不会违背医嘱。

C. 大多数服用上述新药的偏头痛患者都有心脏病。

D. 上述新药有多种副作用,但其中最严重的是会加剧心脏病。

E. 上述新药将替代目前其他治疗偏头痛的药物。

[解题分析]　正确答案:B

题干结论:不必担心药物的副作用。理由是:服药时严格遵从医嘱就完全可以避免副作用。为使题干论证成立,显然必须假设 B 项,否则,如果有心脏病的偏头痛患者在服用上述新药时会违背医嘱,那么就应该担心药物的副作用了。A 项是干扰项,其意思就是题干理由的重复,但由于假设是理由和结论的桥梁,故不是假设。

例 15-28　科学家们发现一种曾在美洲普遍栽培的经济作物,比目前的主食作物如大米和小麦含有更高的蛋白质成分。科学家们宣称,推广这种作物,对那些人口稠密、人均热量和蛋白质摄入量均不足的国家是很有利的。

下列哪项如果为真,最能对科学家的宣称产生质疑?

A. 这种作物的亩产量大大低于目前主食作物的亩产量。

B. 许多重要的食物,如西红柿,都原产于美洲。

C. 小麦蛋白质含量比大米高。

D. 这种作物的热量高于目前主食作物的热量。

E. 只有 20 种不同的作物提供了地球上主要的食物供应。

[解题分析]　正确答案:A

科学家观点:因为某种谷物营养价值高,所以能够解决营养缺乏的国家的粮食问题。A 项指出即使该谷物营养价值高,但是也会因为产量特别低而不能解决营养缺乏国家的问题,质疑了科学家的观点,为正确答案。B、C、E 项都是明显无关选项,排除;D 项的说法成立会加强科学家的论述,排除。

2. BA 模式

前提 B 是论点或结果,结论 A 是论据或原因。这类试题是因果解释结构,前果后因。即是从果到因的推理,往往由一个调查、记录、数据、研究、试验或现象等而得出一个解释性的结论。论据是包括结果在内的现象 B,论点则是说明其中的因果关系:B 的原因是 A。隐含假设:隐含假设多为 A 是唯一的原因或除了解释性的结论以外没有别的因素可以解释 B。

答案方向:把这个事实当作 B,把这个原因解释当作 A。

① 原因和结果是否有本质联系?(B-A 之间,假设是否成立?)

② 这个原因和结果之间的关系怎样? 支持:就是这原因导致结果,具体还可以表现为没有这个原因就没有这个结果。反对:原因和结果无关,具体表现为有这个原因没有这个结果,或者没有这个原因有这个结果。

③ 有没有别的原因来对上面的事实、现象、研究发现作出解释(A 之外的其他

原因)。支持：没有别的原因解释上面的事实或现象。反对：*存在别的原因解释上面的事实或现象。*

例 15-29 游隼的数目在 20 世纪 50 年代迅速下降,并且在 20 世纪 70 年代达到空前的最低点。这种下降被科学家归因于乡村地区广泛使用的杀虫药 DDT。

下列哪一项假如正确,最支持科学家的主张?

A. DDT 在重工业地区通常不使用。

B. 在 1972 年后 DDT 被禁止使用的时间里,游隼的数目已经稳定增加。

C. 游隼,不像其他的捕食性鸟类,放弃落出巢的鸟蛋,即使这些鸟蛋并没有损坏。

D. 欧椋鸟、家居麻雀等游隼所捕食的鸟类,在它们的栖息地未被 DDT 影响。

E. 其他的捕食性鸟类,像鱼鹰、秃鹰和棕色塘鹅,在发现游隼的相同区域被发现。

[解题分析] 正确答案：B

本题由"游隼数量快速下降"这一事实,得出一个解释性的结论"DDT 是原因"。B 项说明,DDT 被禁用以后,游隼数量稳步增加,相当于"没有 DDT,就没有游隼数量的下降",这有利于说明使用 DDT 和游隼数量快速下降的因果关系,没有这个原因就没有这个结果,这就有效地支持了题干结论,为正确答案。

例 15-30 最近一次战争里在重战区中执行任务的医疗人员,即使是那些身体未受伤害的,现在比在该战争不太激烈的战斗中执行任务的医疗人员收入低而离婚率高,在衡量整体幸福程度的心理状况测验中得分也较低。这一证据表明即使是那些激烈的战争环境下没有受到身体创伤的人,也会受到负面影响。

下面哪项如果正确,将最强有力地支持以上结论?

A. 重战区的医疗人员与其他战区的医疗人员相比,服役前所接受的学校教育明显比较少。

B. 重战区的医疗人员比其他战区的医疗人员刚入伍时年轻。

C. 重战区医疗人员的父母与其他战区医疗人员的父母,在收入、离婚率和整体幸福程度方面没有什么显著差别。

D. 那些在重战区服务的医疗人员与建筑工人在收入、离婚率和整体幸福程度等方面非常相似。

E. 早期战争中的重战区服务的医疗人员在收入、离婚率和整体幸福程度等方面,和其他在该战争中服役的医疗人员没有表现出太大差别。

[解题分析] 正确答案：C

本题根据最近一次战争里在重战区的医疗人员比在不太激烈的战斗中的医疗人员心理状况差这一个事实,得出一个解释性的结论：激烈的战争环境会使人受到负面影响。其隐含的假设是除了激烈的战争环境之外没有别的因素影响推论。选项 C 指出这两类人的父母没有显著差异,实际上指出没有遗传因素影响结论"即使是那些激烈的战争环境下没有受到身体创伤的人,也会受到负面影响"。A 项是无关项;B 项是削弱项;D 项无关,是范围陷阱,因为重战区和非重战区比较得出结论,工人怎样并不知道,应该是与医疗人员比,而与工人不可比。E 项易误选,早期战争中的重战区的医疗人员和其他医疗人员整体幸福程度没有差别,而题干是,最近一次战争中的重战区的医疗人员比其他医疗人员整体幸福程度差;可见该项是题干的一个有因无果的反例,削弱了结论。

例 15-31 在有奥斯阒人(有人认为其是人类的祖先)遗骨的洞穴中发现了很多动物遗骨。从各种骨头出现的频率看,许多动物是死在别处后,只有身体的某些部分被带回了洞穴。所以,能带回这么多猎物,奥斯阒人一定是很英勇的猎人。

下面哪项如果正确,将最严重地削弱上文结论?

A. 奥斯阒人有时在洞穴之间搬来搬去以寻找庇护,他们一生不只待在一个洞穴中。

B. 在洞穴中发现的奥斯阒人的遗骨是成年男女和少年人的。

C. 在发现聚集了动物遗骨的洞穴中没有用火的证据。

D. 包括奥斯阒人遗骨在内的所有骨头上的印迹都有那个时代的一种大型猫科动物的牙印。

E. 洞穴中的遗骨不包括与奥斯阒人同期的一种大象类动物的骨头。

[解题分析] 正确答案:D

题干从一个发现"洞穴中有奥斯阒人的骨骼,也有许多别的动物的骨骼",而得出一个解释性的结论:"奥斯阒人把别的动物带回洞穴当肉吃"。如果 D 项为真,则意味着,奥斯阒人完全有可能是被当时庞大的猫科动物带回洞穴当肉吃了,这样就从另一个角度严重削弱了题干结论,因此为正确答案。其余均为无关项。

第 16 章　探求因果关系的归纳方法

因果关系是世界万物之间普遍联系的一个方面,科学研究的一个重要任务就是要把握事物之间的因果关系,以便掌握事物发生、发展的规律。排除归纳法是探求因果关系的一个常用方法。

英国哲学家穆勒(也译作"弥尔")归纳了求同法、求异法、求同求异法、共变法和剩余法等探求因果关系的基本方法,这实际上是一种比较的方法,它们的原则可以简单归纳为:相同结果必然有相同原因,不同结果必然有不同原因,变化的结果必然有变化的原因,剩余的结果应当有剩余的原因。这些在现象的比较中发现因果关系称为"穆勒五法"。

16.1　求同法

求同法又称契合法,是指被研究现象发生变化的若干场合中,如果只有一个情况是在这些场合中共有的,那么这个唯一的共同情况就是被研究现象的原因(结果)。

例如,人们发现用不同材料做的、具有不同形状的摆,只要摆的长度相同,它们摆动时的振动周期就相同,于是,推断摆长是摆振动周期相同的原因。

1. 求同法的推理

求同法是这样一种方法,当我们发现某一现象出现在几种不同的场合,而在这些场合中,只有一个条件是相同的(其他条件均不相同),这样,我们就可以推断说,这个相同条件就是各个场合出现的那个共同现象的原因。可以用这样一个公式来表示它:

场合	先行情况	被研究现象
(1)	A、B、C、	a
(2)	A、D、E、	a
(3)	A、F、G、	a
⋮	⋮	⋮

所以,A 是 a 的原因(或结果)。

比如,我们常常发现一些人身体很好、很结实。原因是什么呢? 他们的情况各不相同,有的是教师、有的是学生、有的是工人;有的原来体质较好,有的原来体质较差;他们的工作条件、生活条件、学习条件也各不相同……但发现他们却有一个共同的情况,他们都持之以恒地锻炼身体。由此,我们可以得出结论,持之以恒地锻炼身体是他们身体好的原因,至少是身体好的部分原因。这里就有着求同法的应用。

[逻辑案例] 梦境

梦是怎样引起的呢?古人说:"日有所思,夜有所梦。"这是对梦产生原因的一种解释。现代人则解释得更为详细。外部的刺激能引起梦。睡时阳光照脸,就可能梦见熊熊大火;双足露在被外,也许会做在冰雪中奔跑的梦。有人这样试验:在睡着的人的鼻前放了一瓶香水,那人醒后说,他梦中到了大花园,觉得到处都是花香。一本古老的著作也提到:轻轻加热熟睡者的手,他在梦中觉着自己穿过火丛。身体内部的刺激也会产生梦。正在发育的人,可能会梦到自己凌空飞行。有的气喘患者说,当他呼吸通畅后,也会做飞行的梦。如果睡着后,膀胱胀满要小便,就可能在梦中到处找厕所,小朋友或许就会尿床……

每个人的梦境可以千差万别,每个人所接受到的内外刺激也可以形形色色,但是有一个共同点,就是都受到了刺激,因此可以推断,"刺激是产生梦的原因"。这就是一个求同法推理。

2. 求同法的特点

求同法的特点是"从异中求同"。它主要是一种观察的方法,通过排除现象间不同的因素、寻找共同的因素来确定现象间的因果关系。这种方法虽然比简单枚举归纳法前进了一大步,但是,归纳强度比较低,所得的结论的可靠性还不高,也就是说,求同法结论是或然的,应用求同法所得到的认识(即找出的原因)并不都是正确的。因为在各种不同场合里存在的共同条件可能不止一个,而作为真正原因的某一共同条件可能正好被忽视了。因此,通过求同法所得到的认识,应当通过实践或用其他方法去进一步检验。

但是,求同法为我们提供了找到现象原因的线索。所以,它作为一种发现现象因果关系的方法,在科学研究和日常生活中经常被人们应用着。

例 16-1 对 6 位患罕见癌症的患者的研究发现,虽然他们生活在该县不同地方,有很不相同的病史、饮食爱好和个人习惯——其中 2 人抽烟,2 人饮酒——但他们都是一家生产除草剂和杀虫剂的工厂的员工。由此可得出结论:接触该工厂生产的化学品很可能是他们患癌症的原因。

以下哪一项最准确地概括了题干中的推理方法?

A. 通过找出事物之间的差异而得出一个一般性结论。

B. 消除不相干因素,找出一个共同特征,由此断定该特征与所研究事件有因果关系。

C. 根据 6 位患者的经历得出一个一般性结论。

D. 所提供的信息允许把一般性断言应用于一个特例。

E. 根据两个不同环境之间的类比，确立一个因果结论。

［解题分析］　正确答案：B

题干根据研究发现，6位患罕见癌症的患者生活的地域、病史、饮食爱好、个人习惯等都不相同，但有一个因素相同，即他们都是一家生产除草剂和杀虫剂的工厂的员工。从而得出结论：接触该工厂生产的化学品很可能是他们患癌症的原因。可见，题干推理用的是求同法，即消除不相干因素，找出一个共同特征，由此断定该特征与所研究事件有因果关系。因此，B项准确地概括了题干中的推理方法，为正确答案。A项明显与题干中所使用的方法不同，C项说法过于空泛，D项说的是演绎法，E项说的是类比法，均不能准确概括题干中的推理方法。

3. 针对运用求同法推出的因果主张，所提出的批判性准则

为了提高求同法论证的可靠性，应该注意以下几点。

1）考查的场合是否足够多，是否有反例存在？

使用求同法时，前提并没有对出现被研究现象的所有场合都加以考查，而只考查了部分场合；因此，要想把求同法运用得好，应注意：尽可能多地考查有被研究现象出现的不同场合。考查的场合越多，越能排除偶然性。因为各场合共有一个不相干的共同现象的可能性越小，从而结论的可靠性程度相应也就得到了提高。

［逻辑案例］　新加坡经济奇迹

关于新加坡经济奇迹，很多人都说与儒家文化有关，因为日本、韩国、中国台湾地区乃至马来西亚等经济发展快速的国家（或地区）都深受儒家文化影响。相同的条件（儒家文化）当然会带来相同的结果（经济发展）了，前者是因，后者是果。如果我们能够搜集许多个案，都支持这个论点，表示我们的推论可信度很高。然而，可信度再高，也不是绝对的。只要找到一个相反的例子，前面的推论即被推翻。例如：越南、朝鲜，都是我们所说的儒家文化圈，但是这些国家经济落后，可知原来的命题有误，或者原来的命题需要被修正。即使我们没有找到任何反例，仍不能代表结论绝对正确，因为影响东亚国家经济发展的因素不止一个吧！除了深受儒家文化的影响之外，他们还有其他共同点呢。例如，拓展外销的政策、劳动力便宜、威权统治、美国的鼎力支持、运输方便、纵容环境被破坏等。到底是哪个因素真正发挥作用呢？恐怕很复杂。

2）是否另有他因？

（1）不同场合中所具有的相同因素是不是唯一的？

场合	先行情况	被研究现象
（1）	T、A、B、C	a
（2）	T、A、D、E	a
（3）	T、A、F、G	a

不同场合中的先行情况是众多的和复杂的,往往无法加以考查,这样就可能会把与被研究现象不相干的表面相同的先行情况看作是它的原因,而把表面看来不相同实质上却隐含着共同因素的先行情况当作无关情况而加以排除,因而获得的结论就不可靠。因此,要注意考查各种场合中有无其他共同情况。有时人们忽略了不同场合中的另一个相同情况,而它可能恰好就是被研究现象的真正原因。

[逻辑案例] 疟疾

起初,人们只知道疟疾是由疟原虫引起的,它一旦钻入人体,便会致病。但是,人们并不知道疟原虫是怎样钻进人体的。因此必须寻找出传播疟原虫的媒介物,防治疟疾才有可能。

1895年7月,英国医生罗斯为寻找传播疟原虫的媒介物,从英国来到了疟疾猖獗的印度。他调查了几个疟疾流行最严重的地区,这些地区的自然条件和社会条件并不相同,但为什么疟疾同样流行呢?他发现这些地区有一个共同的特点——蚊子特别多。他想:难道传播疟原虫的是它?罗斯经过反复试验,证实了自己的推论。他因此而获得了诺贝尔生理学或医学奖。

分析:罗斯所应用的就是求同法,他在印度调查了疟疾猖獗的几个地区,发现这些地区的自然条件和社会条件很不相同,只有一个唯一共同的先行情况:蚊子特别多(A)。于是得出结论:疟原虫通过蚊子钻入人体(A)是发生疟疾(a)的原因。

而在罗斯之前,欧洲人一直认为引起疟疾的原因是沼泽地,因为凡是流行疟疾的地方都有沼泽地这一共同情况。后来,罗斯才发现产生疟疾的原因不是沼泽地,真正原因是疟原虫通过蚊子叮咬钻入人体。沼泽地只是容易滋生蚊子,因此容易流行疟疾。把沼泽地当作了引起疟疾的原因,这是将原先的相同情况找错了。由此可见,在寻找原因的时候,不能被表面现象所迷惑,而应仔细加以分析。

(2)表面不同是否实质相同?

场合	先行情况	被研究现象
(1)	A、B、C	a
(2)	A、D、E	a
(3)	A、F、G	a

比如B、D、F表面不同,实质相同。

[逻辑案例] 失眠

某人一连三个晚上失眠,回想起来,第一天晚上看了书,喝了几杯咖啡;第二天晚上也看了书,喝了几杯浓茶;第三晚上同样看了书,还吸了许多香烟。于是他断定看书是失眠的原因。这个结论显然是不对的,原来另一个真正的原因他没有注意到,咖啡、浓茶、香烟虽是三个不同的东西,但它们却有一个共同的因素,即含有大量的兴奋剂,而这才是引起失眠的真正原因。假如再考查第四天和第五天,虽然同样每晚看书,但只喝几杯白开水,结果失眠现象消失,这样也就不容易把每晚看书误认为是失眠的原因了。

4. 求同法论证的分析

1）求同论证的强化

（1）增加另一个场合（有因有果）、增加论据来强化一个论证（假设或支持）。比如题干出现：

场合	先行情况	被研究现象
(1)	A、B、C	a
(2)	A、D、E	a
(3)	A、F、G	a

所以，A 是 a 的原因（或结果）

怎么支持？再增加一个场合，有 A 就有 a。

（2）从正面指出相同的因素对导致某个现象的出现是唯一的或关键的，或从反面指出在所比较的两种现象之间不存在其他相同的因素（没有他因）。

例 16-2 售货员对顾客说：压缩机是电冰箱的核心部件，企鹅牌电冰箱与北极熊牌电冰箱采用同样高质量的压缩机，由于企鹅牌冰箱的价格比北极熊牌冰箱的价格要低得多，所以，当你买企鹅牌冰箱而不是北极熊牌冰箱时，你花的钱少却能得到同样的制冷效果。

下面哪一项如果被证实，是能合理地推出售货员的结论的假设？

A. 北极熊牌冰箱的广告比企鹅牌冰箱的广告多。

B. 售货员卖出一台企鹅牌冰箱所得的收入比卖出一台北极熊牌冰箱上得到的收入少。

C. 电冰箱的制冷效果仅仅是由它的压缩机的质量决定的。

D. 企鹅牌冰箱每年的销量比北极熊牌冰箱每年的销量大。

E. 北极熊牌冰箱比企鹅冰箱的平均利润大。

[解题分析] 正确答案：C

售货员观点：因为两种冰箱的压缩机一样，所以制冷效果一样。这是一则用求同法作出的论证，即比较两个对象所具有的相同点（压缩机），并以此相同点为原因推出其产生的结果（制冷效果）也相同。要得出该论证的结论，就必须假设压缩机是影响制冷效果的全部原因（唯一的原因）。C 项把"冰箱的制冷效果"与"压缩机的质量"联系了起来，是题干推理必须假设的，否则，如果冰箱的制冷效果"不"仅仅由压缩机的质量来决定，那么售货员的说法就不成立。A 项中的广告多、B 项中的收入、D 项中的销量、E 项中的平均利润，这些均为明显无关选项，排除。

2）求同论证的弱化

（1）增加另一个相反的场合（反例），来弱化一个论证。比如题干出现：

场合	先行情况	被研究现象
（1）	A、B、C	a
（2）	A、D、E	a
（3）	A、F、G	a

所以，A 是 a 的原因（或结果）

怎么削弱？①有因无果的反例，再增加一个场合，有 A 但没有 a。例如，另一个人也锻炼身体，但身体并不好。

又如，上述疟原虫的传播中，如发现在亚洲疟疾流行的地区蚊子并不多（这样就有可能存在其他原因了）。

② 无因有果的反例，再增加一个场合，没有 A 但有 a。

另一个人不锻炼身体，但身体很好。

比如上述疟原虫的传播中，如发现没有疟疾流行的地区，蚊子却很多。

（2）从正面指出在被讨论的现象出现的不同场合中某个相同的因素并不是唯一的；或从反面指出在所比较的两种现象之间存在其他相同的因素。（存在他因。）

场合	先行情况	被研究现象
（1）	A、B、C、T	a
（2）	A、D、E、T	a
（3）	A、F、G、T	a

这样就削弱了 A 是 a 的原因（或结果）。上述例子中，锻炼身体是他们身体好的原因这个推理中，你要指出这些人的身体素质本来都很好。（这样身体好的原因可能是他们身体本来就好。）比如，上述疟原虫的传播中，如发现在疟疾流行的地区苍蝇也很多。（这样就有可能是苍蝇传播的了。）

（3）是否还存在其他隐含的相同因素。应用求同法要注意：考查各种场合中是否存在其他隐含的相同因素。比如，积雪和棉花有许多不同之处，但都有保温的效果。二者表面的相同点是颜色相同，内在的相同点是疏松多孔、能存储空气。显然，颜色并不是保温的原因，疏松多孔才是保温的原因。使用求同法，不能仅凭表面相同的情况匆忙地下结论，否则就可能产生谬误。

例 16-3 光线的照射，有助于缓解冬季抑郁症。研究人员曾对 9 名患者进行研究，他们均因冬季白天变短而患上了冬季抑郁症。研究人员让患者在清早和傍晚各受 3 小时伴有花香的强光照射。一周之内，7 名患者完全摆脱了抑郁，另外 2 名患者也表现了显著的好转。由于光照会诱使身体误以为夏季已经来临，这样便治好了冬季抑郁症。

以下哪项如果为真,最能削弱上述论证的结论?

A. 研究人员在强光照射时有意使用花香伴随,对于改善患上冬季抑郁症的患者的适应性有不小的作用。

B. 9名患者中最先痊愈的3位均为女性,而对男性的治疗效果较为迟缓。

C. 该试验均在北半球的温带气候中,无法区分南北半球的试验差异,但也无法预先排除。

D. 强光照射对于皮肤的损害已经得到专门研究的证实,其中夏季比起冬季的危害性更大。

E. 每天6小时的非工作状态,改变了患者原来的生活环境、改善了他们的心态,这是对抑郁症患者的一种主要影响。

〔解题分析〕　正确答案:E

本题开头"光线的照射,有助于缓解冬季抑郁症"就是观点(结论),后面是对其的论证。研究人员得出这个结论的方法就是求同法,即其他条件都不同,只有光照相同。E项对题干的试验进行了另一种解释,如果这种解释成立,也就是说,如果事实上使患者痊愈或好转的原因,是每天6小时的非工作状态改善了他们的心态(正是这种心态是导致忧郁的主因),那么,就可得出结论,光线照射的增加,与冬季抑郁症缓解之间的联系只是一种表面的非实质性的联系,这就有力地削弱了题干的结论。A项对题干的实验,也进行了另一种解释,也能起到削弱作用,但只是说"有不小的作用"而E项说的是"主要影响"。因此,E项的削弱力度大。选项B、C、D与该结论不相干,均不能削弱题干。

例16-4　尽管迈克一贯胃口不好,但是他却非常喜欢在德普饭店吃的三顿饭。然而不幸的是他每次饭后都得了病。第一次他吃了一块巨大的香肠比萨饼外加一道辣椒;第二次他尽其所能吃了"吃你所能吃炸虾"和辣椒特价菜;第三次他就着辣椒吃了两个德普饭店的大肉团三明治。因为这三顿饭中每次都有的菜,只有辣椒,所以迈克推论出他生病就是因为德普饭店的辣椒。

迈克的推理最易受到下面哪一项的批评?

A. 作为得出他的结论的基础,在德普饭店食用的包括辣椒的饭的次数太少了。

B. 他在没有确定假设的原因是否先于假设的结果的情况下,假定了一个因果关系。

C. 他忽视了这样的事实,即对他来说,这三餐饭他都吃得太多了。

D. 他没有证明每个在德普饭店吃过辣椒的人都生了病。

E. 他让自己继续在德普饭店进餐的愿望使他的结论带上了偏见。

〔解题分析〕　正确答案:C

题干推理是求同法:迈克在饭店吃了三餐饭后都得了病,他吃的三餐饭都不同,但每餐都包含有辣椒这个共同因素,因此,他认为生病的原因就是辣椒。那么,如果他除了每餐都包含有辣椒这个共同因素外,还有别的共同因素,比如这三餐饭他都吃得太多了,那么,就不能认为生病的原因就是辣椒,而是另外的共同因素,即吃得太多造成的。由此分析可知 C 项是正确答案。

3)求同论证的解释

例 16-5   尽管对包办酒宴的机构的卫生检查程序比对普通餐馆的检查更严格是一个事实,但是上报到市卫生部门的食物中毒案例更多是由包办酒宴的服务部门引起的,而不是由餐馆的饭菜引起的。

下面哪一项如果是正确的,有助于解释上面陈述中的明显的矛盾?

A. 在任何给出的时间段里,在餐馆吃饭的人比参加包办酒宴的人多很多。

B. 包办酒宴的机构知道他们将招待的人数,因此比餐馆提供剩饭的可能性小,而剩饭是食物中毒的一个主要来源。

C. 很多餐馆除了提供个人饭菜之外,也提供包办酒宴的服务。

D. 人们不太可能将其所吃的一顿饭与之后的疾病联系起来,除非一群互相有联系的人都得了这种病。

E. 上报的在酒宴上的食物中毒案例与包办酒席中的食品无关。

[解题分析]   正确答案:D

本题需要解释的明显矛盾是,包办酒宴的机构卫生检查严格,但上报的更多的食物中毒是由包办酒宴的机构引起的。人们一般不太可能把一顿饭与其后的疾病联系起来,因为人们并不能确认是否是这顿饭引起的病,但是若在酒宴中的人们很多都在吃过酒宴之后病了,那么这些相互认识的人就会建立起这种联系,那么往往就会把生病与酒宴挂上钩,所以 D 项能解释题干矛盾,为正确答案。A 项指出普通餐厅的人多应当食品中毒案也多,所以 A 项不对;B 项也是应说明酒宴服务食品中毒案少而不是多;A、B 项起到部分反对的作用,所以不正确。C 项易误选,但 C 项只表明很多餐馆在提供个人饭菜之外,也提供包办酒宴的服务,并没有说明包办酒宴服务所占比例以及中毒情况,所以不能够起到解释作用。E 项与题干描述的矛盾关系不大。

注意:逻辑推理题的推理大多只在一个层面上进行,不能进行段落之外信息的进一步推导。有人说既提供个人饮食又提供酒宴不就可能解释了吗?这种思维就是递进思维。

16.2 求异法

求异法(差异法)是这样一种方法:如果某一现象在一种场合下出现,而另一种场合下不出现,但在这两种场合里,其他条件都相同,只有一个条件不同(在某现象出现的场合里有这个条件,而在某现象不出现的那一场合里则没有这个条件),

那么,这唯一不同的条件,就是某现象产生的原因。

1. 求异法的推理

求异法可用下述公式来表示:

场合　先行情况　被研究现象
(1)　　A、B、C　　　　a
(2)　　—、B、C　　　　—

所以,A 是 a 的原因(或结果)。

例如,

甲同学以前:每天坚持长跑、20 岁、山东人、……、身体健康
甲同学现在:　　　—　　、20 岁、山东人、……、　　—
(或者还是这个甲同学,后来不长跑了,身体就不那么健康了)
所以,每天坚持长跑是身体健康的原因

[逻辑案例]　白杨树落叶

据报道,在一些国家,大气污染极为严重,不仅严重影响人们的身体健康,也影响农作物的产量和树木的成长,如使白杨树提前落叶,等等。有一个国家的研究人员曾在环境暴露室中的两间实验室里做过下面的一个试验:将大气中被污染的空气放入一间实验室里,而在另一间的入气孔上装上活性炭过滤器等清除污染物的装置,使送入的空气变为洁净的空气。两间实验室中的土壤、水分、湿度、日照时间等与植物生长有关的其他条件完全相同。在两间实验室里,分别栽上同样的白杨15 株。4 个月之后,在空气洁净的实验室里,15 株白杨新长出的树干平均高 2.95 米,而在污染室中,新树干的平均高度只有 2.09 米;叶数前者平均为 71 片,后者仅为 26 片。而且,前者在 9 月上旬叶子还在继续生长,而后者在 8 月初即开始落叶。这清楚表明:白杨树提前落叶的原因是大气污染。

[逻辑案例]　咖啡

在1000 多年之前,埃塞俄比亚的凯夫镇上有个牧羊人。有一次,他到一块新的草地上去放牧。每天放牧回来,温驯的羊兴奋得疯疯癫癫的,到处乱跑。多年的放牧经验告诉他,羊可能吃了一种新的草。他对新旧两块放牧草地进行观察和比较,发现在新放牧的草地上有种从未见过的草,开着白花,结着浆果。经过反复试验,证实就是它使羊一反常态。后来,这种植物的浆果就成了制作咖啡的原料。

2. 求异法的特点

特征:同中求异(只有一个因素不同,其余相同)。

求异法大多是以试验观察为依据的。由于它能够经过人们自觉的安排,既考虑到被研究对象出现的场合,又注意到被研究对象不出现的场合。因此,它的结论

比求同法的结论更为可靠。正是因为求异法所得结论的可靠程度高，因此，人们经常使用这种逻辑方法来探寻现象间的因果关系。

[逻辑案例] 鹅防毒蛇

在新疆天山深处有一个解放军哨所，其驻地毒蛇很多，经常爬到房间里来捣乱，威胁到战士们的安全。战士们想了好多办法来对付，但效果都不大。有一次，战士们执勤路过当地一哈萨克族人家，在闲谈中他们了解到这家房屋中从来没有发现过蛇。战士们感到奇怪，经过多次观察，发现这家就是比哨所多了几只鹅，其他居住条件完全一样。战士们又听附近群众说鹅能防蛇。于是，战士们就买了4只鹅养起来。说来也真灵，自从养了鹅以后，哨所里再也没有发现过毒蛇。由此，战士们得出一个结论：鹅能防毒蛇。

正是因为求异法所得结论的可靠程度高，因此，人们经常使用这种逻辑方法来探寻现象间的因果关系。求异法在科学研究特别是科学试验中，是一种被广泛运用的方法。为了检查某种因果关系是否为真，最可靠的试验方法是改变原因后，看结果是否不同，即进行对比试验，对比试验的关键是让试验对象的其他方面的条件相同。

具体做法是：把被研究对象分为试验组和对照组。在试验组中加入某种情况（即某种条件、某种原因），进一步观察被研究对象是否出现。在对照组中，则不加入某种情况。再将两个场合的情况进行比较，推出可靠性程度较大的结论。科学史上许多重要发现和科学原理都是在科学试验中动用求异法取得的。例如"空气能传声""氧气能助燃"等原理都是运用求异法得到的。

[逻辑案例] 盲人的"特异功能"

以前有的心理学家曾经认为，盲人的皮肤感觉非常发达。在他接近物体时，能用面部皮肤感知空气的回流来躲避障碍物。有人把盲人的这种本能称作"面部视觉"能力。后来心理学家做过这样的试验。把盲人的面部用毯子遮住，他们仍然能回避障碍物，从而推翻了过去的结论，而把他们的耳朵塞住或让他们赤脚在地毯上行走，便丧失了回避障碍物的能力。这个试验揭示出盲人的"特异功能"，那就是具有高度发达的听觉能力。

例 16-6 与挪威的许多其他海岸城镇一样，斯塔夫镇直到 20 世纪 60 年代初都是安静太平的。自从它成为挪威的远洋开采中心以来，斯塔夫镇的暴力犯罪和蓄意破坏现象大幅增加。斯塔夫镇的社会问题可能起因于这场石油开发，因为在挪威，那些没有开发石油的海岸城镇仍然保持着很低的暴力犯罪和蓄意破坏现象。

以下哪项最准确地描述了上述论证所使用的推理方法？

A. 基于在某种条件不存在的情况下，某种现象有时也会产生，断定这一条件不是导致这一现象产生的一个前提条件。

B. 基于在某种条件不存在的情况下，某种现象没有产生，断定这一条件是导致这一现象产生的原因。

C. 根据在某种现象产生之前，某种特定的条件并未出现，断定这一条件不可能是导致这种现象产生的原因。

D. 试图通过论证与某种论断相矛盾的论断是与事实相矛盾的，来证明这种论断。

E. 试图证明若使某种特定的解释成立就必须发生的事件不可能发生。

［解题分析］　正确答案：B

该论证用的是求异法。B项准确地描述了题干的推理方法，因此为正确答案。其余选项不妥，比如D项概括的是反证法。

3. 针对运用求异法推出的因果主张，所提出的批判性准则

为了提高求异论证的可靠性，应该注意以下几点。

（1）不同场合中所具有的差异因素是不是唯一的？因为求异法是"从同中求异"，正反两种场合除了有一种情况不同外，其余情况必须完全相同，如果相异之处不止一个，就很难判定真正的原因了。例如，某人第一天晚上看书3小时，同时喝茶，结果失眠；第二天晚上做作业2小时，同时喝茶，结果没有失眠，从而认为看书3小时是失眠的原因。但是，可能真正的原因是第一天喝的是浓茶，第二天喝的是淡茶。

（2）要注意探求是否还有隐藏着的其他原因。

如果在先行情况中发现有若干相异情况，则可初步确定这些相异情况与被研究现象有因果关系，但需要对每一个相异情况进行分析，寻找真正的原因。应用求异法要注意：前提中比较两个不同场合所出现的不同情况，必须是确实不同的。如果所比较的两个不同场合中出现的"不同情况"实际上是相同的，那么求异法就失去了根据，其结论就是不可靠的。例如，有个同学每逢看书就头疼，不看就好了。他认为是看书引起头疼，担心自己患了神经衰弱。经医生检查，发现他看书时戴眼镜、不看书时不戴眼镜，引起他头痛的真正原因是他那副近视度数不合适的眼镜。

（3）不同场合中所具有的差异因素是部分原因，还是全部原因？

（4）背景是否一样？即其他条件是否都相同？

4. 求异法论证的分析

1）求异论证的强化

（1）通过对比观察或对比试验增加一个论据。

例 16-7　如果人体缺碘，就会发生甲状腺肿大，俗称"大脖子病"。过去我国缺

碘人口达 7 亿多,从 1994 年起我国实行食盐加碘政策。推行加碘盐十多年后,大脖子病的发病率直线下降,但在部分地区,甲亢、甲状腺疾病却明显增多。有人认为,食盐加碘是导致国内部分地区甲状腺疾病增多的原因。

如果以下陈述为真,哪一项能给上述观点以最强的支持?

A. 某项调查表明,食盐加碘 8 年的乡镇与未加碘乡镇相比,其年均甲亢发病率明显增高。

B. 甲亢、甲状腺炎等甲状腺疾病患者应该禁食海产品、含碘药物和加碘食盐。

C. 目前,我国在绝大多数高碘地区已经停止供应加碘食盐。

D. 我国沿海地区居民常吃海鱼、海带、紫菜等,这些海产品含有丰富的碘。

E. 食盐加碘之后,又相继出现了加铁、加锌的食盐。

[解题分析]　正确答案:A

题干观点为,食盐加碘是导致国内部分地区甲状腺疾病增多的原因。如果 A 项为真,即食盐加碘 8 年的乡镇年均甲亢发病率明显高于未加碘的乡镇,这显然有助于说明加碘是导致甲状腺疾病增多的原因,因此,该项为正确答案。其余选项不能支持上述观点。

(2) 增加另一个对比场合(无因无果)

题干条件为(其中场合也可看成比较的对象)

场合	先行情况	被研究现象
(1)	A、B、C	a

所以,A 是 a 的原因(或结果)

可补充一个对比的场合来支持。

场合	先行情况	被研究对象
(2)	—、B、C	—

例 16-8　科学家发现,一种名为"SK3"的蛋白质在不同年龄的试验鼠脑部的含量与其记忆能力密切相关:老年试验鼠脑部 SK3 蛋白质的含量较高,年轻试验鼠含量较少;而老年试验鼠的记忆力比年轻试验鼠差,因此,科学家认为,脑部 SK3 蛋白质含量增加会导致试验鼠记忆力衰退。

以下哪项如果为真,最能支持科学家的结论?

A. 在年轻的试验鼠中,也发现脑部 SK3 蛋白质含量较高的情况。

B. 已经发现人类的脑部也含有 SK3 蛋白质。

C. 当科学家设法降低老年试验鼠脑部 SK3 蛋白质的含量后,它们的记忆力出现了好转。

D. 科学家已经弄清了 SK3 蛋白质的分子结构。

E. 有些实验鼠年龄越大,SK3 蛋白质含量越小。

[解题分析] 正确答案：C

题干是使用求异法作出的论证，比较的对象是老年鼠和年轻鼠，比较的现象是"记忆力"，得出的结论是：差异因素（SK3 含量）是导致某种现象（记忆力好坏）的原因。年轻鼠：SK3 含量低，记忆力好。老年鼠：SK3 含量高，记忆力差。C 项表明：老年鼠，SK3 含量降低，则记忆力好转。因此，C 项是个无因无果的支持，为正确答案。A、E 项能削弱题干论述；B、D 项为明显无关选项。

（3）指出导致不同结果的原因方面指出差异因素是唯一的或关键的。题干出现论证是：

场合	先行情况	被研究现象
（1）	A、B、C	a
（2）	—、B、C	—

所以，A 是 a 的原因（或结果）

怎么假设？指出 A 对 a 的出现来说是唯一的、关键的或必不可少的。

例 16-9　在欧洲，学龄儿童每天都花时间做柔软体操，而北美洲的学校则很少提供这样的每日柔软体操运动。测验表明：相对于欧洲的儿童来说，北美洲的儿童弱小、迟钝且不善长跑。由此断言，只有北美儿童在学校做每日柔软体操运动，他们的身体才可能强壮起来。

以下哪一项是上述论证的假设？

A. 所有儿童都可能通过做每日柔软体操而变得强壮起来。

B. 所有儿童都能通过做每日柔软体操而变得同样强壮。

C. 良好的身体素质取决于良好的健康状况。

D. 学校的每日柔软体操运动是使欧洲儿童具有良好身体素质不可缺少的因素。

E. 北美儿童除了做柔软体操运动外，还要学着多吃营养丰富的食物。

[解题分析] 正确答案：D

题干论述：欧洲儿童做柔软体操比北美儿童多，所以身体素质比北美儿童好。本题是使用求异法作出的论证，比较的对象是欧洲儿童与北美儿童，先行情况中的差异因素是"柔软体操"，比较的现象是"身体素质"，求异法的结论：差异因素（柔软体操）是导致某种现象（身体素质）产生的原因。要使这个论证成立，就必须指出"柔软体操"这个差异因素是（身体素质）这个现象出现的关键因素。

D 项是题干推理必须的假设，否则，如果学校的每日柔软体操运动不是使欧洲儿童具有良好身体素质不可缺少的因素，那么意味着欧洲儿童不做每日体操也有可能更强壮，题干推理就不成立了。A 项加非：并非所有儿童都可能通过做每日柔软体操而变得强壮起来，有削弱题干的意思，但是，并非所有儿童都能强壮起来，不排除部分儿童强壮起来(也许这"部分儿童"就是美国儿童),削弱力度不足,排除。未必要求"同样"强壮,B项排除;C、E项都是明显无关选项,排除。

(4)正面指出除这个差异因素之外,其他背景因素(先行条件)都是相同的。题干出现的论证是:

场合	先行情况	被研究现象
(1)	A、B、C	a
(2)	—、B、C	—

所以,A是a的原因(或结果)

怎么假设或支持?指出B、C等先行条件或背景因素是相同的。

例16-10 在一项试验中,第一组被试验者摄取了大量的人造糖,第二组则没有吃糖。结果发现,吃糖的人比没有吃糖的人认知能力低。这一试验说明,人造糖中所含的某种成分会影响人的认知能力。

以下哪项如果为真,最支持上述结论?

A. 在上述试验中,第一组被试验者吃的糖大大超出日常生活中的摄入量。

B. 上述人造糖中所含的该种成分也存在于大多数日常食物中。

C. 第一组被试验者摄取的糖的数量没有超出卫生部门规定的安全范围。

D. 两组被试验者的认知能力在试验前是相当的。

E. 两组被试验者的人数相等。

[解题分析] 正确答案:D

本题是使用求异法作出的论证,先行情况中的差异因素是"吃糖",比较的现象是"认知能力",求异法的结论:差异因素(吃糖)是导致某种现象(认知能力低)产生的原因。要使这个论证成立,就必须指出除了"吃糖"这个差异因素外,其他先行情况是相同的。D项"两组被试验者的认知能力在试验前是相当的"就表明了背景因素是相同的,支持了题干论证。

(5)从反面指出导致不同结果的原因方面指出不存在其他方面的差异。(没有他因)。例如:从一个试验中发现吃补充维生素胶囊的人比不吃补充维生素胶囊的人得心脏病的少,那么吃维生素胶囊可以减少心脏病的发生。支持可以为"除了吃维生素这个因素外,没有其他原因来说明为什么吃维生素的人得心脏病少了"。

场合	先行情况	被研究现象
(1)	T、A、B、C	a
(2)	—、—、B、C	—

所以,A是a的原因(或结果)

例如，

甲同学：生活有规律、每天坚持长跑、20岁、山东人、……、身体健康

甲同学：　　—　　、　　　—　　、20岁、山东人、……、身体健康

所以，每天坚持长跑就不一定是身体健康的原因，也许生活有规律才是原因。

例 16-11　体内不产生 P450 物质的人与产生 P450 物质的人比较，前者患帕金森综合征（一种影响脑部的疾病）的可能性是后者的 3 倍。因为 P450 物质可保护脑部组织不受有毒化学物质的侵害。因此，有毒化学物质可能导致帕金森综合征。

下列哪项如果为真，将最有力地支持以上论证？

A. 除了保护脑部不受有毒化学物质的侵害外，P450 对脑部无其他作用。

B. 体内不能产生 P450 物质的人，也缺乏产生某些其他物质的能力。

C. 一些帕金森综合征患者有自然产生 P450 的能力。

D. 当用多己胺——一种脑部自然产生的化学物质治疗帕金森综合征患者时，患者的症状减轻。

E. 很快就有可能合成 P450，用以治疗体内不能产生这种物质的患者。

[解题分析]　正确答案：A

题干结论：有毒化学物质可能导致帕金森综合征。理由：①P450 可以保护脑部组织不受有毒化学物质的侵害；②体内产生 P450 物质的人比较不容易患帕金森综合征。本题涉及的求异法的运用。原文依据差异点（P450）具有的某种作用进一步推断有毒化学物质的侵害是导致帕金森综合征的原因，这仍然取决于差异点（P450 的作用）是否是唯一的。

选项 A"除了保护脑部不受有毒化学物质的侵害外，P450 对脑部无其他作用"，就满足这一点。否则，如果除了保护脑部不受有毒化学物质的侵害之外，P450 对大脑"还"有其他作用，比如 P450 能抵抗某种病菌，而该种病菌能导致帕金森综合征，那么，就不是有毒化学物质可能导致帕金森综合征了。因此，A 是题干推理的假设，为正确答案。B、D、E 项都是明显无关选项，排除；C 项为明显的削弱项，排除。

2）求异论证的弱化

（1）增加另一个场合（无因有果，有因无果）。每天坚持长跑是身体健康的原因，比如：

甲同学：每天坚持长跑、20岁、山东人、……、身体健康

乙同学：　　—　　、20岁、山东人、……、身体健康

丙同学：每天坚持长跑、20岁、山东人、……、　　—

乙、丙均是对题干的削弱。

再如：从一个试验中发现吃维生素的人得心脏病的比例低，那么吃维生素胶

囊可以减少心脏病的发生。怎么支持？①还是这些人，后来不吃维生素了，得心脏病的比例就多了；②另一些与这些吃维生素的完全类似的人，他们不吃维生素，得心脏病的比例不低。怎么削弱？①另一群人不吃维生素，但得心脏病的也少；②另一群人吃维生素，得心脏病的也多。

例 16-12 自 1997 年开始的亚洲金融危机中，中国因为金融市场的开放程度有限而没有受到最严重的冲击。相反，亚洲各国中金融市场开放程度比较高的韩国、印度尼西亚、泰国等都饱受货币贬值、经济衰退之苦。看来，中国的金融市场还是应该自成体系地封闭运行为好。

以下哪项如果为真，则最能削弱上述结论？

A. 亚洲金融危机只是一个前奏，更危险的冲击还在后头。

B. 中国金融市场开放程度受到中国经济发展阶段的限制。

C. 亚洲金融危机给中国带来的影响可能是深层次的，并非表面这样平静。

D. 如果不开放金融市场，金融体系无法走向成熟和完善，躲过了亚洲金融危机，也躲不过世界金融危机。

E. 随着香港经济与内地经济越来越紧密地融合，中国金融市场的开放程度也会越来越大。

[解题分析] 正确答案：D

题干根据亚洲金融危机中中国与韩国等对比推理得出结论：中国金融市场不开放为好。因：金融市场开放；果：受到金融危机的冲击。D 项是个无因有果的削弱。无因：不开放金融市场；有果：会受到世界金融危机的冲击。C 项对题干有所削弱，但由于它断定的只是一种可能性，因此，削弱的力度不大。其余项不能削弱题干。

（2）另有他因：正面指出除这个差异因素之外，其他背景因素（先行条件）存在不同。

例 16-13 在村庄东西两块玉米地中，东面的地施用过磷酸钙单质肥料，西面的地则没有。结果，东面的地亩产玉米 300 千克，西面的地亩产仅 150 千克。因此，东面的地比西面的地产量高的原因是由于施用了过磷酸钙单质肥料。

以下哪项如果为真，最能削弱上述论证？

A. 给东面地施用的过磷酸钙是过期的肥料。

B. 北面的地施用过硫酸钾单质化肥，亩产玉米 220 千克。

C. 每块地种植了不同种类的 4 种玉米。

D. 两块地的田间管理无明显不同。

E. 东面和西面两块地的土质不同。

[解题分析]　正确答案：E

要使这则通过求异法作出的论证成立,必须保证对照试验中的这两块地除了是否施了过磷酸钙单质肥料外,其他背景因素都相同。E项表明,东面和西面两块地的土质不同,这就说明了存在其他因素影响论证,能有效地削弱题干,为正确答案。其余选项难以削弱题干。比如A项,给东面地施用的过磷酸钙是过期的肥料,东面的产量都比没施肥的西面高,可见过期的过磷酸钙有作用,那么不过期的肥料就更有作用了,支持了题干。C项意思是这两块地都种植了不同种类的4种玉米,而不是说这两块地种植的玉米不一样,因此,不能削弱题干。

(3) 另有他因：反面指出在所比较的两种现象之间存在其他差异因素。指出导致不同结果的原因方面指出差异因素不是唯一。

场合	先行情况	被研究现象
(1)	T、A、B、C	a
(2)	—、—、B、C	—

这样就削弱了A是a的原因

反面削弱强于正面削弱,因而正面削弱常用来做干扰选项;若选项中未采用反例,当然正面就是最强的。例如：从一个试验中发现吃补充维生素胶囊的人比不吃补充维生素胶囊的人得心脏病的少,那么吃维生素胶囊可以减少心脏病的发生。削弱可以为"吃维生素的人本来身体素质就好"。(这样就不能认为一定是维生素的作用了。)

例16-14　有些家长对学龄前的孩子束手无策,他们自愿参加了当地的一个为期六周的"家长培训"计划。家长们在参加该项计划前后,要在一份劣行调查表上为孩子评分,以表明孩子到底给他们带来了多少麻烦。家长们报告说,在参加该计划之后他们遇到的麻烦确实比参加之前要少。

以下哪项如果为真,最可能怀疑家长们所受到的这种培训的真正效果？

A. 这种训练计划所邀请的课程教授尚未结婚。

B. 参加这项训练计划的单亲家庭的家长比较多。

C. 家长们通常会在烦恼不堪、情绪落入低谷时才参加"家长培训"计划,而孩子们的捣乱和调皮有很强的周期性。

D. 填写劣行调查表对于这些家长来说不是一件容易的事情,尽管并不花费太多的时间。

E. 学龄前的孩子最需要父母亲的关心。起码,父母亲应当在每天都有和自己的孩子相处谈话的时间;专家建议,这个时间的低限是30分钟。

[解题分析]　正确答案：C

题干是一个求异法作出的论证,先行的差异因素是"是否参加家长培训",被观察的现象是"遇到麻烦的情况"。因为家长们感到在参加该计划之后他们遇到的麻烦确实比参加之前要少,因此,该"家长培训"计划有效果。选项 C 实际上指出存在其他差异因素,由该项可知家长们在参加"家长培训"计划前后,正是他们遇到的麻烦最多的时候,此后,即使退出这项计划,他们遇到的麻烦也会较为减少,这样由参加该计划之后遇到的麻烦比参加之前要少,并不能说明这项计划有效。因此,C 项将对题干中的培训效果构成严重质疑。其余各项均不能构成质疑。

(4) 求异论证的削弱变形。

① 虽然表面相同,实际上存在其他不同因素。题干论述:差异因素(先行情况)发生正反两方面的变化,比较的现象(结果)没变化,说明差异因素对结果无影响。怎么削弱? 可指出比较的现象(结果)实际上是有变化的(有其他因素造成或有其他方面的变化),就有利于说明差异因素与比较的现象(结果)具有因果关系。

场合	先行情况	被研究现象
(1)	A、B、C	a
(2)	—、B、C	a

所以,A 与 a 无因果关系

怎么削弱? 说明两个场合的 a 实质上是不同的。

② 表面不同,但实质相同。

场合	先行情况	被研究现象
(1)	A、B、C	a
(2)	—、B、C	—

所以,A 与 a 有因果关系

怎么削弱? 说明第一个场合的"a"与第二个场合的"—"实质上是相同的。

例 16-15 有 90 位患者,都患难治病 T,服用过同样的常规药物。这些患者被分为人数相等的两组,第一组服用用于治疗 T 的试验药物 W 素,第二组服用不含 W 素的安慰剂。10 年后的统计显示,两组都有 44 人死亡。因此,这种药物是无效的。

以下哪项为真,最能削弱上述论证?

A. 在上述死亡患者中,第二组的平均死亡年份比第一组早两年。

B. 在上述死亡患者中,第二组的平均寿命比第一组小两岁。

C. 在上述活着患者中,第二组的比第一组病情更严重。

D. 在上述活着患者中,第二组的比第一组的更年长。

E. 在上述活着患者中,第二组的比第一组的更年轻。

[解题分析] 正确答案:A

本题是使用求异法作出的论证,先行情况中的差异因素是"是否服用试验药物

W 素",比较的现象是"寿命",由于 10 年后每一组都有 44 位患者去世,从中得出结论:这种药物是无效的。如果 A 项为真,则事实上,在上述死亡者中,不服用试验药物 W 素的那一组的平均死亡年份比第一组早两年,则就有利于说明差异因素(服用试验药物 W 素)是导致某种现象(寿命增加)产生的原因,这样,就说明服用用于治疗 T 的试验药物 W 素是有效的,有力地削弱上述论证,为正确答案。对两组患者的考查,只能从患病并进行治疗开始,与平均寿命关系不大,B 项不选。根据题意,每组只有 1 人活着,因此比较活着的人就没有什么意义了,所以 C、D、E 项均不予考虑。

(5) 不能削弱。

不能削弱型题目就是要找出支持题干论证或与题干论证无关的选项。

例 16-16　孩子出生后的第一年在托儿所度过,会引发孩子的紧张不安。在我们的研究中,有 464 名 12～13 岁的儿童接受了特异情景测试法的测验,该项测验意在测试儿童 1 岁时的状况与对母亲的依附心理之间的关系。其结果:有 41.5% 曾在托儿所看护的儿童和 25.7% 曾在家看护的儿童被认为紧张不安,过于依附母亲。

以下哪项如果为真,最没有可能对上述研究的推断提出质疑?

A. 研究中所测验的孩子并不是从托儿所看护和在家看护两种情况下随机选取的。因此,这两组样本儿童的家庭很可能有系统的差异存在。

B. 这项研究的主持者被证实曾经在自己的幼儿时期受到过长时间来自托儿所阿姨的冷漠。

C. 针对孩子的母亲另一部分研究发现:由于孩子在家里表现出过度的依附心理,父母因此希望将其送入托儿所予以矫正。

D. 因为风俗的关系,在 464 名被测者中,在托儿所看护的大多数为女童,而在家看护的多数为男童。一般地说,女童比男童更易表现为紧张不安和依附母亲。

E. 出生后第一年在家看护的孩子多数是由祖父母或外祖父母看护的,并形成浓厚的亲情。

[解题分析]　正确答案:E

题干的结论是:孩子出生后的第一年在托儿所度过,会引发孩子的紧张不安。其根据是:表现出紧张不安(过于依附母亲)的被测验儿童,在 1 岁时曾由托儿所看护的儿童中所占的比例,要高于 1 岁时曾在家中看护的儿童。

若 A 项为真,说明统计时的抽样可能不科学。因为如果两组进行比较的儿童本身可能存在系统性的差异,那么,他们是否较易紧张不安,完全可能由此种差异造成,而并非因为 1 岁时是否由托儿所看护造成。因此,能质疑题干推断。

若 B 项为真,可以怀疑题干中研究者的测验是否带上了研究者本人的个人偏向和主观色彩。因此,能质疑题干推断。

若 C 项为真,由此可以得出结论:至少有一部分孩子,不是由于去了托儿所才有了依附心理,恰恰相反,而是表现出了过度的依附心理才被送进托儿所。这是个因果倒置的削弱。

若 D 项为真,说明样本不科学,由此可以认为,表现出紧张不安和依附母亲的被测试儿童,在 1 岁时曾由托儿所看护的儿童中所占的比例较高,是因为该组中女童所占的比例较高,因此,不能认为是托儿所引发了孩子的紧张不安。因此,以另有他因的方式质疑了题干推断。

若 E 项为真,在家看护的孩子多数是由祖父母或外祖父母看护并形成浓厚的亲情,进一步说明了在家看护不容易紧张,某种意义上支持了题干,因此,该项显然最不可能构成质疑。

3）求异论证的推论

求异论证结论的得出:差异因素是导致某种现象产生的原因。

例 16-17　各品种的葡萄中都存在着一种化学物质,这种物质能有效减少人血液中的胆固醇。这种物质也存在于各类红酒和葡萄汁中,但白酒中不存在。红酒和葡萄汁都是用完整的葡萄作原料制作的;白酒除了用粮食作原料外,也用水果作原料,但与红酒不同,白酒在以水果作原料时,必须除去其表皮。

以上信息最能支持以下哪项结论?

A. 用于制酒的葡萄的表皮都是红色的。

B. 经常喝白酒会增加血液中的胆固醇。

C. 食用葡萄本身比饮用由葡萄制作的红酒或葡萄汁更有利于减少血液中的胆固醇。

D. 能有效减少血液中胆固醇的化学物质,只存在于葡萄的表皮之中,而不存在于葡萄的其他部分中。

E. 能有效地减少血液中胆固醇的化学物质,只存在于葡萄之中,不存在于粮食作物之中。

[解题分析]　正确答案:D

题干从正反两方面所述的事实是:包含表皮的葡萄做的红酒有减少血液中胆固醇的物质;去掉表皮的葡萄做的白酒不含减少血液中胆固醇的物质。因此合理的推论是:这种物质只存在于葡萄的表皮中。这正是 D 项所断定的。其余各项均不能从题干中推出。

4）求异论证的解释

题干论述，一方面，差异因素（先行情况）发生正反两方面的变化，比较的现象（结果）也变化，按理应该有因果关系；但另一方面，又说明它们没有因果关系。为什么？可从另外角度，比如背景因素不一样，来解释它们的分歧。

例 16-18 京华大学的 30 名学生近日答应参加一项旨在提高约会技巧的计划。在参加这项计划前一个月，他们平均已经有过一次约会。30 名学生被分成两组：第一组与 6 名不同的志愿者进行 6 次"实习性"约会，并从约会对象得到对其外表和行为的看法的反馈；第二组仅为对照组。在进行实习性约会前，每一组都要分别填写社交恐惧调查表，并对其社交的技巧评定分数。进行实习性约会后，第一组需要再次填写调查表。结果表明：第一组较之对照组表现出更少社交恐惧，在社交场合更自信、更易进行约会。显然，实际进行约会，能够提高我们社会交际的水平。

以下哪项如果为真，最可能质疑上述推断？

A. 这种训练计划能否普遍开展，专家们对此有不同的看法。

B. 参加这项训练计划的学生并非随机抽取的，但是所有报名的学生并不知道试验计划将要包括的内容。

C. 对照组在事后一直抱怨他们并不知道计划已经开始，因此，他们所填写的调查表因对未来有期待而填得比较悲观。

D. 填写社交恐惧调查表时，学生需要对约会的情况进行一定的回忆，男学生普遍对约会对象评价得较为客观，而女学生则显得比较感性。

E. 约会对象是志愿者，他们在事先并不了解计划的全过程，也不认识约会的实验对象。

[**解题分析**] 正确答案：C

题干的结论是：实际进行约会，能够提高社交水平。其根据是：在所填写的调查表中，实习组比对照组更自信。如果 C 项为真，意思是，对照组不知道在试验，因此，表填得比正常情况要悲观，也即对照组实际上的社交水平和状态，比调查表中填写的要好，这样，作为题干根据的上述对比结果（即参加实习约会后表现出更多自信）就可能不成立，也就是，参加与不参加实习约会的社交水平是差不多的，这就对题干的推断提出的有力的质疑。

B 项前半句话"参加这项训练计划的学生并非随机抽取的"似乎对题干有所削弱，但后半句话"所有报名的学生并不知道试验计划将要包括的内容"对题干起到了支持作用。

其余各项均不能构成质疑。

5）求异论证的评价

求异法就是要考查正反两个场合。对某个事物的评价,首先要有个评价的基准,也就是可比较的标准。常用的方法是通过对比试验进行对比评价。

例 16-19 许多孕妇都出现了维生素缺乏的症状,但这通常不是由于孕妇的饮食中缺乏维生素引起的,而是由于腹内婴儿的生长使她们比其他人对维生素有更高的需求。

为了评价上述结论的确切程度,以下哪项操作最为重要?

A. 对某个缺乏维生素的孕妇的日常饮食进行检测,确定其中维生素的含量。

B. 对某个不缺乏维生素的孕妇的日常饮食进行检测,确定其中维生素的含量。

C. 对孕妇的科学食谱进行研究,以确定有利于孕妇摄入足量维生素的最佳食谱。

D. 对日常饮食中维生素足量的一个孕妇和一个非孕妇进行检测,并分别确定她们是否缺乏维生素。

E. 对日常饮食中维生素不足量的一个孕妇和另一个非孕妇进行检测,并分别确定她们是否缺乏维生素。

[解题分析] 正确答案:D

如果 D 项操作的结果是:非孕妇不缺乏维生素而孕妇缺乏维生素,则腹内婴儿生长就可被认为是孕妇维生素缺乏的原因;反之,如果非孕妇也缺乏维生素,则不能认为腹内婴儿生长是孕妇维生素缺乏的原因,可能是所有妇女都缺乏维生素了。因此,D 项操作对于评价题干的结论具有重要性。A 项无意义,因为题干已说到孕妇的饮食中通常不缺乏维生素。其余各项对评价题干的结论都不具重要性。

例 16-20 在经历了全球范围的股市暴跌的冲击以后,T 国政府宣称,它所经历的这场股市暴跌的冲击,是由于最近国内一些企业过快地非国有化造成的。

以下哪项,如果事实上是可操作的,最有利于评价 T 国政府的上述宣称?

A. 在宏观和微观两个层面,对 T 国一些企业最近的非国有化进程的正面影响和负面影响进行对比。

B. 把 T 国受这场股市暴跌的冲击程度,与那些经济情况和 T 国类似,但最近没有实行企业非国有化的国家所受到的冲击程度进行对比。

C. 把 T 国受这场股市暴跌的冲击程度,与那些经济情况和 T 国有很大差异,但最近同样实行了企业非国有化的国家所受到的冲击程度进行对比。

D. 计算出在这场股市风波中 T 国的个体企业的平均亏损值。

E. 运用经济计量方法预测 T 国的下一次股市风波的时间。

[解题分析] 正确答案:B

对某个事物进行评价的有效方式是看对比情况的结果。即与另一场合进行对比,按照 B 项的设计操作,那些经济情况与 T 国类似,但最近没有实行企业非国有化的国家,如果没有受到类似于 T 国的股市暴跌的冲击,则根据求异法可认为股市暴跌的原因就是非国有化,即 T 国政府的宣称将受到支持;如果同样受到类似于 T 国的股市暴跌的冲击,则股市暴跌的原因就不能认为是非国有化,即 T 国政府的宣称将受到严重质疑。显然,这一操作有利于评价 T 国政府的宣称。其余各项,对评价 T 国政府的宣称没有意义,或意义不大。

16.3 共变法

共变法是指:在其他条件不变的情况下,如果一个现象发生变化,另一个现象就随之发生变化,那么,前一现象就是后一现象的原因或部分原因。

1. 共变法的推理

共变法可用下述公式来表示:

场合	先行情况	被研究现象
(1)	A1、B、C、D	a1
(2)	A2、B、C、D	a2
(3)	A3、B、C、D	a3
⋮	⋮	⋮

所以,A 是 a 的原因

共变法在科学研究和日常生活实践中都有很大作用。它不仅可以用来确定因果关系,而且也可以用来作为反驳事物间具有因果关系的根据。只要能够证明假定原因的变化并不引起作为预想结果的变化,也就可以因此否认它们之间可能存在的因果关系。另外,共变法的作用还表现在:几乎所有测量仪器(比如温度计)的构造,都是以互有因果关系的现象间的共变关系为基础的,从而也就可以使我们能根据一种现象的量来判断另一种现象的量。

[逻辑案例] 太阳黑子与磁暴

地区磁场发生磁暴的周期性经常与太阳黑子的周期一致。随着太阳黑子数目的增加,磁暴的强度增大。当太阳黑子的数目减少时,磁暴的强度降低。所以科学家推测,太阳黑子的出现可能是磁暴的原因。

[逻辑案例] 头发与心肌梗死

某报纸上报道了国外有的科学家,通过对头发化学成分的分析,发现头发内含有大量的硫和钙。精确的测定表明,心肌梗死患者头发中的含钙量已降到了最低限度。假定一个健康男子头发的含钙量平均为 0.26%,那么,一个患有心肌梗死的男子,他的头发的含钙量仅仅只有 0.09%。据此,科学家们相信,根据头发含钙量的变化,可以诊断出心肌梗死的发展情况。

分析:在其他情况保持不变的条件下,根据心肌梗死病情发展得越厉害、头发中的含钙量就相应地越减少的事实,即头发的含钙量的减少状况与心肌梗死病情的发展状况之间有定量的共变关系,得出了结论:通过对头发中含钙量的分析,是可以预断心肌梗死病情的发展状况的。

2. 共变法的特点

共变法的特点是"同中求变"。

求同法是异中求同,求异法是同中求异。共变法的共变现象达到极限,就求异法,所以说求异法是共变法的极端场合。

求同法、求异法都是从先行情况和被研究现象的出现或不出现来判明因果关系的。而共变法却是从先行情况和被研究现象的数量或程度的变化来判明因果关系的。在运用共变法时,先行情况和被研究现象在被考查的几个场合始终存在,只是两者在量上发生一定的变化,根据这种变化,不但能找出原因,还能初步确定原因与结果之间的数量关系,因而共变法的结论具有较大可靠性。

[**逻辑案例**] 婴儿为什么总被抱在左边?

有人作过一个十分有趣的统计:过去几百年间流传至今的 466 幅圣母玛丽亚的画像中,有 373 幅里的耶稣是在左边吸吮圣母的乳汁的,这一数字是全部被统计画幅的 80％左右。

艺术是生活的概括,如果你稍微注意的话,就会发现,大多数母亲喂奶时,也是把婴儿抱在自己的左边。据心理学家统计,80％的母亲都是把婴儿抱在左边的。

为什么会这样?为此,有位心理学家做了以下试验:

任选 4 组婴儿,每组人数相同,把他们放在声音环境不同的房间里。第一个房间保持寂静,第二个房间放催眠曲,第三个房间放模拟的心跳声,第四个房间放真实的心跳声的录音。用这样的方法,试验一下哪一个房间的婴儿最先入睡。结果第四个房间的婴儿,只用了其他房间中婴儿入睡所需时间的一半,就进入了梦乡;然后依次是第三个房间、第二个房间、第一个房间里的婴儿入睡。通过试验证明听到母亲的心跳声对婴儿有某种抚慰的作用。

例 16-21 在 20 世纪 50 年代,我国森林覆盖率为 19％,60 年代为 11％,70 年代为 6％,80 年代不到 4％。随着森林覆盖率的逐年减少,植被大量破坏,削弱了土地对雨水的拦蓄作用,一下暴雨,水卷泥沙滚滚而下,使洪涝灾害逐年严重。可见,森林资源的破坏,是酿成洪灾的原因。

以下哪项使用的方法与上文最类似?

A. 敲锣有声,吹箫有声,说话有声。这些发声现象都伴有物体上空气的振动,因而可以断定物体上空气的振动是发声的原因。

B. 把一群鸡分为两组,一组喂精白米,鸡得一种病,脚无力、不能行走、症状与人的脚气病相似。另一组用带壳稻米喂,鸡不得这种病。由此推测精白米中所没有的,但带壳稻米中含有的东西是造成脚气病的原因。进一步研究发现,这种东西就是维生素 B_1。

C. 意大利的雷地反复进行一个试验,在 4 个大口瓶里,放进肉和鱼,然后盖上盖或蒙上纱布,苍蝇进不去,一个蛆都没有。另 4 个大口瓶里,放进同样的肉和鱼,敞开瓶口,苍蝇飞进去产卵,腐烂的肉和鱼很快生满了蛆。可见,苍蝇产卵是鱼肉腐烂生蛆的原因。

D. 在有空气的玻璃罩内通电击铃,随着抽出空气量的变化,铃声越来越小,若把空气全抽出,则完全听不到铃声。可见,声音是靠空气传播的。

E. 棉花是植物纤维,疏松多孔,能保温。积雪是由水冻结而成的,有 40％～50％的空气间隙,也是疏松多孔的,能保温。可见,疏松多孔是能保温的原因。

［解题分析］　正确答案：D

选项 D 和题干都使用求因果关系的共变法。A、E 项为求同,B 项为求异,C 项为求同求异。

3. 针对运用共变法推出的因果主张,所提出的批判性准则

为了提高共变法论证的可靠性,应该注意以下几点：

(1) 被研究现象发生共变的情况是否是唯一的？

与被研究现象发生共变的先行情况必须是唯一的。就是说,运用共变法只能有一个情况发生变化而另一现象随之发生变化,其他情况应保持不变。

(2) 在考查两个现象之间的共变关系时,其他条件是否保持不变？

在考查两个现象之间的共变关系时,要注意保持其他条件不变。如果还有其他情况也在发生变化,那么运用共变法就容易出错。例如,物体的体积同温度之间热胀冷缩的共变关系,是以压力、引力不变为条件;如果压力、引力相关情况发生变化,就不再有上述的因果关系;如果对物体增大压力,即使对它加热,也不会出现体积膨胀现象。

(3) 两种现象的共变是否具有相关性？

统计相关就是共变。共变法的根据不只是两种现象发生共变,重要的是原因与结果在数量上要有相关性。区分有因果关系的共变现象和无因果关系的共变现象,以免找错原因。例如,闪电打雷时闪电和雷声也有共变关系,闪电强,雷声大,但两者无因果关系,因为它们都是云层放电作用引起的;闪电不是雷声的原因,放电作用才是真正的原因。

共变不一定有因果,关键要看是否有实质性的相关。下面是误用共变造成的

幽默。

[逻辑案例] 五支笔

在《五支笔》的相声中，甲、乙有这样一段对话。

乙："那我要是戴一支钢笔呢？"

甲："那不用说，高小程度。"

乙："噢！我戴的是两支笔。"

甲："初中啊。"

乙："我戴三支？"

甲："高中。"

乙："我戴四支？"

甲："那你就上大学了。"

乙："我要是戴五支呢？"

甲："你要是戴五支呀！"

乙："我就是大学教授。"

甲："不，是修理钢笔的。"

[逻辑案例]

三个男人在一起聊天，一个说："自从老婆看过《双胞胎》这部电影后，就生了双胞胎。"另一个说："自从我老婆看了《三个火枪手》这本书后，就生了三胞胎。"第三个男人听了以后大叫起来，边往家跑边说："不好了，我老婆正在看《阿里巴巴和四十大盗》呢！"

共变法在科学研究中有着广泛的应用。在一些不能用求同法和求异法的场合，共变法是可行的方法。当有些先行情况或被研究现象不能消除或不易消除时就不能用求异法，也不能用求同法。例如温度、压力、引力、摩擦就是无法消除或很难消除的，而我们却可以运用共变法从量的变化上来研究与这些情况有关的现象间的因果关系。我们不能从太阳黑子的有无来研究它与磁暴间的因果关系，却可以从太阳黑子的变化来研究它与磁暴的因果关系。科学史上许多定律和学说都曾经借助共变法才得以确立。例如，关于气体压力、温度、容积之间关系的玻意耳定律和查理定律就是通过共变法得到的。

共变法在生产实践和日常生活中也经常为人们所运用。几乎所有的测量仪器，包括体温表、气压表、行车里程表等都是根据共变关系的原理制成的。

运用共变法，还要注意以下两点：

第一，事物间的共变现象往往有一定限度，超过限度，共变现象就会发生变化或消失。例如，温度下降同金属电阻减小的共变关系只在一定温度界限内才能成立，如果温度降低到一定限度，金属的电阻就会完全消失，即出现"超导性"。

第二，要具体分析因果之间的共变关系。共变可以是正的，也可以是逆的。当因果两个现象的量同时增加或同时减少时，可看成是正的；当其中之一增加而另一减少时,可看成是逆的。例如,气体的温度和体积(在压力不变时)是正的共变,而气体的压力和体积(在温度不变时)是逆的共变。有的共变还可以在不同阶段分别呈现正变和逆变。例如水温和体积的变化,在 4～100℃之间是正的共变,但在 0～4℃之间却是逆的共变。

4. 共变法论证的分析

1)共变论证的强化

强化一个用共变法作出的论证的方法:指出发生共变的两个现象之间有实质性的相关。

例 16-22 一项有关国家气象服务局的风暴检测雷达系统的测试表明,1957年的雷达系统比新的雷达计算机系统可靠 10 倍。因此,用于新雷达系统的技术一定没有用于 1957 年的雷达系统中的技术复杂精密。

以上结论依赖以下哪项有疑问的假设?

A. 检测风暴的雷达系统的可靠性是由其故障的频率决定的。

B. 检测风暴的雷达系统所使用的技术的复杂精密程度可以由该系统的可靠性来决定。

C. 检测风暴的雷达系统的可靠性是由它们预测天气形势的准确性决定的。

D. 计算机硬件是现在用于天气预报服务的新的检测风暴的雷达系统中的一个关键的组成部分。

E. 检测风暴的雷达系统的大多数重要的技术进步是在 20 世纪 50 年代取得的。

[解题分析] 正确答案:B

本题涉及的共变关系是:检测风暴的雷达系统的可靠性越强,其复杂精密程度就越高。假设的类型都是:指出发生共变的两个现象之间有实质性的相关。B项是题干推理所必需的假设,否则,如果检测风暴的雷达系统所使用的技术的复杂精密程度"不能"由该系统的可靠性来决定,题干论证就不成立。评价雷达系统可靠性的标准如何与题干论述关系不大,A、C 项排除;D 项描述雷达系统的技术细节,为无关选项;E 项为明显无关选项。

2)共变论证的弱化

弱化一个用共变法作出的论证的方法:指出发生共变的两个现象之间没有实质性的相关(或存在反例)。

例 16-23 美国 1935—1940 年的汽油消耗因为"二战"期间采取配额限制而下降了 35％,与此同时,美国白人的肺癌也下降了几乎相同的百分比。1941—1950

年肺癌死亡人数增加了 19 倍,而同一时期汽油的消耗量也增加了相同的比率。这说明汽油消耗是造成美国人得癌症的一个重要原因。

下列哪项陈述如果为真,能够最有力地削弱上述观点?

A. 1939—1949 年,美国城市黑人的肺癌发病率没有变化。

B. 1936—1944 年,汽油中铅含量有所增加。

C. 1950 年以后,汽油消耗量大幅上升。

D. "二战"期间,癌症患者不许开车。

E. 1941—1951 年,妇女开始大量开汽车。

[解题分析]　正确答案:A

本题根据汽油消耗与白人肺癌的共变关系的统计数据,得出的结论是:汽油消耗引起的空气污染是造成美国人得癌症的一个重要原因。A 项指出,黑人的肺癌发病率没有变化,也就是汽油消耗与黑人肺癌无共变关系,作为反例,有力地削弱了题干的观点。

3) 共变论证的推论

结论的得出:共变的先行因素是被研究现象出现的原因。

例 16-24　美国国家专利局授予发明者专利的数量,1971 年为 56 000 项,1978 年降低到 45 000 项;而用于科研与开发的国家投入,1964 年达到国民生产总值的 3%,1978 年只有 2.2%,而在此期间,在美国对科研和开发的投入不断减少的同时,联邦德国和日本在这方面的投入分别提高了 3.2% 和 1.6%。

以下哪项是上述信息中最能得出的结论?

A. 一个国家的国民生产总值和它的发明数量有直接关系。

B. 1978 年,联邦德国和日本用于科研与开发的投入要比美国的多。

C. 一个国家对科研与开发的投入量与这个国家的发明专利数有直接关系。

D. 在 1964—1978 年间,美国用于科研和开发的投入占国民生产总值的比例一直高于日本。

E. 联邦德国和日本在授予发明者专利的数量上将很快超过美国。

[解题分析]　正确答案:C

随着美国对科研与开发的投入不断减少,美国国家专利局授予发明者专利的数量也在不断减少,根据共变法,可以合理地得出结论:一个国家对科研与开发的投入量与这个国家的发明专利数有因果关系,即选项 C。从题干得不出选项 A、B、D、E。

4) 共变论证的解释

不管是正向还是反向的共变关系,往往是现象之间存在某种实质性的关联。

例 16-25 1975 年以来,美国的麻疹等传统儿童疾病的发病率已经有了显著的下降。这一下降的同时伴随着儿童中一种迄今为止罕见的病毒感染的彼特逊病的发病率上升。但是,很少有成年人被这种疾病侵袭。

下面哪项如果正确,最能帮助解释儿童中间彼特逊病发病率的上升?

A. 遗传因素部分决定了一个人易受导致彼特逊病的病毒感染的程度。

B. 传统儿童疾病的减少和与之相随的彼特逊病的增加没有在其他任何国家发现。

C. 得过麻疹的儿童形成了对导致彼特逊病的病毒的免疫力。

D. 儿童时期没有得麻疹的人到成年时可能得麻疹,在这种情况下疾病的后果一般会更加严重。

E. 那些得了彼特逊病的人得水痘的危险增加了。

[解题分析] 正确答案:C

题干论述:伴随麻疹发病率的下降,另一种发生在儿童身上的罕见疾病的发病率却随之上升。问题要求对上述两种共变现象作出合理解释。C 项指出得过麻疹的儿童形成了彼特逊的免疫力,既然麻疹发病率少了,那么更少的儿童有对彼特逊的免疫力,因此,随着前者的下降而后者上升,所以 C 项为正确答案。A 项指出遗传因素的作用,但并不能解释为什么彼特逊发病率上升;B 项中的"其他任何国家"与"美国"无关;D、E 项不能起到解释作用。

5) 共变论证的比较

这类题目就是在选项中寻找与题干相似的共变关系。

例 16-26 X 公司的生产效率受到损害的原因是雇员们对电话的滥用。在管理者决定每两个雇员共用一部电话而不许每个人使用一部电话后,生产效率便明显提高了,而且没有引起雇员们的不满。但是,当公司为了提高生产效率而提出把电话全都撤掉时,便遭到了雇员协会的强烈抗议。

以下哪项中的论证方式与上文 X 公司的最相似?

A. 在二楼上班的人每天都在锻炼,但他们的体重一点都没减轻。

B. 某所学校规模过于庞大,以至于其现有的全部教员不能满足学生的需要。

C. 狗的喂养者发现,当他减少狗的进食量时,狗却变得更加健壮。为了最大限度地使他的狗变得健壮,他将取消狗的所有食物。

D. 在提高本地区内的通话费用后,电话公司决定再将话费提高两倍,并同时预期通话量保持稳定。

E. 当你谈论某些事情时,常常是差之毫厘,谬以千里,但有些时候,人们不得不夸大其词。

[**解题分析**] 正确答案：C

题干论述：管理者决定减少电话后，生产效率提高，而且没有引起雇员们的不满。但当其提出把电话全都撤掉时，便遭到了雇员的强烈抗议。可见，其逻辑原则是：在一定限度内，原因与结果之间会发生同向共变，超过这个限度就会发生异向共变，也即物极必反。选项 C 的论证方式与题干类似，因此为正确答案。

第17章　类比推理与论证

类比方法是人们生活、学习及人际沟通中最为常用的一种思维方法。类比推理是根据两个或两类事物在某些属性上相同或相似,进而推出它们在其他属性上也相同或相似的推理。

类比是或然性推理,属于扩展性的推理,因此属于广义的归纳推理。

17.1　类比推理的基础

1. 类比推理的结构

类比推理的结构为:

A 有属性 a、b、c、d
B 有属性 a、b、c
所以,B 有属性 d

在类比推理的形式结构中:

第一,A 事物是我们熟悉的事物,B 事物是我们希望说明或深入了解的事物,并且它们在一些属性上具有相似性;

第二,已知 A 事物的前提与结论具有真实的因果关系,因此,B 事物也应有相关的因果关系。

以下两则例子的思维方法都属于类比推理。

(1)我国著名的地质学家李四光,在对东北的地质结构进行了长期、深入的调查研究后发现,松辽平原的地质结构与中亚细亚的极其相似。他推断,既然中亚细亚蕴藏大量的石油,那么松辽平原很可能也蕴藏着大量的石油。后来,大庆油田的开发证明了李四光的推断是正确的。

(2)乌兹别克地区盛产长绒棉。新疆塔里木河流域和乌兹别克地区在日照情况、霜期长短、气温高低和降雨量等方面均相似,科研人员受此启发,将长绒棉移植到塔里木河流域,果然获得了成功。

由于"属性"包括事物具有或不具有的性质,也包括事物之间所具有或不具有的关系,因此,按上述类比推理的定义和结构,类比推理主要有两种:性质类比推理和关系类比推理。

(1)性质类比推理是根据两个或两类对象在某些性质上的相同或相似,又知其中一个或一类对象还具有另外一种性质,从而推知另一个或一类对象也具有这另外一种性质的类比推理。

（2）关系类比推理是根据两个或两类对象之间的关系在某些方面（如 a、b、c、d 等方面）类似于另两个或两类对象之间的关系，现又知前两个或两类对象在另一方面存在关系，从而推知后两个或两类对象也在另一方面存在关系。这是一种以关系的相同或相似为根据而进行的类比推理。

2. 类比推理的特征

类比推理是一种"同中求同"的推理形式。其一，类比推理的思维进程是从个别到个别，从类到类。这一点与演绎推理和归纳推理不同。其二，类比推理的结论范围超出了前提所断定的范围，而且它的结论性质仅指明类比对象之间在某些属性上具有"相似性"。因此，这种"相似性"的结论性质就不具有必然性，而只是具有或然性。

由于运用类比推理所得到的认识，有时可能是不正确的，我们就应当进一步去验证，不能将它当作完全正确的认识来加以运用。

类比推理的结论是否可靠呢？这要看进行类比的两个或两类事物所具有的共同属性与类推属性（类比推出的结论所反映的属性）之间是否有必然的联系。如果有，用类比推理所得到的认识就是可靠的，否则就是不可靠的。由此可见，类比推理的结论只具有或然性，即可能真、也可能假。正是基于此，把类比推理放在归纳推理中一同介绍。

例 17-1 政治记者汤姆分析了奥巴马之前的 10 届美国总统的各种讲话和报告，发现其中有不少谎话，特别是关于经济问题的。因此，汤姆推断：奥巴马关于恢复美国经济的承诺也是谎话。

以下哪项最能削弱上述论证？

A. 更早的美国总统很少说谎话。

B. 汤姆对奥巴马不是十分地了解。

C. 美国总统的承诺不一定都是谎话。

D. 从以往美国总统的表现不能推出现任美国总统的表现。

E. 是否能恢复美国经济取决于世界经济总的趋势。

[解题分析] 正确答案：D

题干论证是根据以往十届美国总统在经济问题上说谎话，推出现任总统在经济问题上也说谎话。如果 D 项为真，即从以往美国总统的表现不能推出现任美国总统的表现。那么，显然将有力地削弱了题干的论证。A、C 项对题干论证有所削弱，但力度不大；B、E 项为无关项。

例 17-2 高校的围棋比赛马上就要开始了，记者就高校 A 和高校 B 的比赛成绩作了预测：在以往两校的比赛中,高校 A 的胜率高达 90%,所以这次比赛一定也是高校 A 取胜。

以下哪项最能削弱记者的预测？

A. 记者没有考虑其他高校对 A、B 两校的胜率。

B. 这次围棋比赛的规则与以往有所不同。

C. 这次围棋比赛在高校 B 举行。

D. 高校 A 的原来取胜的那些选手都已经毕业了。

E. 高校 A 没有得过冠军。

［解题分析］ 正确答案：D

记者的预测是：在以往两校的比赛中,高校 A 的胜率高达 90%,所以这次比赛一定也是高校 A 取胜。由对过去个别事例的观察不能合乎逻辑地推出将来类似事例仍会发生的普遍结论。如果 D 项为真,即高校 A 的原来取胜的那些选手都已经毕业了。那么,这次比赛的选手与以往比赛可能会有实质性的区别,显然,严重削弱了记者的预测。B 项是一种或然性的削弱,A、C、E 项为无关项。

3. 弱类比的谬误

类比推理中,最常犯的错误就是机械类比。机械类比就是仅仅根据事物表面的相似性,机械地进行类推的推理错误。这是一种假类比、弱类比,也称"谬比"。在类比论证中,如果把对象间的偶然相似作为根据,或者在实质上不同的两类对象之间进行类比,就会产生这种谬误。

例如,基督教神学家们就曾用机械类比来"证明"上帝的存在。在他们看来,宇宙是由许多部分构成的一个和谐的整体,正如同钟表是由许多部分构成的和谐整体一样,而钟表有一个创造者,所以,宇宙也有一个创造者——上帝。这就是把两类性质根本不同的对象,按其表面相似之处,机械地加以类比。这种类比显然是错误的,不合逻辑的。

再如,看到鱼类和鲸都是水生生物,都有相似的体型,就类推鲸也是一种鱼,就是机械类比。实际上,鲸用肺呼吸,胎生,是哺乳动物;鱼类是卵生的。二者区别很大。生物学上形态学分类也容易导致这样的错误,所以,后来用基因距离来分类就可靠得多。

下面两则也都犯了谬比的错误：

［逻辑案例］ 孩子："爸爸,小明的爸爸游泳游得可好了,你怎么不会呢？"

爸爸："小明的爸爸总吃鱼,所以会游泳;我不爱吃鱼,怎么会游泳呢？"

孩子："可是,爸爸,你总吃鸡,你下过蛋吗？"

爸爸："……"

［逻辑案例］ 当时有个学贯中西但思想非常守旧的大学者辜鸿铭,就一直死抱着一夫多妻的论调不放,有一回,几个奉行女权主义的外国女孩公然质问辜鸿

铭:"凭什么男人能娶多个老婆,女人就不能嫁几个男人?"只见老先生怡然自得地指着桌上的茶具说道:"自古只有一个茶壶配四个茶杯,哪有一个茶杯配四个茶壶的道理?"

例 17-3 今年,我国的小汽车交易十分火爆。在北京,小汽车的平均价格是13.8 万元;在石家庄,其平均价格仅为 9.9 万元。所以,如果你想买一辆新的小汽车,若去石家庄购买,有可能得到一个更好的价格。

下面哪一个选项最好地描述了作者推理中的漏洞?

A. 作者假定,在北京和石家庄两地所卖的汽车档次差不多。

B. 作者假定,一类商品的平均价格就是它的中位价格。

C. 作者假定,在北京所卖的汽车数量与在石家庄所卖的汽车数量相同。

D. 作者假定,在石家庄新汽车的价格比在北京的新汽车价格更便宜。

E. 作者假定,在石家庄新汽车的颜色比在北京的新汽车颜色更亮。

[解题分析] 正确答案:A

题干根据北京交易的小汽车的平均价格高于石家庄,得出结论:去石家庄购买小汽车更合算。这个论证犯了弱类比的谬误。

要使这一论证成立,必须假设在北京和石家庄两地所卖的汽车档次差不多。否则,如果北京所卖的汽车档次要高于石家庄,那么,这两地的汽车售价就不具有可比性,这样就得不出题干的结论。因此,A 项最好地描述了作者推理中的漏洞,为正确答案。

其余选项均不恰当,比如 D 项,在石家庄新汽车的价格比在北京的新汽车价格更便宜,这是题干作者隐含的结论,而非作者的假定。

4. 类比推理的批判性准则

(1) 两类事物之间是否具有相似性?

在同样的情况下,前提相似属性越多,结论的可靠性程度就越高。在同样的情况下,类比物的规模越大,结论的可靠性程度就越高。类比越接近思维对象的本质,结论的可靠性程度就越高。

(2) 两类事物之间是否还具有相异性?

在类比中,相似物除了有共同属性外,还有不同的属性。正如相同的属性能增强我们对类比的信心一样;不同的属性会削弱我们对类比的信心,甚至会推翻类比的结论。

(3) 类比的前提与结论之间是否具有相关性?

已知相似属性与推出属性之间相关性越大,结论的可靠性程度就越高。相似属性与要推出的属性之间越相关,那么结论的可靠程度也就越大。评估类比推理的前两条准则是量的方面的标准,相关性准则则是质的方面的标准。

由于相关性不易判断,类比推理经常出错。我们不能将两个或两类本质不同的事物,按其表面的相似来机械地加以比较而得出某种结论,否则就要犯机械类比的错误。这是一种假类比,也称"谬比"。在类比论证中,如果把对象间的偶然相似作为根据,或者在实质上不同的两类对象之间进行类比,就会产生这种谬误。

(4)对这些相似的事物我们还需了解些什么?有无信息遗漏?

通过类比,我们还可以揭示出某种言语行为中被无意忽视掉的信息。

[逻辑案例] 剃头匠与将军

有个故事,古代有个技艺高超的剃头匠,一次,他给一位将军剃头。为了卖弄他的手艺,他在剃头刀上拴了一串铃铛,然后将剃头刀高高抛起,随着一阵铃铛声响,剃头匠敏捷地接住下落的剃头刀,顺势剃上一刀。在整个剃头的过程中,将军被吓得冷汗淋漓。好不容易等到剃完了最后一刀,气急败坏的将军不由分说地把剃头匠捆在树上,操起弓箭便射向剃头匠。只见每支箭都贴着剃头匠的头皮射在树干上。自然,剃头匠也是被吓得两股战战。

分析:表现技艺有各种形式,虽然越是惊险就越是刺激,但剃头匠在表现他的技艺时,却忽视了一个重要的前提条件,即不能拿别人的生命开玩笑。同样技艺高超的将军,以其人之道,还治其人之身,用归谬式的类比,揭示出了剃头匠在卖弄技艺过程中所无意遗漏的这个重要信息。

5. 提高类比推理可靠性的办法

为了使我们运用类比推理所得到的认识更加可靠,避免错误并提高可靠性程度,我们应当尽可能从两类事物的较本质的属性上去进行类比(类比属性较本质,说明类比对象在性质上更加近似,类比结论的可靠性也就较大),并且,尽可能找到类比的对象间较多的共同属性(类比对象的已知共同处越多,其结论的可靠性当然也就越大)。但是,也要明白,既然进行类比的是两类对象,它们总有不同之处。因此,当我们由两类对象在一些属性上相同而推出它们在另一属性上也相同时,这另一属性很有可能正好是它们两者的不同之处。在这种情况下,由类比得出的结论就会是不正确的。

类比推理的结论虽然只具有或然性,但这种推理形式在人们的认识活动中还是具有重要作用的。在科学研究中,许多科学假说最初都是通过类比推理提出的。例如,我们在前面讲的惠更斯的光波概念最初就是应用类比推理提出的。又如,天文学上关于火星上有生物存在的推测和假说的提出,就是运用类比推理的结果(天文学家通过对地球与火星相同条件的分析,发现它们同样具有大气、水、空气、适当的温度等生物存在的必须条件。现在地球上存在生物,故推断火星上也可能有生物)。在这里,类比推理的应用就为科学研究提供了重要的线索。

类比推理是人们在日常思维活动过程中经常运用的一种思维形式。因为,人们在实践活动中,常常要借助某些已经认识的个别事物与其他相似的事物比较,从它们之间已知的共同点出发,进一步判明它们的另一些方面的共同点,从而扩大人们的认识领域,从对某些特殊事物的认识过渡到对另一些特殊事物的认识。

17.2 类比论证分析

1. 类比论证的要素

类比论证就是以类比的方式得出结论或者反驳他人论点的论证。一般来说,可以类比的事物都具有某些共性,要么形式、要么内容。

例 17-4 一般人总会这样认为,既然人工智能这门新兴学科以模拟人的思维为目标,那么,就应该深入地研究人思维的生理机制和心理机制。其实,这种看法很可能误导这门新兴学科。如果说,飞机发明的最早灵感可能是来自于鸟的飞行原理的话,那么,现代飞机从发明、设计、制造到不断改进,没有哪一项是基于对鸟的研究之上的。

题干是用类比的方法来论证自己的观点。以下哪项是题干中所作的类比?

Ⅰ. 把对人思维的模拟,比作对鸟的飞行的模拟。

Ⅱ. 把人工智能的研究,比作飞机的设计制造。

Ⅲ. 把飞机的飞行,比作鸟的飞行。

A. 只有Ⅰ   B. 只有Ⅱ

C. 只有Ⅲ   D. 只有Ⅰ和Ⅱ

E. Ⅰ、Ⅱ和Ⅲ

[解题分析] 正确答案:D

题干结论:虽然人工智能以模拟人的思维为目标,但这并不意味着必须深入地研究人思维的生理机制和心理机制。其论据为:虽然飞机发明的最早灵感可能是来自于鸟的飞行,但是,现代飞机从发明、设计、制造到不断改进,没有哪一项是基于对鸟的研究之上的。显然,题干把人工智能对人思维的模拟比作飞机对鸟的飞行的模拟,Ⅰ正确;同时,题干的论证是基于把人工智能的研究比作飞机的设计制造,Ⅱ正确;题干是将人工智能与飞机作类比,没有讨论飞机的飞行与鸟的飞行的比较,Ⅲ明显错误。

2. 类比论证的强化

强化一个用类比推理作出的论证的方法:指出两种现象的可类比性(保证类比的两类对象有实质性的相关),或者指出不存在与类推属性相关的反例。

例 17-5 一名粒子物理学家开玩笑说:"自 1950 年以来,所有的费米子都是在美国发现的,所有的玻色子都是在欧洲发现的。很遗憾,希格斯粒子是玻色子,所以,它不可能在美国被发现。"

必须补充下面哪一项假设,上述推理才能成立?

A. 即使某件事情过去一直怎样,它未来也有可能不再那样。

B. 如果 x 在过去一段时间内一直做成 y,则 x 不可能不做成 y。

C. 如果 x 在过去一段时间内一直未做成 y,则 x 不可能做成 y。

D. 如果 x 在过去一段时间内一直未做成 y,则 x 很可能做不成 y。

E. 如果 x 在过去一段时间内一直未做成 y,则 x 很可能做成 y。

[解题分析]　正确答案:C

这实际上是由过去类推到将来的推理,该粒子物理学家的意思是,过去玻色子都不是在美国发现的,所以,属于玻色子的希格斯粒子不可能在美国被发现。如果 C 项为真,即:如果 x 在过去一段时间内一直未做成 y,则 x 不可能做成 y。那么,该粒子物理学家的观点就成立。

例 17-6　地球所在的太阳系的八大行星中,存在生命的就占了 1/8。按照这个比例,考虑到宇宙中存在数量巨大的行星,因此,宇宙中有生命的天体的数量一定是极其巨大的。

以上论证的漏洞在于,不加证明就预先假设:

A. 一个天体如果与地球类似,就一定存在生命。

B. 一个星系,如果与太阳系类似,就一定恰有 8 个行星。

C. 宇宙中的许多行星与太阳系的行星类似。

D. 类似于地球上的生命可以在条件迥异的其他行星上生存。

E. 地球是最适合生命存在的行星。

[解题分析]　正确答案:C

要使题干论证成立,显然必须假设:宇宙中的许多行星与太阳系的行星类似。而这一假设本身存在疑问,不加证明作为论据是本论证的漏洞。

例 17-7　试验发现,少量口服某种类型的安定药物,可使人们在测谎器的测验中撒谎而不被发现。测谎器所产生的心理压力能够被这类安定药物有效地抑制,同时没有显著的副作用。因此,这类药物可同样有效地减少日常生活的心理压力而没有显著的副作用。

以下哪项最可能是题干的论证所假设的?

A. 任何类型的安定药物都有抑制心理压力的效果。

B. 如果禁止测试者服用任何药物,测谎器就有完全准确的测试结果。

C. 测谎器所产生的心理压力与日常生活人们所面临的心理压力类似。

D. 大多数药物都有不良反应。

E. 越来越多的人在日常生活中面临日益加重的心理压力。

[解题分析]　正确答案：C

本题类比论证：某类安定药物在抑制测谎测验所产生的心理压力时有效，所以该类安定药物在减少日常生活的心理压力时同样有效。为使题干论证成立，C项是必须假设的，否则，如果测谎器所产生的心理压力与日常生活人们面临的心理压力不同，那么就不能因为口服安定药物可有效抑制测谎器所产生的心理压力而得出结论，这类药物可同样有效地减少日常生活的心理压力。A项易误选，A项中"任何"用得太强了，属于假设过强。可用否定代入法验证，否定A项，即：有些安定药物没有抑制心理压力的效果，可能这些安定药物不包括题干所指的某类安定药物，那么，题干的论证照样可以成立。

B、D、E项均涉及与上文推理无关的概念，所以都不对。

3. 类比论证的弱化

弱化一个用类比推理作出的论证的方法：指出两种现象不可比（类比的两类对象存在实质性的区别，即存在其他不同），或者在可比的情况下指出反例的存在。

例17-8　某中学发现有学生课余利用扑克玩带有赌博性质的游戏，因此规定学生不得带扑克进入学校。不过即使是硬币，也可以用作赌具，但禁止学生带硬币进入学校是不可思议的，因此，禁止学生带扑克进学校是荒谬的。

以下哪项如果为真，最能削弱上述论证？

A. 禁止带扑克进学校不能阻止学生在校外赌博。

B. 硬币作为赌具远不如扑克方便。

C. 很难查明学生是否带扑克进学校。

D. 赌博不但败坏校风，而且影响学习成绩。

E. 有的学生玩扑克不涉及赌博。

[解题分析]　正确答案：B

题干论证实际上把硬币类比为扑克，都可用作赌具，但既然不禁止学生带硬币进入学校，那也没必要禁止学生带扑克进入学校。题干的论证方法是类比。类比的对象的相关属性必须不存在实质性的差异，否则类比的结论就不可靠。题干的类比对象是扑克和硬币，相关属性是用作赌具。B项指出，硬币作为赌具远不如扑克方便，意味着这两个类比对象的相关属性存在实质性的差异，这样就显然有力地削弱了题干论证。其余选项都游离了题干论证，均为无关项。

例17-9　毫无疑问，未成年人吸烟应该加以禁止。但是，我们不能为了防止给未成年人吸烟以可乘之机，就明令禁止自动售烟机的使用，马路上不是到处有避孕套自动销售机吗？为什么不担心有人从中买了避孕套去嫖娼呢？

以下哪项如果为真,最能削弱题干的论证?

A. 嫖娼是触犯法律的,但未成年人吸烟并不触犯法律。

B. 公众场合是否适合放置避孕套自动销售机,一直是一个有争议的问题。

C. 人工售烟营业点明令禁止向未成年人售烟。

D. 在司法部门的严厉打击下,卖淫嫖娼等社会丑恶现象逐年减少。

E. 据统计,近年来未成年吸烟者的比例有所上升。

[解题分析] 正确答案:C

题干将自动安全套售货机与自动售烟机类比,得出结论:不能为了防止未成年人吸烟就禁止自动售烟机的使用。如果 C 项为真,说明题干进行类比的两类现象中,存在一个实质性的区别,即自动售烟机是未成年人取得香烟的几乎唯一的渠道,而避孕套自动销售机对于嫖娼者来说,是可有可无的。这就有力地削弱了题干的论证。即如果 C 项为真,则由于人工售烟营业点明令禁止向未成年人售烟,因此,禁止自动售烟机的使用,可有力地阻止未成年人吸烟。但由于避孕套可公开销售甚至免费提供,因此,禁止避孕套自动销售机的使用,对于杜绝嫖娼几乎没有什么作用。这就有力地削弱了题干的论证,正确。

A、B、E 项为明显无关选项,全部排除;说嫖娼现象减少,暗示安全套售货机出售的安全套大部分不是用来嫖娼的,有削弱作用,但是即使只有少量用安全套售货机出售的安全套嫖娼的,那么安全套售货机就能够与自动售烟机相类比,D 项的削弱力度不足。

4. 类比论证的推论

通过类比,来推出一个合理的结论。

例 17-10 核电站所发生的严重核泄漏事故的最初起因,没有一次是设备事故,都是人为失误所致。这种失误,与小到导致交通堵塞、大到导致仓库失火的人为失误,没有实质性的区别。从长远的观点看,交通堵塞和仓库失火几乎是不可避免的。

上述断定最能支持以下哪项结论?

A. 核电站不可能因设备故障而导致事故。

B. 核电站的管理并不比指挥交通,管理仓库复杂。

C. 核电站如果持续运作,那么发生核泄漏严重事故几乎是不可避免的。

D. 人们试图通过严格的规章制度以杜绝安全事故的努力是没有意义的。

E. 为使人类免于核泄漏引起的灾难,世界各地的核电站应当立即停止运行。

[解题分析] 正确答案:C

题干断定:第一,核电站所发生的严重核泄漏事故的最初起因与交通堵塞、仓库失火等一样都是人为失误所致。第二,交通堵塞和仓库失火几乎是不可避免的。由此,显然可以得出结论:核电站如果持续运作,那么发生核泄漏严重事故几乎是不可避免的。即 C 项为正确答案。

参 考 文 献

[1] 周建武.科学推理——逻辑与科学思维方法[M].北京:化学工业出版社,2017.

[2] 周建武.论证有效性分析——逻辑与批判性写作指南[M].北京:清华大学出版社,2016.

[3] 周建武,武宏志.批判性思维——逻辑原理与方法[M].北京:清华大学出版社,2015.

[4] 周建武.全国硕士研究生招生考试管理类专业学位联考综合能力考前辅导教程(逻辑分册)[M].北京:清华大学出版社,2018.

[5] 周建武.管理类专业学位联考综合能力考试逻辑辅导教程[M].北京:中国人民大学出版社,2012.

[6] 周建武.管理类专业学位联考综合能力考试逻辑历年真题分类精解[M].北京:中国人民大学出版社,2012.

[7] 周建武,武宏志.MBA、MPA、MPAcc、GCT 逻辑推理——高效思维技法与训练指导[M].上海:复旦大学出版社,2007.

[8] 周建武.MBA、MPA、MPAcc、MEM 逻辑推理——高效思维训练与应试指导[M].北京:化学工业出版社,2018.

[9] 周建武.MBA、MPA、MPAcc、MEM 逻辑题典——分类思维训练与专项题库[M].北京:化学工业出版社,2018.

[10] 周建武.MBA、MPA、MPAcc、MEM 论证有效性分析——高效思维训练与应试指导[M].北京:化学工业出版社,2018.

[11] 周建武.世上最经典的 365 道逻辑思维名题[M].4 版.北京:中国人民大学出版社.2016.

[12] 周建武.经典逻辑思维名题 365 道[M].北京:化学工业出版社,2016.

[13] 周建武.挑战最强大脑的思维游戏[M].北京:清华大学出版社,2014.

[14] 周建武.魔鬼逻辑学——揭露潜藏在历史与社会表象下的博弈法则[M].3 版.北京:中国人民大学出版社,2019.

[15] 武宏志,周建武,唐坚.非形式逻辑导论[M].北京:人民出版社,2009.

[16] 武宏志,周建武.批判性思维——论证逻辑视角[M].北京:中国人民大学出版社,2010.

[17] 武宏志.批判性思维[M].北京:高等教育出版社,2016.

[18] 陈波.逻辑学导论[M].2 版.北京:中国人民大学出版社,2006.

[19] 陈波.逻辑学十五讲[M].北京:北京大学出版社,2008.

[20] 王洪.法律逻辑学案例教程[M].北京:知识产权出版社,2005.

[21] 谷振诣.批判性思维教程[M].北京:北京大学出版社,2006.

[22] 董毓.批判性思维原理和方法——走向新的认知和实践[M].北京:高等教育出版社,2010.

[23] 陈慕泽.逻辑与批判性思维[M].北京:中国人民大学出版社,2011.

[24] 熊明辉.逻辑学导论[M].上海:复旦大学出版社,2011.

[25] 陈向东.GMAT 逻辑推理[M].西安:西安交通大学出版社,2006.

[26] 柯匹,科恩.逻辑学导论[M].11 版.张建军,译.北京:中国人民大学出版社,2007.

［27］　HURLEY P.简明逻辑学导论［M］.10 版.陈波,宋文淦,熊立文,等译.北京：世界图书出版公司,2010.

［28］　NOSICH G M.学会批判性思维：跨学科批判性思维教学指南［M］.柳铭心,译.北京：中国轻工业出版社,2005.

（此处列出的仅为主要参考书目,其余参考文献恕不一一列举,在此一并致谢!）

后　记

　　逻辑思维在职业发展和生活中都起着极为重要的作用,拟订工作计划,撰写各类报告,从事管理,进行科学试验,法律诉讼以及日常工作和生活中的各种决策和分析,都需要逻辑推理和论证技能。

　　随着国内教育界对逻辑思维能力重要性认知的逐步提高,在高校开设逻辑通识课程的呼声也日渐高涨。鉴于国内目前常见的导论逻辑教材大多是从传统的普通逻辑角度编写的,或者结合数理逻辑基础知识编写的;为加强逻辑实用技能训练,本书注重从推理、论证和批判性思维角度来编写逻辑学导论,更具有现实意义。

　　同时,以考查批判性思维能力为核心的逻辑推理测试目前已成为国内工程类、管理类、经济类等诸多硕士专业学位研究生入学考试的一个重要环节。本书的编著出版也是为顺应这一教育发展趋势,全书在讲述逻辑基础知识和原理的基础上,通篇结合国内外研究生层次入学考试中的逻辑推理题,展开讲解和训练,以期达到提升逻辑和批判性思维能力的效果。全书内容共分为三篇。

　　上篇是论证逻辑,内容包括:逻辑概论、论证语言、论证分析、逻辑规律、论证谬误、论证推理。

　　中篇是演绎逻辑,内容包括:直言命题及其直接推理、直言三段论、基本复合命题及其推理、多重复合命题及其推理、模态推理与关系推理、演绎与分析推理。

　　下篇是归纳逻辑,内容包括:归纳推理、统计推理与论证、因果推理与论证、探求因果关系的归纳方法、类比推理与论证。

　　鉴于逻辑科目的特殊性,即绝大多数专业硕士考生都没有系统地学过逻辑学课程,因此,本书不仅是一本高校逻辑通识课程教材,而且能有效地帮助考研学生系统地学习逻辑学基础知识,特别适合作为管理类、经济类等各类硕士专业学位入学考试的辅导用书,同时,本书也适合对逻辑思维感兴趣的读者阅读。

　　由于编写时间和水平所限,疏漏之处在所难免,因此,期待广大读者对本书进行批评并提出宝贵意见,以供再版时参考。